Elmar Altvater,
Jürgen Hoffmann,
Willi Semmler

**Vom Wirtschaftswunder
zur Wirtschaftskrise**

*Ökonomie und Politik
in der Bundesrepublik*

Band 2

edition VielFalt bei Olle & Wolter

edition VielFalt — herausgegeben von Ulf Wolter

Die Autoren

Elmar Altvater, geboren 1938. Seit 1970 Professor am Fachbereich Politische Wissenschaft der FU Berlin. Mitglied der Redaktion der Zeitschrift *Probleme des Klassenkampfs (Prokla)*. Wichtigste Veröffentlichungen: *Die Weltwirtschaftskrise* (Frankfurt und Wien 1969); *Gesellschaftliche Produktion und ökonomische Rationalität* (Frankfurt und Wien 1969). Mitherausgeber von: *Materialien zur Politischen Ökonomie des Ausbildungssektors* (Erlangen 1971); *Inflation – Akkumulation – Krise* (2 Bände Frankfurt und Köln 1976); zahlreiche in- und ausländische Zeitschriftenaufsätze zu Fragen der Akkumulationsentwicklung des Kapitalismus, zur Staatstheorie, zu Strategien der Arbeiterbewegung.

Jürgen Hoffmann, geboren 1944. 1971 bis 1976 Wiss. Assistent am Fachbereich Politische Wissenschaft der FU Berlin. Seit 1976 geschäftsführender Redakteur der Zeitschrift *Prokla* und Lehrbeauftragter an den Universitäten FU Berlin, Hannover und Marburg; zahlreiche in- und ausländische Zeitschriftenveröffentlichungen zur Akkumulations-, Staats- und Gewerkschaftstheorie. Mitarbeit an den Handbüchern *Kritik der Politischen Ökonomie*.

Willi Semmler, geboren 1942. Wiss. Assistent am Fachbereich Politische Wissenschaft der FU Berlin von 1973 bis 1978, Auslandsstipendium an der New School für Social Research (New York) 1979, seit 1979 Professor an der American University, Washington D.C.; Mitglied der Redaktionskonferenz der *Prokla*. Wichtigste Veröffentlichungen: *Zur Theorie der Reproduktion und Akkumulation*, Berlin 1977 (Olle & Wolter); zahlreiche in- und ausländische Veröffentlichungen zur Akkumulations-, Staats- und Gewerkschaftstheorie. Mitarbeit an den Handbüchern *Kritik der Politischen Ökonomie*.

CIP - Kurztitelaufnahme der Deutschen Bibliothek

Altvater, Elmar:
Vom Wirtschaftswunder zur Wirtschaftskrise:
Ökonomie u. Politik in d. Bundesrepublik / Elmar
Altvater; Jürgen Hoffmann; Willi Semmler.-
Berlin: Olle und Wolter.
NE: Hoffmann, Jürgen:; Semmler, Willi:
Bd. 2 – 2. Aufl. – 1980.

Bd. 2 – 3. Aufl. – 1982.
(Edition VielFalt; eV 6)
ISBN 3 88395 706 2

3. Auflage 1982
Copyright 1979 Verlag Olle & Wolter,
Postfach 4310, 1000 Berlin 30
Druck: Oktoberdruck, Berlin
Umschlaggestaltung: Gisela Büchelmaier, Hamburg
Printed in Germany. Alle Rechte vorbehalten.
ISBN 3 88395 706 2

Inhalt

Band 1

Vorwort 5

1. Kapitel: **Einleitung: Vom Wirtschaftswunder zur Wirtschaftskrise** 7

1. Teil: Entwicklungstendenzen des Deutschen Kapitalismus von der Weltwirtschaftskrise (1930) bis in die siebziger Jahre

2. Kapitel: **Erklärungsversuche der langen Prosperität nach dem Zweiten Weltkrieg** 17

3. Kapitel: **Reproduktion und Akkumulation von Kapital – Zur Erklärung der Begriffe** 40

4. Kapitel: **Der historische Ausgangspunkt des langen Nachkriegszyklus in der Bundesrepublik: Faschismus – Weltkrieg – Nachkriegszeit** 61

5. Kapitel: **Die langfristige Entwicklung der Kapitalakkumulation von 1950 bis 1977** 84

2. Teil: Strukturelle und zyklische Probleme der Kapitalakkumulation in der Bundesrepublik

6. Kapitel: **Akkumulation, Konzentration und Zentralisation des Kapitals** 135

7. Kapitel: **Die westdeutsche Wirtschaft im Weltmarktzusammenhang** 156

8. Kapitel: **Die Inflationstendenzen in der Bundesrepublik** 180

Band 2

9. Kapitel:	Die industriellen Zyklen in der Bundesrepublik	206
10. Kapitel:	Zyklische und strukturelle Arbeitslosigkeit	250

3. Teil: Wirtschaftspolitik in der Bundesrepublik und ihre Alternativen

11. Kapitel:	Wirtschaftspolitik und Kapitalakkumulation während des „Wirtschaftswunders"	277
12. Kapitel:	Von der Politik der Kapitalbildung zur Politik des Krisenmanagements	303
13. Kapitel:	Vom Keynesianismus zum Monetarismus	324
14. Kapitel:	Ökonomischer Zyklus und gewerkschaftliche Entwicklung	342
15. Kapitel:	Alternativen der Wirtschaftspolitik	371
Schlußbemerkungen:	Welche Ansatzpunkte einer alternativen Wirtschaftspolitik?	398

Literaturverzeichnis 408

Verzeichnis der Tabellen 424

Verzeichnis der Schaubilder 426

Sachregister 427

9. Kapitel

Die industriellen Zyklen in der Bundesrepublik

In den bisherigen Kapiteln haben wir die langfristigen Tendenzen und die in ihrem Verlauf entstandenen strukturellen Veränderungen der Kapitalakkumulation in der Bundesrepublik untersucht. Wir haben dabei immer von *Tendenzen* gesprochen, weil die wirkliche Entwicklung den Bewegungsgesetzen der Produktionsweise nicht als ein geradliniger *Trend* folgt, sondern als *zyklische Bewegung* erscheint. So gibt es ein Wechselverhältnis zwischen langfristigen Entwicklungstendenzen und der zyklischen Bewegung: Einerseits wird der Charakter der industriellen Zyklen vom Niveau der Profitrate und der Akkumulation des Kapitals geprägt. Die Tiefe und Dauer der Krise, die Dynamik und Länge des Booms hängen von den strukturellen und nicht nur den konjunkturellen Grundlagen der Kapitalentwicklung ab. Umgekehrt läßt sich zeigen, daß in den zyklischen Krisen gerade die Umbrüche in den langfristigen Entwicklungstendenzen stattfinden. Offensichtlich sind es die Jahre eines konjunkturellen Abschwungs oder der Krise (1958/60, 1967/68 und 1974/76), die größere Umbrüche in den strukturellen Voraussetzungen der Kapitalverwertung und Akkumulation darstellen. Auch bei Betrachtung der Entwicklung der Weltprosperität nach dem Zweiten Weltkrieg wird deutlich, daß langfristige Entwicklungstendenzen, die eine ganze Epoche kapitalistischer Entwicklung kennzeichnen, und konjunkturelle Zyklen miteinander vermittelt sind. In diesem Zusammenhang erscheint die *Krise als ein „Knotenpunkt"* (Oelßner 1971) der Entwicklung und daher bei Betrachtung des industriellen Zyklus als die entscheidende Phase, in der die Weichen nicht nur für den konjunkturellen Aufschwung, sondern auch für die strukturellen Voraussetzungen der Akkumulation und daher für die längerfristigen Entwicklungstendenzen gestellt werden. Neue Technologien, Umwälzungen der Branchenstruktur, Konzentrationstendenzen, neue wirtschaftliche Steuerungsinstrumente des Staates usw., die sich beschleunigt und massiert vor allem in den Krisen durchsetzen, bestimmen tatsächlich für zum Teil lange Zeiträume die Entwicklung. Daher ist es nicht richtig, die industriellen Zyklen lediglich als ein Auf und Ab von Krise, Aufschwung, Boom und einem erneut zur Krise führenden Abschwung zu betrachten (vgl. auch Varga 1969, 208). Die jeweiligen Krisen der Kapitalakkumulation sind demzufolge nicht bloße Wiederholungen der vorangegangenen Krisen, sie verändern die gesellschaftlichen, d.h. die ökonomischen, politischen, selbst die kulturellen Strukturen. In diesem Zusammenhang ist die Krise nicht nur als eine ökonomische Krise zu begreifen, sondern als ein je nach Stärke der Krise umfassender Einbruch einer bislang gegebenen *gesellschaftlichen Entwicklungsphase*. Dies zeigt sich auch bei einer Betrachtung der industriellen Zyklen in der BRD. An dieser Stelle wollen wir nicht im einzelnen den Verlauf der Zyklen beschreiben, sondern zunächst nur einige hervorstechende Phänomene zusammenfassen, die uns zur Entwicklung von Fragestellungen für die nachfolgende theoretische und empirische Untersuchung des Zyklusverlaufs insbesondere seit 1966/67 dienen sollen (vgl. Tabelle 32 / Schaubild 15).

1. Die langfristige Veränderung in den Bedingungen der Kapitalakkumulation ist offensichtlich *zyklisch* vermittelt. Einmal sind die von uns in Kapitel 5 beschriebenen Umbruchpunkte in den langfristigen Tendenzen (1958 und 1966/67) jeweils Endpunkte eines Zyklus. Zum anderen ist die Schärfe der Krise von der Akkumulationsphase im langfristigen Verlauf abhängig. Während noch 1958 die westdeutsche Rezession, die auf dem Hintergrund einer weltweiten konjunkturellen Krise zu sehen ist, als „Wachstumskrise" in Erscheinung trat, bildet die Krise 1966/67 bereits einen tiefgreifenden Einbruch sowohl bei Kapazitätsauslastung als auch Produktion und Beschäftigung und drückt sich erstmals in der Nachkriegszeit in negativen Wachstumsraten des Sozialprodukts aus. Daher ist zu fragen, inwieweit die langfristigen strukturellen Veränderungen in den Bedingungen der Verwertung zyklisch vermittelt sind, welche konkreten Wechselverhältnisse zwischen langfristigen Entwicklungstendenzen und zyklischer Bewegung bestehen.

2. Im nachfolgenden Schaubild 15 wird deutlich, daß die Entwicklung der *Investitionen* weitaus ausgeprägter zyklisch verläuft als die anderen Nachfragekomponenten und das Sozialprodukt insgesamt. Dabei ist die Entwicklung der Nettoinvestitionen in den einzelnen Zyklen der Entwicklung des Sozialprodukts meistens vorgelagert. Dies gilt insbesondere für die Jahre 1957/58 und 1974/75. Zu fragen ist daher, inwieweit sich darin eine Dominanz der Nettoinvestitionen für die zyklische Entwicklung ausdrückt und von welchen Faktoren die ausgeprägt starken zyklischen Ausschläge der Nettoinvestitionen abhängen.

3. Dagegen entspricht der Verlauf der Zuwachsraten des privaten *Konsums* in etwa denen des Sozialprodukts. Teilweise liegen sie sogar noch niedriger und ist ihr Verlauf insgesamt abgeflachter. Der Effekt auf den Verlauf des Sozialprodukts dürfte, verglichen mit den Zuwachsraten der Investitionen, geringer einzuschätzen sein. Daher stellt sich die Frage nach dem Zusammenhang von Investitionen und Konsumtion, d.h. inwieweit die Investitionen eine Funktion des Konsums sind (wie dies mit dem „Akzelerator" ausgedrückt werden könnte) oder ob und wieweit die Investitionen von anderen Größen, insbesondere von den Profiterwartungen, abhängig sind.

Schaubild 15:
Zyklische Entwicklung der Nachfrageverhältnisse in der Bundesrepublik 1950-1977

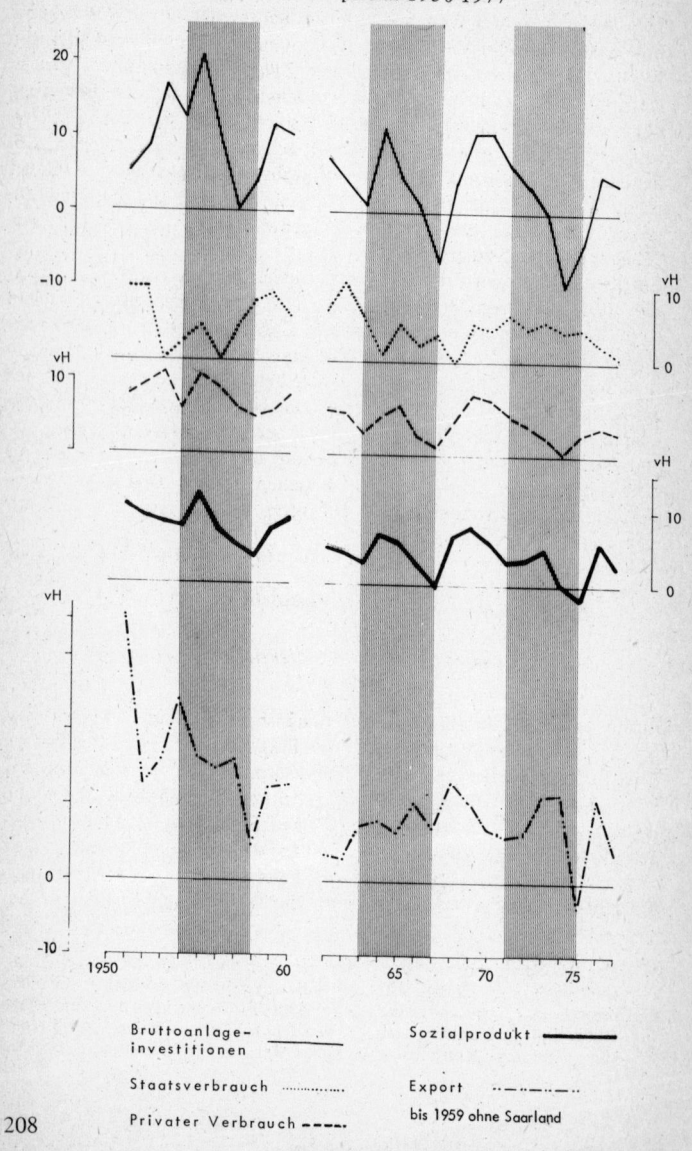

Bruttoanlage-investitionen	———	Sozialprodukt	———
Staatsverbrauch	··········	Export	—··—··—
Privater Verbrauch	- - - -	bis 1959 ohne Saarland	

4. Der zyklische Verlauf weist eine Eigentümlichkeit auf: Einem starken Aufschwung folgt jeweils eine schwache Krise, der wiederum ein schwacher Aufschwung und eine tiefe Krise nachgelagert sind. Dieses Phänomen hat auch zu der Annahme geführt, daß es sich in der Bundesrepublik nicht – wie bisher zumeist angenommen – um einen 4-5jährigen Zyklus, sondern um einen 7-9jährigen Zyklus handeln könnte, der jeweils von einer Zwischenkrise unterbrochen wird. Auch die Bewegung der Nettoinvestitionen könnte für eine solche These sprechen: Die Nettoinvestitionen weisen nämlich in den schwachen Aufschwüngen, z.B. der Jahre 1963/64 und 1972/73, nur geringe Zuwachsraten auf. Daher ist die Frage nach der Länge des Zyklus aufzuwerfen und in diesem Zusammenhang auch das Problem der schwachen Krisen bzw. der sog. „Zwischenkrisen" zu erörtern.

Entsprechend diesen Fragestellungen gliedern wir das nachfolgende Kapitel: Zunächst werden wir die Frage nach der Ursache der zyklischen Entwicklung aufwerfen und in diesem Zusammenhang einige uns relevant erscheinende theoretische Erklärungsversuche diskutieren. Danach stellen wir uns die Frage nach der Länge des Zyklus und dem Charakter der Krisen. Während diese Problemstellungen auf die zyklische Entwicklung des westdeutschen Kapitals generell bezogen sind, werden wir in einem abschließenden Teil ausführlicher auf die Zyklizität von Mitte der 60er Jahre bis Mitte der 70er Jahre eingehen, d.h. auf die Entwicklungsphase nach der ersten schweren Rezession des westdeutschen Kapitals nach dem Zweiten Weltkrieg.

9.1. Theorien des industriellen Zyklus

9.1.1. Eklektizistische und subjektivistische Theorien

In der nationalökonomischen Forschung ist die Konjunkturtheorie relativ ‚unterentwickelt'. Die Ansätze zu Erklärungsversuchen der großen Depression der 30er Jahre (vgl. die Zusammenfassung von Haberler 1948) sind aufgrund der langen Wachstumsphase nach dem Zweiten Weltkrieg aufgegeben oder doch nicht wesentlich weiterentwickelt worden. Ältere Ansätze, die auf der Grundlage der Keynesianischen Theorie eine Theorie des Konjunkturzyklus zu liefern versuchten, wie die Multiplikator-Akzelerator-Modelle (1) von Hicks (Hicks 1950) und von Sa-

---

1   Das Akzeleratorprinzip besagt, daß bei einer Steigerung des Konsums entsprechend dem Kapitalkoeffizienten die Investitionen erhöht werden müssen. Ist also ein Kapitaleinsatz von 2.000 DM notwendig, um zusätzliche 1.000 DM in Konsumgütern produzieren zu können, dann „akzeleriert" eine *zusätzliche* Konsumausgabe von 1.000 DM die Investitionen auf den

Tabelle 32:
Zyklische Entwicklung der Nachfrageverhältnisse in der Bundesrepublik
Veränderung gegenüber Vorjahr in v.H. (real) *)

Jahr	Bruttoanlage-investitionen	Staats-verbrauch	Privater Verbrauch	Export	Sozialprodukt
			in Preisen von 1962		
1950					
51	+ 5,3	+ 9,7	+ 7,9	+ 35,7	+ 10,4
52	+ 8,7	+ 9,7	+ 9,2	+ 12,8	+ 8,9
53	+ 17,0	+ 0,3	+ 11,0	+ 16,1	+ 8,2
54	+ 12,6	+ 2,6	+ 6,1	+ 24,0	+ 7,4
1955	+ 20,8	+ 4,6	+ 10,4	+ 16,7	+ 12,0
56	+ 8,6	+ 0,6	+ 8,8	+ 15,2	+ 7,3
57	− 0,1	+ 4,8	+ 6,2	+ 16,0	+ 5,7
58	+ 4,2	+ 8,3	+ 5,1	+ 4,8	+ 3,7
59	+ 11,8	+ 9,0	+ 5,7	+ 12,6	+ 7,3
1960	+ 10,2	+ 6,0	+ 8,0	+ 13,0	+ 9,0
			in Preisen von 1970		
61	+ 7,1	+ 6,5	+ 6,0	+ 3,6	+ 4,9
62	+ 4,6	+ 10,4	+ 5,4	+ 3,2	+ 4,4
63	+ 1,2	+ 6,7	+ 2,9	+ 7,6	+ 3,0
64	+ 11,3	+ 1,1	+ 5,0	+ 8,1	+ 6,6
1965	+ 4,8	+ 5,1	+ 6,9	+ 6,5	+ 5,5
66	+ 1,2	+ 2,4	+ 2,9	+ 10,3	+ 2,5
67	− 6,8	+ 3,6	+ 1,0	+ 7,3	− 0,1
68	+ 4,0	+ 0,1	+ 4,5	+ 13,3	+ 6,5
69	+ 10,5	+ 5,1	+ 7,9	+ 10,9	+ 7,9
1970	+ 10,8	+ 4,6	+ 7,3	+ 7,2	+ 5,9
71	+ 6,4	+ 6,3	+ 5,2	+ 6,1	+ 3,3
72	+ 3,5	+ 4,6	+ 4,0	+ 6,4	+ 3,6
73	+ 0,2	+ 5,5	+ 2,5	+ 11,5	+ 4,9
74	− 9,9	+ 4,3	+ 0,3	+ 11,8	+ 0,4
1975	− 4,2	+ 4,5	+ 2,5	− 6,0	− 2,5
76	+ 5,0	+ 2,4	+ 3,6	+ 11,2	+ 5,7
77	+ 4,1	+ 1,0	+ 2,9	+ 3,9	+ 2,4
78	+ 6,3	+ 3,9	+ 3,4	+ 4,4	+ 3,5
79	+ 8,5	+ 2,8	+ 2,8	+ 5,0	+ 4,4

*) bis 1959 ohne Saarland
Quelle: Statistisches Bundesamt; für die Jahre 1950-1960: Volkswirtschaftliche Gesamtrechnung Fachserie N, Reihe 3, Sonderbeiträge, revidierte Reihen seit 1950; auf Preisbasis 1962. Für die Jahre 1960-1977: Volkswirtschaftliche Gesamtrechnung, Fachserie 18, Reihe 1, 1977 und 1980 (Vorbericht) auf Preisbasis 1970

doppelten Betrag; der Akzelerator wäre in diesem Falle gleich 2. Allerdings ist der Akzelerator keine objektive, z.B. technologisch eindeutig definierte Größe, sondern ökonomisch durch das Investitionsverhalten der Unternehmer beeinflußbar. Daher ist der Akzelerator auch *nicht identisch* mit dem Kapitalkoeffizienten (d.h. dem Kehrwert der Kapitalproduktivität), sondern orientiert sich an ihm. Der Multiplikator besagt, daß ein Zusammenhang von muelson (Samuelson 1939) oder die empirisch orientierte Theorie Schumpeters, der die wirtschaftliche Entwicklung mit Hilfe von Innovationswellen erklärte, sind bald vergessen worden. Andere Theorieansätze, wie die stochastische Konjunkturtheorie, die die Krisen mit einer zufälligen Störung der Gleichgewichtslagen der Wirtschaft begründete (Krelle 1967), leugneten gar, daß es so etwas wie Gesetzmäßigkeiten des industriellen Zyklus geben könne. Dieser wurde als „Mythos" abgetan.

Der für die Entwicklung der Theorie der Marktwirtschaft in der Bundesrepublik für viele Jahre dominierende Walter Eucken schreibt, „daß dynamische Theorien oder Konjunkturtheorien, die allgemein gültige Aussagen des konkreten wirtschaftlichen Alltags versuchen, scheitern *müssen*" (Eucken 1950, 182). Der Fortschritt der wissenschaftlichen Erforschung des industriellen Zyklus hat sich so weniger auf der Ebene einer theoretischen Durchdringung abgespielt als vielmehr bei den Versuchen, anhand von *Symptomen*, d.h. anhand von ökonomischen Indikatoren, die konjunkturelle Bewegung möglichst exakt prognostizieren zu können. Damit sind Versuche fortgesetzt worden, die bereits in den 20er Jahren in den USA durch Mitchell u.a. mit dem sog. *Harvard-Konjunkturbarometer* begonnen wurden. Diese Art und Weise, den Konjunkturverlauf in den Griff zu bekommen, ist als *Symptomatologie* (2) bezeichnet worden, der auf wissenschaftstheoretischer Ebene die Annahme einer *pluralistisch* zu erfassenden *Multikausalität* von Einflußfak-

---

zusätzlichen Investitionen und Einkommenszuwachs besteht. Eine anfängliche Investition von einer bestimmten Höhe bringt nach einer Reihe von Perioden ein Mehrfaches an Einkommen hervor. Mit Hilfe des Akzelerator-Multiplikator-Prinzips läßt sich daher folgender zyklischer Ablauf konstruieren: Wenn das Einkommen in der Prosperität steigt, fällt – da die marginale Konsumquote sinkt – der proportionelle Teil, der für Konsumausgaben verwandt wird. Die Nachfrage nach Konsumprodukten steigt daher weniger schnell als das Einkommen. Da der Anstieg der Konsumgüternachfrage in jeder Periode immer kleiner wird, sinken die Nettoinvestitionen absolut (Akzelerator). Dies verursacht ein Absinken des Gesamteinkommens (Multiplikator) und ein Absinken der Konsumnachfrage, welches zu einem weiteren Absinken der Investitionen und zur Depression führt. Da aber umgekehrt in der Krise die Konsumtion nicht so schnell absinkt wie das Einkommen, wird der Abfall der Nachfrage langsamer, bis schließlich Nettoinvestitionen wieder vorgenommen werden.

2 Als „Symptomatologie" wird die Konjunkturtheorie zur bloßen Konjunkturbeobachtung der zyklischen Erscheinung ökonomischer Größen, wo aus dem bloßen Verhalten bestimmter Daten auf Gesetze empirischer Art geschlossen werden soll. Dies gilt sowohl für die „Konjunkturbarometer" (vgl. Gater 1931) als auch für Konjunkturtests, wie sie etwa vom Ifo-Institut für Wirtschaftsforschung durchgeführt werden (vgl. Marquardt/Strigel 1959). „Die Methode besteht einfach darin, Tatsachen – wenn möglich Zahlen – zu beobachten, die solche Phänomene betreffen, von denen wir aus Erfahrung wissen, daß sie in sich selbst oder als Symptom wichtig sind..." (Schumpeter 1961, 21).

toren auf die ökonomische Entwicklung zugrundeliegt. Letztlich verführt dies zu *Eklektizismus* (3).

Auch wenn wir die empirischen Untersuchungen des Sachverständigenrates zur Begutachtung der gesamtwirtschaftlichen Entwicklung in der BRD betrachten, fällt die ausgeprägte Theorielosigkeit im Hinblick auf den industriellen Zyklus und insbesondere hinsichtlich der Erklärung der ökonomischen Krise auf. Nicht zuletzt hat dies zu prognostischen Fehlleistungen geführt, so wenn noch im November 1966 wenige Wochen vor dem scharfen konjunkturellen Einbruch der Sachverständigenrat „für die Beschäftigung auch 1967 keine ernsten Gefahren" sieht (JG 1966/67, 133). In der Krise Mitte der 70er Jahre sieht sich der Sachverständigenrat dann veranlaßt, die „Ursprünge der Krise" (JG 1975, 41) zu benennen. Dabei geht es ihm nicht darum, die innere Dynamik der industriellen Zyklen aufzudecken und das Krisenphänomen, das immerhin zu über 1 Million Arbeitslosen geführt hat, theoretisch zu begründen, sondern entsprechend der multikausalen Betrachtungsweise einzelne Faktoren nebeneinander zu stellen, von denen angenommen wird, daß sie für die Ursprünge der Krise verantwortlich sein könnten: Zunächst benennt der Sachverständigenrat unter den binnenwirtschaftlichen Gründen den „Verteilungskampf", dessen Resultat Lohnsteigerungen über dem Produktivitätsfortschritt gewesen seien. Durch nachfolgende Preissteigerungen sei die Stabilität gefährdet worden und habe das Beschäftigungsrisiko zugenommen. Dabei geht der Sachverständigenrat mit der Neoklassik davon aus, daß das marktwirtschaftliche System grundsätzlich krisenfrei sei. Nur die übermäßigen Ansprüche der sozialen Gruppen hätten die Krise produziert: die Gewerkschaften durch ihre Lohnforderung und der Staat durch seine überzogene Inanspruchnahme des Produktionspotentials für soziale Reformen, Leistungsverbesserungen, Wohlstandszuwächse usw. Dieses wirtschaftliche „Fehlverhalten" habe die Erträge auf die Investitionen sinken lassen und die Investoren verunsichert. Nicht das marktwirtschaftliche System neigt dem Sachverständigenrat zufolge zu periodischen Krisen, sondern das der Marktwirtschaft nicht entsprechende Verhalten der sozialen Gruppen mache eine Reinigungskrise notwendig. Als weiteren wirtschaftspolitisch bedingten Grund der Krise bezeichnet der Sachverständigenrat dann das zu lange Festhalten an fixen Wechselkursen, wodurch die Inflationstendenzen im Ausland durch eine entsprechende Wechselkursanpassung nicht vom Inland ferngehalten werden konnte. Schließlich nennt der Sachverständigenrat noch die „Inflationsgewöhnung" als Grund für das laxe Verhalten der „Wirtschaftssubjekte", die zu spät stabilisierende Maßnahmen als erforderlich erachteten. Es sind zu-

---

3 „Allgemein kann man sagen, daß die Konjunkturtheorie immer eklektischer geworden ist..." (Weber/Neiss 1967, 18).

meist also subjektive oder psychologische Faktoren, die für die Krise Mitte der 70er Jahre verantwortlich gemacht werden. Wenn die Krise aus dem Fehlverhalten von Arbeiterklasse und Staat und nicht aus den Strukturbedingungen der privatkapitalistischen Ökonomie mit ihren dezentralen Entscheidungen über Produktion und Akkumulation erklärt wird, ist es sehr leicht möglich, das System der Produktion von den Krisenursachen zu entlasten und diese je nach Interessenlage abwechselnd den einzelnen Interessengruppen oder dem Verhalten der wirtschaftspolitischen Instanzen anzulasten.

Bei diesen *subjektivistischen Krisenerklärungen* ist immer die Frage zu stellen, warum das jeweilige handelnde Subjekt ein Interesse an der Krise haben soll und warum und wie sich dieses Interesse gerade *periodisch* herausbildet. Die Gewerkschaften, häufig genug zu Verantwortlichen für die Krise gestempelt, dürften kaum ein Interesse an einer Rezession haben, da Arbeitslosigkeit ihre Handlungsmöglichkeiten und Kampfstärke einschränkt und die Lebenssituation der Lohnarbeiterklasse insgesamt verschlechtert. Die Bundesbank, der die Krise angelastet wird, dürfte ebenfalls kein Interesse daran haben, da schließlich das Renommee ihrer Vertreter davon betroffen ist und so ihre Aufgabe, mit ihrer Politik Wachstum und Stabilität zu garantieren, nicht erfüllt werden kann. Daß eine Regierung gerade unter parlamentarischen Verhältnissen ebenfalls an der Krise kein Interesse hat, ist einsichtig. Bleiben also die Unternehmer. Auf keinen Fall können die von Konkursen Betroffenen und Bedrohten an der Krise interessiert sein. Zumindest wäre eine differenzierte Betrachtung notwendig, selbst wenn einzelne Unternehmervertreter in der Öffentlichkeit eine Situation bejahen, in der die Arbeitsplätze knapp sind und die Gewerkschaften zurückstekken müssen. Die Suche nach eindeutigen Interessenten an der Krise dürfte sich demnach als ein Fehlschlag erweisen. Dann bleibt aber nur noch die Behauptung, daß *Fehler* und Fehlverhalten die Krise bewirkt haben könnten. Doch auch hier ist zu fragen, wieso es gerade *periodisch* zu diesen Fehlern kommen sollte und wieso beispielsweise Regierungen der westlichen Industriestaaten eine sehr lange Periode nach dem Zweiten Weltkrieg über ausgesprochen ,,klug" und ohne Fehler gehandelt haben und nun auf einmal und gleichzeitig mit Blindheit geschlagen sein sollen.

Eine scheinrationale Begründung erfährt dieser Subjektivismus in dem neoklassischen Theorieansatz — dem übrigens auch der Sachverständigenrat anhängt —, wenn das ,,fehlerhafte" Verhalten und die ,,falsche Politik" darauf bezogen werden, daß ohne solche Fehler das System stabilitätsgerecht funktionieren würde. Unter der prinzipiellen Annahme von der Stabilität und Krisenfreiheit der erwerbswirtschaftlichen, privaten Ökonomie können Krisen, selbst schwere Krisen, nur als Resultat von friktionellen Anpassungsschwierigkeiten und von Fehlverhalten interpretiert werden. Ein dauerhafter Arbeitskräfteüberschuß, also Arbeitslosigkeit, kann nach diesem Theorieansatz ebensowenig in der Privatwirtschaft entstehen wie eine längere Unterauslastung der Kapazitäten oder eine permanente Inflation, wenn nur die Selbstregulierung des Systems nicht durch Inflexibilitäten oder störende Eingriffe „von außen" (durch falsche staatliche Politik) gestört würde. Ein flexibel reagierendes Preissystem auf den Güter- und Faktormärkten sorgt dann dafür, daß Überproduktion und Unterbeschäftigung durch Mengen- und Preisanpassung schnell beseitigt würden. Daraus resultieren dann auch die wirtschaftspolitisch verbreiteten Anti-Krisenrezepte, in denen eine so starke Lohnsenkung verordnet wird, daß bei einem gegebenen „Grenzprodukt" der Arbeit die Unternehmer wieder zusätzliche Arbeitskräfte nachfragen. Umgekehrt liegt die Arbeitslosigkeit insgesamt wie die einzelner Gruppen von Lohnabhängigen nach diesem Interpretationsrahmen an Löhnen, die das Grenzprodukt der Arbeit übersteigen. Also erscheint auch in diesem Ansatz die „Maßlosigkeit" als Krisenursache – wie in der Darstellung des Sachverständigenrates auch, der in seiner Mehrheit die neoklassische Theorie seit Anfang der 70er Jahre vertritt.

Gegenüber diesem neoklassischen Argumentationsstrang wird in der Regel eingewandt, daß das Preissystem gegenüber Mengenungleichgewichten gar nicht mehr flexibel reagieren könne. Bei Überproduktion und Kapazitätsunterauslastung können die Preise nicht mehr sinken. Denn die Preispolitik der großen Kapitale (Monopole) ist gerade in der Krise von dem Versuch bestimmt, die Profitabilität der Produktion noch durch möglichst hohe Preise gerade bei Absatzrückgang zu erhalten (vgl. dazu genauer Kapitel 8, Abschnitt 2). Zwar hängt das Gelingen dieser Preissetzung von der Konkurrenzintensität in der Branche, von potentiellen Konkurrenten außerhalb der Branche und von der Nachfrageelastizität bei den entsprechenden Waren ab. Doch kann realistisch davon ausgegangen werden, daß eine Preisanpassung nach unten nur in seltenen Fällen erfolgen wird und daß die Preise ihre Funktion, Angebot und Nachfrage in Übereinstimmung zu bringen, nicht mehr erfüllen. Aber selbst bei flexiblen Preisen ist es sehr ungewiß, daß eine Anpassung von Angebot und Nachfrage erfolgt, die zu einer Situation der Vollbeschäftigung führt. Denn Preissenkungen würden selbst *dann* mit einer kumulativen Abwärtsbewegung des *Mengensystems* verbunden sein, wodurch die Krise gerade eingeleitet wird. *Rigide* Preise hingegen verschärfen zwar das Krisenproblem, verursachen es aber nicht (wie fälschlicherweise auch einige marxistische Ökonomen meinen, so Huffschmid/Schui 1976). Welches sind nun aber die Ursachen für die kumulativen Abwärtsprozesse in der kapitalistischen Wirtschaft?

9.1.2. Unterkonsumtions- und Überproduktionstheorien

Wir können diese kurzen und notwendigerweise groben Ausführungen über das Verständnis vom industriellen Zyklus und insbesondere von der Krise in der nationalökonomischen Wissenschaft und in der öffentlichen Meinung abschließen und uns Erklärungsansätzen zuwenden, die den Zyklus und die Krise aus der Form der gesellschaftlichen Reproduktion zu erklären versuchen.

Oberflächlich betrachtet, können Krisen allein schon deshalb eintreten, weil die Abstimmung der Fülle von Handlungen der Privatproduzenten über den Markt nur *"anarchisch"* vonstatten geht. Jedes einzelne Kapital muß immer wieder seinen Kreislauf vollziehen können, d.h. seine Verwandlung von Geldkapital in produktives Kapital (bestehend aus Produktionsmitteln und Arbeitskräften, die zur Erzeugung von Waren im Produktionsprozeß kombiniert werden). Das in den erzeugten Waren steckende Kapital muß wieder auf dem Markt gegen Geldkapital getauscht werden können. Dabei ist nicht nur eine Kontinuität der Produktion und Reproduktion vorausgesetzt, sondern es ist entscheidend, daß dieser Tausch in einem Kreislauf vollzogen wird, der eine Verwertung des vorgeschossenen Geldkapitals ermöglicht. Die *Kreisläufe der Einzelkapitale* sind ineinander verwoben, so daß Störungen die Eigenschaft haben können, sich nicht auf ein einzelnes Kapital zu beschränken, sondern sich auszuweiten. Kann beispielsweise Warenkapital nicht oder nur unter Verlusten in Geldkapital rückverwandelt werden, dann wird die Produktion der entsprechenden Waren eingeschränkt. Es werden entsprechend weniger Arbeitskräfte auf dem Arbeitsmarkt gekauft und Rohstoffe und Vorprodukte von anderen Unternehmen bezogen. Jede Störung kann sich so multiplizieren, und es ist eine der Aufgaben der Krisentheorie, zu begründen, unter welchen Umständen die *Störungen* der vielen Kapitalkreisläufe *synchron* auftreten oder sich so schnell und stark *ausweiten*, daß eine *allgemeine Krise* eintritt. Partielle Krisen bei einzelnen Kapitalen oder Wirtschaftszweigen sind infolge der Planlosigkeit auf dem Markt immer möglich, d.h. das Angebot nach einzelnen Warenarten kann temporär größer als die Nachfrage sein. Vorangegangene *Disproportionalitäten* können zu einer solchen Situation der Überproduktion führen. Wenn einige für den Reproduktionsprozeß zentrale Industriezweige betroffen sind, dann kann aus partiellen Disproportionalitäten eine allgemeine ökonomische Krise entstehen. Warum dies der Fall ist und unter welchen Umständen dies geschieht, ist jedoch im Rahmen der *"Disproportionalitätstheorie der Krise"* nicht erklärbar.

Eine andere, an Marx anknüpfende Richtung der Krisen- und Zykluserklärung begründet die Krise aus dem Widerspruch zwischen Produktionskraft des Kapitals und Konsumtionskraft der Massen – als

Folge also der *Überproduktion* bzw. *Unterkonsumtion*. Auf diese Theorierichtung gehen wir etwas ausführlicher ein, nicht zuletzt deshalb, weil sie innerhalb der Arbeiterbewegung eine große Rolle gespielt hat und noch spielt und weil sie selbst in keynesianisch begründeten Krisenvermeidungsstrategien zentral ist. Denn es ist die Interpretation nicht ganz von der Hand zu weisen, daß auch Keynes zu den Unterkonsumtionstheoretikern zu zählen wäre. (4)

Marx bezeichnet den zur Krise treibenden Widerspruch der kapitalistischen Produktionsweise folgendermaßen:

„Da nicht Befriedigung der Bedürfnisse, sondern Profit Zweck des Kapitals, und da es diesen Zweck nur durch Methoden erreicht, die die Produktionsmasse nach der Stufenleiter der Produktion einrichten, nicht umgekehrt, so muß beständig ein Zwiespalt eintreten zwischen den beschränkten Dimensionen der Konsumtion auf kapitalistischer Basis und einer Produktion, die beständig über diese ihre immanente Schranke hinausstrebt..." (Kapital III, *MEW* 25, 267)

In den Unterkonsumtionstheorien nun liegt das Gewicht der Argumentation auf den „beschränkten Dimensionen der Konsumtion", bei den Überproduktionstheorien auf der „Produktion, die beständig über diese ihre immanente Schranke hinausstrebt." Allerdings bedeutet in diesen Theorien, wie wir sehen werden, die Verabsolutierung einer Seite des Widerspruchs weit mehr als die bloße Überbetonung eines Moments. Denn damit wird vom Widerspruch selbst, d.h. von der Notwendigkeit der Krise als der Form, in der sich „der Konflikt zwischen den widerstreitenden Agentien Luft macht" (Kapital III, *MEW* 25, 259), abstrahiert. Lösungen der Krise scheinen danach durch jeweilige Anpassung von Konsumtion und/oder Produktion möglich: Entsprechend der Unterkonsumtionstheorie müßte die Massenkonsumtion angehoben wer-

---

4 In seiner „Allgemeinen Theorie der Beschäftigung, des Zinses und des Geldes" setzt sich Keynes mit der Überinvestitions- und mit der Unterkonsumtionstheorie auseinander. Für die praktische Politik meint er Schlußfolgerungen aus beiden Konjunkturerklärungen übernehmen zu sollen: „ . . . I should readily concede that the wisest course is to advance on both fronts (Investitions- und Konsumankurbelung – d. Verf.) at once. Whilst aiming at a socially controlled rate of investment with a view to a progressive decline in the marginal efficiency of capital, I should support at the same time all sorts of policies for increasing the propensity to consume. For it is unlikely that full employment can be maintained, whatever we may do about investment, with the existing propensity to consume. . ." (Keynes 1964, 325). Die Möglichkeit einer Erhöhung der Konsumneigung sieht Keynes bereits in einer Veränderung der Einkommensverteilung zugunsten der kleinen Einkommen, die eine höhere Konsumquote als die höheren Einkommen aufweisen. Insgesamt betrachtet unterscheidet sich Keynes von den gängigen Unterkonsumtionstheoretikern jedoch dadurch, daß er neben der Konsumneigung die Investitionsneigung als bestimmend für den Konjunkturverlauf erkennt.

den, um das Problem der mangelnden Nachfrage zu lösen. Während Marx aber nur sehr grobe Hinweise auf diesen Krisentypus gegeben hat, haben einige marxistische Theoretiker wie Luxemburg, Sternberg, Lederer u.a. versucht, hier genauere Erklärungsansätze anzubieten. War bei Luxemburg und Sternberg die Unterkonsumtionstheorie nur ein Mittel, um eine Zusammenbruchs- und Imperialismustheorie zu begründen, so versuchten andere – etwa Lederer – mit Hilfe des Unterkonsumtionsansatzes auch eine Krisen- und Zyklustheorie abzuleiten. (5)

Wie wird nun in Unterkonsumtionstheorien das „Auseinanderklaffen zwischen Produktionsentwicklung und Einkommensentwicklung, welches allein eine universale Krise und ihr regelmäßiges Auftreten zu erklären vermag" (Lederer 1925, 386), begründet? In den verschiedenen Unterkonsumtionstheorien spielen zwei Begründungszusammenhänge die bedeutendste Rolle: Einmal wird dieses Auseinanderklaffen durch *Disproportionen* in der Lohn- und Preisentwicklung, wie sie im Konjunkturverlauf auftreten, hergeleitet; zum anderen wird es mit einer zu Beginn des Zyklus auftretenden ungleichen Einkommensverteilung erklärt. In beiden Fällen haben die Löhne für den Konjunkturmechanismus und das Eintreten der Krise eine Schlüsselfunktion. Wenden wir uns zunächst der Erklärung dieses Mechanismus aus der Disproportion von Lohn- und Preisentwicklung zu: Steigt im Konjunkturaufschwung die Preissumme vor allem der Konsumwaren schneller als die Preissumme für die Ware Arbeitskraft, so vermindert sich deren *relative Realkaufkraft*, während auf der anderen Seite infolge der steigenden Gewinne die Nachfrage nach Produktionsmitteln relativ ansteigt. Produktionsmittel werden aber nur so lange gekauft, wie man das, was mit ihnen produziert werden kann, auch gewinnträchtig zu verkaufen vermag. Wie soll dies aber gelingen, wenn gerade die relative Realkaufkraft der Löhne im Verlauf des Konjunkturaufschwungs sinkt? In der Hochkonjunktur entsteht also auf der Grundlage der Einkommensverteilung ein Ungleichgewicht, das erst wieder behoben werden kann,

„wenn durch neuerliche Veränderungen der Einkommensströme das alte Verhältnis wieder hergestellt, die Akkumulation wieder gesenkt, die Quote der konsu-

---

5 In der Gruppe der marxistischen Unterkonsumtionstheoretiker nimmt nur Varga eine Sonderstellung ein, indem er den *Widerspruch* von Produktionskraft und Konsumtionskraft ins Zentrum seiner Krisen- und Zyklusanalyse stellt. So formuliert er: „Die private Aneignung, die Jagd nach dem Profit, zwingt zur Akkumulation, d.h. zur Verwendung eines Teils des Wertprodukts nicht zur individuellen Konsumtion, sondern zur Vergrößerung des Kapitals, bedeutet aber eine ständige, relative – periodisch latente, periodisch offene – Überproduktion. Der Widerspruch zwischen dem unbegrenzten Trieb der Kapitalisten zur Vergrößerung der Produktion und der beschränkten Konsumtionskraft der kapitalistischen Gesellschaft muß zu periodischen Krisen führen." (Varga 1969, 202)

mierten Waren wieder in das gleiche Verhältnis zum Kapitalbestand gebracht wird. Diese Wiederherstellung erfolgt in der Krise." (Lederer 1925, 393 f.)

Auch der Aufschwung aus der Krise ist aus den umgekehrten Gründen im Rahmen dieser Begrifflichkeit erklärbar: Aufgrund spezifischer Inelastizitäten bestimmter Preiskategorien, insbesondere der Löhne, die nicht unter ein Existenzminimum fallen können, ergeben sich Veränderungen in der Preisstruktur. Die Preise der Konsumwaren sinken relativ am stärksten, so daß die relative Realaufkraft der Löhne, obwohl sie absolut ebenfalls sinken, ansteigt und mit der nun steigenden realen Konsumnachfrage die

„Lager rasch geleert (werden), während die Produktion sinkt. Übersteigt der Konsum die Neuproduktion (was im Tiefpunkt der Konjunktur der Fall ist), so sind schon die Vorbedingungen für steigende Preise und damit Neubelebung der Konjunktur geschaffen." (Lederer 1925, 403 f.)

Dieser Automatismus aus der Krise heraus kann allerdings noch politisch effizient gemacht werden, indem der *„Konsumtionssockel"* politisch angehoben wird. Es können durch *„Notstandsarbeiten"* neue zusätzliche Einkommen geschaffen werden, und es kann die Konsumtion sog. *dritter Schichten* gefördert werden, weil durch deren Einkommenserhöhungen nicht wie bei steigenden Löhnen der Profit unmittelbar gefährdet wird. Diese dritten Schichten spielen in der Argumentation der Unterkonsumtionstheoretiker, wie z.B. bei Lederer (aber auch bereits bei den klassischen Unterkonsumtionstheoretikern wie Malthus und Hobson) eine wichtige Rolle (vgl. auch Lederer 1925, 403).

Wir sehen hier bereits eine gewisse Nähe zu der keynesianischen Vorstellung der Konsumtionsbelebung in der Krise mittels Hebung des Massenkonsums oder *deficit-spending*. Sowohl Lederer als auch Keynes geht es darum, eine Konsumtionsankurbelung zu erreichen, ohne daß von der Lohnkostenseite her die Profitabilität des Kapitals eingeschränkt würde. Bei Lederer sind es die dritten Schichten, bei Keynes ist es die Konsumneigung der unteren Einkommensbezieher, die hier Abhilfe schaffen sollen. Allerdings ist im Rahmen dieser Vorstellung die Frage kaum zu beantworten, woher die Einkommen der dritten Schichten und der zusätzliche Konsum unterer Einkommensbezieher eigentlich stammen sollen, außer durch staatliche Verschuldung. Deren Wirkung auf den Produktionsprozeß ist jedoch davon abhängig, inwieweit mit den verbesserten Realisierungsbedingungen durch Ausweitung der Konsumtionskraft auch profitable Produktionsbedingungen entstehen. Dies ist kurzfristig dann der Fall, wenn die Nachfrage steigt und die Auslastung zunimmt. Langfristig kann dies aber nur dann der Fall sein, wenn die Profitrate aufgrund steigender Ausbeutung und durch Entwertung von überakkumuliertem Kapital zu steigen vermag.

Auch die *zweite Version* der Unterkonsumtionstheorie begründet die Krise weniger mit dem Profitabilitätsargument als aus der ungleichen

Einkommensverteilung und der dadurch entstehenden Nachfragelücke auf der Konsumgüterseite (vgl. Hunt/Sherman 1974, 151 ff. und Schui 1976). Wenn sich das in einer Periode entstehende Einkommen von der Nachfrageseite her in Konsum und Investitionen und von seiner Verteilungsseite her in Löhne und Profite aufteilt und wenn weiter angenommen wird, daß die Konsumneigung bei den Lohnbeziehern größer ist als bei den Profitbeziehern, so läßt sich folgender Ablauf von Einkommensverteilung und Konsumnachfrage im Zyklus konstruieren: In der Krise gehen zunächst die Profite stärker zurück als die Löhne. Die Lohnquote steigt und die Profitquote sinkt demzufolge. Da relativ mehr aus den Löhnen konsumiert wird und die Konsumausgaben relativ langsamer absinken als das Einkommen, kommt es wieder zu einem neuen Aufschwung. Da jedoch im Aufschwung die Profite schneller steigen als die Löhne und infolgedessen die Lohnquote wieder sinkt und da aus den Profiten relativ weniger konsumiert und mehr investiert wird, kommt es im Laufe des Booms zu einer relativen Begrenzung der Nachfrage nach Konsumgütern, weil sich die konsumtive Kaufkraft der Bevölkerung nicht entsprechend den Produktionsmöglichkeiten entwickelt. Die fehlende Ausweitung der Konsumgüternachfrage zwingt die Produzenten von Konsumwaren zu einer entsprechenden Zurückhaltung bei der Bestellung von Investitionsgütern. Hier verschafft sich das *„Akzeleratorprinzip"* Geltung, d.h. die Abhängigkeit der Investitionen von der Wachstumsrate der Konsumnachfrage. Die Investitionen werden also mit dem Rückgang der Wachstumsrate der Konsumnachfrage gedrosselt. Auf der anderen Seite gehen mit den Investitionen aber auch die Einkommen und daher die Konsumausgaben zurück oder sie wachsen zumindest langsamer. Dann aber verringert sich sowohl das Lohn- als auch das Profiteinkommen, und die Depression beginnt. „Mit dem Volkseinkommen verringern sich in der Depression die Konsumausgaben, aber die Investitionen gehen noch mehr zurück." (Hunt/Sherman 1974, 159) In der Krise selbst sinkt nach dieser Theorie der Konsum schließlich aufgrund der steigenden Lohnquote langsamer als das Einkommen, wodurch die Investitionen wieder zunehmen können bzw. die Desinvestitionen zurückgehen. Durch die Investitionen steigen wieder Lohn- und Profiteinkommen in ungleicher Weise, wodurch wieder die Basis für eine neue zyklische Krise gelegt wird. Auch die für die Bundesrepublik zu beobachtende schwächere Ausprägung der zyklischen Bewegung der Konsumgüternachfrage im Vergleich zur Investitionsgüternachfrage (vgl. Schaubild 15) scheint tatsächlich auf den ersten Blick eine Bestätigung der Unterkonsumtionstheorie der Krise zu liefern. Doch sind einige problematische Punkte hervorzuheben.

Erstens kann, wie die empirischen Daten zur Lohn- und Profitquote im Zyklus zeigen, nicht ohne weiteres davon ausgegangen werden, daß die Lohnquote auch noch im Boom fällt bzw. die Profitquote steigt. Vielmehr ermöglicht gerade die steigende Lohnverhandlungsmacht der Gewerkschaften im Aufschwung steigende Geldlöhne und eine steigende Lohnquote. Auch die Beseitigung der Arbeitslosigkeit und die Einbeziehung von bislang inaktiven Bevölkerungsteilen in den Produktionsprozeß (Jugendliche, Ältere, Hausfrauen, Gastarbeiter usw.) bedeutet eine Steigerung der Lohneinkommen und damit auch der Konsumnachfrage, die auch nicht relativ zurückgehen muß. Auch Marx wies bereits in seiner Kritik an Sismondi darauf hin, daß die Zuwachsraten der Löhne im Boom und „Prosperität der Arbeiterklasse" der „Sturmvogel der Krise" seien (Kapital II, *MEW* 24, 409 f.).(6)

Zweitens: Diese Theorie, insbesondere, wenn man sie von der Überproduktionsseite her betrachtet, könnte nur dann eindeutig eine Krise in der ganzen Wirtschaft begründen, wenn mit ihr gezeigt werden könnte, daß die Wachstumsrate der Produktivität in den Konsumgüterindustrien im Verlaufe des Booms größer ist als die Reallohnzunahme in der Gesamtwirtschaft unter der Annahme *inflexibler Preise*. Nur dann kann sich eine „Konsumlücke" herausbilden, weil die Konsumgüternachfrage durch die Wachstumsrate der Lohneinkommen begrenzt wäre und sich gegenüber der stärker expandierenden Produktionskraft der Konsumgüterindustrien relativ verringern würde. Aber der relative Rückgang der Konsumgüternachfrage könnte ja durch partielle Preisanpassungen kompensieren lassen, so daß (wenn die Preise sinken) Rückgänge in den Absatzmengen nicht einzutreten brauchten. Die Krise ist also nur begründbar mit der Annahme inflexibler Preise. Außerdem wäre das Problem zu klären, wieso es nicht – zumindest langfristig – bei Herausbildung der „Konsumlücke" zu Verschiebungen in der Nachfragestruk-

---

6 „Es ist eine reine Tautologie zu sagen, daß die Krisen aus Mangel an zahlungsfähiger Konsumtion oder an zahlungsfähigen Konsumenten hervorgehn. Andre Konsumarten als zahlende kennt das kapitalistische System nicht, ausgenommen die sub forma pauperis oder die des ‚Spitzbuben'. Daß Waren unverkäuflich sind, heißt nichts, als daß sich keine zahlungsfähigen Käufer für sie fanden, also Konsumenten... Will man aber dieser Tautologie einen Schein tiefrer Begründung dadurch geben, daß man sagt, die Arbeiterklasse erhalte einen zu geringen Teil ihres eignen Produkts, und dem Übelstand werde mithin abgeholfen, sobald sie größern Anteil davon empfängt, ihr Arbeitslohn folglich wächst, so ist nur zu bemerken, daß die Krisen jedesmal gerade vorbereitet werden durch eine Periode, worin der Arbeitslohn allgemein steigt und die Arbeiterklasse realiter größern Anteil an dem für Konsumtion bestimmten Teil des jährlichen Produkts erhält. Jene Periode müßte – von dem Gesichtspunkt dieser Ritter vom gesunden und ‚einfachen' (!) Menschenverstand – umgekehrt die Krise entfernen. Es scheint also, daß die kapitalistische Produktion vom guten oder bösen Willen unabhängige Bedingungen einschließt, die jene relative Prosperität der Arbeiterklasse nur momentan zulassen, und zwar immer nur als Sturmvogel einer Krise." (Kapital II, *MEW* 24, 409 f.)

tur zu den Investitionen und zu zusätzlicher Nachfrage höherer Einkommensschichten kommen kann. Auch wenn zugestanden werden muß, daß durch diese Nachfragekomponenten allenfalls teilweise Kompensation möglich sein dürfte, ist dadurch doch ein Spielraum gegeben. Denn es gibt kein allgemeines und ausschließliches Verhältnis zwischen Konsumtion und Investition, oder zwischen Konsum der Massen und desjenigen höherer Schichten oder des Staates. Die Investitionsquoten, die Anteile des Staatsverbrauchs an der Gesamtnachfrage, die Konsumtion der höheren Einkommensschichten sind von Land zu Land verschieden und wechseln auch in den Epochen kapitalistischer Entwicklung.

Drittens sind die verschiedenen Versionen der Unterkonsumtionstheorie in der Beurteilung der Entstehung von Konsumlücken nicht eindeutig. In der traditionellen Theorie wird die mangelnde Konsumnachfrage der Massen zum eigentlichen, krisenverursachenden Faktor erklärt. Diese Version der Unterkonsumtionstheorie ist dann Mißverständnissen ausgesetzt, wenn gemeint wird, daß die Krise aus unbefriedigten Massenbedürfnissen herrührt. In der kapitalistischen Produktion zählt nur „zahlungsfähige" Nachfrage und aufgrund einer bestimmten Einkommensverteilung wird dann die zahlungsfähige Nachfrage, wenn sie bei den unteren Einkommensbeziehern fehlt, bei höheren Einkommensbeziehern konzentriert sein. Daß unbefriedigte Bedürfnisse vorhanden sind, ist allenthalben sichtbar; die Konsumtionsnachfrage der Massen kann nur dann zum Grund der Krise werden, wenn das Masseneinkommen bei steigendem Produktionspotential stagniert oder relativ langsamer wächst als die Produktionskapazitäten und *keine* zusätzliche Nachfrage durch höhere Einkommensschichten oder durch zusätzliche Investitionsnachfrage entsteht. In der Version von Hunt/Sherman ist es die Unterkonsumtion der höheren Einkommensschichten (infolge der höheren Sparquote bei geringerer Konsumneigung), die die Krise begründet, während nach der traditionellen Version die Unterkonsumtion der Massen (also der niedrigen Einkommensbezieher) die Krise verursacht.

Viertens erweist sich die Unterkonsumtionstheorie der Krise insofern als eine vereinseitigende Auffassung, weil von ihr lediglich die Realisierungsbedingungen von Profit, nicht aber seine *Produktions*bedingungen betrachtet werden. Wir haben auf diesen Punkt bereits in der Auseinandersetzung mit der Unterkonsumtionstheorie Lederers hingewiesen und zu zeigen versucht, daß dieser Einwand auch die Theorie des deficitspending von Keynes trifft. Gerade auf diesen Punkt werden wir im folgenden Abschnitt noch eingehen.

Fünftens: Wenn die Unterkonsumtionstheorie die Seite der Überproduktion in der Krise betont und dabei das Streben nach größtmöglicher Profitproduktion in der Konkurrenz der Kapitale für den entstehenden Widerspruch von Produktionskraft und Nachfrage — oder genauer: für den Aufbau von Produktionskapazitäten, die über die erwartete Nachfrage hinausgehen — verantwortlich macht, dann sind damit weiterführende Argumente der Konjunkturerklärung benannt. Dieser sich durch die *Kapitalakkumulation* zuspitzende Widerspruch kann sich aber in *allen* Bereichen der Kapitalanlage entwickeln und nicht nur in der Konsumgüterindustrie. Eine von der Konsumgüterindustrie ausgehende sich verallgemeinernde Krise ist so jedenfalls nicht begründbar. Die Einseitigkeit der Unterkonsumtions-/Überproduktionstheorie besteht gerade darin, daß die in bezug auf das aufgebaute Produktionspotential unzureichende Nachfrage lediglich oder in erster Instanz als *Konsum*nachfrage gesehen wird und nach ihrer Auffassung die Krise daher von der konsumgüterproduzierenden Abteilung ausgehen müßte. Diese Annahme ist jedoch weder theoretisch (wie im folgenden Abschnitt gezeigt wird) noch empirisch haltbar.

9.1.3. Überakkumulation als Grund der Krisen

Es zeigt sich also, daß

„die produzierte Quantität von Konsumtionsmitteln... nur deshalb zur Schranke der Produktion werden kann, weil sie als kapitalistisch produzierte Warenmasse oder Existenzform des prozessierenden Kapitalwerts zu einem Preis veräußerbar sein muß, der einen bestimmten Mindestprofit einschließt. Zwar kann im Einzelfall für ein spezifisches Produkt die Größe des Bedürfnisses auch unabhängig von dieser formbestimmten Schranke die Produktion begrenzen, denn: ‚Der Gebrauchswert an sich hat nicht die Maßlosigkeit des Werts als solchen. Nur bis zu einem gewissen Grad können gewisse Gegenstände konsumiert werden und sind sie Gegenstände des Bedürfnisses' (Marx, Grundrisse, 308 f.), aber eine allgemeine Überproduktion von Konsumtionsmitteln ist nur möglich, wenn der Gebrauchswert oder die Befriedigung von Bedürfnissen nicht der unmittelbare Zweck der Produktion ist." (Künzel 1976, 282)

Die Krisenerklärung muß also bei der Tauschwertproduktion und Kapitalverwertung als Zweck der Produktion ansetzen. Überproduktion in diesem Sinne heißt daher Überproduktion von Kapital, das sich nur zu einer verminderten Profitrate verwerten kann, und Überproduktion von kapitalistisch produzierten Warenmassen, deren Preise nicht mehr einen Mindestprofit einbringen. Wenn wir hier hervorheben, daß die *Krise als Überproduktion bzw. Überakkumulation von Kapital* — hervorgebracht durch die Konkurrenz der Kapitale — erscheint, dann wollen wir damit nicht einen weiteren Aspekt des Krisenprozesses hervorheben, sondern den Zugang zur Beantwortung der schon mehrfach gestellten Frage nach der Profitentwicklung finden, die für die unternehmerischen Produktions- und Kaufentscheidungen die relevanteste Größe ist. Im Erklärungsansatz der „Überakkumulationstheorie" werden Profit- und Akkumulationsrate zu den entscheidenden zu erklärenden Größen der ökonomischen Entwicklung und des Zyklus.

Wir sind daher in der vorangegangenen Darstellung davon ausgegangen, daß die ökonomische Entwicklung im wesentlichen von der Kapitalakkumulation bestimmt wird. Für die kapitalistische Produktion gilt: Je profitabler die Produktion und die Anlagesphären von Kapital, desto größer wird die Kapitalakkumulation sein. Mit dem Anstieg der Akkumulationsrate und der Nettozugänge zum Kapitalstock werden auch neue Produktionskapazitäten aufgebaut, Nachfrage und Beschäftigung steigen. Umgekehrt gilt, daß bei Verminderung profitabler Anlagemöglichkeiten von Kapital durch ein Absinken der Kapitalrentabilität auch die Akkumulationsrate sinken wird und damit die Nachfrage und die Auslastung der Kapazitäten (vgl. hierzu Abschnitt 3.1.). Die Wachstumsrate des Sozialprodukts, die Beschäftigung und folglich auch die Nachfrage gehen zurück oder weisen zumindest abflachende Steigerungsraten auf. So betrachtet, befindet sich eine kapitalistische Gesellschaft in ihrer Entwicklung immer vor dem Problem, daß die Akkumulationsrate eine bestimmte Höhe und die Nachfrage bestimmte Wachstumsraten aufweisen müssen, um einen krisenfreien Prozeß zu ermöglichen. Allein wegen der Entscheidungen unabhängig voneinander produzierender Kapitalisten über die Akkumulationsrate wird ein solches „Gleichgewicht" nur zufällig zustandekommen können. Aber dies gilt immer, in Prosperitäten ebenso wie in Krisen, und daher kann aus der „Anarchie des Marktes" und den privaten Akkumulationsentscheidungen die Krise nicht allein erklärt werden.

Bei der Darstellung der Unterkonsumtionstheorie hatten wir gesehen, daß in ihr die Annahme von der Abhängigkeit der Investitionen von der Konsumnachfrage (Akzeleratorprinzip) grundlegende Bedeutung hat. Nur unter dieser Annahme nämlich kann von der Realisierungsseite her die mangelnde Konsumnachfrage zum Ursprung eines die gesamte Ökonomie erfassenden Krisenprozesses werden. Tatsächlich aber läßt sich sowohl theoretisch begründen als auch empirisch belegen, daß die Investitionen von den Profiterwartungen abhängen. Denn Zweck der kapitalistischen Produktion ist *Kapitalverwertung* (dies bedeutet, daß der Akzelerator bei absinkenden Profiten und sinkender Profitrate nicht funktionieren wird) und *nicht* die *Gebrauchswert*produktion für Konsumentenbedürfnisse. Akkumulation von Kapital wird somit auch nur dann erfolgen, wenn der Zweck der Produktion, nämlich eine Mindestverzinsung des Kapitals, die – zumindest langfristig – die Zinsrate übersteigt, erreicht wird. Dabei ist es zunächst gleichgültig, ob wir die Kapitalverwertung in der absoluten Höhe der Profite, der Veränderung der Profite, der Profitrate, der Umsatzrentabilität, der Kapitalrentabilität oder wie immer die Rentabilität des Einzelkapitals betriebswirtschaftlich gemessen wird, darstellen. Bevor wir auf die Gründe zu sprechen kommen, warum sich die Profitabilität zyklisch bewegt, ist die Abhängigkeit der Investitionen, also der Kapitalakkumulation und der Akkumulationsrate, von der Profitabilität genauer zu bestimmen. In diesem Zusammenhang wird das Verhältnis von *vergangener* und *erwarteter* Profitrate bedeutsam. Aufgrund von Erfahrungen aus einer mehr oder weniger langen Zeitperiode und im Vergleich mit anderen Unternehmen der gleichen Branche sowie mit anderen Branchenkapitalen (dieser Vergleich wird dem Kapitalisten durch das System betriebswirtschaftlicher Kennziffern ermöglicht) kalkuliert der Einzelkapitalist mit einer durchschnittlichen Profitrate als historischem Maß der Kapitalverwertung. Deren absolute Größe ist zunächst wenig interessant, da nicht unmittelbar aus einer hohen Profitrate eine starke und aus einer niedrigen Profitrate eine schwache Akkumulationstätigkeit geschlossen werden kann. Für die Investitionen ist vielmehr der Vergleich zwischen durchschnittlicher und erwarteter Profitrate bedeutsam. Die Profitrate auf das vorgeschossene und fungierende Gesamtkapital wird in der Regel nach oben oder unten von der marginalen Profitrate auf das investierte Zusatzkapital abweichen. Ist die marginale erwartete Profitrate (Profit auf Investitionen) größer als die vergangene durchschnittliche (Profit auf das insgesamt fungierende Kapital), dann steigen die Investitionen an und Kapital wird verstärkt akkumuliert. Die Ausweitung der Produktion, die Zunahme der Beschäftigung führen zu einem Anstieg der Nachfrage, so daß sich nicht nur die Produktionsbedingungen, sondern auch die Realisierungsbedingungen für das produzierte Warenkapital verbessern. Ist hingegen die erwartete marginale Profitrate kleiner als die aus vergangenen Erfahrungen gewonnene durchschnittliche, sinkt also die Profitabilität der Investitionen gegenüber dem bereits fungierenden Kapital, drücken infolgedessen zusätzliche Investitionen auch noch die Profitrate auf das bereits akkumulierte Kapital, so werden Investitionen eingeschränkt, die Akkumulationsrate und damit auch die Gesamtnachfrage sinken (dabei kann die Zinsrate, wie vorn gezeigt, als Untergrenze der erwarteten Profitrate gelten). Mit den verschlechterten Produktionsbedingungen von Profit verschlechtern sich auch die Realisierungsmöglichkeiten. Warenkapital wird schwer in Geldkapital umsetzbar, die Kapitalzirkulation stockt, so daß sich, über die Zirkulation des Kapitals vermittelt, der Krisenprozeß ausweitet. Es beginnt so ein kumulativer Abwärtsprozeß, der die Krisenphase des Zyklus einleitet.

Warum aber kommt es zu einem Absinken der Profitabilität nicht nur in der langfristigen Tendenz, wie wir in Kapitel 5 dargestellt haben, sondern auch im zyklischen Verlauf? Welche Faktoren sind für das Absinken der vergangenen und erwarteten marginalen Profitrate, d.h. für das Absinken der Akkumulationsrate verantwortlich? Hier lassen sich vier Faktoren benennen.

1. Im Verlauf des Aufschwungs und des Booms sinkt die Profitabilität der Investitionen deshalb ab, weil die Wachstumsrate der Arbeitsproduktivität, die anfänglich aufgrund der Reinigungsprozesse in der Krise sehr hoch ist, infolge des Ausschöpfens der Produktivitätsreserven allmählich nachläßt. Zugleich steigen aufgrund der Arbeitskräfteverknappung und der gewachsenen Verhandlungsmacht der Gewerkschaften, die den Lohnrückstand der Krise und der ersten Phase des Aufschwungs nachholen müssen, die Geldlöhne und die Lohnquote. Die Profitquote sinkt im Boom daher leicht ab. Zudem steigt die Kapitalintensität an, was sich, sofern die Wachstumsrate der Arbeitsproduktivität darunter liegt, in einem steigenden marginalen Kapitalkoeffizienten ausdrückt. In Marxschen Begriffen ausgedrückt, bedeutet dies, daß im Laufe des Aufschwungs und vor allem des Booms die Kapitalzusammensetzung steigt und die Mehrwertrate stagniert oder abnimmt.

2. Durch die Kapitalakkumulation im Laufe des Zyklus und die Konkurrenz der Kapitale um profitable Anlagesphären steigen auch die Preise für Rohstoffe, Vorprodukte und vor allem für Investitionsgüter. Gleichzeitig erhöhen sich die Preise der Konsumgüter infolge der begrenzten Endnachfrage langsamer als die Investitionsgüterpreise (vgl. Schaubild 14). Die Profitabilität der Investitionen wird daher in der Konsumgüterindustrie aufgrund des Verhältnisses von Investitionsgüter- und Konsumgüterpreisen stärker absinken als in der Investitionsgüterindustrie. Da die Investitionen von den Profiten abhängen, sinken die Bestellungen von Investitionsgütern.

3. Im Aufschwung und vor allem in der Boomphase wird verleihbares Geldkapital knapp. Das Kreditwesen wird durch nachgefragte Kapitalkredite und Spekulationsgeschäfte sowie später bei sich abzeichnender Krise durch Konsolidierungskredite stark angespannt. Diese Kreditverknappung und Verteuerung des Geldkapitals durch Zinssteigerungen wird in der Regel bei sich verstärkenden inflationären Tendenzen im Boom durch die Politik von Regierung und Zentralbanken mit beeinflußt. Gerade in Boomphasen wird die Zentralbank wegen der sich entwickelnden Inflation eine Politik der Kreditverknappung und der hohen Zinssätze einleiten. Investitionen in fixes Kapital und steigende Lagerhaltung (um der Nachfrage zu entsprechen) werden dadurch verteuert, sofern sie durch Kredite mitfinanziert werden müssen. Eine restriktive Anti-Inflationspolitik der Zentralbank kann daher die Finanzierungsschwierigkeiten kleiner Kapitale in der Schlußphase des Booms erheblich vergrößern und zum Abbruch von Investitionen (Bauruinen) oder zur Revision von Investitionsentscheidungen nach unten führen.

4. Infolge der hohen Zinssätze und wegen des Rückgangs der Investitionstätigkeit entwickeln die Kapitalbesitzer die Neigung, ihr Kapital lie-

ber in Geldform zu halten und anzulegen, als es in Arbeitskraft und Produktionsmittel umzusetzen. Statt zu akkumulieren und das Kapital produktiv zu investieren, wird Geldkapital gehortet und/oder zinsbringend angelegt. Die Geldkapitalhortung bzw. -anlage beschleunigt dann zusammen mit der Zurückhaltung der Lohnabhängigen bei Konsumausgaben in der beginnenden Krise (Sparen aus Lohneinkommen) wegen der Unsicherheit der zukünftigen Beschäftigungsmöglichkeiten den allgemeinen Abschwung in die Krise.

Der Abbruch des Booms und der Eintritt der Krise kommen nach dieser Erklärung durch eine *sinkende Akkumulationsrate* zustande, die sofort auch die Realisierungsbedingungen verändert (vgl. Lange 1969, 81). Im Gegensatz zu der Unterkonsumtionstheorie der Krise, die den Übergang des Booms in die Krise nur aus veränderten Realisierungsbedingungen auf der Konsumseite erklärt, bezieht die Überakkumulationstheorie in der hier entwickelten Version sowohl die *Realisierungs*bedingungen als auch die veränderten *Produktions*bedingungen des Profits bei der Erklärung des Übergangs zur Krise mit ein. Die Krise ist daher die Zuspitzung der durch die Konkurrenz der Kapitale im Akkumulationsprozeß sich entwickelnden Widersprüche, die die Profitabilität und Akkumulationsrate der Einzelkapitale absinken lassen. Die Akkumulation bringt also eine Überakkumulation von Kapital und eine Überproduktion von Waren (Waren, deren Absatz keinen Mindestprofit einbringt) hervor. Gleichzeitig aber hat die Krise für das Kapital eine „positive" bereinigende Funktion. Sie ist, wie es der Sachverständigenrat ausdrückt, „im Kern eine Stabilisierungskrise, (die) wohl oder übel durchgestanden werden (muß)" (JG 75, 47). Worin besteht aber diese „bereinigende" Funktion? In der Krise wird überakkumuliertes Kapital vernichtet und entwertet, konkurrierende Kapitale werden ausgeschieden. Auf diese Weise wird die Profitrate wieder angehoben. Die Vernichtung und Entwertung von überakkumuliertem Kapital vollzieht sich entsprechend den unterschiedlichen Formen, in denen das Kapital in seinem Kreislauf existiert, unterschiedlich:

1. In der Krise wird das überakkumulierte *produktive Kapital* vernichtet bzw. entwertet. Dies erfolgt durch Konkurse nicht mehr profitabler Unternehmungen, durch Verschrottung von Maschinen und ganzen Anlagen, durch den Verkauf von ökonomisch überalterten Anlagen zu Schleuderpreisen usw. Illiquide Unternehmungen können trotz eines höheren Werts der dort vorhandenen Produktionsmittel von noch liquiden Unternehmen billig aufgekauft werden. Durch diesen Prozeß wird von der Kostenseite her die Belastung des Kapitals durch unterdurchschnittlich produktive Anlagen verringert und folglich die allgemeine Profitrate durch Entwertung der unprofitablen Kapitalbestandteile angehoben; wird das Angebot insgesamt durch Verringerung des Produk-

tionspotentials gesenkt und daher der Druck der Angebotskonkurrenz auf die Preise gemildert.

2. In der Krise findet auch Vernichtung und Entwertung von *Warenkapital* statt. Zunächst kann die *physische Vernichtung* von Waren das Angebot entlasten und daher Preise ermöglichen, die eine Verwertung des vorgeschossenen Kapitals enthalten. Daß Kaffee ins Meer gekippt und Schweinefleisch zum Füttern verwendet wurde, waren skandalöse Beispiele aus der Weltwirtschaftskrise zu Beginn der 30er Jahre. *Entwertung* von Warenkapital vollzieht sich hingegen durch Senkung der Preise. Diese Form der Entwertung von Kapital scheint sich in der gegenwärtigen Krise nicht mehr abzuspielen, da ganz offenbar das allgemeine Preisniveau nicht sinkt, sondern immer noch ansteigt. Jedoch findet auch im Verlauf von Inflationsprozessen Entwertung von Warenkapital statt, und zwar dann, wenn die Inflationsrate einzelner Warenkategorien geringer ist als die Inflationsrate anderer Waren. Immer dann, wenn die Inflation ungleichmäßig in verschiedenen Branchen verläuft, sind Entwertungsprozesse darin impliziert. Paul Mattick hat dafür den paradoxen Begriff der „deflationären Inflation" benutzt (Mattick 1976).

3. Schließlich findet auch Entwertung von *Kapital in Geldform* statt. Zur Finanzierung ihrer Transaktionen benötigen die Unternehmen Geld. Das Geld wird vorgeschossen, um Produktionsmittel und Arbeitskräfte einzukaufen. Entwertung von Geldkapital findet immer dann statt, wenn im Verlauf des Zirkulationsprozesses von Kapital eine bestimmte realisierte Geldsumme (beim Verkauf der Waren) nicht mehr ausreicht, um die entsprechenden Arbeitskräfte und Produktionsmittel zu kaufen, mit denen die Waren wieder produziert werden können. Das Geldkapital vermag sich dann nicht zu reproduzieren. Entwertung von Geld äußert sich auch darin, daß im fortgeschrittenen Stadium der Krise die Restverzinsung von Geldsummen absinkt. In der Krise ist es regelmäßig so, daß die Zinsrate für Geldkapital sinkt, nicht zuletzt deshalb, weil die Nachfrage nach Geldkapital sich in dem Maße verringert, wie die „Investitionsneigung" der Unternehmer zurückgeht.

Die Kehrseite des Abbaus überakkumulierten Kapitals ist die *Arbeitslosigkeit*. Das Freisetzen von Arbeitskraft und die Verringerung von Arbeitsplätzen führt für das Kapital zu einer Verringerung des für die Arbeitskräfte vorzuschießenden variablen Kapitalteils, Kapital wird freigesetzt. Denn wenn die Zahl der beschäftigten Arbeitskräfte abnimmt, dann sinkt die Lohnsumme; und wenn bei den beschäftigten Arbeitern außerdem der Reallohn gesenkt wird und schließlich für den gleichen Lohn aufgrund gestiegener Arbeitsleistung (Steigerung von Arbeitsproduktivität und Arbeitsintensität) mehr herausgeholt werden kann, so hat dies entsprechend positive Wirkungen für die Kapitalauslage und ihre Verwertung. So wird in der Krise die Ausbeutung der menschlichen

Arbeitskraft auf doppelte Weise gesteigert: einmal durch Reallohnkürzungen, zum anderen durch höhere Arbeitsleistungen.

In dem Maße, wie das Kapital seine Überakkumulation behebt, verbessern sich die Produktionsbedingungen von Profit. Die Krise übt ihre „Bereinigungsfunktion" aus. Darin kommt aber nur zum Ausdruck, daß im Kapitalismus in gewissen periodischen Abständen *destruktive Prozesse* notwendig sind, um überhaupt weitere Akkumulation von Kapital profitabel zu machen. Entwicklung im Kapitalismus kann sich also nur als ein zyklisch verlaufender Prozeß von Akkumulation – Überakkumulation – Krise – Entwertung – Akkumulation vollziehen.

Die „Bereinigungsfunktion" der Krise besteht also im wesentlichen in der Vernichtung und Entwertung von Kapital in seinen oben beschriebenen drei Formen. Die Reduktion der Lohnsumme kann die Krise nicht überwinden helfen: Mit der Freisetzung produktiver Arbeiter bei Überkapazitäten muß auch der produzierte Mehrwert sinken (d.h. die produzierten Mengen gehen zurück – und die Fixkostenanteile steigen sogar noch an, wenn sie nicht auf die Preise abgewälzt werden können). Die *realisierte* Profitrate sinkt daher aus zwei Gründen in der Krise: Einmal, weil die produzierte Mehrwert- resp. Profitsumme absinkt; zum anderen, weil das Fixkapital bei Unterauslastung auf die Profit*rate* drückt. Gesamtwirtschaftlich muß dabei gegenüber der Konsumgüterindustrie eine Lohnsenkung zu einer weiteren Unterauslastung der Kapazitäten und so zur Senkung der realisierten Profitrate beitragen. Eine Politik der Verschlechterung der Reallohnposition der Arbeiter kann aus diesen Gründen schwerlich zu einer Überwindung der Krise beitragen, sicherlich wird sie aber die Lebensbedingungen der Arbeiterschaft verschlechtern.

Die ökonomische Krise ist nichts der bürgerlichen Gesellschaft Äußerliches oder Zufälliges. Sie ist notwendiges Moment der gesellschaftlichen Entwicklung, also weder auf Fehler der wirtschaftspolitischen Steuerung der Regierungen noch auf „exogene" Faktoren, „erratische" Schocks oder Veränderungen der weltwirtschaftlichen Rahmenbedingungen durch die „Ölkrise" und dergleichen mehr zurückzuführen. Die Krise ist – wie Georg Lukacs bemerkt – die dramatische Zuspitzung der bürgerlichen Normalität und also in deren Struktur immer schon angelegt. Die gesellschaftlichen Widersprüche, die sich gerade im ökonomischen Bereich periodisch bis zum „Eklat" (Marx) zuspitzen, haben wir bereits analysiert. Wir haben auch gezeigt, daß die Krise nicht nur in dem Sinne notwendig ist, als in ihr die „widerstreitenden Agentien" der Kapitalakkumulation konfligieren, sondern auch als ein *Mittel der Bereinigung* der die weitere Entwicklung *blockierenden Widersprüche*.

Damit ist die Krise aber keineswegs nur eine ökonomische Krise, die sich in rückläufigen oder gar negativen Wachstumsraten von ökonomischen Kategorien manifestiert. Sie ergreift vielmehr *alle* Aspekte der gesellschaftlichen Verhältnisse: sie ist Krise des Kapitals, dessen Verwertung infolge von Überakkumulation rückläufig ist; sie ist Finanzkrise des Staates infolge rückläufiger Einnahmen und wachsender Ausgaben; sie wird zur Krise der wirtschaftspolitischen Konzeptionen, die ihr Scheitern offenbart haben; sie ist auch Krise der Arbeiterklasse, deren Einheitlichkeit und Kampfstärke angesichts von Arbeitslosigkeit gefährdet ist; und sie ist Legitimationskrise des Systems, dessen Kapazität, die gesellschaftliche Entwicklung entsprechend den Lebensbedürfnissen der Massen zu steuern, offenbar an Schranken auch im Massenbewußtsein stößt. Auch wenn in der Krise die „Defizienzen" des Systems zu Tage treten und sie folglich auch nicht nur ein „Betriebsunfall" ist, ist mit ihr keineswegs die Endphase des kapitalistischen Systems eingeläutet, und wird auch nicht quasi-automatisch der Übergang zu einer anderen, höheren Gesellschaftsformation auf die Tagesordnung gesetzt. Als Mittel der Bereinigung ist die Krise zugleich eine *notwendige Bedingung* der Sicherung und Stärkung der Herrschaft des Kapitals, indem die Voraussetzungen für eine erneute Phase der profitablen Kapitalakkumulation erzeugt werden.

9.2. Zur Periodizität und zur Länge des industriellen Zyklus

Wir haben bei der Darstellung der dem Zyklus zugrunde liegenden Triebkräfte die Bedeutung der profitabhängigen Investitionen herausgestellt. Dabei geht es im wesentlichen um Neuinvestitionen und nicht nur um Reinvestitionen. Die letzteren allein können die Spezifika eines kapitalistischen Akkumulationszyklus nicht erklären. Die Begründung der Zyklizität der ökonomischen Entwicklung und ihrer Länge aus den Ersatzinvestitionen ist daher nicht hinreichend, auch wenn sich Analysen mit dieser Position auf die Marxsche Aussage vom Fixkapital als der materiellen Basis des Zyklus beziehen können (vgl. Projekt Klassenanalyse 1976). Zwar existieren Reinvestitionszyklen, wenn in einer bestimmten Phase des Zyklus Investitionen in zeitlich konzentrierter Weise vorgenommen werden. In einer späteren Phase des Zyklus zieht dies dann ein Abklingen der Investitionen und der Investitionsnachfrage nach sich, weil dann die Abschreibungen größer sind als die Ersatznachfrage. Erst nach einer weiteren Phase des physischen Verschleißens der Anlagen und des Umschlags des fixen Kapitals wird dann der physische Ersatz der Anlagen stattfinden, der, weil die Ersatznachfrage größer ist als die Abschreibungen, zu einem neuen Investitionsaufschwung führt. Diese Erscheinung wird in der ökonomischen Theorie als *Echoeffekt der Investitionen* bezeichnet (vgl. z.B. Lange 1969), der auch in der sozialistischen Produktion gilt, ohne daß damit jedoch zyklische Krisen verbunden sind. Wird von reinen Ersatzzyklen ausgegangen, dann scheinen die kapitalistischen Zyklen allenfalls nur ein technisches Problem der konzentrierten Reinvestitionen zu sein; es wird dabei aber nicht berücksichtigt, in welcher Weise die Investitionen mit den Bedingungen der Profitproduktion und Realisierung zusammenhängen. Die Erklärung der Zyklizität mit dem Echoeffekt hätte allenfalls den Vorteil, daß die Länge der Zyklen recht einfach mit der durchschnittlichen Lebensdauer der Anlagen begründet werden könnte. Die Zyklen müßten dann entweder stets gleichbleibende Länge haben oder mit der Abschreibungszeit der Anlagen entsprechend varriieren. Dagegen ist aber einzuwenden, daß erstens die Abschreibungen und die Ersatznachfrage nicht technisch, sondern *ökonomisch* bestimmt sind, und daß zweitens die Rolle der Nettoinvestitionen bei dieser Begründung der Zykluslänge vergessen wird. Werden die *Bruttoinvestitionen*, d.h. die Ersatz- und Nettoinvestitionen, der Untersuchung zugrunde gelegt, dann ist die Länge des Zyklus mit dem Echoeffekt nicht mehr exakt festlegbar und das Bild des Zyklus kompliziert sich.

Wenn wir die konjunkturelle Bewegung von Produktion, Kapazitätsauslastung und Beschäftigung in der Bundesrepublik seit 1959 betrachten (vgl. Schaubild 16), dann zeigt es sich, daß die Zyklen sehr unterschiedlich sind. Man könnte dem Schaubild entnehmen, daß es Zyklen von etwa 7-9jähriger Dauer gibt mit den Tiefpunkten in den Jahren 1958/59, 1966/67 und 1974/75. Man könnte aber auch die Auffassung vertreten, daß es 3-4jährige Zyklen gibt mit Tiefpunkten 1958, 1963, 1967, 1971/72 und 1974/75. Der empirische Verlauf der Konjunktur in der Bundesrepublik scheint somit eine Auffassung zu bestätigen, die Josef A. Schumpeter folgendermaßen zusammengefaßt hat:

„Es besteht kein Grund dafür, daß der zyklische Entwicklungsprozeß nur eine wellenförmige Bewegung hervorbringen sollte. Im Gegenteil bestehen viele Gründe für die Erwartung, daß er eine unbeschränkte Zahl von wellenförmigen Schwankungen auslösen wird, die gleichzeitig abrollen und während dieses Prozesses sich gegenseitig stören." (Schumpeter 1961, 171)

Nach Schumpeters Auffassung überlagern sich insbesondere drei Zyklen: Die lange Welle von 30 bis 40 Jahren Dauer (Kondratieff-Zyklus), der 7-9jährige Zyklus (Juglar-Zyklus) und der etwa 40monatige kurze Zyklus (Kitchin-Zyklus). Die BRD-Entwicklung könnte eine Bestätigung dieses Drei-Zyklen-Schemas abgeben: Der lange Weltmarktaufschwung nach dem Zweiten Weltkrieg als „lange Welle", die 7-9jährigen Zyklen mit bedeutenden konjunkturellen Einbrüchen und Krisen 1958, 1967 und 1974 und die kurzen 3-4jährigen Zyklen, deren Abweichung vom Trend der Entwicklung relativ gering ist. Für die „lange Welle" haben wir im 2. Kapitel eine Erklärung diskutiert. Wir haben auch den Zusammenhang zwischen langfristigen Entwicklungstendenzen und zyklischer Bewegung benannt, als wir darauf verwiesen, daß die zyklischen Krisen umso schärfer sind, je niedriger das Niveau von Profitrate und Akkumulation ist. Aber auch zwischen den kurzen Zyklen und

Schaubild 16

Produktion, Kapazitätsauslastung, Beschäftigung in der BRD 1959-1977
– Prozentuale Abweichungen vom Trend –

Prozentuale Abweichungen 1) zweimonatlich saisonbereinigter Werte vom Trend

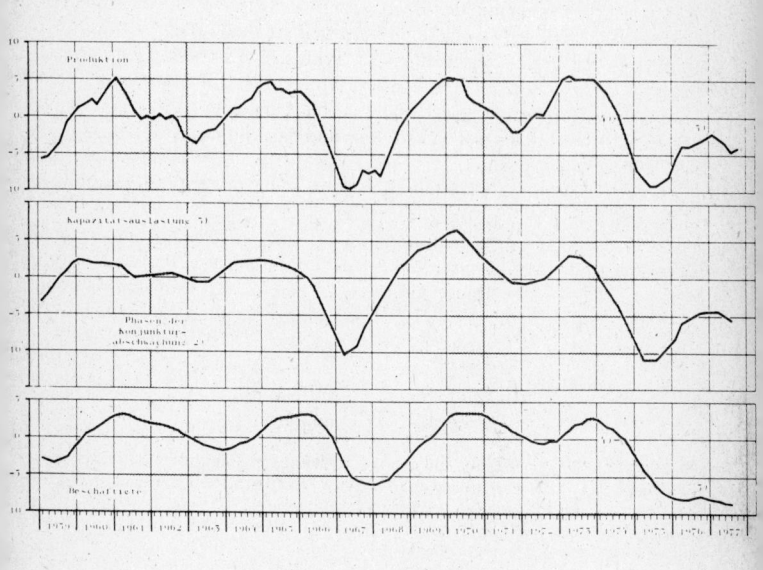

1) Ergebnisse mit einem gleitenden 3-Periodendurchschnitt geglättet
2) Gemessen an dem Rückgang der trendbereinigten Werte der Industrieproduktion (Produzierendes Gewerbe ohne Baugewerbe und Energiewirtschaft)
3) Vierteljährliche Angaben (Quelle für Ursprungswerte: Ifo-Institut)
4) Kurvenverlauf ab Frühjahr 1974 noch nicht gesichert, da der Trend seitdem durch Extrapolation geschätzt wurde
5) Wegen der Umstellung auf ein neues Erhebungskonzept ist die Kontinuität der Reihen nicht voll gewährt

Quelle: Deutsche Bundesbank, Statistische Beihefte zu den Monatsberichten der Deutschen Bundesbank, Reihe 4

den stärkeren 7-9jährigen Zyklen besteht ein Zusammenhang, den wir im folgenden noch herausarbeiten müssen.

Betrachtet man die Daten, dann läßt sich feststellen, daß jedesmal nach einem Investitionsboom von 2 bis 3 Jahren die Investitionen stagnieren oder gar zurückgehen. Die Kapazitäten bleiben aber noch aufgrund der Konsumnachfrage, der Staatsnachfrage und – dies ist in der BRD besonders wichtig – aufgrund der Exportnachfrage relativ gut ausgelastet. Der nach einer Zeit des Booms auftretende Rückgang der Produktion, der Beschäftigung und der Kapazitätsauslastung, wie in der BRD 1962/63 und 1971, wäre demnach eher als eine durch den Investitionsrückgang bedingte schwache Krise oder *Zwischenkrise* zu interpretieren.

„Zwischenkrise und Zwischenaufschwung sind nicht als Sonderbewegung einer Variablen und auch nicht als Ergebnis einer modifizierenden bzw. überlagernden Welle aufzufassen, sondern als eine Durchsetzungsform des kapitalistischen Zyklus, die sich unter den strukturellen Bedingungen des hochentwickelten Kapitalismus zwingend ergibt, die den Normalfall der Durchsetzung des kapitalistischen Zyklus darstellt. Dementsprechend muß sie auch im Rahmen eines allgemeinen Zyklusmodells bzw. im Rahmen einer allgemeinen Analyse des Zyklus berücksichtigt werden." (Prittwitz 1977, 67)

Wenn wir die Momente näher betrachten, die auf der einen Seite nach einem 2-3jährigen Investitionsaufschwung zur Zwischenkrise führen, auf der anderen Seite jedoch verhindern, daß sich aus ihr eine tiefere und allgemeine Krise entwickelt, dann sind wir auf Zusammenhänge verwiesen, die wir bereits angesprochen hatten, als wir die Frage erörterten, unter welchen Bedingungen partielle Kriseneinbrüche zu einer allgemeinen, die gesamte ökonomische Struktur ergreifenden Krise werden können: *Zwischenkrisen* können als *partielle Krisen* interpretiert werden, die nur einige Industriezweige erfassen und die keine starken kumulativen Abwärtsprozesse aufweisen. Die alle 7 bis 9 Jahre erfolgenden Einbrüche von Produktion, Akkumulation und Beschäftigung sind dann *allgemeine Krisen* mit starken kumulativen Abwärtsprozessen. Woran liegt es aber, daß sich etwa alle 4 Jahre Teilkrisen herausbilden, die nicht zur allgemeinen Krise werden, während sich alle 7 bis 9 Jahre stärkere Krisentendenzen allgemein durchsetzen?

Der Aufschwung aus einer allgemeinen Krise hat zunächst einmal selbstverstärkende Tendenzen. Die Investitionen und der Konsum nehmen zu, damit weitet sich auch die Nachfrage aus; die Produktion wird angeregt durch Preissteigerungen; die Spartätigkeit nimmt zwar ab, doch steht noch genügend Geldkapital zu relativ niedrigen Zinsen zur Verfügung, so daß das Verhältnis zwischen industriellem Profit und Zins für das industrielle Kapital ausgesprochen günstig ist. Alle diese Momente bedeuten eine Steigerung der Profitabilität des Kapitals, die noch dadurch verstärkt wird, daß trotz zunehmender Beschäftigung in der ersten Phase des Aufschwungs die Löhne hinter den Profiten hinterherhinken und Produktivitätsreserven mobilisiert werden. Doch bilden sich mit fortdauernder beschleunigter Akkumulation auch Gegenkräfte heraus, die eine Senkung der Zuwachsraten der Profite hervorbringen. Die nach einem time-lag erfolgenden Lohnsteigerungen, die starken Kapazitätserweiterungen, deren Auslastung nicht mehr in jedem Fall gewährleistet ist, die abfallenden Wachstumsraten der Arbeitsproduktivität, Steigerungen der Preise von Rohstoffen und Produktionsmitteln und eine Steigerung des Zinsniveaus sind nun Tendenzen, die auf die Profitmasse drücken. Die Akkumulationsrate sinkt ab, was sich als Verringerung der Wachstumsraten der Investitionen ausdrückt. Dabei handelt es sich nicht nur um eine abnehmende Neigung zu Anlageinvestitionen; auch die Vorratsinvestitionen gehen zurück. Die Aufträge und damit die Produktion nehmen ab, so daß auch die Zuwachsraten des Sozialprodukts in Zwischenkrisen absinken.

Die aufgeführten Krisenerscheinungen in einer solchen zu beobachtenden Zwischenkrise sind relativ schwach ausgeprägt und zum Teil erfolgen sie so verzögert, daß sie nicht die gesamte ökonomische Struktur und Entwicklung erfassen. Denn erstens ist das Absinken der Profitrate in drei bis vier Jahren nach einer Krise relativ gering, da zumeist noch eine hohe Nachfrage (Konsumnachfrage, Export- und Staatsnachfrage) eine hohe durchschnittliche Auslastung der Kapazitäten garantiert und die Fixkosten noch nicht so stark ansteigen. Daß die Profitrate in der Zwischenkrise noch hoch ist, geht auch aus den empirischen Daten in Schaubild 7 hervor. Insbesondere handelt es sich in den Zwischenkrisen lediglich um ein Absinken der Kapitalrentabilität auf einem immer noch hohen, in den ersten Jahren des Aufschwungs nach einer schweren Rezession erreichten Niveau. Der Rückgang der *Investitionsneigung* ist daher relativ gering. Infolge der immer noch hohen Profitrate und -masse sind aber auch die *Investitionsmöglichkeiten* noch durchaus gegeben. Überdies sind die Finanzierungsspielräume der Unternehmen noch gesichert, so daß es nur in relativ wenigen Fällen zu Zusammenbrüchen oder eiligen und kostspieligen Sanierungsmaßnahmen kommt.

Zwar drücken die Löhne infolge der nachholenden Lohnsteigerungen auf die Profite, aber die Unternehmen gehen nicht dazu über, Arbeitskräfte in größerem Umfang zu entlassen. Denn bei Vollbeschäftigung fürchten die Unternehmen, daß sie im Falle eines erneuten Aufschwungs vor allem ihre qualifizierten Facharbeiter nicht so schnell wieder engagieren können.

„Wenn sie in dieser Situation den Lohnfonds verringern wollen, dann, abgesehen von der Lohndrückerei, durch Verzicht auf Neueinstellungen und Kurzarbeit ... erst in zweiter Linie durch (Massen)entlassungen." (Prittwitz 1977, 70)

Die Verzögerungen in der Anpassung an die konjunkturelle Situation wird also zu einem stabilisierenden Moment in der Zwischenkrise. Denn weil die Entlassungen größeren Ausmaßes ausbleiben, sinkt der Konsumtionsfonds nicht ab, so daß auch von der Nachfrageseite her die Realisierungsbedingungen des Profits in der Zwischenkrise nicht wesentlich schlechter werden.

Hinzu kommt, daß der Staat von seiner Einnahmenseite her von der Zwischenkrise nur unwesentlich getroffen wird. Die Lohnsteuer steigt in der Regel noch an, und da die Verluste der Unternehmen oder die Profitminderungen nur relativ gering sind, wird auch die Einkommenssteuer nicht zurückgehen, zumal mit der entsprechenden Verzögerung in der Zwischenkrise gerade die hohen Einkommens- und Körperschaftssteuerbeträge aus dem Boom anfallen. Aufgrund des Finanzierungsspielraums ist daher der Staat in der Lage, mit seinen Ausgaben entscheidend gegenzusteuern. Dies geht sehr deutlich aus der Kurve des Staatsverbrauchs im Schaubild 15 hervor. Im Gegensatz zu den tiefen Einschnitten insbesondere 1967 und dann Mitte der 70er Jahre steigt der Staatsverbrauch 1963 und 1971 *antizyklisch* stark an. In den tiefen Krisen hingegen gerät auch der Staat in finanzielle Schwierigkeiten, die ihn dann zu Sparprogrammen veranlassen, die letztlich eine *prozyklische* Wirkung entfalten.

Die nur geringen Veränderungen der Bedingungen der Profitproduktion und ein noch hohes Niveau der wichtigsten Nachfragekomponenten verhindern, daß sich die Krisentendenzen verallgemeinern und ausbreiten können. Die Krisenerscheinungen sind infolgedessen in der Regel nicht sehr stark und wirken auch nur relativ kurze Zeit. Die schwache Krise wird daher dann zumeist in einen erneuten schwachen Aufschwung übergehen, gerade wenn noch eine starke Exportnachfrage, Staatsnachfrage und Konsumnachfrage — aufgrund des Lohn-lags — wirksam sind. Dieses Phänomen, daß einer schwachen Krise ein schwacher Aufschwung und nach der dann einsetzenden starken Krise ein starker Aufschwung folgt, läßt sich in allen kapitalistischen Industriestaaten nach dem Zweiten Weltkrieg feststellen (vgl. Tichy 1976, 80). Wir können nach diesen Ausführungen schlußfolgern, daß die kurzen, mittleren und längeren Zyklen sich nicht einfach überlappen und jeweils unterschiedlich erklärt werden müßten, sondern daß der lange Weltmarktaufschwung, die sieben- bis neunjährigen Zyklen und die Aufschwünge bzw. Zwischenkrisen aus den *gleichen* Gesetzmäßigkeiten der kapitalistischen Entwicklung begründet sind, nämlich aus dem Niveau und der Tendenz der Profit- und Akkumulationsrate, die von den Produktions- und Realisierungsbedingungen bestimmt werden. Weder können die kürzeren 3-5jährigen Zyklen noch die längeren 7-9jährigen Zyklen allein aus den *R*einvestitionszyklen erklärt werden. Wie alle verfügbaren Daten zeigen, sind sowohl die Abschreibungszeit als auch die Abnutzungszeit des fixen Kapitals im Durchschnitt beträchtlich länger als 3-5 Jahre. Bei einer längeren Abschreibungszeit wird zwar auch nach einigen Jahren nach der Krise ein Nachlassen der Ersatzinvestitionen bei gleichzeitigem Anstieg der Abschreibungen zu verzeichnen sein — wodurch die Investitionsnachfrage zurückgeht —, aber die Zyklen müßten insgesamt länger dauern als 3-5 Jahre, da die vollständige Abschreibung und der reale Ersatz großer Teile des fixen Kapitals erst sehr viel später einsetzen. Angesichts einer durchschnittlichen Abschreibungszeit von wichtigen Ausrüstungsinvestitionen von ca. 10 Jahren und durchschnittlicher Lebenserwartung von 20 bis 25 Jahren für die wichtigsten Anlageinvestitionen in der BRD (vgl. Tabelle 33) sind zumindest die kürzeren Zyklen kaum mit den Ersatzzyklen erklärbar. Zudem machen sich — wie zu zeigen versucht wurde — die Veränderungen in den Produktions- und Realisierungsbedingungen von Profit, welche einen Abbruch der Akkumulation nach sich ziehen würden, nicht innerhalb solch kurzer Zeiträume geltend.

Tabelle 33:

Die durchschnittliche Lebenserwartung für das Anlagevermögen in den Wirtschaftsbereichen . . . (in Jahren)

	1960	1970
Warenproduzierendes Gewerbe	26	23
Energie und Bergbau	29	27
Verarbeitendes Gewerbe	26	24
Baugewerbe	14	12
Handel, Verkehr, Dienstleistungen	56	49
Handel und Verkehr	31	27
Dienstleistungen	76	66

Quelle: Görzig/Kirner 1976, 20

Es bleibt aber noch zu diskutieren, was für die längeren Zyklen spricht. Geht man wieder von den Reinvestitionszyklen aus, dann müßte sich gemäß der durchschnittlichen Lebenserwartung des Anlagevermögens eine durchschnittliche Zyklenlänge von 20-25 Jahren ergeben, da dann erst der reale Kapitalersatz erfolgen würde. Es ist aber unrealistisch, von solchen Reinvestitionszyklen auszugehen, da erstens ein großer Teil des fixen Kapitals (bei einer Abschreibungszeit, die durchschnittlich die Hälfte der Lebenszeit beträgt) viel früher abgeschrieben ist und für Neuinvestitionen verwandt werden kann (vgl. Fließhardt u.a. 1977) und zweitens beständig Neuinvestitionen die Reinvestitionszyklen überlagern. Daß die Investitionen aus den Abschreibungen und die Neuinvestitionen aus den Profiten aber abbrechen, liegt weniger an dem fehlenden Ersatzbedarf als an den längerfristig während des Aufschwungs sich verändernden Profiterwartungen auf Investitionen. Wenn auch die Reinvestitionszyklen nicht eindeutig die *Länge* des Zyklus bestimmen können, so kann aber ihre Kapazitätswirkung durchaus als ,,materielle

Grundlage" der *Periodizität* der ökonomischen Entwicklung angesehen werden (vgl. Kapital II, *MEW* 24, 185 f.)

Die Abschreibungszeit und die Lebensdauer des fixen Kapitals können also — wie unsere Überlegungen gezeigt haben — nicht eindeutig als Determinanten für die *Länge* des Zyklus angesehen werden, wohl aber können die Ersatzzyklen — der Ersatz eines großen Teils des fixen Kapitals nach der Krise und die dadurch entstehenden Kapazitätswirkungen — als Grundlage für die *Periodizität* der Krisen gelten. Dabei ist wichtig festzuhalten, daß weder die Zeitdauer noch das Ausmaß der Erneuerung des fixen Kapitals ein für allemal gegeben sind. Mit der Verkürzung der Zeiträume technologischer Umwälzungen verkürzt sich tendenziell auch der Zeitraum der Erneuerung. Die durchschnittliche Länge des industriellen Zyklus im 19. Jahrhundert betrug 10-11 Jahre (7), gegenwärtig weisen alle empirischen Beobachtungen auf eine Länge des Zyklus von 7-9 Jahren mit 3-5jährigen Zwischenzyklen hin. Der von uns untersuchte Zeitraum ist allerdings zu kurz, um auch in dieser Phase eine Verkürzung der Zyklen empirisch feststellen zu können.

9.3. Die zyklische Entwicklung der Akkumulation in der Bundesrepublik seit 1966/67

In den industriellen Zyklen der 60er und 70er Jahre in der Bundesrepublik werden deren typische Phänomene sichtbar. Während in den Krisenphasen der Zyklen vor der Krise 1966/67 die Wachstumsrate des Sozialprodukts sich zwar abschwächte, aber nicht absolut zurückging, ist die zyklische Entwicklung seit 1966/67 durch krisenhafte Abschwünge gekennzeichnet, die zu einem absoluten Rückgang von Produktion und Beschäftigung führten. Betrachtet man den Gesamtzeitraum der ökonomischen Entwicklung von 1950 bis 1975 (vgl. Schaubild 15), so lassen

---

7   Karl Marx hatte das Problem der tendenziellen Verkürzung der Zyklen gesehen: In der französischen Ausgabe des ersten Bandes des „Kapital" schreibt Marx: „Aber erst von der Zeit an, als die mechanische Industrie so tiefe Wurzeln geschlagen hatte, daß sie auf die ganze nationale Produktion einen überwiegenden Einfluß ausübte; als durch sie der Außenhandel dem Binnenhandel den Rang abzulaufen begann; als sich der Weltmarkt sukzessive ausgedehnter Gebiete in der neuen Welt, in Asien und in Australien bemächtigte; als schließlich die industriellen Nationen, die auf die Arena traten, zahlreich geworden waren — erst von dieser Zeit an datierten jene stets wiedererzeugenden Zyklen, deren aufeinanderfolgende Phasen Jahre umfassen und die immer hinauslaufen auf eine allgemeine Krise, die Ende eines Zyklus und Ausgangspunkt eines neuen ist. Bist jetzt ist die periodische Dauer solcher Zyklen zehn oder elf Jahre, aber es gibt keinerlei Grund, diese Zahl als konstant zu betrachten. Im Gegenteil, aus den Gesetzen der kapitalistischen Produktion, wie wir sie eben entwickelt haben, muß man schließen, daß sie variabel ist und daß die Periode der Zyklen sich stufenweise verkürzen wird." (Kapital I, *MEW* 23, 662)

sich drei Krisen ausmachen, die zu einem stärkeren Einbruch von Produktion und Beschäftigung geführt haben. Diese fallen in die Jahre 1957/58, 1966/67 und 1974/75. Schwächere Krisen treten in den dazwischenliegenden Jahren, den Jahren 1963 und 1971/72, auf. Der erste größere Einbruch von Produktion und Beschäftigung, die Krise 1966/67, soll hier als Ausgangspunkt für die empirische Analyse der inneren Dynamik des Akkumulationszyklus bis Mitte der 70er Jahre dienen.

9.3.1. Krise 1966/67 und Aufschwung

In den vorangegangenen Teilen ist bereits dargestellt worden, daß die Krise mit ihrer Reinigungsfunktion selbst die Voraussetzungen für einen Wiederaufschwung schafft. Im Verlaufe der Krise verändern sich allmählich wieder die Produktions- und Realisierungsbedingungen zugunsten des Kapitals. Diese Reinigungsfunktion der Krise hat auch der Sachverständigenrat nach der Krise 1966/67 ausführlich beschrieben. Er spricht hier von einem „Produktivitätswunder" als „Wirkung der Rezession", das sich sowohl aus den veränderten Produktionsbedingungen von Profit als auch aus einer zunehmenden Nachfrage und Auslastung der Kapazitäten ergibt (JG 1969, Ziff. 50-54) und gibt die Gründe für die Produktivitätssteigerungen an mit: a) Intensivierung der Arbeit („stärkere Nutzung der fixen Elemente im Personalbestand"), b) Vollauslastung der Kapazitäten, c) Mobilisierung der Reserven, d) Ausdehnung der Arbeitszeit (Mehrschichtbetrieb, Überstunden), e) Stillegung von „veralteten" Anlagen, also Reduzierung des konstanten Kapitals, f) Rationalisierung und Effektivierung von Produktion und Zirkulation, g) Konzentration und Zentralisation von Kapitalen, h) teilweise Einführung arbeitssparender Techniken und Verfahren.

Die Produktivitätswirkungen der Krise 1966/67 schlagen sich, wie aus der Tabelle 8 zu entnehmen ist, in folgenden Veränderungen der Bedingungen der Profitproduktion in der Industrie nieder: Die Wachstumsrate der Arbeitsproduktivität steigt von 3,9 v.H. (1967) auf 11 v. H. (1968), die Zuwachsrate der Lohn- und Gehaltssumme verändert sich zwar von -4,8 v.H. (1967) auf 7,1 v.H. (1968), dennoch sinkt (bei leicht absinkenden Verbrauchsgüterpreisen) die Lohnquote ab (um -4,3 v.H.) wodurch die Profitquote ansteigt. Noch mehr steigt aber die Kapitalproduktivität, so daß die Kapitalrentabilität insgesamt von 0,41 auf 0,45 v.H. anschnellt. Die Akkumulationsrate selbst steigt aber im Jahre 1968 noch nicht an; bei den Bruttoanlageinvestitionen sind noch negative Wachstumsraten zu verzeichnen. Diese Wirkung der Krise auf die Produktivität und die Kapitalrentabilität ist daher doppelt bedingt: Einerseits spielt hier die Reinigungsfunktion der Krise eine wesentliche

Tabelle 34:

Preisentwicklung seit 1966 (Veränderungen gegenüber dem Vorjahr) und Zinsentwicklung

Jahr	Grundstoff- u. Prod.-Güter	Rohstoffe	Investitions- güter	Verbrauchs- güter	Nahrungs- u. Genußmittel	langfr. Kredite Zuwachsraten	Sollzinsen f. vereinb. Kredite
1	2	3	4	5	6	7	8
1966	1,1	0,2	1,9	2,6	2,2	7,9	9,5
1967	-2,5	-4,1	-1,0	-0,6	0,8	8,7	7,6
1968	-1,3	0	0	-0,3	-1,2	13,2	7,5
1969	1,5	-0,1	3,2	1,9	0,9	11,9	9,6
1970	4,4	3,8	7,9	3,7	2,2	9,4	11,4
1971	2,5	5,4	6,2	3,8	3,6	11,3	9,6
1972	0	2,3	2,7	3,6	4,0	15,3	9,1
1973	8,8	11,4	4,2	7,4	8,4	12,4	14,0
1974	23,5	47,6	9,3	11,7	5,7	7,5	13,2
1975	-0,5	3,9	7,3	2,7	3,8		

Quelle: Spalte 2-6: Statistisches Bundesamt, Lange Reihen 1976, Spalte 7, 8: vgl. Tabelle 31

Rolle bei dem Anheben der Arbeitsproduktivität und der Kapitalrentabilität. Hinzu kommt, daß die Investitionsgüter-, Grundstoff- und Rohstoffpreise sowie der Zinssatz fallen (vgl. Tabelle 34 und Schaubild 18). Andererseits ermöglicht die langsam ansteigende Nachfrage — infolge des Nachholbedarfs bei den Konsumenten, der Ersatzinvestitionen, des staatlichen Konjunkturprogramms und der hohen Exportquoten — eine bessere Ausnutzung der Produktionskapazitäten. Dadurch sinken die Fixkosten und die Profite steigen an (sinkende Durchschnittskosten pro Produktionseinheit bei Produktion steigender Mengen). In der nächsten Phase — im Jahre 1969 — erhöht sich dann auch wieder — angesichts der steigenden Kapazitätsauslastung und steigender Kapitalrentabilität — die Akkumulationsrate und die Bruttoanlageinvestitionen steigen rapide an (vgl. Tabelle 10).

Die in der Krise neu eingeführten technologischen Verfahren und arbeitsorganisatorischen Veränderungen und eine dadurch ermöglichte Intensivierung der Arbeit verbessern zugleich die Konkurrenzposition des BRD-Kapitals auf dem Weltmarkt. So läßt sich im Aufschwung 1968/69 feststellen, daß der Indikator für die Mehrwertrate (in jeweiligen Preisen gemessen) als Folge zunehmender Auslastung des produktiven Kapitals, der Neuanlage von Kapital in technologisch veränderter Form, der steigenden Arbeitsproduktivität und Arbeitsintensität bei nachhinkenden Reallöhnen ansteigt. Obwohl dies ab 1970 auch mit einer Erhöhung der Kapitalintensität einhergeht (vgl. Tabelle 8), sind diese Effekte doch stark genug, um die Profitrate schnell ansteigen zu lassen, da zugleich auch die steigende Nachfrage zur stärkeren Kapazitätsauslastung (vgl. Schaubild 17) und zu sinkenden Fixkosten führt. Diese sich selbst verstärkenden Prozesse in der Veränderung der Produktions- und Realisierungsbedingungen von Profit (Erhöhung der Profite führt zu neuer Nachfrage, Erhöhung der Nachfrage zu höheren Profiten) führen dann zu einem raschen Aufschwung, der sich sehr bald auch in einem raschen Zuwachs der Produktionskapazitäten niederschlägt.

9.3.2. Aufschwung und Boom 1969/70

Die ansteigende Akkumulationsrate in dem Aufschwung drückt sich auch in einer beschleunigten Akkumulation von produktivem Kapital aus: Große Produktionskapazitäten werden aufgebaut, was im Schaubild 17 deutlich zu erkennen ist.
Dieselbe Tendenz ist auch in der Entwicklung der Bruttoanlageinvestitionen zu verfolgen. Diese hohen Zuwachsraten des Kapitalstocks sind zum einen das Ergebnis des explosiven Investitionsbooms der Jahre des Aufschwungs; die steigenden Investitionen waren die Folge steigender Profitabilität des Kapitals, die auf die Neuanlage von Kapital erwarte-

Schaubild 17:

Kapazitätsausbau und -auslastung in der Industrie der Bundesrepublik

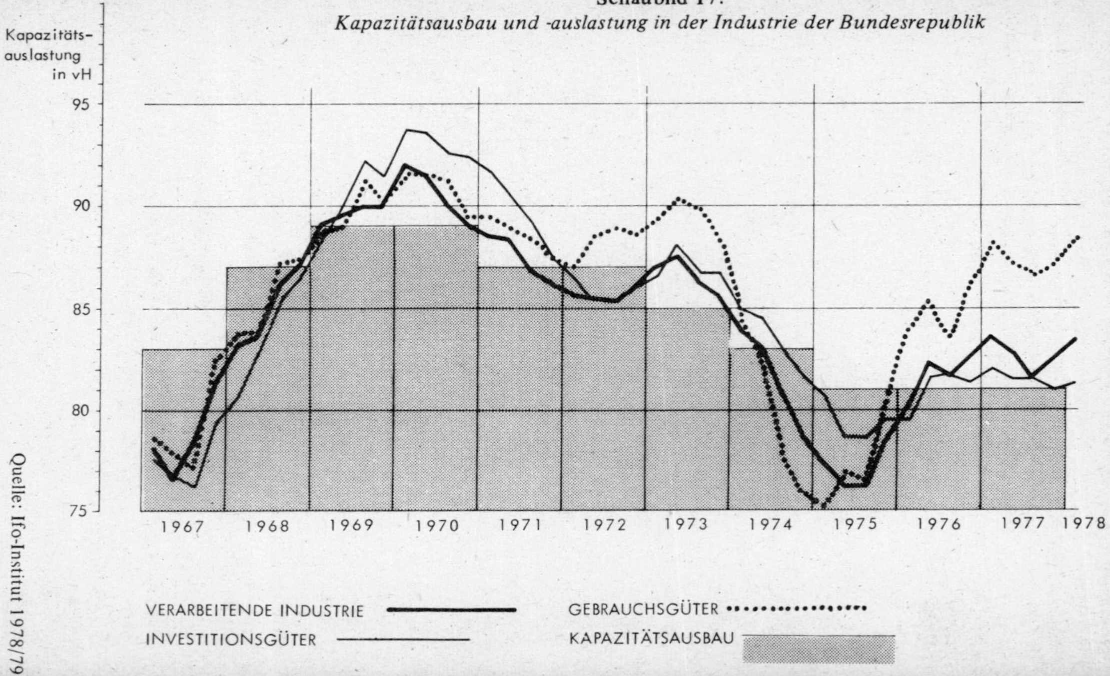

VERARBEITENDE INDUSTRIE ——
INVESTITIONSGÜTER ——
GEBRAUCHSGÜTER ·······
KAPAZITÄTSAUSBAU ▓▓▓

Quelle: Ifo-Institut 1978/79

ten Profitraten waren aufgrund der Bedingungen der Profitproduktion hoch; auch die Bedingungen der Realisierung aufgrund der steigenden Endnachfrage („Akzeleratorprinzip") waren gut. Bis 1971 sind die Wachstumsraten aller Komponenten der Nachfrage positiv. Im Verlauf des so bewirkten Aufschwungs und des Booms werden aber dann die (auch vom Sachverständigenrat 1969 hervorgehobenen) „stillen" Reserven der Steigerung der Arbeitsproduktivität ausgeschöpft: Die Zuwachsraten der Arbeitsproduktivität sinken von 11,0 v.H. (1968) auf 2,8 v.H. (1971) (vgl. Tabelle 8). Zugleich wird der Arbeitsmarkt ausgeschöpft und die Stellung der Arbeiter gegenüber dem Kapital stärker. Das fand seinen Ausdruck in der versuchten Wiederherstellung der versprochenen „sozialen Symmetrie" 1969, und vor allem in den Septemberstreiks und in den gewerkschaftlichen Erfolgen im Tarifkampf 1970. Das Zurückbleiben der Arbeitsproduktivität und das Ansteigen der Geldlöhne – die Lohn- und Gehaltssumme wächst 1969 um 12,6 v.H., 1970 um 15,6 v.H. und 1971 um 4,1 v.H. und die Konsumgüterpreise steigen in dieser Phase nur um 3,5 bis 3,8 v.H. – erzwingen zusätzlich die Anwendung kapitalintensiver Methoden der Produktion, wodurch die Kapitalzusammensetzung angehoben wird. Die Durchsetzung hoher Geldlohnforderungen der Lohnarbeiter in den Septemberstreiks 1969, dann 1970 und 1971, kompensiert in dieser Phase das Zurückbleiben der Geldlohnentwicklung gegenüber den Zuwachsraten der Produktivität und der Profite im Aufschwung; doch wird dadurch die Lohnquote angehoben – sie steigt von 35 v.H. (1969) auf 39 v.H. (1971) – und folglich die Profitquote gesenkt. Dies erfolgt zu einem Zeitpunkt, zu dem die Kapitalproduktivität (aufgrund der ansteigenden Kapitalintensität und der abfallenden Rate der Arbeitsproduktivität) auch bereits langsam abfällt. In eben dieser Phase steigen zusätzlich infolge der starken Investitionen die Grundstoff-, Rohstoff- und Investitionsgüterpreise und – aufgrund einer verschärften Konkurrenz der industriellen Kapitale um Kredite und wegen der restriktiven Zentralbankpolitik, mit der die Inflation eingedämmt werden soll (vgl. Kapitel 13) – die Zinssätze (vgl. Tabelle 34 und Schaubild 18). So fällt nicht nur aufgrund der sinkenden Profitquote und sinkender Kapitalproduktivität die Profitabilität des angelegten Kapitals, sondern steigende Grundstoff-, Rohstoff- und Investitionsgüterpreise sowie steigende Zinssätze verschärfen noch zusätzlich das Verwertungsproblem. Wenn auch die Nachfrage noch nicht sehr stark zurückgeht, so werden doch bereits langfristig orientierte Investitionen aufgeschoben oder ausgesetzt (z.B. im Baubereich). Diese Veränderungen der Verwertungsbedingungen haben daher einen Rückgang der Profitabilität des Kapitals zur Folge und drücken dementsprechend auch die Profitrate auf Investitionen. Der Erhöhung der Profitrate im Aufschwung folgt so wieder eine rückläufige Tendenz im Boom, da die negativen Einflüsse auf die Profitrate im Laufe des

Schaubild 18:
*Preis-, Zins- und Kreditentwicklung
in der Bundesrepublik 1966-1975*

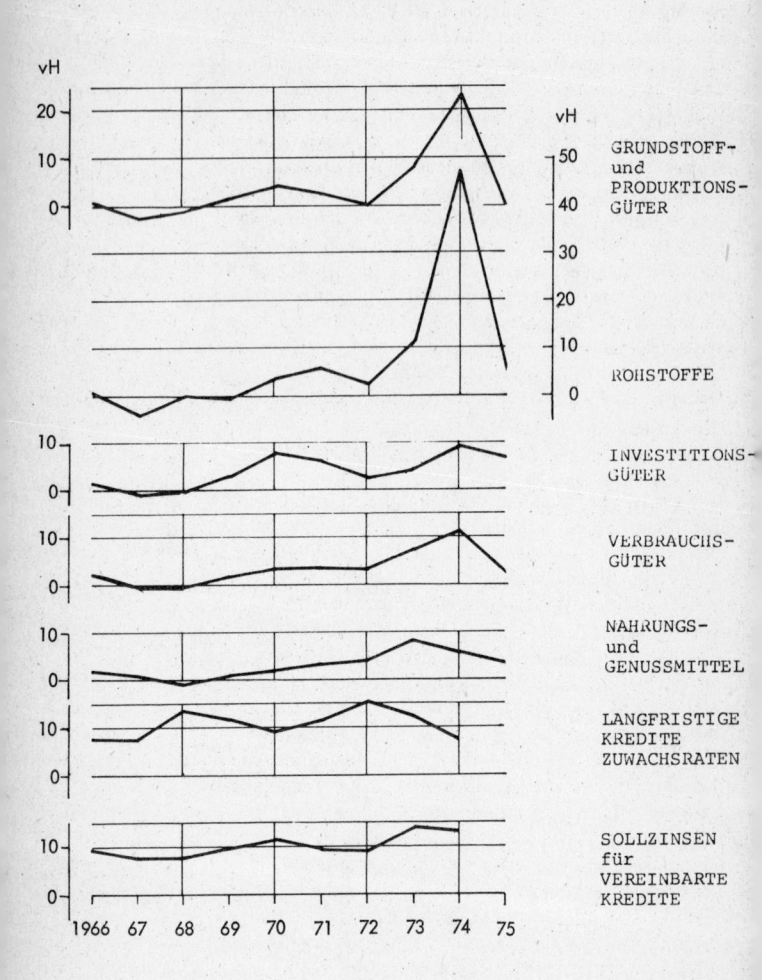

Quelle: Tabelle 34

Booms wieder an Gewicht gewinnen. Die Kapitalrentabilität sinkt auch entsprechend von 0,48 (1969) auf 0,44 (1971) ab.

Mit dem Boom verändern sich aber nicht nur die Produktionsbedingungen von Profit in negativer Weise; es zeichnet sie damit eine Überakkumulation von produktivem Kapital ab: Die steigende Nachfrage nach Produkten der Investitionsgüterabteilung infolge der raschen Akkumulation und Anlage von fixem Kapital im Aufschwung führt auch rasch zur zunehmenden Auslastung der Investitionsgüterabteilung und zum Aufbau produktiver Kapazitäten in der Konsumgüterproduktion; die Investitionen müssen aber zu dem Zeitpunkt nachlassen, als die realen *Wachstumsraten* der Konsumnachfrage zurückgehen („negativer Akzelerator"). Dies ist nach unseren Berechnungen bereits ab 1969/70 der Fall (vgl. Konsumnachfragekurve im Schaubild 15). Der gleichzeitig eintretende starke Rückgang in der Investitionsgüternachfrage hätte bereits 1969/70 zu einem Rückgang der Investitionsgüterproduktion führen müssen, wenn nicht noch die Exportnachfrage nach Investitionsgütern und die Staatsnachfrage gewesen wären. So kommt es 1971 lediglich zu einer *„Zwischenkrise"* und nicht zu einem tieferen Einbruch im Prozeß der Kapitalakkumulation.

9.3.3. Abschwung und schwache Krise 1970/71

So, wie die Entwicklung der Kapitalrentabilität, der Konsumnachfrage, der Investitionen und der Kapazitätsauslastung in den Jahren 1969/70 verlaufen ist, hätte sich schon 1970/71 ein allgemeiner Abschwung und eine Krise anbahnen müssen. Wie aber schon im zyklischen Abschwung 1963 nach der starken Krise 1958, bleibt auch der auf die Krise 1966/67 folgende zyklische Abschwung 1970/71 relativ schwach. Gerade dieses Phänomen legt die oben diskutierte These nahe, daß es sich bei diesen für die Bundesrepublik zunächst konstatierbaren Regelmäßigkeiten eines starken Abschwungs, dem ein relativ schwacher Abschwung im nächsten Zyklus folgt, um einen durch eine kleinere Krise (Zwischenkrise) unterbrochenen 7-9-jährigen Zyklus handelt. In dieser „Zwischenkrise" geht zwar die Investitionsnachfrage schon stärker zurück als alle anderen Nachfragekomponenten, die Auslastung der Kapazitäten bleibt aber noch relativ hoch (insbesondere in der Verbrauchsgüterindustrie, vgl. JG 1975, 54). Der sich selbst verstärkende Prozeß von absinkender Profitabilität der Investitionen, der die Nachfrage zurückgehen läßt, und zurückgehender Nachfrage, der — infolge abnehmender Auslastung der Kapazitäten — wiederum die Profitabilität der Produktion absinken läßt, findet hier nicht in dem Maße wie in der alle 7 bis 9 Jahre eintretenden tiefen Krise statt. Die alle 3 bis 4 Jahre auftretende Zwischenkrise weist daher nur einen schwachen Rückgang von Produktion und Beschäftigung und nur schwache kumulative Abwärtsbewegungen auf.

9.3.4. Schwacher Aufschwung und Krise 1974/75

Zu einem leichten Aufschwung kommt es wieder 1972/73, als die Verbrauchsnachfrage und die Staatsnachfrage leicht anzogen und vor allem die Exportaufträge (insbesondere für Investitionsgüter) kräftig zunahmen. Zu einem Anstieg der Verbrauchsnachfrage kommt es deshalb, weil – trotz bereits rückläufiger Beschäftigung – aufgrund der härteren Tarifauseinandersetzungen die Lohn- und Gehaltssumme 1972 um 1,2 v.H. und 1973 um 5,4 v.H. ansteigt. Der Reallohn und die Konsumausgaben nehmen noch zu, da die Verbrauchsgüterpreise nur um 3,6 v.H. (1972) bzw. 7,4 v.H. (1973) ansteigen und die Sparquote zwar auf hohem Niveau, aber 1972/73 wieder rückläufig ist (vgl. JG 1975, 51). Auch die Staatsnachfrage zeigt für die Jahre 1972 und 1973 wieder einen leichten Aufwärtstrend (vgl. Schaubild 15), so daß auch von dieser Seite her kein weiterer Einbruch der Konjunktur zu erwarten war. Der schwache Aufschwung 1972/73 wird aber vor allem von der Exportnachfrage getragen. Während die Auftragseingänge für Verbrauchsgüter aus dem Inland bereits kräftig zurückgehen, weisen die Auftragseingänge aus dem Ausland eine stark steigende Tendenz auf. An diesen zunehmenden Exportaufträgen partizipieren besonders – aufgrund einer noch guten Konjunktur in einigen kapitalistischen und den OPEC-Ländern – die Investitionsgüterindustrie und die Grundstoff- und Produktionsgüterindustrie (vgl. JG 1975, Zf. 85ff.). Die Nachfrageentwicklung gegenüber der Investitionsgüterabteilung wird daher nur noch in geringem Maße von *inländischen* Nettoinvestitionen getragen. Die Zuwachsraten der Bruttoanlageinvestitionen in der Industrie werden mit -0,6 v.H. (1972) und -0,1 v.H. (1973) negativ. Real steigen die Anlageinvestitionen für die gesamte Wirtschaft von 1972 auf 1973 nur noch um knapp 0,2 v.H. Ihr Anteil am Bruttosozialprodukt sinkt um 1,2 v.H. Dies drückt sich auch in der von uns berechneten Akkumulationsquote im Bereich der Industrie aus. Diese sinkt von 19,3 v.H. (1971) auf 16,7 v.H. (1972) und schließlich auf 15,0 v.H. (1973). Dieser Rückgang der inländischen Kapitalakkumulation hat in dieser Phase zwei Gründe: Aufgrund der nachgeholten Lohnsteigerungen, der schwachen Produktivitätsentwicklung und der starken Kapitalintensivierung steigt die Lohnquote und sinkt die Kapitalproduktivität (vgl. Tabelle 6), so daß die Kapitalrentabilität stark absinkt. Hinzu kommt, daß Rohstoff-, Grundstoff- und Produktionsgüterpreise ansteigen (vgl. Tabelle 34). Neue, langfristig orientierte Investitionsprojekte werden nicht vorgenommen, sondern eher zurückgestellt. Zum anderen führt auch die leicht ansteigende Nachfrage nicht zu einer neuen Welle von Investitionen, da die Verbrauchsgüterindustrie bereits stagniert und die Auslandsnachfrage, wie gezeigt, vor allem nur die Investitions- und Grundstoffgüterindustrie betrifft. Die Unternehmen lasten daher angesichts der so gestiegenen Nachfrage die Kapazitäten aus, die Nettoinvestitionen steigen aber nicht mehr an (vgl. Schaubild 17). Statt ihr produktives Kapial also beschleunigt auszuweiten, nutzen die Unternehmen in der Konsum- und vor allem in der Investitionsgüterabteilung in der kurzen Phase der wieder angestiegenen Nachfrage ihr produktives Kapital voll aus (vgl. Schaubild 15; 17; JG 1972, Zf. 124; JG 1973, Zf. 86). Ende 1973 verändern sich auf der Basis dieser allgemeinen Zurückhaltung in der Akkumulation die Bedingungen der Auslastung des vorhandenen produktiven Kapitals:

1. Die stark ansteigenden Preise in der Verbrauchsgüterproduktion — die Preise steigen 1974 hier um 11,7 v.H. — drücken auf das Realeinkommen und damit auf die Konsumtionskraft der Arbeiter. Zugleich nimmt aufgrund der Unsicherheit über die zukünftige Entwicklung der Arbeitslosigkeit die Sparquote bei Stagnation der Konsumentenkredite (JG 1975, 52) stark zu. Die Verbrauchsnachfrage stagniert daher.

2. Die Inflation macht sich auch in sehr starkem Maße für das industrielle Kapital bemerkbar: Die Grundstoff- und Produktionsgüterpreise steigen von 1973 auf 1974 zum Teil infolge der Ölkrise um 23,5 v.H., die Rohstoffpreise um 47,6 v.H. und die Investitionsgüterpreise um 9,3 v.H. — die stärksten Steigerungsraten im Laufe des Zyklus (vgl. Tabelle 34). Die Kosten für das fixe und zirkulierende Kapital steigen also stark an, während die Absatzmöglichkeiten sich zugleich verengen. Da die Verbrauchsgüterpreise nicht in dem Maße steigen konnten, daß die Preissteigerungen für das fixe und zirkulierende Kapital kompensiert wurden, ist auch eine inflationäre Umverteilung zwischen den Klassen nicht mehr ohne weiteres möglich.

3. Gegen die beschleunigte Inflation versucht der Staat ein *restriktives Stabilitätsprogramm* durchzusetzen: die staatliche Nachfrage soll gedrosselt werden (vgl. Kapitel 13). Zugleich versucht die Bundesbank auf dem Hintergrund flexibler Wechselkurse ein *monetaristisch* geprägtes geldpolitisches Konzept gegen die Inflation anzuwenden: den Banken wird in verschiedenen Stufen 1973 Liquidität entzogen; die Kredite verteuern sich, wodurch die Investitionen zusätzlich von der Seite der Fremdfinanzierung her eingeengt werden; diese Politik der Zentralbank wirkt auf dem Hintergrund steigender Zinssätze in der Phase des beginnenden Abschwungs (seit Mitte 1972 steigen die Zinssätze schnell an). Die Verteuerung des kommerziellen und des Bankkredits (vgl. JG 1975, Schaubild 32) aufgrund der steigenden Nachfrage nach diesen Kreditarten in der beginnenden Abschwungphase des Zyklus erschwert die Fremdfinanzierung zusätzlicher Investitionen. Während so auf der einen Seite die zu diesem Zeitpunkt bereits in einigen Branchen stagnierende bzw. rückläufige Nachfrage zu einer steigenden Nachfrage der Kapitalisten nach kommerziellen Krediten führt (vgl. dazu die Entwicklung in der Bauindustrie 1972/73), erschwert die dadurch erfolgende Verteue-

rung des kommerziellen Kredits sukzessive die Rückverwandlung von Warenkapital in Geldkapital (also die Realisierung). Diese Zinssteigerungen erfolgen, weil jetzt Geld als Zahlungsmittel nachgefragt wird, nicht als Kapitalkredit. Dadurch gerät die realisierte Profitrate weiter unter Druck: Der Abzug von der Seite des zinstragenden Kapitals steigt, während zugleich die Rückverwandlung von Waren- in Geldkapital erschwert ist. Es zeigt sich zu diesem Zeitpunkt (Ende 1973), daß die Inflation jetzt nicht mehr die Profithöhe halten kann und nicht mehr der Kapitalakkumulation förderlich ist. Die sinkende Profitabilität der Investitionen wird durch die inflationäre Entwicklung jetzt nicht mehr verschleiert; im Gegenteil, sie wird durch die inflationäre Preisentwicklung bei den Ausrüstungsinvestitionen etc. sichtbar. Es entwickelt sich daher ein kumulativer Abwärtsprozeß. Die Kapitalrentabilität, die Akkumulationsrate und die Bruttoinvestitionen sinken seit 1974 ab, ebenso die wichtigsten Nachfragekomponenten. Die Krise setzt sich jedoch zuerst und besonders frühzeitig (1974) in den Branchen langlebiger Massenverbrauchsgüter (Autoindustrie, Elektroindustrie, Baugewerbe, Möbelindustrie, Textil- und Bekleidungsgewerbe) durch, da die *Auslastung* der Investitionsgüterindustrie (und auch der Grundstoff- und Produktionsgüterindustrie) teilweise weiterhin noch durch die *Weltmarkt*nachfrage gewährleistet ist. Die industrielle Bruttoproduktion fällt 1974 in der Verbrauchsgüterindustrie um -7,4 v.H. zurück, in der Investitionsgüterindustrie jedoch nur um -1,7 v.H. Auch im Bereich der „primären Lohngüter", die etwa durch die Nahrungs- und Genußmittelindustrie repräsentiert werden, bleibt die Nachfrage noch hoch.

Mit dem Rückgang der Weltmarktnachfrage im Zuge der Synchronisierung der Krisenzyklen auf dem Weltmarkt 1974/75 sinken auch Auslastung und Profit jener exportorientierten großen Kapitale, die bis dahin ihre Kapazitäten noch aufgrund der günstigen Nachfragebedingungen auf dem Weltmarkt hatten auslasten können.

Gegenüber 1974 geht im Jahre 1975 der Exportüberschuß der BRD-Industrie (in jeweiligen Preisen gemessen) von 50,8 auf 37,2 Mio. DM, also um 13,6 Mio. DM (JG 1976, 280) zurück. Dies betrifft insbesondere die exportorientierten Wachstumsindustrien des Grundstoff-, Produktionsgüter- und Investitionsgüterbereichs (Stahl, Elektrotechnik, Chemie, Maschinenbau und Fahrzeugbau). Diese Bereiche haben erst 1975 einen starken Rückgang von Produktion und Beschäftigung zu verzeichnen, der allerdings dann den Krisenablauf erheblich verschärft. Dieser branchenmäßige Verlauf der Krise — zuallererst Rückgang in der Produktion (langfristiger) Verbrauchsgüter, im privaten und gewerblichen Wohnungsbau und in Teilen der Investitionsgüterindustrie (Maschinenbau, Stahl- und elektrotechnische Erzeugnisse), dann, als die Exportnachfrage ausfällt, ein starker Einbruch in der Grundstoff-, Produktionsgüter- und Investitionsgüterindustrie — drückt sich auch in der Entwicklung und Struktur der Arbeitslosigkeit aus (vgl. Kapitel 10).

Mit dem Fortgang der Krise 1975 zeigt sich dann aber auch die „Funktion" der Krise im kapitalistischen Reproduktionsprozeß: Die Vernichtung und Entwertung von Kapital, die Rationalisierungsinvestitionen und die Disziplinierung der Arbeiterklasse durch die Millionenarmee der Arbeitslosen verändern die Produktionsbedingungen von Profit drastisch: die Profitquote steigt um 5,0 v.H., die Arbeitsproduktivität allein um 11,6 v.H. (und hat damit die höchste Zuwachsrate seit 1951 aufzuweisen) und die Zunahme des Kapitalintensität beträgt nur noch 4,9 v.H. (vgl. Tabelle 8). Die Kapitalrentabilität steigt daher nach der Krise wieder stark an (um über 11 v.H.); *allein die Akkumulationsrate des Kapitals bleibt niedrig* (vgl. Tabelle 10)!

Während so auf der einen Seite zyklische „Reinigungsprozesse" sichtbar werden und sich in einem Anstieg der Kapitalrentabilität ausdrükken, zeigen sich auf der anderen die strukturellen Komponenten der Kapitalverwertung in einer Stagnation der Akkumulationsrate und in der von den Kapitalisten beschleunigten Umwälzung der technologischen Basis des Produktionsprozesses („Rationalisierungsinvestitionen" herrschen auch nach der Krise 1974/75 vor, *ohne* daß über eine Erweiterung der Kapazitäten („beschleunigte Kapitalakkumulation") die durch die Umwälzungen freigesetzten Arbeiter wieder in den Produktionsprozess eingegliedert hätten werden können. Die „strukturelle Arbeitslosigkeit" im (verhaltenen) Aufschwung nach 1976 ist so das sichtbarste Zeichen dafür, daß die langfristigen Verwertungsprobleme des Kapitals den Zyklus überlagern und das Kapital in der Bundesrepublik auch im zyklischen Aufschwung aufgrund dieser strukturellen Probleme nicht in die Lage versetzt ist, über eine beschleunigte Kapitalakkumulation die Arbeitslosen wieder in den Produktionsprozeß einzugliedern.

9.4. Zusammenfassung

1. Der Zyklus hat seinen Ausgangspunkt in der Krise 1966/67, in der durch Kapitalvernichtung und -entwertung der Kapitalbestand und Kapazitäten vermindert, durch Konzentration die Konkurrenten ausgeschaltet, durch niedrigere Lohnstückkosten und Mobilisierung von Produktivitätsreserven die Grundlage für eine erhöhte Profitabilität und einen Wiederaufschwung der Akkumulation gelegt werden: Diese günstigen Produktionsbedingungen für die übriggebliebenen konkurrierenden Kapitale lassen die Profiterwartungen auf neue Investitionen ansteigen, die Akkumulationsrate des Kapitals steigt — befördert durch niedrige Investitionsgüterpreise und niedrige Zinssätze, steigende Nachfrage und zunehmende Kapazitätsauslastung — rasch an, was sich sehr bald in starken Nettozugängen zum Kapitalstock niederschlägt. Auch

kann die Akkumulation wieder günstiger durch Fremdfinanzierung erfolgen. Diese günstigen Produktions- und Realisierungsbedingungen erodieren aber im Laufe des Booms: Bedingt durch die Konkurrenz der Kapitale steigt die Zusammensetzung des Kapitals an, die Arbeitsproduktivität weist mit der Ausschöpfung aller Produktivitätsreserven keine großen Zuwachsraten mehr auf und der Arbeitsmarkt ist leergefegt, die Löhne steigen. Die Investitionsgüterpreise – und später auch die Grundstoff-, Produktionsgüter- und Rohstoffpreise – steigen ebenso an wie der Zinssatz aufgrund der Nachfrage nach Geld als *Zahlungsmittel*. Die Profitabilität der vergangenen und zukünftigen Investitionen beginnt wieder stark zu sinken: einmal infolge der veränderten Produktionsbedingungen von Profit, zum anderen, weil Überschußkapazitäten – hervorgerufen durch die Konkurrenz der Kapitale – an Realisierungsschranken stoßen und ebenfalls auf die Profite drücken. Die Akkumulationsrate stagniert und sinkt dann leicht ab. Ausgehend von Bereichen langlebiger Konsumgüter (Autos, Wohnungsbau, Wohnungseinrichtungen, elektrische Haushaltsgeräte) und höheren Konsums (Farbfernsehen, Stereoanlagen, Urlaubsreisen) nimmt – als Vorbote der Krise – auch die Wachstumsrate der Verbrauchsnachfrage seit 1969/70 ab; absolut geht die Verbrauchsnachfrage seit 1974 zurück. Die Krise 1971 kann insbesondere durch die Exportnachfrage noch abgefangen werden. Der kurze Wiederaufschwung wird aber nicht mehr in erster Linie durch die Neuanlage von Kapital, sondern wesentlich durch eine wieder ansteigende Kapazitätsauslastung getragen. Während die Profitrate nach kurzem Wiederaufschwung weiter sinkt, kann durch die Investitionsgüternachfrage vom Weltmarkt her die Produktion in der Investitionsgüterabteilung noch gehalten werden, wenngleich kaum noch inländische Nachfrageimpulse aufgrund der sinkenden Nettoinvestitionen zu verzeichnen sind. Die Krise setzt sich daher (1974) zunächst am stärksten in Teilen der Verbrauchsgüterindustrie durch, um dann 1975 – nach dem drastischen Rückgang der Exportnachfrage nach Investitionsgütern – auch in der Investitions-, Produktions- und Grundstoffindustrie durchzuschlagen.

2. Dieser Verlauf des letzten Konjunkturzyklus in der BRD erklärt sich gerade aus der Exportabhängigkeit der BRD-Industrie, bestätigt also keineswegs unmittelbar die Unterkonsumtionserklärung der Krise. Denn die *inländischen* Zuwachsraten der Investitionsgüternachfrage seit 1973 liegen noch *unter* denen der Nachfrage nach Produkten der Konsumgüterindustrie.

Nach der Unterkonsumtionstheorie hätte die Krise auch zuallererst und am stärksten in den Bereichen des *Massen*konsums ausbrechen müssen. Zwar kann gesagt werden, daß noch hinreichend unbefriedigte Bedürfnisse bei den unteren Einkommensschichten vorhanden gewesen wären (Nahrungsmittel, Wohnung, Ausbildung, Gesundheit), um die Nachfrage hoch und die Produktion in Gang zu halten. Diese Bedürfnisse können aber aufgrund einer vorgegebenen Einkommensverteilung nicht nachfragewirksam werden, mithin auch nicht Grund der Krisen sein (wenngleich sie als unbefriedigte Bedürfnisse vorhanden sind).

3. Grund der Krisen ist vielmehr

„*das Kapital selbst*, ist dies: daß das Kapital und seine Selbstverwertung als Ausgangspunkt und Endpunkt, als Motiv und Zweck der Produktion erscheint; daß die Produktion nur Produktion für das *Kapital* ist und nicht umgekehrt die Produktionsmittel bloße Mittel für eine sich stets erweiternde Gestaltung des Lebensprozesses für die *Gesellschaft* der Produzenten sind." (Kapital III, *MEW* 25, 260)

Das Mittel, die Entfaltung der gesellschaftlichen Produktivkräfte, die Anhäufung von produktivem Kapital, gerät in „fortwährenden Konflikt mit dem beschränkten Zweck, der Verwertung des vorhandenen Kapitals" (ebd.). Nicht die beschränkte Nachfrage ist also Ursache der kapitalistischen Krise, sondern der Zweck der Produktion, die Verwertung des Kapitals, realisiert in der Konkurrenz der Kapitale; dies schließt allerdings ein: die Entwicklung der Produktivkräfte über die (zahlungsfähige) gesellschaftliche Nachfrage hinaus, die Produktion von Waren, die nicht mehr zu einem Mindestprofit realisiert werden können. *Überakkumulation von Kapital bildet in diesem Sinne auch die Ursache für die Entwicklung der Krise und der Arbeitslosigkeit,* die das Brachliegen, die Entwertung und Vernichtung von Kapital in wertmäßiger und in stofflicher Form begleitet.

10. Kapitel

Zyklische und strukturelle Arbeitslosigkeit

Die Schwere und Dauer der Arbeitslosigkeit während der Wirtschaftskrise seit 1974 kann nicht nur auf den zyklischen Abschwung und die konjunkturelle Krise zurückgeführt werden. Langfristige Entwicklungen in der Kapitalintensität, in der Kapitalkonzentration und -zentralisation und in der — durch die Internationalisierung des Kapitals vermittelten — Branchenstruktur der Wirtschaft der BRD haben erhebliche Bedeutung für die jetzige Akkumulationskrise des Kapitals und die gegenwärtige Dauerarbeitslosigkeit erlangt. Zunächst wenden wir uns der eher zyklisch bedingten Arbeitslosigkeit zu.

10.1. Zyklische Krise und sektorale Struktur der Arbeitslosigkeit

Die am Ende eines jeden Akkumulationszyklus und in der Krise auftretende Arbeitslosigkeit ist im wesentlichen durch Angebotsüberschüsse und Nachfragelücken bedingt — Resultat der zurückgehenden Kapitalakkumulation in der Krise. Die Krise drückt sich daher aus in einem Überschuß an produktivem Kapital (unausgelastete Kapazitäten, stillgelegte Anlagen), Warenkapital und Geldkapital sowie in einem Überfluß an Arbeitskräften. Wird die Krise durch einen Rückgang der Kapitalakkumulation eingeleitet, dann muß dies auch in einem besonderen *sektoralen* Verlauf der Arbeitslosigkeit sichtbar werden. Naheliegend ist es, daß mit dem Beginn der Krise die *Wachstumsrate* der Arbeitslosigkeit und das Ausmaß der Arbeitslosigkeit in der Investitionsgüterindustrie am größten sind. Diese Tendenz konnte sich in der Wirtschaftskrise der 70er Jahre zunächst aber nicht unmittelbar durchsetzen, da der starke Exportanteil der Investitionsgüterindustrie und die bis 1974 noch steigende Exportnachfrage nach Maschinen, Anlagen usw. einen stärkeren Rückgang der Investitionsgüterproduktion verhinderten. Die Zunahme der Arbeitslosigkeit in der Krise war daher zunächst die Folge der *Kontraktion der Konsumgüter- und der Nahrungs- und Genußmittelindustrie* — neben den umfassenden Einschränkungen im Baugewerbe und im Straßenfahrzeugbau.

„Aus konjunkturellen, aber auch aus strukturellen und mit dem Außenwert der DM zusammenhängenden Gründen kamen die Verbrauchsgüterindustrien zuerst in die Flaute. In diesem Bereich, insbesondere in der Textil- und Bekleidungs- sowie in der Möbelindustrie war schon Anfang 1973 eine deutliche Produktionsabschwächung zu registrieren. Die Unternehmen reagierten sofort, wenngleich noch verhalten, mit Herabsetzung ihrer Beschäftigtenzahl. Gleichzeitig sank die Zahl der Überstunden. (. . .) Als sich im Jahresverlauf der Nachfragerückgang deutlich verstärkte, wurde auch die Zahl der Beschäftigten drastisch verringert; seit Ende 1973 werden per Saldo in jedem Vierteljahr zwischen 32.000 und 45.000 Personen freigesetzt". (DIW Wochenbericht Nr. 28/1975, 230 ff.)

Erst im Jahre 1974 änderte sich dann die Situation für die *Investitionsgüterindustrie*, die jetzt — bedingt durch einen nachlassenden Auftragseingang aus dem Ausland und der allgemein absinkenden Weltmarktkonjunktur — Kurzarbeit und Entlassungen vornehmen mußte. Während hier der Beschäftigtenstand 1973 noch ausgeweitet wurde, hat sich die Situation zu Beginn des Jahres 1974 abrupt geändert.

„Der Beschäftigtenstand wurde beschleunigt reduziert. Daneben wurde in verstärktem Maße Kurzarbeit eingeführt; dies drückte sich in einem Rückgang der Produktionsleistungen je Beschäftigten ... aus. Besonders die Automobilindustrie hat Kurzarbeit Entlassungen vorgezogen ..." (ebenda, 232)

Während daher Mitte des Jahres 1975 bereits die frühzeitig betroffenen Industriezweige wie die Verbrauchsgüterindustrie, Automobil- und Bau-, sowie auch die Textilindustrie den Tiefpunkt der Krise überschritten hatten, weiteten sich Kurzarbeit und Entlassungen in der *Grundstoff- und Produktionsgüterindustrie* (Eisen-, Stahl-, Chemieindustrie) und in den Investitionsgüterindustrien — hier vor allem im Maschinenbau — noch aus. Am dauerhaftesten wirkte die Krise in der gesamten Eisenschaffenden Industrie, die bis in die Jahre 1976/77 von Überkapazitäten, Kurzarbeit und Entlassungen betroffen war. Folglich wurden auch die Schwerpunkte der Arbeitslosigkeit auf die letztgenannten Sektoren mit der Dauer der Krise verschoben, was an der Entwicklung der Arbeitslosenquoten und der Zahl der Kurzarbeiter nach Branchen- und Berufsgruppen verfolgt werden kann. Der Rückgang der Produktions- und Investitionsgüterindustrien (Maschinenbau, Elektroindustrie, Chemie und Eisenschaffende Industrie) setzte zwar später ein, die *Wachstumsrate der Arbeitslosigkeit* war aber hier dann viel größer.

Nach der eingetretenen Krise schnellte die Wachstumsrate der Arbeitslosigkeit insbesondere in der *Investitionsgüterindustrie* am stärksten an. Die Zunahme der Arbeitslosigkeit in der Investitionsgüterindustrie (gemessen an arbeitslos gewordenen männlichen Beschäftigten) steigt von 1974 auf 1975 um ca. 106 v.H., während die *Grundstoff- und Produktionsgüterindustrie* eine Wachstumsrate der Arbeitslosigkeit von 74 v.H., die *Verbrauchsgüterindustrie* eine Wachstumsrate von ca. 64 v.H., die *Nahrungs- und Genußmittelindustrie* eine Wachstumsrate von ca. 71 v.H. aufweisen. Weiterhin ist ersichtlich, daß der Rückgang der Beschäftigten in der Verbrauchsgüterindustrie bereits seit dem Jahre 1973 relativ stetig ist (vgl. ANBA 1976, 80 f.). Diese Daten zeigen, daß offenbar die Arbeitslosigkeit mit zunehmender Konsumgüternähe abnimmt. Überdies ist aus dieser Studie zu entnehmen, daß die Entlassungen und Freisetzungen im *tertiären Sektor* und hier besonders im *öffentlichen Bereich* (auch aufgrund der längeren Kündigungszeiten der Angestellten) erst mit einer zeitlichen Verzögerung einsetzen, während im ganzen

Verarbeitenden Gewerbe die Wachstumsraten der Arbeitslosigkeit im Jahre 1976 bereits negativ sind, d.h. die Beschäftigung wieder ansteigt. Aufgrund der zurückgehenden Einkommen und der zurückgehenden Nachfrage nach privaten und öffentlichen Dienstleistungen in der Krise und aufgrund der später einsetzenden Rationalisierungsprozesse (vgl. Peschel/Scheibe-Lange 1977, 325 ff.) sinkt die Beschäftigung hier erst später ab.

Der stärkste Beschäftigungsabbau erfolgt in den Industriegruppen der Verbrauchs- und Investitionsgüter-, Nahrungs- und Genußmittelindustrien und im Baugewerbe, während der Bereich der *privaten* Dienstleistungen und der *öffentliche Dienst* erst später einen Beschäftigungsabbau bzw. sinkende Beschäftigungszunahmen aufweisen. Der tertiäre Sektor und darin insbesondere der öffentliche Dienst konnte nicht mehr wie noch in den 60er Jahren und zu Beginn der 70er Jahre einen Teil der im industriellen Bereich freigesetzten Arbeitskräfte absorbieren, vielmehr fanden hier selbst mit der Dauer der Krise Beschäftigungseinschränkungen statt. (1)

10.2. Struktur der Dauerarbeitslosigkeit

Wie die Krise 1966/67 weist auch die Krise 1974 eine besondere Betroffenheit bestimmter *Schichten* der Lohnarbeiter sowie eine besondere *sektorale*, *berufsstrukturelle* und *regionale* Gliederung der Arbeitslosigkeit auf. In beiden Krisen waren entsprechend dem starken Einbruch in der Investitions- und Verbrauchsgüterindustrie *ungelernte Massenarbeiter* sowie *Facharbeiterschichten* wie Metallarbeiter, Elektriker, Maschinenbauer, Chemiearbeiter, Kunststoffarbeiter, Bau- und Bauausstattungsberufe betroffen. Auch ist ein besonderer Zusammenhang von Alter und Dauer der Arbeitslosigkeit sichtbar geworden. Mit dem Umfang und der Dauer der Arbeitslosigkeit, die sich bereits Anfang der 70er Jahre anbahnte, bildeten sich aber *neue, dauerhafte Tendenzen in der Arbeitslosenstruktur heraus*, die auch für die zukünftige Entwicklung relevant sein werden.

1. Die langfristige Struktur der Beschäftigung und der Arbeitslosigkeit wurde durch eine *Veränderung der sektoralen Struktur* der Wirtschaft mitbestimmt. Kennzeichnend für die Beschäftigungsentwicklung und

---

1 Dieser oben gezeigte typische sektorale Verlauf der Arbeitslosigkeit ist zu berücksichtigen, wenn darauf gesetzt wird, daß der tertiäre Sektor – und hierbei insbesondere der öffentliche Dienst – die im Industriesektor freigesetzten Arbeitskräfte absorbieren könne. Gerade die Wachstumsrate der Beschäftigtenzahl im öffentlichen Dienstleistungssektor ist nach der Krise 1974/75 nicht nur abgefallen, sondern sogar negativ geworden. Allerdings sind hierfür auch die Haushaltspolitik und das Haushaltsstrukturgesetz verantwortlich. Vgl. dazu Kapitel 13.

für die Freisetzungen ist, daß mit dem langfristigen Akkumulations- und Wachstumsprozeß allmählich eine Verlagerung von Produktion und Beschäftigung vom primären zum sekundären und zum tertiären Sektor erfolgte. Zwar nimmt in der Zeit von 1960 bis 1972 die Zahl der beschäftigten Angestellten und Arbeiter von 20,1 Mio. auf 22,4 Mio. zu (vgl. Altvater 1976, 56). Dies ist eine Steigerungsrate von 11,3 v.H. Die Zahl der in der Land- und Forstwirtschaft Beschäftigten — einem zentralen Bereich des primären Sektors — nimmt aber stark ab: um 45,6 v.H. Im warenproduzierenden Gewerbe und im Handel und Verkehr kamen unterdurchschnittliche, nur geringfügige Steigerungsraten der Beschäftigtenzahl zustande. Die in dem genannten Zeitraum eindeutig expandierenden Bereiche dagegen waren die Dienstleistungsunternehmen, die ihre Beschäftigtenzahl um 39,6 v.H. erhöhten, und der Staat (einschließlich privater Haushalte und privater Organisationen ohne Erwerbscharakter, deren Bedeutung jedoch relativ gering ist) mit einer Steigerungsrate von 35,5 v.H. So kommt es, daß Dienstleistungsunternehmen und öffentlicher Sektor im Jahre 1960 rund 22,3 v.H. aller abhängig Beschäftigten, im Jahre 1971 aber 27,5 v.H. auf sich vereinigen. An diesen Zahlen wird deutlich, daß ein großer Teil der in Industrie und warenproduzierendem Gewerbe arbeitslos gewordenen Beschäftigten vor allem durch die überdurchschnittliche Expansion der Beschäftigtenzahlen im tertiären Sektor, wobei gerade der öffentliche Dienst eine hervorragende Rolle spielte, aufgefangen werden konnte (vgl. Tabelle 38). In welchen Bereichen des Verarbeitenden Gewerbes selbst seit Anfang der 60er Jahre ein starker Beschäftigungsabbau stattfand, zeigt die Tabelle 35.

Zentrale Bereiche des Beschäftigungsabbaus waren hiernach die Leder-, Bekleidungs- und Textilindustrie, der Bergbau, die Eisen- und NE-Metallerzeugung, Nahrungs- und Genußmittelindustrie, das Holz-, Papier- und Druckereigewerbe. Diese durch die sektoralen Verschiebungen bedingte Struktur der Arbeitslosigkeit ist ein charakteristisches Merkmal der Arbeitslosigkeit der 70er Jahre. Die in der Tabelle 35 aufgeführten Wirtschaftsbereiche mit Expansionen der Beschäftigten haben rund 3,5 Mio. neue Arbeitsplätze bereitgestellt. Gleichzeitig gingen in den anderen Bereichen 3,3 Mio. Arbeitsplätze verloren. Die ausschlaggebende Rolle in diesem Verhältnis hatte ganz zweifellos der *öffentliche Dienst*, und darin zeigt sich auch die Bedeutung von Rationalisierungsmaßnahmen im öffentlichen Dienst (mit dem Zweck, Arbeitskraft einzusparen), eines Einstellungsstopps und gar von Entlassungen für die Beschäftigung insgesamt.

Inzwischen hat sich das Bild weiter negativ verfärbt. Denn andere Bereiche sind nach 1974 zum Kreis der kontrahierenden Branchen hinzugestoßen, so insbesondere die Stahl- und Eisenschaffende Industrie. Aufgrund ausländischer Konkurrenz mit modernen Produktionsmethoden (Japan, manche osteuropäischen Staaten), der Errichtung von eigenen

Tabelle 35:

Entwicklung der Erwerbstätigkeit in ausgewählten Wirtschaftsbereichen
Veränderung gegenüber dem Vorjahr in 1 000

Jahr	Staat	Private Organisationen [1]	Chemische Industrie, Mineralölverarb. usw. [2]	Dienstleistungsunternehmen [3]	Nachrichtenübermittlung [4]	Stahl-, Maschinen-, Fahrzeugbau	Energiewirtschaft [5]	Elektrotechnik, Feinmechanik, Herst. v. EBM-Waren usw. [6]	Sonstiger Verkehr [7]	Groß- und Einzelhandel, Handelsvermittlung
1961	+130	+ 7	+42	+40	+11	+ 97	+2	+ 84	+1	+45
1962	+119	+ 9	+15	+54	+14	+ 67	+7	+ 12	+2	+ 4
1963	+ 97	+13	+14	+81	+12	± 0	+7	+ 9	+6	- 2
1964	+ 96	+11	+22	+48	+ 2	+ 31	+5	+ 28	+4	- 2
1965	+ 87	+17	+39	+62	+ 1	+ 66	+4	+ 69	+2	- 17
1966	+ 80	+14	+29	+66	+ 3	+ 23	+2	+ 20	± 0	- 17
1967	+ 70	+20	-40	+55	+ 3	-116	±0	-114	±0	+32
1968	+ 25	+15	+36	+63	+ 3	+ 35	+1	+ 39	+5	+67
1969	+ 56	+19	+59	+45	+ 2	+157	+2	+138	+4	- 8
1970	+120	+21	+50	+48	+ 3	+127	+2	+ 90	+5	+30
1971	+110	+15	± 0	+49	+ 9	+ 41	±0	+ 32	+10	+18
1972	+137	+10	+ 8	+41	+20	+ 48	+4	+ 23	+10	+17
1973	+ 96	+12	+ 9	+12	+15	+ 42	+1	+ 55	+11	+16
1974	+113	+13	+ 1	+21	+ 6	+ 20	+1	+ 22	+0	+ 7
										-116
1974 [8]	3 446	570	1 026	3 066	490	2 644	233	1 951	495	3 272
1960—1974	+1 336	+187	+268	+685	+ 96	+502	+38	+313	+ 60	- 27
1 000 [9]	+62,3	+49,9	+35,4	+28,8	+24,4	+23,4	+19,5	+19,1	+13,8	- 0,8

254

Jahr	Baugewerbe	Holz-, Papier-, Druckereigewerbe	Nahrungs- und Genußmittelgewerbe	Steine und Erden, Feinkeramik, Glasgewerbe	Eisen- und NE-Metallerzeugung u. -bearbeitung	Leder- und Bekleidungsgewerbe	Textilgewerbe	Land- und Forstwirtschaft, Fischerei	Bergbau	Private Haushalte
1961	+ 47	+ 12	+ 7	+ 10	+ 30	+ 11	— 6	— 132	— 29	— 41
1962	+ 88	— 4	+ 7	— 1	— 21	+ 2	— 22	— 142	— 38	— 65
1963	+ 103	— 19	+ 7	— 12	— 23	— 11	— 15	— 163	— 38	— 7
1964	+ 60	— 12	— 31	+ 6	+ 2	— 18	— 18	— 142	— 19	— 22
1965	0	+ 2	+ 3	0	— 16	— 3	— 9	— 126	— 16	— 36
1966	— 30	— 26	+ 7	— 10	+ 48	— 21	— 11	— 86	— 23	— 23
1967	— 192	— 15	— 11	— 29	— 87	— 62	— 53	— 152	— 37	— 4
1968	+ 30	0	+ 1	+ 9	— 2	— 25	+ 21	— 115	— 14	— 21
1969	0	+ 22	— 14	+ 7	— 17	+ 5	— 11	— 128	+ 6	— 20
1970	+ 6	+ 11	— 13	+ 5	— 15	— 23	— 23	— 133	— 3	— 26
1971	+ 20	+ 4	+ 3	+ 4	— 19	— 30	— 11	— 118	— 20	— 10
1972	— 2	— 11	+ 8	+ 1	— 27	— 16	— 24	— 106	— 22	— 6
1973	— 17	+ 16	+ 1	— 3	— 3	— 37	— 28	— 84	— 9	— 1
1974	— 178	— 41	— 26	— 24	— 9	— 80	— 44	— 72		— 4
1974 [8]	1 977	1 012	941	425	858	570	428	1 882	249	95
1960—1974 1 000 [9]	— 65	— 61	— 101	— 55	— 157	— 308	— 244	— 1 699	— 313	— 286
vH [9]	— 3,2	— 5,7	— 9,7	— 11,5	— 15,5	— 35,1	— 36,3	— 47,4	— 55,7	— 75,1

[1]) Ohne Erwerbscharakter.
[2]) Einschließlich Kunststoff-, Gummi- und Asbestverarbeitung.
[3]) Kreditinstitute, Versicherungsunternehmen, Gaststätten- und Beherbungsgewerbe, übrige Dienstleistungen.
[4]) Deutsche Bundespost.
[5]) Einschließlich Wasserversorgung.
[6]) Einschließlich Optik, Herstellung von Musikinstrumenten, Sportgeräten, Spiel- und Schmuckwaren.
[7]) Verkehr ohne Eisenbahnen, Schiffahrt, Wasserstraßen, Häfen.
[8]) Anzahl in 1 000.
[9]) Veränderung 1974 gegenüber 1960.

Quelle: Sachverständigenrat JG 1976, Tab. 11

Stahlbasen in einigen Ländern der Dritten Welt, der Verbesserung von Qualität und Verlängerung der Lebensdauer von Stählen, der Substitution von Stahl durch Kunststoffe, Aluminium und Beton, der Verbilligung des Stahlangebots im Inland und der Verteuerung der Exporte wegen der Aufwertungen der DM, ist die Branche in eine schwere Krise geraten und auch zu einem Zweig geworden, der tendenziell die Beschäftigung reduziert.

2. Verschiebungen und Entwicklungstendenzen in der Betroffenheit der verschiedenen *sozialen Gruppen* von (registrierter) Arbeitslosigkeit zeigt die folgende Tabelle 36.

Die wichtigsten längerfristigen Verschiebungen, die im Vergleich mit der Krise von 1967 deutlich werden, sind:

a) Die *Frauenarbeitslosigkeit* ist höher als die der Männer. Während 1976 3,9 v.H. der Männer ohne Beschäftigung waren, mußten 5,8 v.H. der Frauen stempeln gehen; 1977 sank die Quote bei den Männern auf 3,7 v.H., bei den Frauen stieg sie auf 6,0 v.H. In dieser besonders starken Betroffenheit von der Arbeitslosigkeit setzt sich die Unterprivilegierung im Arbeitsleben fort. Denn Frauen sind zumeist im Produktionsprozeß die unterdurchschnittlich Qualifizierten, und sie sind in Wirtschaftsbereichen konzentriert, die wegen ihrer hohen Arbeitsintensität zum Schrumpfen verurteilt sind. Auch die Tatsache, daß viele Frauen wegen ihrer Doppelbelastung in Beruf und Familie Teilzeitarbeit angenommen hatten, bewirkt überdurchschnittliche Arbeitslosigkeit; diese Teilzeitjobs sind die ersten, die hinwegfallen. Auf der anderen Seite bedeutet das Angewiesensein auf Teilzeitjobs in der Krise, daß Frauen Arbeitsplätze, die Ganztagsarbeit verlangen, nicht annehmen können.

b) Seit dem Anwerbestopp im Herbst 1973 versuchen die *ausländischen Arbeitskräfte* auch im Fall der Arbeitslosigkeit in der BRD zu bleiben, was ab 1974 zu überdurchschnittlichen Arbeitslosenquoten bei den Ausländern führte. Diese sinken seit 1976 wieder ab, da viele Ausländer ohne Neueinstellung und Anspruch auf Arbeitslosen- und Sozialhilfe wieder in ihr Heimatland zurückkehren mußten. In einigen Bereichen des Verarbeitenden Gewerbes werden seit 1977 auch wieder verstärkt Ausländer mit besonderer Arbeitserlaubnis eingestellt.

c) Die tendenzielle Annäherung zwischen Arbeiter- und Angestelltensituation drückt sich auch in einem überproportionalen Steigen der *Angestelltenarbeitslosigkeit* aus, obwohl sie immer noch unterdurchschnittlich ist. Generell steigt die Angestelltenarbeitslosigkeit im Konjunkturzyklus mit einer Zeitverschiebung; dieses Ansteigen findet in den letzten Jahren auf der Basis einer breiten Rationalisierungswelle im Angestelltenbereich statt, die insbesondere im tertiären Sektor zu massenhaften Entlassungen führt. Durch den hohen Frauenanteil im Bereich Handel und Dienstleistungen, und hier in den unteren Angestelltengruppen, sind die Frauen besonders stark betroffen; die hohen Arbeitslosenzahlen in den Büro-, Verwaltungs- und Organisationsberufen wie auch der Warenkaufleute sind Indiz dafür.

d) Ein besonders für die BRD neues Phänomen ist die überdurchschnittlich ansteigende und inzwischen überproportionale *Jugendarbeitslosigkeit*. Hierbei kommen verschiedene Momente zusammen: die Krise der beruflichen Bildung mit zu wenig Ausbildungsstellen, die häufig verweigerte Übernahme nach abgeschlossener Ausbildung; das Arbeitskräfteüberangebot im Bereich un- und angelernter Tätigkeiten; der Einstellungsstopp in einer Vielzahl von Unternehmen, die es Berufsanfängern ohne spezifische Qualifikation sehr schwer machen, einen Arbeitsplatz zu finden. Sicher spielt auch die zunehmende Differenz zwischen den Berufsvorstellungen der Jugendlichen und den eingeengt hierarchischen Ausbildungs- und Arbeitsangeboten eine Rolle.

Die relativ hohe Altersarbeitslosigkeit ist ein altes Phänomen, bildet sich aber derzeit nicht mehr so stark wie in früheren Zyklen aus. Dies hat im wesentlichen drei Gründe: die ausgeweiteten Möglichkeiten der Frühverrentung, die häufig auch genutzt werden; die Ausweitung der Berufsunfähigkeitsrenten sowie die verstärkten Kündigungsschutz- und Sozialplanregelungen für ältere Betriebsangehörige.

e) Bei der Beurteilung des Zusammenhangs von Arbeitslosigkeit und Qualifikation sind mehrere Entwicklungstendenzen, die sich zum Teil überlagern und sogar widersprechen, zu unterscheiden. Untersuchungen über die Qualifikationsentwicklung in der westdeutschen Industrie zeigen plausibel, daß bei den Beschäftigten eine Tendenz der Polarisierung der Qualifikation stattfindet, und zwar in dem Sinne, daß einer relativ geringen Zahl sehr hoch qualifizierter Arbeitskräfte die Masse von Angelernten für die Spezifik des besonderen Produktionsprozesses entspricht (SOFI 1977). Die Qualifikationsstruktur der abhängig Erwerbstätigen, wie sie in den sehr groben Kategorien des Statistischen Bundesamtes ausgedrückt wird, spiegelt dieses Verhältnis wider: Ohne Ausbildungsabschluß, mit Anlernung sind 1976 31,8 v.H. der Erwerbstätigen, betriebliche Ausbildung haben 49,7 v.H., Berufsfach-, Fach-, Technikerschulabschluß haben 11,6 v.H., die Fachhochschule haben 2,6 v.H. absolviert und die Hochschule mit einem Examen abgeschlossen haben 4,3 v.H. (Tessaring 1977, 231). In der Krise entwickeln die Unternehmer bei Entlassungen Strategien, am ehesten diejenigen zu feuern, deren Wiederbeschaffungskosten relativ gering sind. Daher verlieren als erste die leicht austauschbaren „Massenarbeiter" ihren Arbeitsplatz, also diejenigen mit relativ niedrigem Qualifikationsniveau. Daraus wird häufig genug geschlossen, daß Arbeitslosigkeit eine abhängige Variable des (niedrigen, zu niedrigen) Qualifikationsniveaus sei. Diese Annahme ist jedoch falsch, da die Qualifikation nur bei der Auswahl der von den Belegschaften zu Entlassenden eine Rolle spielt, nicht bei der Entscheidung über Entlassungen an sich.

Tabelle 36:

Gruppenspezifische Arbeitslosenquoten in der BRD

	1966	1967	1968	1969
Alle Erwerbstätigen (1)	0,7	2,1	1,5	0,9
Männer (2)	0,8	2,4	1,7	0,9
Frauen	0,6	1,7	1,2	0,8
Ausländische Arb. und Ang. (3)		1,5	0,6	0,2
Arbeiter (Männer) (4)	0,7	2,2	1,0	0,5
Angestellte	0,4	0,9	0,6	0,4
Arbeiter (Frauen) (4)	0,7	2,3	1,0	0,7
Angestellte	0,3	0,8	0,6	0,5
Arbeiter (Zusammen) (4)	0,7	2,2	1,0	0,5
Angestellte	0,3	0,9	0,6	0,4
Arb. und Ang. mit: (5)				
keinem Ausbildungsabschluß, mit Anlernung	–	–	–	–
betriebl. Ausbildung	–	–	–	–
Berufsfach-, Fach-, Technikerschule	–	–	–	–
Fachhochschule	–	–	–	–
Hochschule	–	–	–	–
bis 20 Jahre	0,3	0,8	0,4	0,3
25 – 35 Jahre	0,3	1,3	0,6	0,3
35 – 45 Jahre Arbeiter und	0,3	1,3	0,5	0,3
45 – 55 Jahre Angestellte (6)	0,4	1,6	0,8	0,5
55 – 60 Jahre zusammen	0,7	2,6	1,8	1,1
60 – 65 Jahre	1,5	5,0	4,5	2,2

Quellen:
(1) ANBA, Arbeitsstatistik 1976 – Jahreszahlen; 48/49; Jahresdurchschnitte ANBA, AST 1977, 60
(2) Ebenda
(3) Eigene Berechnungen nach: Ebenda, S. 14 und S. 63; Jahresdurchschnitte
(4) Schmied 1978, 92 f.; Septemberzahlen
(5) Tessaring 1977, 231; Septemberzahlen; die 77er Zahlen beruhen auf einer unveröffentlichten Schätzung des IAB für März 1977
(6) Schmied 1978, 81; Septemberzahlen.
Bei einem Strich in den Feldern wurden die entsprechenden Zahlen nicht erhoben.

1970	1971	1972	1973	1974	1975	1976	1977
0,7	0,8	1,1	1,2	2,6	4,7	4,6	4,5
0,7	0,7	1,0	1,0	2,2	4,3	3,9	3,7
0,8	1,1	1,4	1,5	3,1	5,4	5,8	6,0
0,3	0,6	0,7	0,8	2,9	6,8	5,2	4,6
0,4	0,6	0,8	0,8	2,5	4,9	3,7	3,7
0,3	0,5	0,7	0,8	1,6	2,9	2,9	2,6
0,8	1,4	1,6	1,7	4,5	7,4	6,3	6,6
0,5	0,7	0,9	1,2	2,5	4,5	5,2	5,4
0,5	0,8	1,0	1,1	3,0	5,6	4,4	4,5
0,4	0,6	0,8	1,0	2,0	3,7	4,1	4,1
–	–	–	1,6	4,3	7,5	6,3	7,1
–	–	–	0,7	1,7	3,1	3,0	3,1
–	–	–	0,4	0,7	1,6	1,9	1,7
–	–	–	0,4	2,0	2,6	2,8	2,5
–	–	–	0,6	1,0	1,7	2,1	2,5
0,4	0,6	0,8	1,1	3,6	5,9	4,7	5,0
0,4	0,6	0,8	1,0	2,7	5,5	4,8	4,8
0,3	0,5	0,6	0,7	2,0	3,7	3,1	3,1
0,5	0,7	0,8	0,9	2,1	3,6	3,3	3,2
0,8	1,1	1,6	1,6	2,8	4,3	5,1	5,3
1,6	2,1	3,3	2,6	3,5	6,2	7.2	6,7

Die Überlegung mit den Wiederbeschaffungskosten bei Entlassungen spielt allerdings nur so lange eine Rolle, wie die Unternehmen davon ausgehen, daß die „Konjunkturflaute" und mithin die Arbeitslosigkeit nur eine vorübergehende Erscheinung seien. Stellt es sich heraus, daß Arbeitslosigkeit zu einer langandauernden, strukturellen Tatsache wird, dann werden auch höher und hoch Qualifizierte entlassen. Es zeigt sich folglich auch in Westdeutschland die Tendenz einer relativ (im Vergleich mit der Gesamtarbeitslosigkeit) abnehmenden Arbeitslosenquote der wenig Qualifizierten – die jedoch immer noch hoch genug ist – und einer Zunahme der Quote der arbeitslosen Fachhochschul- und Hochschulabsolventen. Daher ist realistisch davon auszugehen, daß in den 80er Jahren die Akademikerarbeitslosigkeit auch in der BRD zum Schicksal für viele junge Menschen werden wird, zumal der Ersatz- und Expansionsbedarf des öffentlichen Dienstes die Hochschulabsolventen nicht wird absorbieren können.

3. Bei der Argumentation mit offiziellen Arbeitslosenzahlen sind allerdings einige generelle, *methodische Verzerrungen* zu berücksichtigen:
Erstens: Die *registrierte* Arbeitslosigkeit bildet nur sehr unscharf und mit sehr unterschiedlicher Genauigkeit die reale Beschäftigungssituation ab. So werden einige Gruppen überhaupt nicht erfaßt, wie der ins Heimatland zurückkehrende Ausländer, die wieder als Hausfrau tätige Arbeiterin, die im Haushalt mithelfende Jugendarbeitslose, der auf seinen Hof zurückkehrende Nebenerwerbslandwirt. Andere Gruppen sind zwar faktisch arbeitslos, überbrücken diesen Zustand aber mit Frühverrentung, verlängerter Ausbildung, Zweitausbildung, Umschulung etc. Eine dritte Gruppe mit erzwungener Teilzeitbeschäftigung muß zumindest als unterbeschäftigt angesehen werden.
Zweitens: Direkte Schlußfolgerungen von der Qualifikation der Arbeitslosen auf ihre Einsatzmöglichkeiten im Betrieb können zu erheblichen Fehleinschätzungen führen, wenn nicht die Effekte *betrieblicher Personalpolitik* mitbedacht werden. Zwei Beispiele: Einstellungsstopp über längere Zeit führt notwendigerweise zu höherer Arbeitslosigkeit bei Berufsanfängern. Andererseits: die betriebliche Selektion bei Entlassungen und Einstellungen verschiebt die Relation zwischen Arbeitskräfteangebot und Arbeitsplatzangebot. D.h. wenn Facharbeiterplätze wegfallen, können Angelernte entlassen werden und Facharbeiter auf deren Arbeitsplätze umgesetzt werden. Gleichermaßen können Facharbeiter für Arbeitsplätze mit geringen Qualifikationsanforderungen gesucht werden, was zum Bild einer „Facharbeiterlücke" beiträgt.
Drittens: Die offizielle Statistik beruht auf bestimmten Strukturmerkmalen der Arbeitsmarktanalyse wie „Arbeiter/Angestellte", „Geschlecht", „Alter", „formale Ausbildung", ohne daß nachgewiesen werden kann, daß die real bedeutsamen Strukturlinien damit gefaßt sind. Auch hier nur zwei Beispiele: Untersuchungen über den Zusam-

menhang von Betriebsgröße und Entlassungsquote deuten an, daß Klein- und Mittelbetriebe viel weniger in der Lage sind, in der Krise ihre Stammbelegschaft zu halten. Als zweites Beispiel ist auf die zunehmende Bedeutung der psychophysischen Leistungsfähigkeit für Einstellungen bzw. Entlassungen hinzuweisen; Indiz dafür ist der Anteil gesundheitlich Eingeschränkter an den Arbeitslosen; im Mai 1976 betrug er ca. 25 v.H.

4. Es wurde aber auch deutlich, daß — trotz Krise — bestimmte Sektoren (wie Straßenfahrzeugbau, Reaktorbau und andere hochtechnologische Industriezweige wie Elektrotechnik und Elektronik) eine das Angebot übertreffende *Nachfrage nach Arbeitskräften bestimmter Qualifikation* (Schlosser, Elektriker, Metallarbeiter, Monteure, Bauarbeiter und ähnliche produktionsnahe Berufe) entfalteten, die zu Engpässen im Arbeitskräfteangebot mit produktionsnaher Qualifikation führten. (Vgl. JG 1976, 58) Dies konnte allerdings die Arbeitslosigkeit bei den anderen o.g. Gruppen nicht kompensieren. Dies erklärt auch die Tatsache eines seit 1975 nahezu konstanten Sockels von ca. 200.000 offenen Stellen.

Während also die Krise — so läßt sich zusammenfassend festhalten — in ihrer ersten Phase eine typische konjunkturelle Arbeitslosigkeit mit spezifischer sektoraler, berufsstruktureller und regionaler Gliederung aufweist, bilden sich mit der Dauer der Krise neue dauerhafte Formen der Arbeitslosigkeit heraus, wie sie bereits seit langem für hochentwickelte kapitalistische Länder wie England und die USA charakteristisch sind. Diese Tendenzen bewirken eine Konzentration der Arbeitslosigkeit auf unqualifizierte Arbeiter, auf Frauen, bestimmte ethnische Gruppen (Ausländer) und Jugendliche, Verlagerung auf untere Altersgruppen; aber auch Organisations-, Verwaltungs- und Büroberufe (Angestellte) sind stark betroffen; höhere Qualifikationsstufen (Akademiker) dürften erst mittelfristig in größerem Umfang von der Arbeitslosigkeit erfaßt werden. Gleichzeitig entstehen Engpässe bei qualifizierten Facharbeitergruppen, die durch einen partiellen Aufschwung einzelner Branchen bedingt sind. (2) Diese Struktur der Dauerarbeitslo-

---

2 Von der neoklassischen Theorie wird die besondere Betroffenheit der un- und angelernten Arbeiter nur damit erklärt, daß der Reallohn dieser Schichten (infolge der nivellierenden Lohnpolitik der Gewerkschaften in den letzten Jahren vor der Krise) allmählich größer wurde als der „Beitrag" dieser Schichten zum Gesamtprodukt (als das Grenzprodukt ihrer Arbeit), vgl. dazu Soltwedel/Spinanger 1976. Verallgemeinert ausgedrückt hieße dies, daß diese Schichten deshalb von der Arbeitslosigkeit besonders betroffen sind, weil sie „mehr verlangen, als sie leisten". Ist schon die Anwendung der Grenzproduktivitätsbegriffe auf den einzelnen Arbeiter sehr problematisch, da die „Leistung" des einzelnen Arbeiters nur in Kooperation mit anderen und im Zusammenwirken mit den objek-

sigkeit hat sich in der Wirtschaftskrise herausgebildet und wird vermutlich auch ein bleibendes Moment in der zukünftigen Entwicklung sein. Im folgenden wollen wir nun die Ursachen untersuchen, die zu einem solchen Arbeitskräfteüberschuß bei *bestimmten Gruppen* und *Qualifikationsstufen,* d.h. zu einer dauerhaften Abweichung von Arbeitskräftenachfrage und Arbeitskräfteangebot, führen.

10.3. Akkumulation, Arbeitskräftenachfrage und Arbeitskräfteangebot

Gegen die These der dauerhaften Abweichung von Arbeitskräftenachfrage und Arbeitskräfteangebot könnte — wie die Keynesianer dies tun — eingewandt werden, daß die Arbeitslosigkeit bestimmter Gruppen und Schichten eigentlich nur dadurch bedingt ist, daß das Gesamtangebot von der effektiven Gesamtnachfrage abweicht. Würde die Gesamtnachfrage so gesteigert, daß die Überkapazitäten abgebaut und damit das Beschäftigungsniveau gehoben werden könnten, dann würden auch die Arbeitslosigkeit und die Unterbeschäftigung bestimmter Schichten und Gruppen verschwinden. Demgegenüber läßt sich aber zeigen, daß ein *konjunktureller* Aufschwung nicht ausreicht, die herausgebildete industrielle Reservearmee zu beseitigen, sondern daß erhebliche Veränderungen in den Wachstums- und Akkumulationsbedingungen dazu geführt haben, daß das Arbeitsplatzangebot, gemessen an der Erwerbstätigenentwicklung, auch zukünftig unzureichend sein wird. Im folgenden untersuchen wir die Nachfrage- und Angebotsseite des Arbeitsmarktes. Wir beginnen mit einer Darstellung des Angebots von Arbeitskräften, d.h. der Nachfrage nach Arbeitsplätzen.

Zur *potentiellen Erwerbstätigenentwicklung* sind Prognosen aufgestellt worden, um den zukünftigen Arbeitsplatzbedarf abzuschätzen (vgl. Mitt (IAB), 1976, 156 ff.). Danach wird das deutsche Erwerbspersonenpotential im Gegensatz zu den letzten 15 Jahren, in denen es um 1,8 Mio. gesunken ist, bis 1990 um ca. 1,1 Mio. zunehmen und zwar von rund 24,5 Mio. im Jahr 1975 über rund 24,8 Mio. im Jahr 1980 auf knapp 25,5 Mio. im Jahr 1990. Betrachtet man noch spezifische Altersgruppen, dann wird der Eindruck verstärkt, daß auch in

---

tiven Bedingungen des Arbeitsprozesses möglich ist, so wird hier auch vergessen, daß die Diskriminierung bestimmter Schichten bei Entlassungen und Einstellungen auch nach außerökonomischen Merkmalen erfolgt — wie ethnische Gruppenzugehörigkeit, Ausbildungs- und Bildungsniveau, soziale Herkunft, Einstellung zur Arbeit (Disziplin, Kontinuität, Pünktlichkeit usw.), Protestbereitschaft usw. Diese Kriterien für die Selektion bei Einstellungen und Entlassungen können — obwohl sie für die realen Vorgänge sehr wichtig sind — von neoklassischen Theorien gar nicht mehr erfaßt werden. Zu Recht ist gerade diese Problemstellung von der Theorie der „segmentierten Arbeitsmärkte" aufgegriffen worden (vgl. Freiburghaus/Schmid 1975).

Zukunft bestimmte Schichten der Erwerbstätigen von Arbeitslosigkeit besonders betroffen sein werden: Es wird nämlich zukünftig ein überdurchschnittliches Anwachsen der Altersgruppen von 15 bis 30 Jahren zu verzeichnen sein (was von der Angebotsseite von Arbeitskräften auf eine steigende Jugendarbeitslosigkeit hinweist). (Vgl. Mitt (IAB) 1976, 157 und Schaubild 19)

Schaubild 19:
Deutsche 15-29 jährige Erwerbspersonen 1975-1990

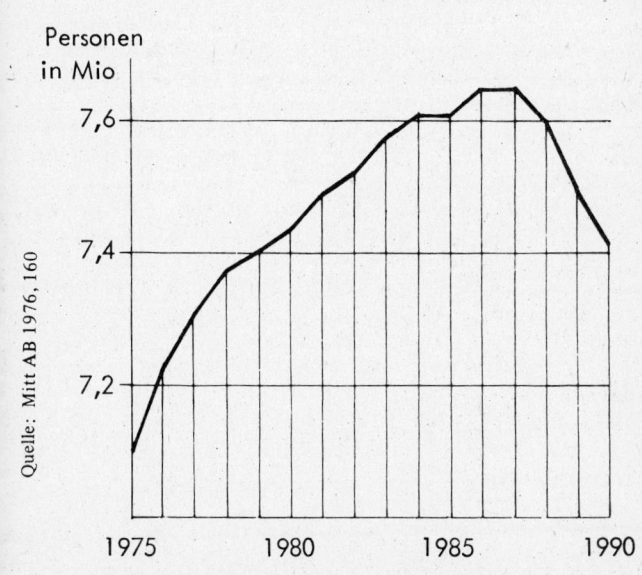

Quelle: Mitt AB 1976, 160

Bereits dieser Trend verstärkt eine bestimmte Schicht der industriellen Reservearmee. Überdies kann davon ausgegangen werden, daß das Angebot an potentieller Arbeitsbevölkerung noch ansteigt, da dieses sich nicht nur aus der Bevölkerungsentwicklung und den Erwerbsquoten von Beschäftigtengruppen zusammensetzt, sondern aus den zusammengesetzten Wirkungen des Bevölkerungswachstums, der Proletarisierung von Bauern, Handwerkern, kleineren Kapitaleignern, dem Angebot ausländischer Arbeitskräfte und dem verstärkten Arbeitskräfteangebot derjenigen Gruppen und Arbeiterfamilien, deren Realeinkommen langfristig absinkt. Das zukünftige *Angebot an Arbeitskräften* wird also nicht unabhängig von dem Gang der Kapitalakkumulation und der Umstrukturierung der Erwerbstätigenbevölkerung selbst sein.

Dieser möglichen Entwicklung des Angebots an potentiellen Lohnarbeitern steht eine *Nachfrage* nach Lohnarbeitern gegenüber, die, wie alle relevanten Untersuchungen zur Arbeitskräfteentwicklung zeigen, in dem Verarbeitenden Gewerbe seit Beginn der 70er Jahre bereits rückläufig war. Allein im Verarbeitenden Gewerbe wurden von 1973 bis 1976 ca. 1 Million, das sind 12 v.H. der Arbeitskräfte, entlassen (JG 1976, 55). Im Zeitraum von 1966 bis 1969 hat dieser Rückgang nur 450.000 betragen. Erfolgte die oben genannte Freisetzung auch zum größten Teil infolge des konjunkturellen Abschwungs, so wird doch bis 1980 mit einem Arbeitsplatzdefizit von 1,5 bis 2 Mio. gerechnet. (Vgl. Soltwedel 1976, 308). Dazu haben neben dem konjunkturell bedingten Rückgang in der Kapazitätsauslastung wesentlich drei *strukturelle Veränderungen in den Produktions- und Wachstumsbedingungen* beigetragen:

1. Eine erste, für die Beschäftigungssituation der Lohnarbeiter sehr relevante Tendenz waren die mit der Kapitalakkumulation sich vollziehenden *technischen Veränderungen* in den industriellen Arbeitsprozessen, die einen arbeitssparenden Charakter hatten (vgl. dazu Kapitel 5). In den 60er Jahren fanden nicht nur bloße Erweiterungen des Kapitalstocks statt, sondern die Methoden der Produktivitätssteigerungen wurden beständig kapitalintensiver. Wie gezeigt, stieg die Kapitalintensität im industriellen Bereich stark an, und zwar seit Beginn der 60er Jahre schneller als die Arbeitsproduktivität. So war 1970 im Vergleich zum Jahr 1950 bereits in den einzelnen Unternehmen im Durchschnitt ein zweieinhalbfacher Kapitalaufwand (in konstanten Preisen) aufzubringen, um einen Arbeitsplatz mit Maschinen, Bauten, etc. auszurüsten (3). Ein *ansteigendes Kapitalminimum* und eine *kapitalintensivere* Produktion infolge technologischer Innovationen und arbeitsorganischer Änderungen führen aber nur dann zu einer industriellen Reservearmee, wenn der Produktionsumfang konstant bleibt oder nur geringer ansteigt als die Arbeitsproduktivität. Steigt aber auch die Produktion, so wird zwar lebendige Arbeit durch tote, in den Produktionsmitteln vergegenständlichte Arbeit, ersetzt, aber dies muß nicht zur Arbeitslosigkeit führen.

---

3 Dies hat erhebliche Konsequenzen für die Wirksamkeit staatlicher Programme zur Arbeitsplatzbeschaffung: So wird nach einer Studie des DIW das 16 Mrd.-Programm der Bundesregierung (1977 ff.) im Verein mit den Steuererleichterungen seit 1975 nicht einmal eine Abnahme der Arbeitslosen nach 1978 bewirken, wenn nicht weitere wirtschaftspolitische Aktivitäten folgen. Bestenfalls wäre „mit einer Stabilisierung des 1978 erreichten Beschäftigungseffektes zu rechnen". Dieser Effekt besteht darin, daß ein durch die Milliardenprogramme einschließlich deren Multiplikatoreffekte erreichbare Mehrproduktion von ca. 23 Mrd. DM höchstens 200.000 neue Arbeitsplätze schaffen würde — was angesichts steigender Erwerbspersonenzahl in den Jahren nach 1978 nicht ausreichen würde, die weitere Zunahme der Arbeitslosenzahl zu verhindern. (Zit. nach *Frankfurter Rundschau* v. 12.1.1978)

Eine Gefährdung der Beschäftigung der industriellen – und sonstigen Lohnarbeiter entsteht also dann, wenn die Produktionsausweitung infolge einer abnehmenden Akkumulation (bzw. abnehmenden Akkumulationsrate) geringere Wachstumsraten aufweist als die Arbeitsproduktivität bzw. Kapitalintensität. (Vgl. auch Helfert 1977a, 430 f.) Wie weit die Wachstumsraten der Produktion ab 1970 unterhalb der Wachstumsraten der Produktivität lagen, zeigt folgende Tabelle (Tabelle 37):

Tabelle 37:

Wachstumsraten des effektiven Nettoproduktionsvolumens im Vergleich zum effektiven Nettoproduktionsvolumen je Arbeiter (in v.H.)

	1960/70 (Durchschnitt)	1970	1971	1972	1973	1974	1975	1976	1977
effekt. Nettoproduktionsvolumen (jährl. Veränderungsraten	6,3	6,2	1,6	3,2	6,5	-2,0	-6,8	8,8	2,3
eff. Nettoproduktionsvol. je Arbeiter (jährl. Veränderungsraten)	6,0		3,1	3,7	6,8	6,7	1,7	1,2	11,4	3,5

Quelle: Krengel u.a. 1976

Hiernach betrug die Veränderungsrate der Arbeitsproduktivität von 1970 bis 1975 3,9 v.H. und die des Nettoproduktionsvolumens hingegen nur 1,5 v.H., vor allem wegen der Schrumpfung des effektiven Nettoproduktionsvolumens 1974/75. In den Jahren von 1970 - 1973 beträgt das Durchschnittswachstum des effektiven Nettoproduktionsvolumens 4,4 v.H.; das Wachstum der Arbeitsproduktivität liegt mit durchschnittlich 5,1 v.H. darüber. Im Gegensatz zu den 60er Jahren, in denen die Produktionsausdehnung die Produktivitätssteigerung überkompensiert (dies gilt für alle Bereiche außer der Landwirtschaft, vgl. Tabelle 38), liegen seit Beginn der 70er Jahre die Produktivitätssteigerungen also wesentlich höher als die Steigerungen des Produktionsvolumens. Dieser Trend in den arbeitssparenden Produktionstechniken und arbeitsorganisatorischen Veränderungen, zusammen mit der absinkenden Produktionsausweitung infolge absinkender Kapitalakkumulation, stellt daher die wesentliche Ursache für das Anwachsen der industriellen Reservearmee seit Beginn der 70er Jahre dar. (Vgl. dazu Helfert 1977a, b) Werden nämlich nicht mehr so viele Erweiterungsinvestitionen getätigt und nimmt – wie insbesondere in den 70er Jahren in der Wirtschaft der BRD zu verzeichnen ist – das Gewicht der Ersatzinvestitionen zu, so werden nicht nur alte Produktionstechniken durch neue ersetzt, sondern die neuen Produktionstech-

Tabelle 38:

Die Freisetzung von Arbeitskräften in einigen Wirtschaftsbereichen in der Bundesrepublik Deutschland von 1960-1972

Jahr	Land- u. Forstwirtsch.	Warenprod. Gewerbe	Handel und Verkehr	Dienstleistungen	Staat

Beiträge der Wirtschaftsbereiche zum Bruttoinlandsprodukt in der BRD in Preisen von 1962 in Mio. DM

Jahr	Land- u. Forstwirtsch.	Warenprod. Gewerbe	Handel und Verkehr	Dienstleistungen	Staat
1960	18.170	176.090	64.960	39.050	30.320
1965	17.880	236.200	80.960	49.720	26.540
1967	20.500	236.060	82.650	53.860	39.020
1969	20.380	286.890	94.000	58.260	41.410
1971	21.400	311.750	101.630	64.430	45.270
1972	20.960	321.370	103.690	67.120	47.470

Wachstumsrate des Bruttoinlandsprodukts von 1960 bis 1975 in v.H.

15.4.	82.5	59.6	71.8	56.6	

Die Arbeitsproduktivität in der BRD in Preisen von 1962 in DM

Jahr	Land- u. Forstwirtsch.	Warenprod. Gewerbe	Handel und Verkehr	Dienstleistungen	Staat
1960	5.074	14.091	13.650	16.401	10.550
1965	6.217	17.958	16.824	18.650	11.110
1967	7.771	19.284	17.522	19.325	11.323
1969	8.509	22.563	19.890	20.124	11.764
1971	9.981	24.105	21.037	21.534	12.072
1972	10.285	25.204	21.261	22.130	12.194

Wachstumsrate der Arbeitsproduktivität von 1960 bis 1975 in v.H.

102.5	78.9	55.7	34.9	15.6	

Erwerbstätige in der BRD in Tausend

1960	3.581	12.497	4.759	2.381	2.874
1965	2.876	13.135	4.796	2.666	3.289
1967	2.638	12.241	4.717	2.787	3.446
1969	2.395	12.715	4.726	2.895	3.520
1971	2.144	12.933	4.831	2.992	3.750
1972	2.038	12.751	4.877	3.033	3.893

Das Bruttoinlandsprodukt des Wirtschaftsbereichs ... im Jahre ... hätte bei der Arbeitsproduktivität des Jahres 1972 mit ... Erwerbstätigen produziert werden können (Erwerbstätige i. Tsd.)

1960	1.767	6.987	3.055	1.765	2.486
1965	1.738	9.372	3.808	2.247	2.997
1967	1.993	9.366	3.887	2.434	3.200
1969	1.982	11.383	4.421	2.633	3.396
1971	2.081	12.369	4.780	2.911	3.713
1972	2.038	12.751	4.877	3.033	3.893

Freisetzung von Erwerbstätigen (tatsächliche Zahl der Erwerbstätigen im Jahre ... abzüglich potentieller Zahl der Erwerbstätigen im Jahre ...)

1960	1.814	5.510	1.704	616	388
1965	1.138	3.781	988	419	292
1967	645	2.875	830	353	246
1969	413	1.332	305	262	124
1971	63	564	51	81	37
1972	–	–	–	–	–

Quelle: Eigene Berechnungen auf Grundlage der Daten von Herbert Kridde und Hans-Uwe Bach 1974

niken machen auch alte Arbeitsplätze überflüssig. Die Arbeitsproduktivität steigt dabei, d.h. die Produktion kann mit weniger Arbeitern bewältigt werden, ohne daß die Produktion insgesamt ausgeweitet werden muß. Die noch stattfindenden Investitionen sparen so Arbeitsplätze ein, statt neue zu schaffen. Es erfolgen Freisetzungen. Sehr bedeutsam für diese Art von Rationalisierungsmaßnahmen, die eine steigende Produktivität bei zumeist nicht ausgelasteten Kapazitäten zum Ergebnis haben, ist die Mikroelektronik geworden, die eingesetzt wird:
– zu schnellerer Datenverarbeitung und besserem Informationsfluß in Verwaltung, Büro und Arbeitsvorbereitung;
– zur Automatisierung von Meß-, Regelungs- und Steuerungstätigkeit im Bereich der betrieblichen Fertigung;
– zu veränderten technologischen Verfahren bei der Produktherstellung (z.B. in der Uhrenindustrie);
– zur Erhöhung der betrieblichen Flexibilität bei betrieblichen Umstellungsprozessen aufgrund veränderter Marktdaten (vgl. Helfert 1977a, Loderer 1977, Frosch 1978).

Der Anstieg der Kapitalintensität der Produktion, steigende Arbeitsproduktivität durch Rationalisierungsprozesse infolge neuer Technologie (bei den Ersatzinvestitionen) und arbeitsorganisatorischer Veränderungen setzen Arbeitskräfte frei, ohne daß in hinreichendem Maße neue Arbeitsplätze geschaffen werden.

Aus der Tabelle 38 ist die potentielle Freisetzungsrate, die sich aus der Differenz von tatsächlicher Zahl der Beschäftigten und der durch Produktivitätssteigerungen reduzierten Zahl der Beschäftigten ergibt, ersichtlich. Hier zeigt sich, daß in der BRD in den 60er Jahren die potentielle Freisetzung in der Landwirtschaft am größten, im warenproduzierenden Gewerbe sehr hoch und im Bereich der Dienstleistungen und des Staates sehr gering gewesen ist. Zu einer *tatsächlichen* Freisetzung kam es nur in der Landwirtschaft, da hier die Produktionsausweitung geringer war als die Produktivitätssteigerungen (vgl. Tabelle 39).

2. Die Voraussetzungen und Begleiterscheinungen solcher Rationalisierungsprozesse durch arbeitssparende, technologische und arbeitsorganisatorische Veränderungen sind *Konzentration* und *Zentralisation* von Kapital. Die *Kapitalkonzentration* – die sich in einer ansteigenden Kapitalmasse je Unternehmen ausdrückt – macht innerbetriebliche Rationalisierungsprozesse und die Umstrukturierung ganzer Branchen in großem Maßstab erst möglich. Die Rationalisierungsanstrengungen der Großunternehmen in der Krise, d.h. bei bestehenden Überkapazitäten, zielen auf die Senkung der betrieblichen Kosten für das fixe Kapital, die Lagerhaltung und vor allem der Lohnkosten in Produktion, Verwaltung und Vertrieb. Dadurch können das betriebliche Arbeitsvolumen besser

Tabelle 39:

Freisetzung in einzelnen Wirtschaftsbereichen der BRD in v.H.

	Land- und Forstwirtschaft	Warenprod. Gewerbe	Handel und Verkehr	Dienstleistungen	Staat
Freisetzung 1960/72 in v.H. der Erwerbstätigen von 1960	50,7	44,1	35,8	25,9	13,5
Freisetzung 1960/72 in v.H. der Erwerbstätigen von 1972	89,0	43,2	34,9	20,3	10,0

Quelle: Eigene Berechnung, Daten aus Tabelle 58

---

ausgenutzt und Arbeiter eingespart werden, wodurch die Produktivität bei gleichbleibendem Produktionsumfang ansteigen kann. Dieselbe Produktion kann mit weniger Arbeitern hergestellt werden. In welcher Weise gerade die Rationalisierungsinvestitionen in der Krise – insbesondere in den schon kapitalintensiven Großbetrieben – als Motiv der Investitionen vorherrschte und bis 1980 noch weiter vorherrschen wird, zeigt die Tabelle 40.

Hier wird deutlich, daß Rationalisierungsinvestitionen sehr stark auf Großunternehmen mit mehr als 1.000 Beschäftigten konzentriert sind. Darüber hinaus findet gerade in der Krise eine mit Beschäftigungseffekten verbundene Restrukturierung der Einzelkapitale in den Branchen durch die *Zentralisation* von Kapital statt. Diese vollzieht sich durch das Ausscheiden unproduktiverer Kleinbetriebe (Konkurse) und durch die Übernahme kleinerer Unternehmen durch große (Fusionen). Daß diese Zentralisation von Kapital sich insbesondere in der Krise vollzieht, ist bereits in Kapitel 6 gezeigt worden. Rationalisierungseffekte aufgrund der *Kapitalzentralisation* erfolgen sicher mehr in Industriezweigen, in denen kleinere Unternehmenseinheiten mit niedriger Kapitalintensität und niedriger Arbeitsproduktivität vorherrschen. Konkurse und Fusionen werden hier zu größeren Unternehmenseinheiten, zur Senkung der Durchschnittskosten und zu höherer Kapitalintensität und Arbeitsproduktivität führen. Durch diese Umstrukturierungen der Arbeitsprozesse in den Großbetrieben und durch die Restrukturierung der Kapitale innerhalb der Industriezweige wurde bewirkt, daß selbst in der Krise, d.h. bei nicht ausgelasteten Kapazitäten, die Arbeitsproduktivität schneller wuchs als die Produktion und auch weniger produktive Bereiche keine Kompensation mehr für die freigesetzten Arbeiter darstellen konnten.

Tabelle 40:

Investitionsmotive in der verarbeitenden Industrie nach Betriebsgröße

Gründe und Anlässe für Investitionen	weniger als 50	Anzahl der Beschäftigten 50 bis 199	200 bis 999	1000 und mehr	verarb. Industrie insges.
Rationalisierung					
1970-75	76	80	85	85	82
1976-80	74	85	91	96	87
zu kleine Produktionskapazitäten					
1970-75	26	35	46	56	40
1976-80	9	12	12	13	12
technische Entwicklung					
1970-75	52	57	64	70	60
1976-80	53	63	70	76	65
Veränderung der Nachfragestruktur					
1970-75	23	22	28	35	26
1976-80	29	32	39	44	36
Umstellung auf neue Produktionsmethoden					
1970-75	20	21	27	44	26
1976-80	23	28	37	50	34
Umstellung/Ausweitung des Produktionsprogramms					
1970-75	25	31	39	47	35
1976-80	24	30	36	41	33

ohne chemische Industrie

Quelle: ifo-Schnelldienst 33/76 (Auswahl)
Die Umfrage wurde im Frühjahr 1976 durchgeführt.

Daher gilt:

„Überwiegen die Rationalisierungsinvestitionen und stagniert auch die Beschäftigung in anderen Sektoren mit geringerer Produktivität, dann wird die ‚technologisch' bedingte Arbeitslosigkeit zur ‚strukturellen'." (vgl. Helfert 1977 a, 276)

Im Zusammenhang mit der Konzentration und der Zentralisation wird noch ein weiteres Phänomen diskutiert, das für die Erklärung der besonderen Stärke und der Dauer der Arbeitslosigkeit berücksichtigt werden muß: Wir hatten schon im Kapitel 8 gezeigt, daß mit steigendem Fixkostenanteil und der Konzentration eine zunehmende Preisinflexibilität einhergeht. Wenn jedoch die Produktivität in den Großunternehmen in der Krise steigt, die Preise auf den Märkten aber im Gegensatz zu konkurrenzintensiven Bereichen nicht mehr sinken, wird die Arbeitslosigkeit verschärft, weil die Kapazitätsauslastung eher als das Preisniveau bei den oligopolistischen Unternehmen zurückgeht und daher auch die Realkaufkraft in der Krise nicht mehr ansteigen kann.

3. Es ist noch ein weiterer Grund zu erwähnen, der neben der langfristig wirkenden Art des technischen Fortschritts und den betrieblichen und innersektoralen Umstrukturierungen zur geringeren Wiederbeschäftigung der freigesetzten Arbeiter geführt hat. Gerade Ende der 60er, Anfang der 70er Jahre hat die *Internationalisierung der Produktion* – und die damit einhergehende Verstärkung internationaler Arbeitsteilung – einerseits zu einem Beschäftigungsabbau in arbeitsintensiven Branchen (mit unqualifizierten Arbeitern) und zum anderen zur Expansion kapitalintensiver Branchen (mit höherqualifizierten Arbeitern) geführt. Industriezweige wie die Leder-, Bekleidungs-, Textil- und Teile der Elektroindustrie, die lange Zeit durch die Unterbewertung der DM geschützt waren und noch mit passabler Rentabilität produzieren konnten, weisen seit Ende der 60er Jahre einen zunehmenden Beschäftigungsabbau auf. (Vgl. Olle/Schoeller 1977 und Abschnitt 5.5) Dies erfolgte entweder durch Betriebsstillegungen und/ oder durch Auswanderung in Niedriglohngebiete oder durch verschärfte Rationalisierungen und die Anwendung kapitalintensiver Methoden der Produktion. So weist z.B. gerade die früher unter Konkurrenzdruck geratene Textilindustrie seit Beginn der 70er Jahre einen sinkenden Beschäftigungsstand bei einer abnehmenden Anzahl von Betrieben, zugleich aber – infolge der Anwendung kapitalintensiverer Technologien – steigende Umsätze und Exportquoten auf. (Vgl. *Der Spiegel* Nr. 29/1977) Zum anderen wächst durch die Internationalisierung der Produktion auch die *Möglichkeit, Kapital* statt in der BRD, in *profitablen Industriezweigen des Auslandes zu akkumulieren*. Wie in Kapitel 7 gezeigt, hat der Kapitalexport in Form von Direktinvestitionen im Ausland insbesondere in den Bereichen der Chemie-, Elektro-, der Eisen- und Stahl-, sowie der Automobilindustrie und dem Maschinenbau rapide zugenommen. (Vgl. v. Saldern 1973, 75) Zu beobachten ist daher eine beträchtliche Steigerung der Investitionen im Ausland:

„Zwischen 1970 und 1976 hat sich der Gesamtbestand der deutschen Direktinvestitionen im Ausland etwa verdoppelt, erreichte Mitte 1975 ein Volumen von 39 Mrd. DM und hatte Ende 1975 mit 41,99 Mrd. DM beinahe schon das Niveau der ausländischen Investitionen in der BRD eingeholt, die 1975 nur noch um 2,53 Mrd. DM auf 42,45 Mrd. DM zunahmen." (Jonas 1976, 20)

Dabei ist zu beachten, daß dieser Kapitalexport gerade seit den Krisenjahren stark anstieg und die Auslandsinvestitionen überwiegend *Erweiterungsinvestitionen* waren, währenddessen die inländischen Investitionen auf *Rationalisierungen* abzielten. Eine steigende Akkumulation von Kapital im Ausland und eine sinkende inländische Akkumulation mit starken Rationalisierungseffekten (beides zumeist getragen von den führenden großen Kapitalen) können daher ebenso wie die *Veränderung der Weltarbeitsteilung* mit als wesentlicher Faktor für die absinkende Beschäftigung in den 70er Jahren angesehen werden.

10.4. Industrielle Reservearmee und ihre Auswirkungen

Diese einzelnen, das Beschäftigungsniveau negativ beeinflussenden Tendenzen können natürlich nicht exakt quantifiziert werden. Dennoch ist für die 70er Jahre offensichtlich, daß der Bestand an beschäftigten Lohnarbeitern nicht nur relativ langsamer ausgeweitet wurde als das fixe Kapital, sondern daß infolge des arbeitssparenden technischen Fortschritts, der auf Kostensenkung abzielenden Restrukturierungs- und Rationalisierungsprozesse sowie der zunehmenden Internationalisierung der Produktion einerseits das *Beschäftigungsniveau negativ beeinflußt wurde*. Die Kapitalakkumulation im *sekundären* Sektor reichte nicht mehr aus, die freigesetzten Arbeiter durch Produktionsausweitung wieder zu absorbieren. Eine Abnahme der *Nachfrage* nach Arbeitskräften und des Beschäftigungsniveaus im Industriesektor war die Folge. Hier ging die Beschäftigung bereits von 1970 bis 1975 von 8,6 Mio. auf 7,6 Mio. zurück. (Vgl. Krengel u.a. 1976, 13) Die Beschäftigungsmöglichkeiten im *primären* Bereich gingen weiter zurück, während der *tertiäre* Sektor aufgrund der dort später einsetzenden Rationalisierungsprozesse nur in geringem Maße freigesetzte Arbeiter absorbieren konnte. Dies gilt auch und besonders für den *öffentlichen Dienst*, dessen Expansion in den 60er Jahren viele in der Industrie freigesetzte Lohnarbeiter durch seine überdurchschnittlichen Expansionsraten hat absorbieren können. Mit dem Haushaltsstrukturgesetz 1975 (vgl. dazu Kapitel 13) wird der Stellenzuwachs im Bundeshaushalt bis 1979 stark eingeschränkt und Länder und Gemeinden sind in der Krise aufgrund sinkender Steueraufkommen ebenfalls zu Stellenstreichungen übergegangen.

Andererseits zeigt die Erwerbstätigenentwicklung – die ihrerseits freilich wieder von der ökonomischen Entwicklung abhängig ist – ein steigendes *Angebot* an potentiellen Lohnarbeitern und eine Zunahme unterer Altersgruppen, die die Beschäftigungssituation bestimmter Problemgruppen (Jugendliche ohne Berufsausbildung, Altersgruppen unter 25 Jahren, Frauen, ältere Arbeiter und leistungsschwache Schichten der Arbeitsbevölkerung) besonders verschärft. Zwar kann vermutet werden, daß ein Teil dieser industriellen Reservearmee marginalisiert wird, indem die Schulzeit verlängert, ältere Arbeiter stärker als bisher die Möglichkeit der Frühverrentung in Anspruch nehmen, die Reproduktion von Jugendlichen weniger über eigenes Einkommen als vielmehr über das Familieneinkommen erfolgt und dauerhaft Arbeitslose vom Sozialsystem (Sozialhilfe) erhalten werden. Dennoch ist dadurch das Problem der Dauerarbeitslosigkeit nicht bewältigt. Denn die allmählich entstehende offene und verdeckte Arbeitslosigkeit, die für andere hochentwickelte kapitalistische Länder bereits seit langem charakteristisch ist, äußert sich nicht nur in individueller Verunsicherung und Perspektivlosigkeit sowie in zunehmender Kriminalisierung, sondern produziert auch *gesellschaftliche Kosten*. Diese durch die Arbeitslosigkeit entstehenden *sozialen* Kosten der *Privat*produktion absorbieren nicht nur zunehmend finanzielle Ressourcen des Staatshaushalts, sondern engen das Reproduktionsniveau der beschäftigten Arbeiter selbst wieder ein (Anstieg der Aufwendungen für Arbeitslosen-, Kranken- und Rentenversicherungen). Neben diesen über den Staat vermittelten Konsequenzen für die beschäftigten und unbeschäftigten Arbeiter macht sich aber noch weit gravierender geltend: Bedingt durch die Konkurrenz tatsächlich oder potentiell unbeschäftigter Arbeiter sind Lohneinbußen, Reduktion betrieblicher Sozialleistungen, betriebliche Umstrukturierungen und Umgruppierungen, innerbetriebliche Herabstufungen, erhöhte Leistungsanforderungen und eine steigende Differenzierung und Fraktionierung der Arbeiterschaft nach Qualifikation, sozialen und ethnischen Merkmalen und Leistungsfähigkeit die Folge. Die verschärfte Konkurrenz der Arbeiter um Arbeitsplätze und Einkommen in der Krise ermöglicht so eine Einkommensreduktion der Lohnarbeiter und eine gesteigerte Ausnutzung ihres Arbeitsvermögens, einen Abbau rechtlicher Schranken der Verfügung über Arbeitskraft, eine erhöhte Mobilität der Arbeiter für betriebliche und sektorale Umstrukturierungen, kurz: eine Verschiebung der Verteilungs- und Machtverhältnisse zugunsten des Kapitals und zuungunsten der Lohnarbeiter.

10.5. Zusammenfassung

1. Wir haben in unserer Darstellung der Entwicklung der Arbeitslosigkeit gezeigt, daß der sinkende Trend der Kapitalrentabilität (vgl. Kapitel 5) und dessen zyklische Durchsetzung (vgl. Kapitel 9) dazu geführt haben, daß aufgrund der dadurch bewirkten sinkenden Akkumulationsraten die beschleunigte Kapitalakkumulation nicht mehr in jenem Ausmaß möglich ist, das die Wiederbeschäftigung „freigesetzter" Arbeiter gewährleisten könnte. Aufgrund der angewachsenen technischen Zusammensetzung des Kapitals (die von der Weltmarktkonkurrenz erzwungen wird) entwickeln die Einzelkapitale Strategien, zumindest den Lohnkostenfaktor durch Rationalisierungsinvestitionen niedrig zu halten.

2. Gesamtwirtschaftlich wirkt sich diese einzelkapitalistische Strategie in weiteren Freisetzungsraten infolge einer weiter steigenden technischen Zusammensetzung des Kapitals aus, zumal die Arbeitsproduktivität ja dadurch angehoben werden soll. Das wachsende Kapitalminimum der Produktion und der Konkurs kleinerer (zumeist arbeitsintensiver) Kapitale verschärfen die Lage auf dem Arbeitsmarkt ebenso wie die Internationalisierung der Produktion.

3. Zugleich versucht aber der Staat (dessen „Öffentlicher Dienst" in den 60er Jahren einen großen Teil der freigesetzten Arbeiter absorbieren konnte) durch Haushaltseinschränkungen gerade in den personalintensiven Bereichen sein Defizit und damit letztlich auch die steuerliche Belastung des reproduktiven Sektors in der Krise niedrig zu halten oder zu eliminieren. Durch die steuerliche Entlastung soll das Kapital wieder in die Lage versetzt werden, über eine beschleunigte Kapitalakkumulation die Beschäftigungsprobleme zu lösen (vgl. dazu Kapitel 13).

4. Da eine solche Umverteilung zugunsten des privaten Sektors aufgrund der technischen Zusammensetzung des Kapitals und der einzelwirtschaftlichen Rentabilitätsprioritäten nicht ausreicht, die „strukturelle Arbeitslosigkeit" aufzulösen, bleibt das Beschäftigungsproblem, zumal die Zahl der Erwerbspersonen ansteigt. Während so auf der einen Seite „Überfluß von Kapital" und Kapitalexport vorherrschen, steht auf der anderen Seite die industrielle Reservearmee in Millionenhöhe.

3. Teil

Wirtschaftspolitik in der Bundesrepublik und ihre Alternativen

11. Kapitel

Wirtschaftspolitik und Kapitalakkumulation während des „Wirtschaftswunders"

Die günstigen Ausgangsbedingungen für die Kapitalakkumulation haben wir dargestellt: das niedrige Lohnniveau, die Zerschlagung der Organisation der Arbeiter, die langen Arbeitszeiten ermöglichten hohe Ausbeutungsraten; der akkumulierte Kapitalstock, mit relativ günstiger Technologie ausgestattet, war Voraussetzung für die in den 50er Jahren massiv einsetzende Produktionsausweitung auf der Grundlage von Kapazitäts- und Produktivitätsreserven, sobald bestimmte Engpässe im Transportsystem und in der Rohstoffversorgung beseitigt waren; der dauernde Zufluß von Arbeitskräften aus den ehemaligen Ostgebieten und aus der DDR ermöglichte nicht nur die Beibehaltung des im Vergleich mit anderen Ländern niedrigen Lohnniveaus, sondern versorgte die expandierende Wirtschaft mit qualifizierten Arbeitskräften; die schnelle Produktionsausdehnung und die mit dem Korea-Boom einsetzende Weltmarktexpansion schufen die günstigen Nachfrageverhältnisse, so daß von der Realisierungsseite her dem Kapitalwachstum keine Grenzen entstanden.

11.1. Die Ideologie des Wirtschaftswunders: der Neoliberalismus

Ökonomisch konnte die BRD-Wirtschaft von den im Faschismus und im Krieg sowie in der Nachkriegszeit hergestellten Verhältnissen zehren. Auch der Neoliberalismus, die Theorie, die sich für die Konzeption der sozialen Marktwirtschaft verantwortlich erklärte, ist gewissermaßen ein Kind des Faschismus. Gegenüber dem als Zentralverwaltungswirtschaft mißinterpretierten Faschismus, der nichts mehr mit freier Unternehmerinitiative zu tun gehabt haben sollte (vgl. Kapitel 4 über den Faschismus), forderten die neoliberalen Theoretiker eine strikte Begrenzung der staatlichen Macht gegenüber der Gesellschaft. Sie gingen davon aus, daß von der ökonomischen Struktur und den wirtschaftspolitischen Entscheidungen her die Entwicklungen in den anderen gesellschaftlichen Bereichen wesentlich bestimmt werden. Infolgedessen sahen sie als eine Voraussetzung für die „Freiheit", für Demokratie, für Menschlichkeit in der Gesellschaft Liberalität in der Wirtschaft, die sie mit einem funktionsfähigen Markt gleichsetzten. Eucken spricht in diesem Zusammenhang von der „Interdependenz der Wirtschaftsordnung mit allen übrigen Lebensordnungen". Diese Grundthese formulierten sie zunächst in Auseinandersetzung mit dem sowjetischen Wirtschaftssystem (und später mit den Volksdemokratien, die nach dem Zweiten Weltkrieg entstanden). Mit der Aufhebung der Freiheit des Marktes, mit der Abschaffung des freien

Unternehmertums, d.h. der Errichtung der Zentralverwaltungswirtschaft, werde nicht nur die unteilbare Freiheit beseitigt und politisch die Diktatur errichtet, sondern gleichzeitig auch die ökonomische Rationalität außer Kraft gesetzt. So ist die Errichtung der Zentralverwaltungswirtschaft nicht nur politisch mit dem Verlust der Freiheit und Demokratie identisch, sondern auch ökonomisch ineffizient.

Diese auf Max Weber zurückgehende Vorstellung, die seit den 20er Jahren eine weite Verbreitung gefunden hatte, wurde also nicht nur auf das sowjetische Wirtschafts- und Gesellschaftssystem projiziert, sondern diente auch der Kennzeichnung des Nationalsozialismus. Mit dem Begriff der Zentralverwaltungswirtschaft war ebenso wie mit dem affirmativ besetzten Begriff der „freien Verkehrswirtschaft" eine formale Kategorie gewonnen, mit der von den Inhalten des „freien Verkehrs" oder der „zentralen Verwaltung" abstrahiert werden konnte (vgl. Schweitzer 1977, Kadritzke 1976). Für Eucken war es auf der entwickelten begrifflichen Grundlage ein Leichtes, den Begriff des Kapitalismus als einen „Mythos" (Eucken 1959, 24) zu bezeichnen; Konjunkturen und Krisen spielten in diesem theoretischen Rahmen keine Rolle, wenn nur der Staat seine Wirtschaftsordnungspolitik, d.h. seine Maßnahmen zur Sicherung des Rahmens des „freien Verkehrs", richtig und den Umständen angemessen wahrnehmen würde. Die Negierung des Inhalts, des Zieles und der gesellschaftsspezifischen Methoden des Wirtschaftens befähigten die neoliberalen Theoretiker ebenso wie die an ihnen sich anlehnenden Politiker, sich scheinbar genauso vom Faschismus wie vom Sowjetsystem abzugrenzen. Der Neoliberalismus war „antikollektivistisch", betonte die Individualität, beruhend auf kleinem Eigentum – oft genug in kulturkritischer Terminologie.

In dieser Hinsicht der gleichmäßigen Verdammung von Faschismus und Kommunismus konnte sich denn auch der Neoliberalismus mit der Totalitarismus-Theorie treffen, die auf politischer Ebene „rot" gleich „braun" setzte und die Identifizierung des nationalsozialistischen Herrschaftssystems mit sozialistischen Vergesellschaftungsversuchen betrieb. Dieser doppelten ideologischen Stoßrichtung vom Neoliberalismus – der ja zur offiziellen wirtschaftspolitischen Doktrin geworden war – und von der Totalitarismustheorie her – die im westdeutschen Bürgertum sowieso, aber auch in breiten Kreisen (auch der sozialdemokratischen Arbeiterschaft) Fuß gefaßt hatte –, wurde zumindest bis Mitte der 60er Jahre keine gesellschaftliche Alternativposition von Bedeutung entgegengesetzt.

Es ist nicht notwendig, auf die neoliberalen Vorstellungen im einzelnen einzugehen (1). Es sollen nur die für die wirtschaftpolitischen Kon-

---

1 Wir verweisen hier auf die kritischen Darstellungen von Huffschmid 1969 und Welteke 1976.

zeptionen relevant gewordenen Grundannahmen und -forderungen kurz referiert werden. Wie der Begriff der „freien Verkehrswirtschaft", die Eucken als Idealtyp und als anzustrebendes Ideal konzipierte, schon verdeutlicht, ist der freie Marktverkehr, der Wettbewerb als „freie, natürliche Ordnung" (Eucken), der Ausgangspunkt neoliberaler Überlegungen. Die Konsumenten verfügen mit ihrem Einkommen über Kaufkraft und je nachdem, für welche Waren sie das Geld ausgeben, bestimmen sie auch die Richtung der Produktion. Konsumentensouveränität ist ein Schlüsselbegriff, von dem aus die sich in den Geldausgaben ausdrückenden „Wahlentscheidungen" der Konsumenten als ein demokratisches System interpretieren lassen. Folgerichtig spricht Paul A. Samuelson (Nobelpreisträger der Wirtschaftswissenschaften) von der „Dollar-Stimmzettel-Demokratie" des freien Marktes, und der neoliberale Theoretiker Böhm benutzt diese Argumentation von der über den Markt vermittelten Demokratie (Interdependenz der Ordnungen) in seiner Streitschrift gegen die Mitbestimmung (2). Märkte werden in diesem Paradigma als „Mittel der sozialen Organisation" (Watrin 1973, 41) verstanden, und die „freiheitliche Ordnung" muß sich im Umkehrschluß über Märkte organisieren, auf denen die vielen individuellen Pläne zum Besten der einzelnen und des Ganzen abgestimmt werden.

Dieses System setzt allerdings voraus, daß ein funktionsfähiges Preissystem existiert. Sofern dies nicht der Fall ist, wird seine Herstellung

„zum wesentlichen Kriterium jeder wirtschaftspolitischen Maßnahme. (. . .) Dies ist das wirtschaftsverfassungsrechtliche Grundprinzip. (. . .) Die Hauptsache ist es, den Preismechanismus funktionsfähig zu machen. Jede Wirtschaftspolitik scheitert, der dies nicht gelingt . . . " (Eucken 1959, 160).

Nur wenn die Preise sich frei auf dem Markt bilden können, werden die Pläne der Produzenten und Konsumenten auf dem Markt richtig abgestimmt, kann sich ökonomische Effizienz herstellen, wird das „Chaos" der Millionen einzelwirtschaftlicher Entscheidungen „wie durch ein Wunder" zur „Ordnung" (Samuelson 1969, 66 f.). Wir werden später sehen, daß selbst die Einführung keynesianischer Elemente in die Wirtschaftspolitik mit dem Ziel begründet wird, das Preissystem wieder funktionsfähig zu machen (vgl. 12.1.). Weiter ist vorausgesetzt, daß die Produzenten, d.h. die Kapitale, sich nach den vom Markt gesetzten Signalen richten. In der neoliberalen Theorie wird angenommen, daß sie

---

2 Franz Böhm, schon 1951 einer der vehementesten Streiter gegen die Mitbestimmung, schreibt 1968: „Jedes Mitbestimmungsrecht von Privatpersonen bedeutet einen Eingriff in fremde Zuständigkeiten . . ." (Böhm 1968, 130). Die Argumentation vom Markt her wird auch an folgendem Zitat deutlich: „Der etwaige ‚Mehrwert' wird also nicht durch die ‚Arbeit' eines Teils der Produzenten, auch nicht durch das Verhalten der Unternehmer und erst recht nicht durch die Investition der Kapitalisten erzeugt, sondern durch das *Werturteil der Nachfrager* . . ." (Böhm 1968, 172).

aufgrund des Gewinninteresses, das unmittelbar aus dem *Privateigentum an Produktionsmitteln* folgt, gar nicht anders können und wollen, als den Konsumentenwünschen zu folgen. Denn jede andere Produktionsentscheidung würde die Verkaufschancen der Produktion verringern und mit dem Gewinninteresse konfligieren. Auch wenn sich die Unternehmer irren, werden sie unerbittlich bestraft: die souveränen Konsumenten auf dem Markt werden sie auf ihren Waren sitzen lassen; sie haften mit ihrem Eigentum für ihre Entscheidungen (Haftung als konstituierendes Prinzip der marktwirtschaftlichen Wirtschaftsverfassung). Der Notwendigkeit des Gewinns entspricht demzufolge auch das Risiko des Verlustes und sogar des Untergangs, der Pleite. Aber weil das so ist, unternehmen die Unternehmer alle Anstrengungen, um den Konsumentenwünschen gerecht zu werden. Daraus gerade ergibt sich nach neoliberaler Theorie die überlegene Effizienz der Marktwirtschaft gegenüber allen anderen Systemen, insbesondere gegenüber der „Zentralverwaltungswirtschaft".

Damit die Funktionsfähigkeit dieses effizienten Mechanismus nicht beeinträchtigt wird, kommt es jedoch wesentlich darauf an, daß die Unternehmerentscheidungen in jeder Hinsicht autonom erfolgen können; denn nur dann können sie den Marktsignalen angemessen gehorchen. Autonomie der Unternehmer ist daher neben Konsumentensouveränität und erwerbswirtschaftlichem Prinzip (Gewinnprinzip und Privateigentum) eine weitere Schlüsselkategorie in dem neoliberalen System. Diese Autonomie wird von ihnen in drei Richtungen formuliert: erstens gegenüber dem Staat. Er soll sich in seinen wirtschafts- und gesellschaftspolitischen Maßnahmen so weit wie möglich aus der Gestaltung unternehmerischer Entscheidungsprozesse heraushalten. Der Staat soll vor allem *Ordnungspolitik* zur Erhaltung der marktwirtschaftlichen Ordnung mit allen ihren Strukturprinzipien betreiben, aber nur in möglichst eng gezogenen Grenzen sogenannte *Prozeßpolitik*, d.h. er soll auf Eingriffe in den Ablauf der Wirtschaftsprozesse verzichten, da dadurch deren Ablauf gegenüber der marktwirtschaftlichen Regelung nur verzerrt werden könnte. Darunter leide dann nicht nur die ökonomische Effizienz, sondern auch die Freiheit der einzelnen. Die ökonomischen Prozesse sollten also möglichst nicht politisiert werden; Setzung und Garantie des rechtlichen Rahmens, die konstituierenden Prinzipien der Wirtschaftsordnung (Eucken 1959, 160 ff.) mit möglichst geringen geldpolitischen Korrekturen sollten ausreichen, um ein Optimum an Wohlstand zu erreichen.

Zweitens sollte die Unternehmerautonomie gegenüber monopolistischen Beschränkungen gewahrt werden. Daher rührte denn auch der theoretische Antimonopolismus der Neoliberalen. In der Heraufkunft großer Konzerne mit monopolistischer Macht sahen sie eine der großen Gefahren für die Funktionsfähigkeit des Wettbewerbs, d.h. für die Funktionsweise des effizienten und freiheitlichen Marktwirtschaftssystems. Denn die Monopole verfälschen die Marktsignale: sie können die Konsumenten z.T. manipulieren oder andere Unternehmen durch monopolistische Praktiken (ruinöse Preissetzung oder Monopolpreise, Werbungskampagnen usw.) bis zur Aufgabe zwingen (3). Wie die Monopole, so verfälschen nach neoliberaler Vorstellung auch „Gruppeninteressen" (Lautenbach, 1954, 13) den Prozeß der marktwirtschaftlichen Regelung. Sie können ja mit ihren Sonderinteressen „zum Schaden der Gesamtinteressen" (ebenda) auf den Staat Einfluß zu nehmen versuchen und auf diese Weise der Effizienz des Wirtschaftssystems und wegen der Interdependenz der Ordnungen auch der Funktionsfähigkeit der Demokratie Abbruch tun. Der neoliberale Antimonopolismus richtet sich also nicht nur gegen die „großen Konzerne", sondern gegen die gesellschaftspolitische Organisation von Interessen überhaupt, gegen „befestigte Verbände" (Briefs 1952), die den Marktmechanismus unterlaufen könnten. Hier wird von der „unsichtbaren Hand" des Marktmechanismus, die schon Adam Smith als Analogie für die Abstimmungspotenz des Marktes von Millionen individuell getroffener Wahlakte benutzte, die Durchsetzung des „Gesamtinteresses" gegenüber den Sonderinteressen erwartet. Es ist nur ein kleiner Schritt nötig, um von der grundsätzlichen Prävalenz des Gesamtinteresses her die Sonderinteressen nicht mehr über den Marktmechanismus allein sich abstimmen zu lassen, sondern nach einem Gesellschaftsplan formieren zu wollen. Zwischen neoliberaler Freiheitsideologie und Korporativismus der später von Erhard entworfenen „formierten Gesellschaft" besteht also keine prinzipielle Differenz.

Drittens kann nach neoliberaler Vorstellung die Unternehmerautonomie durch die Gewerkschaften eingeschränkt werden, wenn diese auf Unternehmensentscheidungen Einfluß gewinnen, z.B. durch die Institutionen der wirtschaftlichen Mitbestimmung. Ihre Einwände gegen die Mitbestimmung betreffen dabei zwei Ebenen: Einmal die Ebene des Marktes, der ja schon demokratisch sei und daher Wirtschaftsdemokratie am ehesten hergestellt werden könne, wenn der Wettbewerb möglichst frei funktioniere. Zum anderen betrifft ihr Einwand das System der Entscheidungsprozesse im Unternehmen selbst, wo das Hineinreden und Hineinregieren der Vertreter der Arbeiter und Angestellten, vor allem durch die Gewerkschaften, zu Ineffizienz und zur Aushöhlung von Freiheit und Demokratie führen müsse (Franz Böhm 1959). Müller-Armack formuliert denn auch — und das ist gar nicht einmal zynisch gemeint —, daß gegen die Mitbestimmung nichts einzuwenden sei, „frei-

---

3 Daß der Antimonopolismus bei den Neoliberalen noch einen kulturkritischen Einschlag hat, sei nur erwähnt. Wilhelm Röpke wendet sich gegen den mit den Großunternehmen entstehenden „Kolossalkapitalismus" und fordert eine Wirtschaftspolitik zugunsten des „Überschaubaren", des „Maßvollen", des „In-sich-selbst-Ruhenden" (Röpke 1948, 80).

lich mit der Einschränkung, daß die unternehmerische Entscheidung nicht in Frage gestellt wird." (Müller-Armack 1973, 92 f.)

So stellte die neoliberale Theorie ein durchaus in sich geschlossenes Konzept vor, das bis Anfang der 60er Jahre beinahe unangefochten die Wirtschaftswissenschaften in der BRD dominierte und auch zur Begründung der offiziellen Wirtschaftspolitik unter Ludwig Erhard und später unter Kurt Schmücker herangezogen wurde. Die große Bedeutung, die von den Neoliberalen der Herstellung einer Wettbewerbsordnung beigemessen wird, verwies sie auch auf die Rolle der Währungsstabilität. Ohne geordnetes Geldwesen, so ihre These (vgl. insbesondere Eucken 1959, 161 ff.), kann sich die Wettbewerbsordnung nicht durchsetzen und erhalten. Daher gebühre der Währungspolitik der Primat. Diese politische Norm erschien in Westdeutschland nach dem Krieg wegen der verheerenden Folgen der zurückgestauten Inflation reichlich plausibel: Mit der währungspolitischen Stabilisierung und der Freisetzung der marktwirtschaftlichen Kräfte durch entsprechende Ordnungspolitik zur Konstituierung der Wettbewerbsordnung sollte die Wirtschaft in Gang gesetzt werden. Bedeutsam in diesem Zusammenhang ist auch, daß der langjährige Staatssekretär im Bundeswirtschaftsministerium, Müller-Armack, die Konzeption der freien Marktwirtschaft aufgriff und sie mit der Formulierung sozialer Zielsetzungen (auf dem Hintergrund der christlichen Sozialehre) in das bis heute noch wirksame Schlagwort von der „sozialen Marktwirtschaft" zusammenfaßte. Die neoliberale Theorie hatte somit eine mehrfache Bedeutung: einmal als eine Kampfideologie gegen die Arbeiterklasse und die Gewerkschaften, insbesondere gegen ihre Versuche, die Wirtschaftsordnung zu demokratisieren; zum anderen als ein antimonopolistischer Trost in einer ökonomischen Entwicklungsphase, in der – aufgrund der Gesetze der Kapitalakkumulation – die Rückkehr zu Klein- und Mittelbetrieben eine idealistische Träumerei sein mußte; zum dritten als Rechtfertigung staatlicher Ordnungspolitik, die unter der Parole „mehr Wettbewerb" nichts anderes bewirkte als beschleunigte Kapitalbildung und daher den Machtzuwachs der Kapitalistenklasse begünstigte; zum vierten als Begründung für die in der zweiten Hälfte der 50er Jahre Bedeutung erlangende Eigentumspolitik.

Die Wirksamkeit dieser Theorie läßt sich auch daran abschätzen, daß nach einer Zwischenphase der Bekämpfung dieses in Wirtschaftspolitik umgesetzten Konzepts durch die Sozialdemokratie schon 1952 bei der Formulierung des Dortmunder Aktionsprogramms die Formel Karl Schillers Eingang fand: „Wettbewerb soweit wie möglich, Planung soweit wie nötig." (Brauns u.a. 1976, 160 ff.) Je mehr sich der Boom der 50er Jahre durchsetzte, desto mehr wurde auch seitens der SPD die Marktwirtschaft als effizientes System akzeptiert und „Wettbewerbspolitik aus einem Guß" konzipiert, ein Programm, das sich den Vorstellungen der Vertreter der sozialen Marktwirtschaft weitgehend angleicht.

11.2. Wirtschaftspolitik als Förderung der Kapitalbildung
(1949 - 1954)

Der erste Bundeskanzler der BRD erklärte bereits 1949, daß das „vordringlichste Ziel" die „Förderung der Kapitalbildung" (nach Hartwich 1970, 231) sein sollte. Angesichts der zuströmenden Flüchtlinge und der Engpässe in einzelnen Wirtschaftszweigen und im Transport- und Wohnungssektor (vgl. z.B. Abelshauser 1975) war diese Zielvorstellung durchaus plausibel. Auch von den Gewerkschaften, die sich im Oktober 1949 in München zum DGB zusammenschlossen, wurde im Münchner Grundsatzprogramm neben den gesellschaftlichen Vorstellungen zur Neuordnung (Planung, Mitbestimmung, Gemeineigentum in Schlüsselbereichen) die Beseitigung der Wohnungsnot, die Schaffung von Arbeitsplätzen für die Millionen Arbeitslosen gefordert. Teile der Gewerkschaften hegten die Auffassung, daß es vor allem auf die Beseitigung der unmittelbaren Notlage ankomme, bevor man an eine Neuordnung der Gesellschaft herangehen könne.

Kapitalbildung ist kein neutraler Prozeß, sondern bedeutet erweiterte Reproduktion des Kapitalverhältnisses, also eine Stärkung der gesellschaftlichen Machtposition der Kapitalistenklasse. Die Politik der Restauration konnte sich insofern auf die Mechanismen der Reproduktion des Kapitalverhältnisses verlassen und alles tun, um die günstigen Voraussetzungen für den Akkumulationsboom auszunutzen und bei Engpässen korrigierend einzugreifen. Die wirtschaftlichen Grundentscheidungen in den 50er Jahren lassen sich infolgedessen in zwei Typen einteilen: eine Förderung des privaten Akkumulationsfonds durch steuerliche Erleichterungen und Subventionen und eine selektive Förderung von Engpaßsektoren, die zu einem Hindernis für die erweiterte Reproduktion geworden waren oder zu werden drohten. Erst in der zweiten Hälfte der 50er Jahre wurden einige der gerade von der neoliberalen Theorie geforderten „ordnungspolitischen" Grundentscheidungen getroffen (insbesondere gegen die Monopolisierungstendenzen), allerdings nachdem nicht zuletzt die „Förderung der Kapitalbildung" zur Wiederentstehung von großen Kapitalzusammenballungen, zu einer enormen Kapital- und Vermögenskonzentration geführt hatte. In diesem Widerspruch sehen denn auch die meisten Kritiker der Adenauer-Erhard-Ära den wichtigsten Kritikpunkt: Der Erfolg bei der Kapitalbildung führte gerade zur Monopolisierung, also zum „ordnungspolitischen Mißerfolg". Allerdings ist dies kein kritischer Punkt, den die wirtschaftspolitischen Instanzen subjektiv zu verantworten hätten, sondern notwendiges Resultat der kapitalistischen Akkumulationsbedingungen.

Erhard selbst war sich dieses Widerspruchs sehr wohl bewußt, und er hatte eine eindeutige Lösung dafür. Ihm erschien es

„ungleich nützlicher ... , die Wohlstandsmehrung durch die Expansion zu vollziehen, als Wohlstand aus einem unfruchtbaren Streit über eine andere Verteilung des Sozialproduktes erhoffen zu wollen. (...) Ungleich sinnvoller (sei es), alle einer Volkswirtschaft zur Verfügung stehenden Energien auf die Mehrung des Ertrages der Volkswirtschaft zu richten, als sich in Kämpfen um die Distribution des Ertrages zu zermürben ... " (Erhard 1957, 10; auch Pohle/Lutzke 1974, 452).

Hier kommt die *Basis* der Ideologie der sozialen Marktwirtschaft in aller Klarheit heraus: die *Prosperität*, die für alle Schichten eine Wohlstandssteigerung bewirken konnte, ohne daß dabei die Probleme, die sich aus der Ungleichheit der Einkommens- und dann auch der Vermögensentwicklung, und vor allem aus der im Prozeß der Kapitalbildung stattfindenden Kapitalkonzentration ergeben, in den Vordergrund rücken würden. Es ist einleuchtend, daß in Phasen der Stagnation des ökonomischen Wachstums oder dann, wenn das Kapitalwachstum nicht mehr wie selbstverständlich mit einer allgemeinen Wohlstandssteigerung einhergeht, dieses Konzept einer expandierenden sozialen Marktwirtschaft an Plausibilität verlieren und mit der Kapitalbildung auch sozialen Sprengstoff ansammeln muß. Aber davon konnte in den 50er Jahren noch keine Rede sein; dies ergab sich erst später im Verlauf des Akkumulationsprozesses von Kapital in der BRD.

11.2.1. Die Währungsreform

Bevor die Politik der Kapitalbildung richtig einsetzen konnte, wurde die westdeutsche Währung „geordnet" (vgl. zu den Voraussetzungen Abschnitt 4.4.); im neoliberalen Sinne als währungspolitische Voraussetzung für die Errichtung der Wettbewerbsordnung, im Sinne der die Währungsreform vom 20. Juni 1948 durchführenden Alliierten (vor allem unter der Ägide der US-amerikanischen Besatzungsmacht) als notwendig gewordene Währungsabwertung mit flankierenden Maßnahmen, insbesondere dem DM-Eröffnungsbilanzgesetz. Eine Währungsreform, also eine bedeutende Abwertung der Reichsmark, war notwendig geworden, weil das zusammengebrochene Deutsche Reich unter dem Nationalsozialismus den Krieg vorwiegend mit einer enormen Staatsverschuldung von mehr als 400 Mrd. Reichsmark (Möller 1976, 436) finanziert hatte. Dadurch wurden inflationistische Tendenzen in Gang gesetzt, die nach dem Krieg nur deshalb nicht offen in Preissteigerungen zum Ausdruck kommen konnten, weil von den Alliierten ein allgemeiner Preisstopp erlassen worden war. Das formelle Geld, die Reichsmark, wurde nach dem Krieg, als der Staat den „Zwangskurs" nicht mehr durchsetzen konnte, weitgehend aus der Zirkulation verdrängt. Auf den entstehenden „schwarzen Märkten", auf denen die Waren zu nicht-regulären Preisen getauscht wurden, mußten entweder horrende Reichsmark-Summen gezahlt werden oder aber die Reichsmark wurde als Währung vollends durch andere Zirkulationsmittel, z.B. Zigaretten, ersetzt. Schaubild 20 der Bank Deutscher Länder verdeutlicht das Ausmaß der Inflation, das *vor* der Währungsreform geherrscht haben mußte, wenn noch nach dem Juni 1948 Schwarzmarktpreise bis zu dreizehnmal höher als die „regulären" Preise waren.

Schaubild 20:

Schwarzmarktpreise in Frankfurt in % der regulären Preise

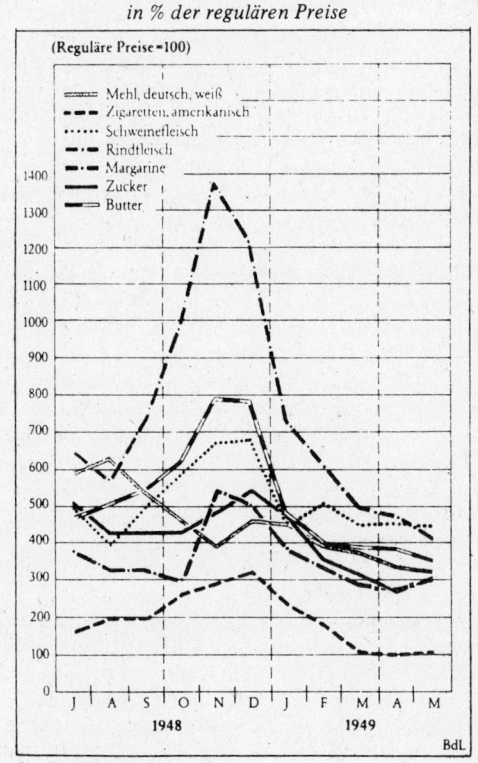

(Reguläre Preise = 100)

- ≡≡≡ Mehl, deutsch, weiß
- ━ ━ Zigaretten, amerikanisch
- ······ Schweinefleisch
- ━·━ Rindfleisch
- ■━■ Margarine
- ━━ Zucker
- ▭▭ Butter

Quelle: Möller 1976, 469

Wie sollte die Währungsreform aussehen, um Ungleichheiten zu vermeiden, insbesondere die relative Begünstigung der Produktionsmittelbesitzer gegenüber den Geldvermögensbesitzern, und das sind vor allem die kleinen Sparer, die schon einmal nach dem Ersten Weltkrieg in der Inflation 1921/23 ihre Vermögen verloren hatten? Dies war die entscheidende Frage bei den Überlegungen zur technischen Gestaltung der Reform. Bis 1948 wurden mehr als 200 verschiedene Pläne zur „Neuordnung des Geldwesens" entwickelt (Pritzkoleit 1963), von denen vor allem der Plan der Münchner Gewerkschaften (und von Adolf Weber; Roeper 1968, 14) dadurch Bedeutung erlangt hatte, daß in ihm Währungsreform, d.h. Abwertung der Geldvermögen und Schulden mit einem Lastenausgleich der Abwertungsgewinner an die von der Abwertung Benachteiligten verbunden werden sollte. Aber dieser Plan blieb eine Illusion; in einer nachgerade abenteuerlichen Aktion holte die amerikanische Besatzungsmacht deutsche „Wirtschaftsfachleute" zusammen (Pritzkoleit 1963, 156 ff; Möller 1976, 445), um nach amerikanischen Vorgaben eine Währungsreform auszuarbeiten, die dann am 20. Juni 1948, der später hypostasierten „Geburtsstunde der D-Mark" (Roeper 1968, 18), in Kraft trat. Danach wurden Barvermögen und Bankdepositen im Verhältnis von 100 RM zu 6,50 DM, sämtliche Schulden mit 10 RM : 1 DM abgewertet. Zugleich mit der Lebensmittelkarte erhielt jeder für 40 RM im Verhältnis 1 : 1 40 DM Erstausstattung (kurz darauf nochmals 20 DM, also insgesamt 60 DM); die Unternehmen erhielten einen „Geschäftsbetrag" von 60 DM je Arbeitnehmer ausgezahlt und die öffentlichen Hände bekamen bis zu einem Sechstel der Einnahmen aus dem Zeitraum vom Oktober 1947 bis März 1948. Ein Lastenausgleich zwischen Begünstigten und Benachteiligten der Währungsreform war nicht mit diesen Maßnahmen vorgesehen. Der Lastenausgleich sollte vielmehr getrennt davon erfolgen. (4) Obwohl nach § 29 des Umstellungsgesetzes eine Lastenausgleichsregelung bis zum 1.12.1948 erfolgen sollte, wurde das Lastenausgleichsgesetz erst im August 1952 erlassen. Darin sollten Kriegsschäden, Vertreibungsschäden usw. ausgeglichen werden, indem von den Nicht-Betroffenen eine Lastenausgleichsabgabe gezahlt werden mußte. Aber von

„einer Vermögensumverteilung zugunsten der durch den Geldschnitt des Jahres 1948 besonders hart getroffenen Geldvermögensbesitzer konnte hierbei nicht gesprochen werden." (Möller 1976, 478)

Außerdem ist ein großer Teil der Lastenausgleichsabgaben (bis Ende 1974 rund 94 Mrd. DM) in den Preisen überwälzt worden, so daß ein echter Lastenausgleich sowieso nicht erfolgte, da die Mittel über die Preise von der Allgemeinheit aufgebracht werden mußten. Nur die allgemei-

---

4 Diese Trennung ermöglichte es gerade, daß die Lastenausgleichsabgaben über einen längeren Zeitraum verteilt und somit zum allergrößten Teil auf die Preise abgewälzt werden konnten, so daß die Lastenausgleichsabgaben von der Allgemeinheit getragen wurden.

ne Prosperität der 50er Jahre hat den in dem nicht erfolgten Lastenausgleich bei der Währungsreform enthaltenen sozialen Sprengstoff entschärfen können.

Im Zusammenhang mit der Währungsreform wurde das Gesetz zur DM-Eröffnungsbilanz erlassen, um die Bilanzen der Unternehmen von der RM-Bewertung auf die DM-Bewertung umzustellen. Danach war allgemeiner Bewertungsgrundsatz, daß die Vermögensgegenstände der Unternehmen höchstens mit dem Wert des Stichtags der Eröffnungsbilanz angesetzt werden durften. (Hartwich 1970, 111) Die Unternehmen hatten dabei die Möglichkeit,

„die bis zur Währungsreform über die Wirrnisse der Zeiten hin geretteten Werte und die etwa in der RM-Zeit noch hinzugekommenen, auch gehamsterten Sachwerte zu den nunmehr gültigen DM-Werten zu bilanzieren. Das bedeutete die Möglichkeit neuerlicher Abschreibungen auf die Anlagewerte zu Lasten des steuerlichen Gewinns auch für solche Wirtschaftsgüter, die bereits früher vollständig abgeschrieben worden waren. Es bedeutete weiterhin die steuerliche Sicherung des Vermögens an Umlaufwerten, die bis dahin verheimlicht oder nur teilweise bewertet und erfaßt worden waren. Es bedeutete die Chance für die Unternehmer, sich gegenüber dem Staat als Steuergläubiger ohne wirtschaftliche oder steuerliche Opfer ehrlich zu machen. (. . .) Die DM-Eröffnungsbilanz gehört zu den stärksten fiskalischen Wurzeln der großen Unternehmergewinne." (Troeger, o.J.; 99)

Die Unternehmen konnten auf diese Weise unter Bruch des altehrwürdigen Prinzips der „Bilanzkontinuität" neu anfangen und mit der neuen Bewertung die Basis setzen für die schon 1949 einsetzende, die Unternehmen begünstigende Abschreibungsgesetzgebung. Über die Höhe der so ermöglichten zusätzlichen Abschreibungen liegen keine genauen Berechnungen vor. Jedoch dürfte es sich dabei um einen Betrag von etwa 12 Mrd. DM im Zeitraum bis 1955 handeln (Wertheimer, zitiert nach Oberhauser 1965, 219). Dies würde eine Steuerersparnis von um die 6 Mrd. DM bedeuten; letztlich ein Verzicht des Staates zugunsten des Akkumulationsfonds des Kapitals.

Bevor darauf eingegangen wird, sollen aber die übrigen Voraussetzungen der Wirtschaftspolitik noch kurz erwähnt werden:

Erstens: 1948 lief der Marshall-Plan an, durch den bis zum 30.6.1952 7,5 Mrd. DM für die Kapitalbildung, also den Wiederaufbau, bereitgestellt werden konnten. Dabei ist nicht allein die direkte Hilfe der USA in Form von Warenlieferungen bedeutsam, sondern vor allem die Tatsache, daß zum European Recovery Program (ERP) Gegenwertkonten gebildet wurden, welche die nicht in Devisen bezahlten Dollarimporte in DM ausdrückten und bei den Banken, insbesondere bei der dafür eigens gegründeten Kreditanstalt für Wiederaufbau (KW), zu investierbaren Fonds verwendet werden konnten. Daher hörte die Wirkung der Marshall-Plan-Mittel nicht auf, als er 1952 ausgelaufen war, sondern wirkte in Form der Gegenwertkonten bis in die 70er Jahre weiter. Natürlich ist dies kein bloßes Ergebnis finanztechnischer Manipulation, sondern eine Folge der beschleunigten Kapitalakkumulation in den 50er Jahren. Denn allein deshalb konnte das Gegenwertkonto „revolvieren"; es wurden die Kredite zurückgezahlt und entsprechende Zinsen akkumuliert, weil die Ökonomie insgesamt während der 50er Jahre florierte.

Zweitens: Bereits die Alliierten, unter Dominanz der USA, erließen steuerliche Möglichkeiten der Gewinnminderung, die später in der Steuergesetzgebung bis Mitte der 50er Jahre bedeutsam blieben: Bei generell hohen Steuersätzen wurde in bestimmten Bereichen die Steuer für angeschaffte Wirtschaftsgüter erlassen oder ermäßigt, so daß die Unternehmen einen Anreiz zu Investitionen allein deshalb hatten, weil sie auf diese Weise den hohen Steuersätzen entgehen konnten. Die „Siebener Paragraphen" des Einkommensteuergesetzes (EStG) haben also bereits eine lange Tradition, die vor die Entstehung der BRD zurückreicht (vgl. zu den 7er §§ genauer den nächsten Abschnitt).

Drittens: Zwar wurde mit der Währungsreform die Preisbewegung nach der Bewirtschaftung in der Nachkriegsperiode in vielen Bereichen — mit Ausnahme von Grundnahrungsmitteln — freigegeben, aber die Löhne blieben bis Ende 1948 gebunden. Dies war eine Grundlage, auf der die „blaue Blume des Wirtschaftswunders prächtig gedeihen" konnte (Pritzkoleit 1963). Bei neugeordnetem Geldwesen, bei unter Bruch des Prinzips der „Kontinuität der Bilanzen" konsolidierten Unternehmensbilanzen, bei steigenden Preisen (allein von Juni bis Juli 1948 stiegen die Lebensmittelpreise von 184 auf 195, um sich dann zu stabilisieren (1936 = 100), nach Heininger 1959, 227) und stagnierenden Löhnen (sie verharrten bis Ende 1948 faktisch auf dem Stand vom Juni, Heininger 1959, 228) waren die Voraussetzungen der Kapitalakkumulation auch wirtschaftspolitisch noch einmal bestätigt und bestärkt.

Viertens ist zu berücksichtigen, daß die Abwertung der westdeutschen Währung auch gegenüber den anderen nationalen Währungen erfolgte. Im 1944 in Bretton Woods festgelegtem System fixer Wechselkurse (vgl. dazu Kapitel 8) erhielt 1948 die D-Mark eine Dollarparität von 3,33 DM oder von 30 Cents je DM. Dieser Kurs war selbst bei eingeschränktem Kapital- und Warenverkehr nicht zu halten. Denn die Einfuhren überstiegen bis 1951 die Ausfuhren zum Teil erheblich (allein 1949 machten die Einfuhren im Monatsdurchschnitt fast das Doppelte der Ausfuhren aus; erst 1950 begann sich das Verhältnis umzukehren), so daß eine erneute Währungsabwertung ein Jahr nach der Währungsreform erfolgte. Im September 1949 wurde die neue Dollar-Parität mit 4,20 DM je Dollar oder 1 DM für 23,8 Cents festgesetzt. Die Folgen — bei expandierendem Weltmarkt! — ließen nicht auf sich warten. Die Importe verdoppelten sich von Anfang 1949 bis Ende 1950, aber die Exporte verdreifachten sich im gleichen Zeitraum.

Mit der Währungsreform waren die währungspolitischen Voraussetzungen für ein einheitliches Währungs- und Wirtschaftsgebiet in den drei Westzonen hergestellt. Es war klar, daß dieser Schritt die Spaltung Deutschlands vertiefen mußte (vgl. Roeper 1968, 15, 26 ff.). Denn wenige Tage nach dem 20.Juni 1948 mußte die sowjetische Besatzungszone ebenfalls mit einer Währungsumstellung nachziehen. Es wäre sonst möglich gewesen, mit der in den Westzonen wertlos gewordenen Reichsmark in der Ostzone einzukaufen — eine ökonomisch nicht tragbare Situation. Als dann knapp ein Jahr später das Grundgesetz ausgearbeitet war und im September 1949 die ersten Wahlen zum Bundestag der Bundesrepublik Deutschland stattfanden, waren die politischen und ökonomischen Voraussetzungen der neuen Staatlichkeit mit einem einheitlichen Wirtschaftsgebiet geschaffen. Die Übergabe der vollen Souveränität an den Staat im Jahre 1955 war dann nur noch ein eher formeller Akt, der vollzogene politische und ökonomische Entwicklungen abschloß.

11.2.2. Einzelne Maßnahmen zur Begünstigung der Kapitalbildung (1949 - 1954)

Von der Nachfrageseite her gab es für die Produktionsentwicklung in der BRD Anfang der 50er Jahre keine Beschränkungen. Durch die Anspannung der Produktionsressourcen während des Koreakrieges in den USA wurde Nachfrage auf andere Länder des Weltmarktes umgelenkt, so daß die BRD nicht nur von der allgemeinen Weltmarktexpansion und dem eigenen Bedarf aus der beschleunigten Kapitalakkumulation profitierte. Allein von 1950 auf 1951 stiegen die Exporte von 8,4 Mrd. DM auf 14,6 Mrd. DM, also um 74 v.H. Die Handelsbilanz konnte dadurch fast ausgeglichen werden; seit 1952 weist die BRD bis heute Jahr für Jahr einen Handelsbilanzüberschuß auf. Trotz der Preiserhöhungen im Exportgeschäft konnte die BRD viele Waren zu niedrigeren Preisen anbieten als die meisten anderen Konkurrenten: Noch 1955 machten die Exportpreise der BRD (auf Dollarbasis) gerade 90 v.H. der Durchschnittspreise der OECD-Länder aus. Möglich war dem westdeutschen Exportkapital die Politik der Preisunterbietung wegen der besonders niedrigen Lohnkosten je Produkteinheit, die (ebenfalls im Jahre 1955) gerade 90 v.H. der im OECD-Bereich durchschnittlichen Lohnkosten je Produkteinheit ausmachten (Schatz 1974, 213). Die „Lohndisziplin" der Gewerkschaften zahlte sich aus. Den Rest besorgte die Bank Deutscher Länder, die damalige „Deutsche Bundesbank", mit einer durchgängigen Stabilitätspolitik, um das Preisniveau zu halten. Dabei darf allerdings nicht vergessen werden, daß die allgemeinen ökonomischen Bedingungen mit bis 1954 im Jahresdurchschnitt über einer Million Arbeitslosen und einer Kapazitätsauslastung in der Industrie von unter 80 v.H. für eine Stabilitätspolitik besonders günstige Grundlagen bot. Hinzu kam noch, daß von den Unternehmen der Kapitalmarkt wenig beansprucht wurde bei einer Selbstfinanzierungsquote von über 60 v.H.

Unter diesen Bedingungen wäre die ökonomische Entwicklung der BRD auch ohne wirtschaftspolitische Förderungsmaßnahmen nicht zusammengebrochen. Die Wirtschaftspolitik brauchte nur die laufenden Prozesse zu unterstützen und dafür zu sorgen, daß die Engpässe beseitigt wurden. Dies ist allerdings in massivem Umfang geschehen. Besonders wichtig in diesem Zusammenhang waren das Investitionshilfegesetz von 1952, das Kapitalmarktförderungsgesetz von 1952, die steuerpolitischen Akkumulationshilfen („7er §§") von 1949 und 1953 sowie der Einsatz der Sozialversicherungen als Geldfonds für die Akkumulation von Kapital. Wir gehen im folgenden kurz auf diese einzelnen Maßnahmen ein.

Mit dem *Investitionshilfegesetz (IHG)* sollte der Engpaß im Kohlebergbau, in der eisenschaffenden Industrie und in der Energiewirtschaft beseitigt werden. Die gesamte gewerbliche Wirtschaft wurde verpflichtet, eine Milliarde DM aufzubringen, die in den genannten Engpaßbereichen investiert werden sollten. Die Kreditnehmer gaben dafür festverzinsliche Wertpapiere an die Kreditgeber aus. Die Verteilung der Mittel erfolgte durch die Bundesregierung, also letztlich als ein im Sinne der neoliberalen Theorie dirigistischer Akt. Der Grund für den großen Investitionsbedarf der Engpaßsektoren lag nicht allein in größeren Kriegszerstörungen oder Demontagen, sondern vor allem darin, daß in den Grundstoffindustrien die Preise lange gebunden blieben und hinter der Preisentwicklung in anderen Industriezweigen herhinkten. Daher waren ihre Möglichkeiten, Investitionen selbst zu finanzieren, schlechter als in der übrigen Industrie. Das Besondere beim IHG war der Modus, daß zwar die Mittel vom Staat verteilt wurden, aber die Aufbringungsweise über Schuldverschreibungen der kreditnehmenden Konzerne und nicht über eine Staatsanleihe erfolgte.

„Die Fiktion einer privaten Kapitalanlage war aufrechterhalten, obwohl die durch die Anleihe aufgebrachte Milliarde DM durch die Regierung an ausgewählte Firmen verteilt und auch die Höhe der einzelnen Zuteilungen von ihr bestimmt wurde." (Shonfield 1968, 326)

Insgesamt erhielt die Eisen- und Stahlindustrie 296 Mio. DM, die Elektrizitätswirtschaft 242 Mio. DM und der Kohlebergbau 228 Mio. DM. (Erhard 1957, 56, vgl. die etwas abweichenden Zahlen bei Shonfield 1968, 326). Der letztgenannte Industriezweig wurde im IHG (§ 36) noch besonders durch steuerliche Erleichterungen und außergewöhnliche Abschreibungsmöglichkeiten begünstigt.

Die Politik der Kapitalbildung wurde aber vorwiegend mit Hilfe der Steuergesetzgebung betrieben. Es ist nicht notwendig, auf alle Einzelheiten einzugehen (vgl. dazu Hartwich 1970, 223 ff.), obwohl gerade in den Einzelheiten die vielfältigen Möglichkeiten steckten, die Steuerlast zu verringern und die eingesparten Beträge zu akkumulieren. Letztlich lief diese Politik darauf hinaus, den Anteil des Staates am gesellschaftlichen Mehrprodukt zu begrenzen und die so frei werdenden Mittel dem privaten Akkumulationsfonds zuzuführen. Um diesen Zweck wirklich erreichen zu können, müssen aber nicht nur die Steuern möglichst gering angesetzt werden, sondern gleichzeitig müssen Investitionsanreize geschaffen werden, damit die frei werdenden Mittel nicht der Konsumtion zugeführt werden. Diese Politik war in den 50er Jahren tatsächlich erfolgreich. Denn der Anteil des privaten Verbrauchs am Sozialprodukt sank von 64,1 v.H. 1950 beinahe kontinuierlich bis 1960 auf 56,6 v.H. Der Staatsverbrauch ging ebenfalls von 14,5 v.H. 1950 über 15,2 v.H. 1952 und dem Minimum von 12,8 v.H. 1956 und 1957 auf 13,4 v.H. 1960 zurück. Die Investitionsquote hingegen erhöhte sich im entsprechenden Zeitraum von 19,1 v.H. auf 24,2 v.H.

Die Begünstigung der Kapitalbildung durch eine entsprechende Steuerpolitik ist gleichbedeutend mit einer Begünstigung der Profite. Und dem diente tatsächlich die Steuerpolitik in geradezu skandalösem Maße. Wie sahen also die wichtigsten Maßnahmen zur Herstellung dieses „Skandals" aus?

Am 15.12.1952 wurde das *Kapitalmarktförderungsgesetz* erlassen, das bestimmte Zinseinnahmen, vor allem auf Pfandbriefe und Kommunalverschreibungen, steuerlich befreite, sofern die Zinseinnahmen zur Finanzierung des sozialen Wohnungsbaus verwendet wurden. Auch Gewinnanteile an gemeinnützigen Wohnungsbauunternehmen wurden mit diesem Gesetz steuerfrei. Die erklärte Absicht dieses Gesetzes war es, breitere Bevölkerungskreise zu langfristigen Kapitalanlagen zu bewegen und auf diese Weise die Fremdfinanzierung zu begünstigen. Aber es ist klar, daß nur diejenigen sparen und die Zinserträge in den sozialen Wohnungsbau stecken können, die über ein entsprechend hohes Einkommen verfügen. Infolgedessen war dieses Gesetz jenseits der erklärten Absicht eine Maßnahme zur Steuererleichterung von Profitbestandteilen, sofern sie in bestimmten Bereichen (Wohnungsbau) investiert wurden.

In noch größerem Stil wurde diese Politik mit den Sonderregelungen im Einkommenssteuergesetz (EStG) getrieben. Schon die Besatzungsmächte hatten besondere Abschreibungsmöglichkeiten eröffnet; Landwirte, Gewerbetreibende und freie Berufe konnten alle bis Ende 1951 als Ersatz angeschafften Wirtschaftsgüter gleich im ersten Jahr zu 50 v.H. abschreiben und dementsprechend Steuern einsparen (Hartwich, 1970, 231). Dieser Mechanismus, der in den „7er §§" des EStG niedergelegt war, wurde in der ersten Hälfte der 50er Jahre umfänglich benutzt, um die Kapitalbildung anzuregen. Wie funktioniert dieser Mechanismus?

Die Abschreibungen auf längerlebige Wirtschaftsgüter (Absetzung für Abnutzung, AfA, in der steuertechnischen Terminologie) stellen Kosten dar, die von den Einnahmen abgezogen werden. Je höher die Abschreibungen, desto niedriger also der Gewinn, der besteuert wird. Natürlich kann ein Wirtschaftsgut niemals mit einem höheren Betrag abgesetzt werden als es insgesamt gekostet hat, sofern nicht das Prinzip der Bilanzkontinuität wie mit dem DM-Eröffnungsbilanzgesetz verletzt wird. Aber die Aufteilung dieses Betrages auf den Zeitraum, in dem das Wirtschaftsgut (z.B. ein Haus oder eine Maschine) fungiert, ist für die Höhe der zu zahlenden Steuern wichtig. Wenn eine Maschine beispielsweise 100.000,– DM gekostet hat und 10 Jahre fungiert, dann beträgt der normale Abschreibungssatz jährlich 10.000,– DM, die als Kosten den zu versteuernden Gewinn mindern. Je höher der Steuersatz, desto größer die Steuerersparnis, wenn der Gewinn durch Sonderabschreibungen gemindert wird. Bei einem progressiven Steuertarif bedeutet dies außerdem (allerdings gilt dies nur für kleine Einkommensbezieher, nicht für die großen Unternehmen), daß durch Gewinnmanipulationen mit Abschreibungen eine niedrigere Tarifzone erreicht werden kann. Aber darum allein geht es nicht. Vielmehr kann ja von der Maschine im ersten Jahr beispielsweise gleich die Hälfte – 50.000,– DM – abgeschrieben werden, so daß der zu versteuernde Gewinn nicht um die jährliche AfA von 10.000,– DM, sondern um 50.000,– DM gemindert wird. Bei einem Steuersatz von 50 v.H. hat dies eine Steuerersparnis von 25.000,– DM gegenüber 5.000,– DM bei normalem Abschreibungssatz zur Folge.

Allerdings müßten bei höherem AfA-Satz im ersten Jahr die Abschreibungen in den folgenden Jahren umso geringer ausfallen, so daß über den 10-Jahres-Zeitraum, in dem die Maschine fungiert, nichts an Steuerersparnis gewonnen wäre. Dies ist jedoch nicht der Fall. Denn wenn die an der Steuer gesparten Mittel sofort wieder investiert werden, dann kann das Unternehmen Jahr für Jahr an dem gleichen Mechanismus der sogenannten degressiven Abschreibung verdienen. Damit war in dieses System der Begünstigung unmittelbar ein Zwang zur permanenten Investition eingebaut. Denn nur dann war es möglich, in den Genuß der permanenten Förderung der Kapitalbildung zu gelangen.

Dieser einfache und wirksame Mechanismus wurde mit den sogenannten Siebener Paragraphen in Gang gesetzt. § 7 a ermöglichte die Absetzung für den Ersatz von im Krieg verlorenen oder zerstörten Anlagen (bis zum Wert von 100.000,– DM); § 7 b ermöglichte die Absetzung der Baukosten für Wohngebäude im ersten Jahr von 10 v.H. und in den folgenden Jahren um jährlich 3 v.H. Also konnten bereits nach 12 Jahren 50 v.H. der Baukosten wieder für andere Zwecke zur Verfügung stehen. Auch § 7 c förderte den Wohnungsbau durch Absetzbarkeit von Darlehen zum Zwecke des sozialen Wohnungsbaus; § 7 d ermöglichte Sonderabschreibungen auf Schiffe (von zweimal 15 v.H.). (Vgl. dazu ausführlicher Hartwich 1970, Huffschmid 1969, Welteke 1970) § 7 e erlaubte neben den normalen Abschreibungen bei Fabrikgebäuden, Lagerhäusern usw. gleich zweimal 10 v.H. Sonderabschreibungen. § 6 des

EStG ermöglichte die volle Abschreibung von Wirtschaftsgütern bis zum Betrag von 600,— DM.

„Das sieht in der Praxis häufig so aus, daß bei Einrichtungen von Büros, Sitzungszimmern, Hotelräumen und dgl. jeder einzelne Stuhl extra bewertet und damit das gesamte Inventar über Betriebsausgaben angeschafft wird."

Dann durften nach § 6 a Rückstellungen für Pensionsanwartschaften abgesetzt werden, „obwohl es vielfach an einem klagbaren Recht auf Pensionsleistungen fehlt." (Troeger o.J., 102). Zu erwähnen ist auch die unrealistische Bewertungsgrundlage für die Vermögens-, Grund- und Erbschaftssteuer, denen die Einheitswerte vom 1.1.1935 zugrundelagen, obwohl die Werte der Vermögen, Grundstücke usw. inzwischen allein durch die Preissteigerungen sich verdoppelt oder vervielfacht hatten. Eine zusammenfassende Übersicht der Inanspruchnahme der Sondervergünstigungen gibt die folgende Tabelle 41.

Die quantitative Bedeutung der Steuervergünstigungen wird aus diesen Zahlen deutlich. Mit jährlich (bis 1957) an die 2 Mrd. DM Inanspruchnahme der Sondervergünstigungen stehen in der entsprechenden Höhe zusätzliche Mittel für den Akkumulationsfonds zur Verfügung. Diese Politik der Kapitalbildung hatte notwendigerweise strukturpolitische Konsequenzen. Denn die selektive Förderung bestimmter Branchen, nämlich der Grundstoffindustrien, des Wohnungsbaus, der Bauindustrie und des Schiffbaus, hatte die Lenkung der Investitionen in diese Bereiche zur Folge — allerdings ohne daß damit andere Sektoren der Wirtschaft ausgetrocknet worden wären. Denn die allgemeine Prosperität ließ auch ihnen einen gehörigen Anteil am gesellschaftlichen Akkumulationsfonds. Daß diese Art der Strukturpolitik allerdings ihre Probleme hatte, wurde spätestens 1959 deutlich, als nach Jahren der Kohleknappheit (noch 1957 mußten im Winter öffentliche Gebäude im Ruhrgebiet, z.B. Schulen, schließen, weil keine Kohlen für die Heizung vorhanden waren) auf einmal 18 Mio. Tonnen Steinkohle auf die Halde gekippt werden mußten. Keine 10 Jahre nach dem Investitionshilfegesetz mußten Maßnahmen zum Kapazitätsabbau im Steinkohlebergbau (z.B. Stillegungssubventionen, Kohlepfennig) eingeführt werden — ein Beispiel dafür, daß diese Art von Förderung der Kapitalbildung und Investitionslenkung Strukturkrisen nicht verhindern konnte, ja sie nachgerade provozierte.

11.2.3. Die Politik der ordnungspolitischen Korrekturen

Die Förderung der Kapitalbildung bei den Privateigentümern von Produktionsmitteln beschleunigte den wirtschaftlichen Aufschwung, indem sie Engpässe zu beseitigen half und indem sie vor allem Mittel aus dem gesellschaftlichen Mehrprodukt von der Konsumtion in den Akkumulationsfonds lenkte. Bei hoher Rentabilität des fungierenden Kapitals und

Tabelle 41:

Die Inanspruchnahme der Sondervergünstigungen
1949 bis 1961 (in Mio. DM)

Art der Vergünstigung		1949	1950	1954	1957	1957 nur Körperschaften	1961
§ 7a	Bewertungsfreiheit für Ersatzbeschaffung beweglicher Wirtschaftsgüter	450	429	65	102	35	
§ 7b	Erhöhte Absetzungen für Wohngebäude	38	69	446	1164	67	154
§ 7c	Wohnungsbauförderung	148	270	540	65	57	62
§ 7d	Abs. 1 und Abs. 2 Förderung des Schiffbaus	11	48	319	75	44	12
§ 7e	Bewertungsfreiheit für Fabrikgebäude	47	78	10	19	4	4
§ 7f	Förderung des Lastenausgleichs			65			
§ 3	AusfFördG, steuerfreie Rücklage			189			
§ 4	AusfFördG, absetzbarer Betrag bei Gewinnermittlung			275			
§ 36	IHG Sonderabschreibungen			856			
§ 14	Berlinhilfegesetz						180
§ 80	EStDV Bewertungsabschlag für bestimmte Wirtschaftsgüter ausländischer Herkunft				233	173	397
§ 81	EStDV Bewertungsfreiheit für bestimmte Wirtschaftsgüter im Bergbau				101	101	171
Insgesamt (einschließlich einiger kleinerer Positionen)		694	894	2772	1876	516	1254

Quelle: Oberhauser 1965, 221

---

einer entsprechend hohen Rentabilitätserwartung war es klar, daß alle freien Mittel auch wirklich akkumuliert werden würden. Die Politik der steuerlichen und anderweitigen Entlastung der Profitteile, die akkumuliert wurden, hat bei hoher „Investitions*neigung*" auch die „Investitions*möglichkeiten*" verbessert. Insofern muß die Wirtschaftspolitik unter Erhard als durchaus erfolgreich angesehen werden – wenn auch nicht erfolgreich im Sinne der ordnungspolitischen Vorstellungen der Neoliberalen.

Denn die Kapitalbildung bei den Unternehmen war gleichbedeutend mit einem beschleunigten *Konzentrationsprozeß*, mit einer dementsprechend ungleichmäßigen Vermögensverteilung. So heißt es in einer Untersuchung über die Vermögensstruktur in der BRD:

„Von dem gesamten 1950 bis 1963 gebildeten Vermögen der privaten Haushalte entfielen auf die Unselbständigen 56 v.H. (Arbeiter: 17 v.H.; Angestellte: 19 v.H.; Beamte: 7 v.H.; Rentner: 13 v.H.), auf die Selbständigen 44 v.H. (Landwirte: 6 v. H.; übrige Selbständige: 38 v.H.). Die Pro-Kopf-Vermögensbildung 1950 bis 1963 betrug bei den Unselbständigen 3.200,– DM (Arbeiter 2.100,– DM; Angestellte 4.800,– DM; Beamte 6.800,– DM; Rentner 2.900,– DM), bei den Selbständigen 12.700,– DM (Landwirte 3.400,– DM, übrige Selbständige 22.000,– DM) . . ." (Krelle, Schnuck, Siebke 1968, 489).

Kapitalbildung heißt ordnungspolitisch also Vermögens- und Kapitalkonzentration; Politik der Förderung von Kapitalbildung mußte notwendigerweise gegen die wettbewerbspolitischen Zielsetzungen der neoliberalen Theorie und des Programms der sozialen Marktwirtschaft verstoßen (Vgl. Oberhauser 1965). Aber nachdem die Förderungsmaßnahmen der Kapitalbildung auf der Grundlage des Booms gewirkt hatten, begann in der zweiten Hälfte der 50er Jahre eine Politik der (versuchten) ordnungspolitischen Korrekturen, ohne daß die Politik der Kapitalbildung einfach eingestellt worden wäre. Dazu gehören Maßnahmen zur Streuung der Vermögen und zur „Vermögensbildung in Arbeitnehmerhand" und das „Gesetz gegen Wettbewerbsbeschränkungen" (GWB), mit dem der Zentralisierungsprozeß (die Monopolisierung) gestoppt oder zumindest doch eingeschränkt werden sollte.

Bei diesen Korrekturversuchen spielte eine andere Komponente der neoliberalen Wirtschaftstheorie hinein, die auf eine bis in die 20er Jahre zurückreichende Tradition zurückgreifen konnte: nämlich die Ideologie des kleinen Eigentums für jeden als Voraussetzung der Konstituierung einer heilen Welt. Bei Alexander von Rüstow ebenso wie bei Wilhelm Röpke hatte der Antimonopolismus seine Wurzel nicht nur in der Vorstellung, daß Monopole die Funktionsfähigkeit des Wettbewerbs und damit Rationalität und Effizienz der Wirtschaft einschränken, sondern auch in einer Ablehnung des Großbetriebs wegen seiner Anonymität, seiner Bürokratisierung usw. schlechthin. Ihr neoliberaler Entwurf enthielt daher auch die Vorstellung von breit gestreutem Eigentum, einer Welt von Eigenheimen gegen die Verstädterung, von kleinem Eigentum beruhender Individualität gegen die Vermassungstendenzen der „Industriegesellschaft". Diese Komponente neoliberaler Theorie und Konzepte konnte an all jenen Theorien anknüpfen, die sich daran machten, zwischen Kapitalismus und Kommunismus einen „dritten Weg" ausfindig zu machen. Immer spielte dabei gegenüber der kapitalistischen Konzentration und Zentralisation von Kapital und der sozialistischen Vergesellschaftung der Produktionsmittel der Versuch eine Rolle, Eigentum breit zu streuen und das „entwurzelte Proletariat" wieder bodenständig zu machen. Einen solchen „dritten Weg" hatte bereits Adolf Damaschke formuliert und Kroll weist zu Recht darauf hin (Kroll 1958, 431), daß die Nazi-Partei in ihrer Programmatik, wie sie von Gottfried Feder und Gregor Strasser ausgearbeitet worden war, Anleihen an Damaschkes Gedanken machte (5).

Im Hinblick auf die Vermögensbildung waren drei Maßnahmen Ende der 50er und Anfang der 60er Jahre von Bedeutung. *Erstens* wurden bundeseigene Unternehmen, nämlich 1959 die Preußischen Bergwerks- und Hütten AG (Preußag), 1961 das Volkswagenwerk und 1965 die Vereinigte Elektrizitäts- und Bergwerks-AG (VEBA) „privatisiert", indem ein Teil des Aktienkapitals als sogenannte *„Volksaktien"* ausgegeben wurde. Den unteren Einkommensbeziehern sollte mit dieser Maßnahme eine Beteiligung am Produktivvermögen eröffnet werden, gleichzeitig sollte das noch aus der Nazi-Zeit geerbte staatliche Eigentum verringert werden. Die Volksaktien wurden mit größtem Propagandaaufwand seit 1959 ausgegeben, und sie blieben mehrere Jahre ein Erhardscher Werbeschlager bis zum Kurssturz am 28./29. Mai 1962 (von Loesch 1965, 35). Eine Wirkung in Richtung einer gleichmäßigeren Vermögensverteilung hatten die Volksaktien natürlich nicht, sie hatten eher eine ideologische Funktion, nämlich die „kleinen Leute", die zwar an der Steigerung der Konsumtion in den 50er Jahren teilgenommen hatten, nicht jedoch an den Früchten der massiv geförderten Kapitalbildung, in geringstem Maße am Vermögenszuwachs (6) zu beteiligen.

Ähnlich gingen auch private Unternehmen vor, die Ende der 50er, Anfang der 60er Jahre dazu übergingen, mit der Ausgabe von Belegschaftsaktien die Beschäftigten am Aktienkapital zu „beteiligen". Letztlich handelt es sich dabei um die Zuführung von Geldern der Arbeiter und Angestellten in den Akkumulationsfonds des Unternehmens, wobei die Beträge natürlich nur so gering sein können, daß mit diesem Kleinsteigentum auch nicht die geringste Verfügung verbunden ist. Häufig genug entstehen dadurch neue Abhängigkeiten, da die Ausgabe der Belegschaftsaktien von der Dauer der Betriebszugehörigkeit usw. abhängig gemacht wird.

---

5 Nach diesen Vorstellungen sollte jedem Menschen ein Eigenheim, ein Stück Gartenland zustehen. „Dort kann der Arbeiter einen wesentlichen Teil seines Nahrungsbedarfs auf eigenem Grund und Boden selbst erzeugen. Er erhält dadurch eine größere Sicherheit seiner Existenz und wird unabhängiger gegenüber seinem Arbeitgeber. . ." (zit. nach Kroll 1958, 431) In der Eigenheimideologie der 50er Jahre tauchen diese rückwärtsgerichteten Utopien dann wieder auf...

6 Föhl schätzt den Nettovermögenszuwachs von 1950 bis 1960 auf insgesamt 355 Mrd. DM. Davon sind 37,6 v.H. im Unternehmenssektor, 35,8 v.H. beim Staat und 26,6 v.H. bei den privaten Haushalten angefallen. (Föhl 1964, 40 ff)

Zweitens wurde im Jahre 1961 das 312-Mark-Gesetz erlassen, mit dem das Sparen kleiner Summen begünstigt werden sollte. Wenn ein „unselbständig" Beschäftigter pro Jahr 312,– DM auf mindestens 5 Jahre festlegt, dann wurden die Steuern für diesen Betrag erlassen und außerdem Zinszuschüsse geleistet. Das gleiche Prinzip der Sparförderung wurde auch beim Bausparen und dem sogenannten Prämiensparen angewendet. Dadurch war es möglich, auf längere Frist erkleckliche Beträge anzusparen. Aber eine Korrektur der ungleichen Vermögensverteilung war damit nicht möglich. Im Gegenteil, da diese Gesetze eher vo. den mittleren und gehobenen Einkommensbeziehern und denjenigen mit längerfristiger Perspektive – immerhin mußten die Beträge für viele Jahre festgelegt werden – ausgenutzt wurden, nicht aber von den unteren Einkommensbeziehern, wirkten sie eher in Richtung einer Zementierung der ungleichen Verteilung.

Drittens begann schon in den 50er Jahren eine Diskussion um Korrekturmöglichkeiten der ungleichen Vermögensverteilung auf tarifvertraglichem Wege. Dabei ist von seiten der christlichen Soziallehre (insbesondere Oswald von Nell-Breuning) der sogenannte Investivlohn ins Gespräch gebracht worden. Danach sollte ein Teil der in Tarifkämpfen durchgesetzten Lohnerhöhung nicht direkt in die Lohntüte kommen, sondern langfristig – meist fünf Jahre – festgelegt, investiert werden. Auf diese Weise versprachen sich die Vertreter dieser Vorstellung eine Beteiligung der Arbeiter und Angestellten am Zuwachs des Produktivvermögens. Aus gewerkschaftlichen Kreisen wurde diesen Absichten der Plan der Bildung eines sogenannten „Sozialfonds" entgegengehalten (Gleitzeplan), der ebenfalls aus Teilen der Lohnerhöhungen gebildet werden, aber als Fonds über die angesammelten Mittel verfügen sollte (vgl. von Loesch 1965, 61 ff.). Während die Investivlohnpläne von der individuellen Verfügung über die angesparten Mittel ausgingen, handelte es sich beim Sozialfondsplan um eine riesige Kapitalsammelstelle, die – unter gewerkschaftlicher Kontrolle – sich am Produktivvermögen beteiligen sollte. Dieser Plan blieb in der Diskussion; er ist niemals auch nur annäherungsweise oder in modifizierter Form verwirklicht worden. Denn erstens hätte es zu seiner Durchsetzung einer entsprechenden politischen Machtentfaltung bedurft, was aber Ende der 50er Jahre aufgrund vorher gelaufener Anpassungsprozesse nicht mehr möglich war. Zweitens hätten Maßnahmen entwickelt werden müssen, um eine Überwälzung der Vermögensabgabe in den Sozialfonds zu verhindern. Denn sonst hätten die Arbeiter und Angestellten aus ihrem Reallohn den Fonds finanzieren müssen. Insgesamt muß daher die Idee des Sozialfonds als wenig aussichtsreich, illusionär eingeschätzt werden.

Andere Wege versuchte die IG Bau-Steine-Erden 1964 zu gehen. Ausgangspunkt des nach dem damaligen Vorsitzenden der Gewerkschaft genannten Leber-Plans war die Überlegung, daß „Kampf gegen die Kapitalbildung an sich ... ein Kampf gegen Fortschritt und Zukunft (wäre)." (Leber 1964 a, 18). Andererseits dürfte aber die ungleiche Eigentumsverteilung nicht hingenommen werden, ohne eine „kalte oder warme Sozialisierung" (ebd., 164) anzustreben, denn „die Menschen östlich der Mauer haben mit der dort durchgeführten Änderung der Eigentumsordnung auch die Freiheit verloren" (ebd., 23). Die „freiheitliche Wirtschaftsordnung" gefährde sich aber selbst, wenn sie mehr als 80 v.H. der Bevölkerung vom wirtschaftlichen Vermögenszuwachs ausschließe (Leber 1964, 2, 14). Demgegenüber könne eine „Beteiligung der Arbeitnehmer am Vermögenszuwachs ein positiver Beitrag zu dem Verhältnis Unternehmer/Arbeitnehmer" (ebd., 16 f.) herbeiführen. Der Plan selbst sah vor, daß die Arbeitgeber 1,5 v.H. der Lohnsumme zum Zwecke der Vermögensbildung aufbringen; die Mittel fließen in einen Fonds, der den Unternehmen Kredite gewährt, Bauarbeitern Darlehen gewährt, wenn sie ein Haus bauen wollen. Der im Baugewerbe beschäftigte Arbeiter oder Angestellte erhält einen Anteilschein, der einen Anspruch an den Fonds darstellt. Natürlich mußten die Beträge so niedrig bleiben, daß eine wirkliche Vermögensumverteilung nicht erfolgen konnte. Bei einer Lohn- und Gehaltssumme im Baugewerbe 1964 von 12,5 Mrd. DM für 1,532 Mio. Arbeiter und Angestellte wären in den Fonds rund 200 Mio. DM, also pro Beschäftigten rund 130,- DM geflossen. Bedeutsam am Leber-Plan ist auch nicht die vermögensverteilende Wirkung, die mit Null anzusetzen ist, sondern erstens die tarifvertragliche und nicht gesetzliche Regelung und zweitens die offen deklarierte integrationistische Zielsetzung, bei der jede ursprünglich von den Gewerkschaften konzipierte Reform der gesellschaftlichen Machtverhältnisse ausgeklammert wurde zugunsten einer Festigung der herrschenden „freiheitlichen Wirtschafts- und Eigentumsordnung".

Die Korrekturversuche an der im Prozeß der Kapitalbildung erfolgenden Vermögenskonzentration skandalösen Ausmaßes blieben hilflos, bloße Beteuerungen, irreale Pläne, basierend auf einer alten Ideologie. Das gleiche Schicksal war auch allen Versuchen bestimmt, die mit der Kapitalbildung einhergehende Unternehmenskonzentration einzudämmen. Nach jahrelangen Diskussionen wurde 1957 das Gesetz gegen Wettbewerbsbeschränkungen erlassen, mit dem die Konzentration des Kapitals gesteuert werden sollte. Aber das „wirtschaftliche Grundgesetz" (Erhard 1957, 9) wie das GWB hochtrabend genannt worden ist, konnte nur den *Mißbrauch* marktbeherrschender Stellungen untersagen, nicht aber den Aufbau der marktbeherrschenden Positionen selbst. Damit war eines der neoliberalen Grundprinzipien verletzt, das da lautet: gegen die Bildung von Kartellen und Monopolen müsse präventiv vorgegangen werden und es sei nicht erst ihre Existenz zu bekämpfen.

Aber Erhard nahm es mit diesem von Eucken formulierten Prinzip nicht so genau: „Gleichwohl bin ich mir dabei natürlich im klaren, daß das Denkmodell eines reinen Wettbewerbs an dieser oder jener Stelle keine volle Gültigkeit besitzt. . ." (Erhard 1957, 181). Das generelle Kartellverbot wurde in dem Gesetz durch eine Vielzahl von Ausnahmen durchlöchert — insbesondere sollten „Kartelle zur Überwindung von Krisen" (Erhard 1957, 188) erlaubt sein — so daß selbst das Mißbrauchsprinzip nur schwer durchzuhalten war. Überdies wurden zwar Kartellbildungen geregelt (daher auch „Bundeskartellamt"), nicht aber die übrigen Konzentrationsprozesse. Erst in einer späteren Novelle des GWB (1973) wurden Fusionen und andere Unternehmenszusammenschlüsse anmelde- oder genehmigungspflichtig. Jedenfalls hat das GWB in keiner Weise den Konzentrations- und Zentralisationsprozeß des westdeutschen Kapitals beeinflussen können, wie die Zahlen (vgl. Kapitel 6) deutlich zeigen.

Wenn wir die Wirtschaftspolitik ordnungspolitischer Korrekturversuche resümieren, dann mit ganz anderem Ergebnis, als es die Wirtschaftspolitik der Förderung der Kapitalbildung hatte und hat. Daß die ordnungspolitischen Korrekturen nicht gelingen konnten, liegt nicht etwa an der geringeren Klugheit der Politiker oder an institutionellen Mängeln des Systems (obwohl dies auch eine Rolle spielen mag), sondern daran, daß die Förderung der Kapitalbildung unmittelbar funktional für die Kapitalakkumulation war und daher mit ihren Gesetzen nicht in Konflikt geraten konnte. Die Politik machte sich eher zum Vollzugsorgan der Gesetzmäßigkeiten des Akkumulationsprozesses. Anders die Versuche zur Korrektur der Vermögens- und Kapitalkonzentration. Diese war den Tendenzen der Kapitalakkumulation direkt entgegengerichtet und hätte, wenn sie auch nur geringfügige Erfolge hätte zeitigen sollen, den Konflikt mit den gesellschaftlichen Interessen am „normalen Gang" der Kapitalakkumulation, also mit den Unternehmerverbänden, den Arbeitgebervereinigungen, den bürgerlichen politischen Parteien und der Vielzahl von speziellen Interessenverbänden, aufnehmen müssen. Dies war weder von der von der CDU/CSU geführten Regierung noch von der Opposition zu erwarten gewesen. Angesichts der realistischen Einschätzung von objektiven und subjektiven Machtverhältnissen wäre es fehl am Platze, die Politik der ordnungspolitischen Korrekturen an ihrer Zielsetzung zu messen. Sie müssen von ihrer ideologischen Funktion her betrachtet werden, die sie auf dem Hintergrund des beschleunigten Wirtschaftsaufschwungs im „Überbau" der Kapitalakkumulation, die wie eine Dampfwalze alle politischen und sozialen Widerstände niederrollte, gehabt hat. Im wesentlichen ging es dabei um deren integrative Wirkung, die gesellschaftlichen Antagonismen zusammenzuhalten. Zwar war auch der gesellschaftliche Klassenkonflikt in weiten Bereichen planiert, aber doch nicht aus der Welt geschafft. Und daher hatten die ordnungspolitischen Korrekturversuche die Aufgabe, eine politische Reduzierbarkeit von Ungleichheiten und Ungerechtigkeiten zu suggerieren, die nur in geringstem Umfang gegeben war. Aber gerade die Möglichkeit für einige ganz Gerissene, sich mit den diversen und für den normalen Kollegen kaum durchschaubaren Möglichkeiten des prämienbegünstigten Sparens, der Vermögensbildung und des Verzichts zu einem kleinen Eigentum emporzuschuften und zu konkurrieren, war ein fantastisches Argument für die scheinbare Offenheit des Systems und die in der individuellen Leistungsbereitschaft („Leistungwettbewerb") oder Unfähigkeit liegende Ungleichheit, Ungleichmäßigkeit und Ungerechtigkeit.

11.2.4. Sozialpolitik zur Sicherung der Reproduktion der Arbeitskraft

In unserer Analyse der allgemeinen Entwicklung der Kapitalakkumulation wurden die Jahre 1955/57 als Zeitpunkt bestimmt, in dem sich insbesondere durch die Ausschöpfung des Arbeitsvolumens bestimmte Engpässe in der Industrie ergeben hatten (sogenannte Beschäftigungsschranke (Vogt 1964)). Das Hervortreten dieser Grenze war Resultat der beschleunigten und vom Staat massiv unterstützten Kapitalakkumulation Anfang bis Mitte der 50er Jahre. So schien sich die Notwendigkeit einer Subventionierung der Kapitalbildung für die Wirtschaftspolitik zu verringern, und ein Übergang zum neoklassischen Ideal des staatsfreien Selbstlaufes der Wirtschaft schien möglich. Doch ergaben sich neue Probleme, die sich – über den Druck von Interessenverbänden vermittelt – der Politik aufdrängten. Wir können die neuen Schwerpunkte in zwei Richtungen zusammenfassen: Erstens galt es mit staatlicher Hilfe, die Engpässe auf dem Gebiet des Arbeitsvolumens zu beseitigen bzw. zu mildern. Zweitens war durch die Ausschöpfung des Arbeitsvolumens die Macht der Arbeiter und also der Gewerkschaften gestärkt, die teils gesetzliche, teils tarifliche Absicherungen gegen eine allzu starke Auszehrung ihrer Arbeitskraft durchsetzten.

Unter den ersten Punkt fällt das 1957 verabschiedete „Gesetz über Arbeitsvermittlung und Arbeitslosenversicherung (AVAVG)", das die Arbeitsmarktpolitik bei der Bundesanstalt für Arbeitsvermittlung und Arbeitslosenversicherung konzentrierte und den Empfang von Arbeitslosengeld an strenge Voraussetzungen band, die „ihn letztlich mit einem gewissen Zwangselement verbanden" (Hartwich 1970, 162): Durch die Einengung des Rechtsanspruches auf Arbeitslosengeld konnten sowohl die Annahme gewisser Arbeiten durch Arbeitslose erzwungen werden als auch die Teilnahme an einer beruflichen Aus- oder Fortbildung. Durch Beihilfen zur Berufsausbildung, Fortbildung und Umschulung sollte nicht nur die Mobilität der Arbeitskräfte erhöht werden, was den sich verengenden Arbeitsmarkt entlasten konnte, sondern es wurde auch den sich ankündigenden technologischen Umwälzungen in der Industrie Rechnung getragen. Die Funktion des Gesetzes als Instrument einer *aktiven* Arbeitsmarktpolitik wird insbesondere durch die nachfolgenden Gesetze deutlich, die die optimale Ausschöpfung des verfügbaren Arbeitsvolumens als Ziel sichtbar machen (vgl. die Ergänzungsgesetze von 1959 und 1960 (Hartwich 1970, 165)).

Der zweite Schwerpunkt umfaßt die gesetzliche Sicherung der Reproduktion der Arbeitskraft und die Rentengesetzgebung. Zwar wurden bereits Anfang der 50er Jahre entsprechende Gesetze verabschiedet (Schwerbeschädigtengesetz, Mutterschutzgesetz 1953). Kennzeichnend für die Gesetzgebung in der zweiten Hälfte der fünfziger Jahre ist jedoch, daß sie auf dem Hintergrund einer stärkeren Position der Arbeiter (aufgrund der Arbeitsmarktverhältnisse) und vergrößerter „Konzessionsspielräume" der Unternehmer erfolgen. Zentral ist hier das Gesetz zur Verbesserung der wirtschaftlichen Sicherung der Arbeiter im Krankheitsfall, das 1957 nach scharfen Auseinandersetzungen zwischen Kapital und Gewerkschaften (Metallarbeiterstreik in Schleswig-Holstein 1956/57) beschlossen wird. Wichtig ist hier auch, daß soziale Verbesserungen in diese Phase fallen, die nicht gesetzlich, sondern nur tarifvertraglich oder gar nur betrieblich abgesichert sind, während die gesetzlichen Regelungen (wie auch im Falle der Lohnfortzahlung bei Krankheit) hinter diesen Regelungen noch hinterherhinken. Dies zeigt, daß die Verhältnisse auf dem Arbeitsmarkt (Knappheit der Ware Arbeitkraft) die Macht der Arbeiter in den Betrieben und Branchen fast naturwüchsig gestärkt hatten und diese sozialpolitischen Erfolge auch ohne eine entsprechende Entwicklung der Klassenmacht der Arbeiter und ihrer Organisationen erreicht werden konnten. Denn Auseinandersetzungen wie die Streiks in Schleswig-Holstein blieben Ausnahme.

Ausdruck eines gestiegenen Finanzierungsspielraums beim Kapital und beim Staat war auch die Rentenreform von 1957, die das Prinzip der dynamischen Rente und damit die Anpassung der Rentenentwicklung an die Lohnentwicklung gesetzlich fixierte.

11.3. Zusammenfassung

1. Die theoretische Grundlage der Wirtschaftspolitik in den 50er Jahren war der Neoliberalismus. Von der Herstellung der Wettbewerbsfähigkeit und der Freisetzung der Marktkräfte bei sozialer Moderierung (Soziale Marktwirtschaft) versprach man sich am ehesten die Forcierung des Wachstums. Die tatsächliche Wirtschaftspolitik konzentrierte sich – angesichts der Engpässe beim produktiven Kapital und in der Infrastruktur – in der Anfangsphase auf die Förderung der Kapitalbildung. Steuerliche Anreize, Subventionen und direkte Umverteilung von Pro-

fitteilen wirkten belebend auf die Profitabilität des Kapitals, so daß auch von der Seite der staatlichen Politik die günstigen Verwertungsbedingungen bis Mitte der 50er Jahre befördert wurden.

2. Mit der Förderung der Kapitalbildung wurde aber von der Wirtschaftspolitik auch die Kapitalkonzentration und die einseitige Vermögensbildung gestützt. Mit ordnungspolitischen Korrekturen wurde daher seit etwa Mitte der 50er Jahre versucht, hier korrigierend einzugreifen. Mit dem Kartellgesetz von 1957 wurde die Konzentrationstendenz zu steuern versucht. Jedoch zeigte sich hier schon in aller Deutlichkeit, daß der neoliberale Anti-Monopolismus den realen Tendenzen der Kapitalakkumulation und Kapitalkonzentration nicht standhalten konnte. Im verabschiedeten Kartellgesetz waren die Verbotsbestimmungen und Kontrollen so verwässert, daß es eher die Konzentrationstendenzen förderte als hemmte. Der einseitigen Vermögensbildung versuchte man mit Maßnahmen zur Vermögensbildung in Arbeitnehmerhand zu begegnen. Aber auch auf diesem Gebiet waren (und sind bis heute) keine Erfolge zu verzeichnen. Die nachträgliche Korrektur von Resultaten der Kapitalakkumulation durch wirtschaftspolitische Eingriffe konnte nicht gelingen; dazu waren diese zu halbherzig. Dies trifft auch auf die Vermögensbildungspolitik der Gewerkschaften zu, die 1964 mit dem Vorstoß des damaligen Vorsitzenden der IG Bau-Steine-Erden, Georg Leber, (Leber-Plan) an die Öffentlichkeit getreten war.

3. Bedeutsam in dieser Entwicklungsphase ist die Knüpfung des „Netzes der sozialen Sicherheit" mit einer Reihe von sozialpolitischen Maßnahmen. Sie wurden auf der einen Seite notwendig, bei einem starken Flüchtlingszustrom; konnten auf der anderen Seite aber auf dem Hintergrund prosperierender Kapitalakkumulation auch finanziert werden.

12. Kapitel

Von der Politik der Kapitalbildung zur Politik des Krisenmanagements

12.1. Konjunkturpolitik in der Prosperität

Zu Beginn der 50er Jahre wurde also wirtschaftspolitisch in der Bundesrepublik die private Kapital*bildung* massiv gefördert. Diese Politik der Begünstigung der privaten Investitionen durch steuerliche Erleichterungen, Subventionen und Interventionen auf dem Kapitalmarkt, endet mit dem zweiten Boom 1954/55. Ab 1955 laufen die bisherigen 7er §§ aus, 1956 wird ein Konjunkturprogramm ausdrücklich zum Zwecke der „Verlangsamung der übermäßigen Investitionen" beschlossen. Die mit der beschleunigten Kapitalakkumulation wachsenden Staatseinnahmen werden zwischen 1954 und 1956 sogar zum Aufbau eines hohen Geldreservefonds beim Staat benutzt („Juliusturm"), der ab 1956 für den Aufbau der Bundeswehr die finanziellen Reserven bereitstellt.

Es ist bezeichnend, daß in der Zeit der Prosperität etwa zwischen 1954 und 1964 die Wirtschaftspolitik im Sinne einer auf die Kapitalakkumulation bezogenen Akkumulations- und *Konjunktur*politik weitgehend zurücktritt. Selbst die zyklischen Krisen (1958 und 1963) waren immer noch von hohen Wachstumsraten gekennzeichnet und unterbrachen lediglich in minimalem Ausmaß den allgemeinen Trend zum kontinuierlichen Abbau der Arbeitslosigkeit. So ist es nicht verwunderlich, daß sich in diesem Zeitraum die Illusion von einem krisenfreien Kapitalismus verfestigte; der Kapitalismus erschien als zukunftsträchtige Produktionsweise und paradoxerweise wurde dann, wenn Krisen theoretisch dennoch in den Bereich des Möglichen gerückt wurden, verbal auf das moderne keynesianische Instrumentarium der Wirtschaftspolitik in einem Land gesetzt, dessen Wirtschaftspolitik sich gerade durch eine totale Abstinenz gegenüber staatsinterventionistischen Maßnahmen auszeichnete.

Auf dem Hintergrund der ordoliberalen Wirtschaftstheorie, die in einem *funktionierenden Preismechanismus* den Garanten für ein stetiges, gleichgewichtiges Wirtschaftswachstum sah, mußten allerdings die sich bereits früh in den 50er Jahren herausbildenden überzyklischen Preissteigerungen Anlaß zur Sorge geben. Diese Preissteigerungen sind denn auch – wenn überhaupt – der Anlaß zu konjunkturpolitischen Diskussionen, die sich besonders auf das Instrumentarium der Geldpolitik konzentrieren. Dagegen befürchtete man von antizyklischen fiskalpolitischen Maßnahmen „diskretionäre" Eingriffe in den privat-strukturierten Marktmechanismus als „ersten Schritt in den Dirigismus" (eine Befürchtung, die noch anläßlich der Diskussion um das von Erhard eingebrachte Stabilitätsgesetz 1966 virulent war). Der Keynesianismus kommt in dieser Periode *nicht* — wie noch in und nach der Weltwirtschaftskrise — als Krisentheorie und -politik in die Diskussion, sondern als ein mögliches Instrument der Antiinflationspolitik. Neben der Diskussion innerhalb von Gewerkschaften und SPD um die Frage der ,,Planung" im Kapitalismus (auf die wir noch unten eingehen) waren für das Vordringen des Keynesianismus (auch in dem eher konservativen wirtschaftspolitischen Umfeld: Sachverständigenrat, Wissenschaftlicher Beirat beim Bundeswirtschaftsministerium etc.) drei Faktoren verantwortlich (vgl. dazu auch zusammenfassend Osterwald 1977):

1. Während einerseits eine antizyklische Finanzpolitik explizit abgelehnt wurde, orientierte sich andererseits das Ausgabegebaren der Haushalte an *wahltaktischen* Gesichtspunkten: Dies hatte nicht nur einen steigenden Anteil des Staatssektors am Nettoprodukt zur Folge, sondern auch eine Verlagerung der Staatsausgaben auf den konsumptiven Bereich zuungunsten des Anteils investiver Ausgaben. Beides aber setzte Quellen inflationärer Prozesse frei. Die Forderung nach einer Sanierung der Staatsfinanzen wird 1965/66 zum unmittelbaren Anstoß für das Stabilitätsgesetz.
2. Mit der *Konvertibilität der D-Mark* ab 1958 wird eine wirkungsvolle Geldpolitik, auf die die Ordoliberalen gesetzt hatten, zunehmend schwieriger, da bei fixen Wechselkursen eine außenwirtschaftliche Absicherung nicht gegeben ist.
3. Theoretisch war der Keynessche Ansatz von einer Theorie der Krise und Deflation zu einer *Stabilisierungstheorie* weiterentwickelt worden, mit deren Hilfe auch inflationäre Prozesse wirtschaftspolitisch beherrscht werden könnten (vgl. z.B. Paul Samuelson).

Auf diesem Hintergrund wurden keynesianische Vorschläge zur Wirtschaftspolitik stets als Instrument *gegen die Preissteigerungen* diskutiert; durch eine sinnvollere Planung der Haushaltsansätze (die zudem mit denen der Bundesländer im Rahmen einer Finanzreform koordiniert werden sollten) sollten makroökonomische Nachfrageströme, soweit vom Staat mitbestimmt, so kanalisiert werden, daß von diesen Nachfragekomponenten keine inflationären Impulse mehr ausgehen konnten. Keynesianische Globalsteuerung als Instrument der Effektivierung des Preismechanismus steht daher nicht zufällig als Zielvorstellung auch noch hinter der vom Sozialdemokraten Schiller modifizierten Fassung des Stabilitätsgesetzes (1967). Der Keynesianismus kam in der Bundesrepublik sozusagen durch die ordoliberale Hintertür.

12.2. Kapital ,,überfluß" als Problem der Wirtschaftspolitik

Eine Finanzpolitik, die ohne Rücksicht auf konjunkturelle Erfordernisse und z.T. nach wahltaktischen Gesichtspunkten gehandhabt wurde, mußte mit dem Ende der Prosperität ihre Grenzen finden. Die Inhalte der Wirtschaftspolitik ändern sich daher auch nicht zufällig gegen Mitte der 60er Jahre, in einer Zeit also, in der die Bedingungen der Kapitalakkumulation sich verändern (vgl. dazu Kapitel 5). Überspitzt formuliert könnte man die These aufstellen, *daß im Gegensatz zu der Zeit von 1948 bis 1954, in der Probleme der Kapitalbildung dominieren, jetzt ab Mitte der 60er Jahre die Wirtschaftspolitik vor Problemen steht, die aus dem „Überfluß von Kapital" resultieren!* Angesichts von Tendenzen zur Überakkumulation wird jetzt die Profitstabilisierung zum zentralen Problem und der im Stabilitätsgesetz verankerte Keynesianismus das Instrument, mit dessen Hilfe staatsinterventionistisch der kapitalistische Krisenzyklus gemeistert werden soll.

Allerdings werden den politischen Instanzen die veränderten Bedingungen der Kapitalakkumulation nicht direkt bewußt, und der Keynesianismus wird in der Bundesrepublik *nicht* als ein solches Instrument der Krisenmanagements eingeführt. Anlaß war – wie schon dargestellt – die inflationäre Entwicklung, die durch „übermäßige Lohnsteigerungen" und Staatsausgaben verursacht worden war (so jedenfalls die veröffentlichte Meinung). Über eine *Sanierung* der Staatsfinanzen und eine *Koordinierung* der Haushalte von Bund, Ländern und Gebietskörperschaften sollten die Spielräume für Preissteigerungen klein gehalten werden, während auf der anderen Seite Konzepte der Einbindung der Gewerkschaften in die „gesamtwirtschaftliche Vernunft" diskutiert wurden (Lohnleitlinien, Konzertierte Aktion, Formierte Gesellschaft). Wie in Kapitel 8 gezeigt, sind aber gerade die überzyklischen Preissteigerungen eine Ausdrucksform der veränderten Akkumulationsbedingungen gewesen, und auf Basis dieser Veränderungen mußte der Spielraum der Staatshaushalte (bzw. deren ökonomische Beliebigkeit) umso geringer sein, je schwieriger die Reproduktion des privaten Sektors vonstatten ging. Wenn daher auch die Krise in die Beratungen des Stabilitätsgesetzes regelrecht hineinplatzte, ist doch die im folgenden in Funktion zu den veränderten Akkumulationsbedingungen gesehene Durchsetzung des Keynesianismus in der Bundesrepublik zu diesem Zeitpunkt (Krise 1966/67) kein Zufall. Andererseits zeigt sich in der sukzessiven Entwicklung keynesianischer Elemente der Konjunkturpolitik eine *Anpassungsbewegung* der Politik an veränderte ökonomische Bedingungen; eine Anpassung, die durch entgegengesetztes Verhalten von Bundesbank und Bundesregierung im Abschwung 1965 (also durch politische Fehler!) noch beschleunigt wurde.

Überzyklische inflationäre Prozesse zeigen sich relativ früh Anfang der 60er Jahre auf internationaler Ebene. Wir hatten bereits die Ursachen der überzyklischen Inflation aus den Bedingungen des kapitalistischen Reproduktionsprozesses erklärt und gezeigt, daß ihre Ursache *nicht* losgelöst von diesen in der Lohnentwicklung liegt. Andererseits wird in der wissenschaftlichen und politischen Diskussion das Ansteigen der Lohnquote für die Preisentwicklung verantwortlich gemacht. Den Startschuß dazu gibt eine Studie der OECD 1961 (vgl. Fellner u.a. 1961), in der die *Einkommenspolitik* als Mittel gegen die allgemein in diesem Zeitraum feststellbaren Preissteigerungen den Mitgliedsländern anempfohlen wird. Zeitlich fällt diese Empfehlung mit verschärften Klassenkämpfen in Italien und Frankreich zusammen — auch in der Bundesrepublik werden mit dem Metallerstreik 1963 erste Zeichen dafür gesetzt, daß die Macht der Arbeiter aufgrund der Lage auf dem Arbeitsmarkt gestärkt ist. In Westeuropa werden zu dieser Zeit verstärkt Lohn- und Preiskontrollkommissionen eingerichtet bzw. dort, wo solche schon bestehen, werden deren Befugnisse erweitert (vgl. Hoffmann/Semmler 1975, 78 ff.). In der Bundesrepublik werden aber zu dieser Zeit Lohnleitlinien erst ‚intern' diskutiert (vgl. Schlecht 1968, 12).

Wichtiger ist hier die Diskussion, die sich um das vom damaligen Bundeskanzler Erhard vertretene Konzept einer *Formierten Gesellschaft* entwickelt und die Bezug auf die Macht der gesellschaftlichen Gruppen nimmt, die (und das sind dann besonders die Gewerkschaften) für die wirtschaftlichen Instabilitäten verantwortlich gemacht werden. Während auf der einen Seite die von Erhard propagierte „Soziale Marktwirtschaft" auf der Pluralität der Gruppeninteressen aufbaute, sollten diese jetzt, nachdem die beschleunigte Kapitalakkumulation in den 50er und Anfang der 60er Jahre eben diese Gruppen stark gemacht hatte, in die „Formierte Gesellschaft" eingebunden werden, in der das „Gemeinwohl" (die Stabilität der Wirtschaft und Gesellschaft als übergeordnetes Ziel) Richtschnur für das Handeln der Gruppen zu sein hatte. Mit der Prosperität und der sie begleitenden Konzentration und Zentralisation von Kapital und der verbesserten Stellung der Gewerkschaften im Lohnverhandlungssystem hatten sich die Voraussetzungen des Pluralismus bzw. auch des Neoliberalismus grundlegend gewandelt: Die Macht der Verbände bedrohte scheinbar an erster Stelle die (Preis-)Stabilität der Wirtschaft, deren Garant das ‚freie Spiel der Kräfte' doch eigentlich sein sollte. Die Erhardsche Konzeption der ‚Formierten Gesellschaft' ist im Grunde das Eingeständnis des Scheiterns des Neoliberalismus als praktiziertes Wirtschafts- und Gesellschaftsmodell: *Sein „Erfolg" (die ökonomische Prosperität) hatte die eigenen Voraussetzungen aufgehoben.* Über die staatliche Einbindung der „nur konsumierenden" Verbände sollte insbesondere die Macht von *Gewerkschaften* auf das ‚Gemeinwohl' hin orientiert werden. Da die Daten dieses ‚Gemeinwohls' aus den Notwendigkeiten der Kapitalreproduktion gewonnen wurden (vgl. dazu genauer Opitz 1965 und 1966), lag das Schwergewicht der ‚Formierten Gesellschaft' letztlich auf der Einbindung der Gewerkschaften: Was die Arbeitslosigkeit nicht mehr bewirken konnte, nämlich den notwendigen Druck auf die Lohnforderungen der Gewerkschaften auszuüben, sollte über ein korporativistisches Modell erreicht werden. Darüber erhoffte man sich, daß die Gewerkschaften wieder „marktkonform" handelten – also letztlich sich eigentlich überflüssig machten. Dagegen blieben ‚die Wirtschaft', der ‚Markt', außerhalb des Formierungsprozesses; sie waren vielmehr *Garant des Gemeinwohls*, während die überschäumenden Ansprüche der anderen Gruppen ihre Funktionsfähigkeit und Leistungskraft beeinträchtigten (1).

Wenn auch der „große Plan der CDU" (Opitz) weitgehend Ideologie bleiben sollte und sich sein geistiger Mentor Erhard dann doch eher auf Maßhalteappelle verlassen mußte, so wird der darin enthaltene Plan einer *korporativistischen Neuformierung des Widerspruchs von Lohnarbeit und Kapital* für die weitere Entwicklung in den verschiedensten Versionen doch von Bedeutung sein; in der „Konzertierten Aktion" des Wirtschaftsministers Schiller sind diese korporativistischen Elemente gleichermaßen enthalten wie in der anläßlich der Krise 1974/75 entworfenen „Konzentrierten Aktion" des SPD-Theoretikers Scharpf.

Auf den Plan der CDU, der *Formierten Gesellschaft*, antwortete der damalige Wirtschaftsexperte und spätere Wirtschaftsminister der SPD, Karl Schiller, mit dem Entwurf der *Mündigen Gesellschaft*. Wenngleich die „Mündige Gesellschaft" ebenfalls weitgehend Phrase blieb, so repräsentierte sie doch – soweit umgesetzt – im Kern eine von der „Formierten Gesellschaft" unterschiedliche Lösungsform des *Macht*problems: Die Verbände sollten *nicht staatlicherseits eingebunden*, sondern in ein *Bündnis* zueinander und mit dem Staat gebracht werden (vgl. Gotthold

---

1 Zur „Formierten Gesellschaft" vgl. allgemein die Darstellungen von Opitz (1965 und 1966) und Kogon (1966). Bei den geistigen Schöpfern der „Formierten Gesellschaft" wurde nicht nur die Wirtschaft aus dem Formierungsprozeß ausgenommen, sondern es wird sogar behauptet, daß „durch die Interdependenz (. . .) die Industriegesellschaft in immer steigendem Maße zu einem Gesamtbetrieb . . . " werde (Voegelin 1965, zit. bei Kogon 1966, 235). Aus dieser Sichtweise ist es nur konsequent, wenn weiter gefolgert wird: „Wenn der demokratische Prozeß unter den Teilunternehmern nicht zu Lösungen der ständig anfallenden Probleme führt, so daß das Gesamtunternehmen stagniert und die wirtschaftliche Existenz der Gesellschaftsmitglieder, etwa durch steigende Arbeitslosigkeit, ernsthaft gefährdet ist, dann bleibt als Alternative nur die Einsetzung eines Unternehmers für den Gesamtbetrieb . . . " (wir hatten diesen „historischen Fall" schon vorher untersucht, d. Verf.). Wird so einerseits der Grund für die krisenhaften Entwicklungen in der mangelnden Disziplin der „Teilunternehmer" aufgefunden, so wird auch gleich auf der anderen Seite derjenige Teilunternehmer dingfest gemacht, der durch seine Disziplinlosigkeit diese Gefährdung verursacht: „Die Stimmen mehren sich, die Gesetzgebungsakte gegen die Arbeiterschaft . . . für unvermeidlich halten, wenn die Leute durch ihre Unvernunft die Rationalität (!) des Gesamtprozesses gefährden." (Voegelin, zit. bei Kogon, ebd.) Es bleibt Schiller vorbehalten, statt einer autoritären Lösung diesen „Leuten" in einem rationalen Diskurs die „notwendigen" Einsichten zu vermitteln: in der „Konzertierten Aktion".

1975 b); soziale Konflikte sollten nicht unterbunden, sondern auf höchster Ebene diskursiv gelöst werden (vgl. Schiller 1967 a, 54).

Der Entwurf von Schiller ist umfassender als der Erhardsche Plan zu sehen, insofern er konkreter als Erhard die „Mündige Gesellschaft" in die Diskussion um *neue keynesianische Instrumente der staatlichen Wirtschaftspolitik* einbringt. Erhard bezog ja seinen Entwurf einer „Formierten Gesellschaft" explizit nur auf die sozialen Gruppen (Gewerkschaften und Unternehmerverbände, Interessengruppen allgemein), die durch eine institutionelle Einbindung einem (zunächst abstrakt formulierten) Gemeinwohlbegriff untergeordnet werden sollen. Das Gemeinwohl wird dabei durch eben jene Regelmechanismen in der Gesellschaft vorgegeben, die *nicht* in die Formierung mit einbezogen werden sollten: die Gesetze der sozialen Marktwirtschaft.

Programmatisch drückt sich die *keynesianische Diskussion* sowohl in den Parteiprogrammen seit 1952 und dem Godesberger Programm der SPD als auch in den Grundsatzprogrammen des Deutschen Gewerkschaftsbundes aus; sowohl in der SPD als auch im DGB löste die keynesianische Konzeption einer makroökonomischen Wirtschaftslenkung zur Erreichung der Vollbeschäftigung alte wirtschaftsdemokratische Vorstellungen, wie sie in der Weimarer Republik entwickelt wurden, allmählich ab. So enthält das Grundsatzprogramm des DGB von 1963 bereits wesentliche Elemente der später von Schiller im Stabilitäts- und Wachstumsgesetz formulierten keynesianischen „Globalsteuerung". Gefordert wird die Erstellung eines *volkswirtschaftlichen Rahmenplans* in Form eines Nationalbudgets, das die notwendigen *Orientierungsdaten* für „die eigenen freien Entscheidungen in den Wirtschaftsbereichen und Einzelwirtschaften" (Leminski/Otto 1974, 50) bereitstellt; die *Fiskalpolitik* nimmt in diesem Konzept ebenso einen wichtigen Platz ein wie die indirekte *Investitionslenkung*, die folgendermaßen begründet wird:

„Fehlleitungen von Kapital und Arbeitskraft sind ebenso wie Arbeitslosigkeit und Nichtausschöpfung der wirtschaftlichen Wachstumsmöglichkeiten eine Belastung des Lebensstandards. Deshalb müssen im privatwirtschaftlichen wie im öffentlichen Bereich die Investitionen und strukturellen Erfordernisse der Gesamtwirtschaft abgestimmt werden." (Leminski/Otto 1974, 51)

Hier wird der Unterschied zum Erhardschen Konzept deutlich: Nicht die Macht der Interessenverbände (wohl aber der Macht*mißbrauch* durch Monopole, vgl. ebd., 51), sondern die *Anarchie der Produktionsweise* gefährden das ökonomische Wachstum und die Vollbeschäftigung. Keynesianische Nachfragesteuerung und indirekte Investitionslenkung sollen Fehlallokationen verhindern und Vollbeschäftigung und wirtschaftliches Wachstum sichern.

Ein Unterschied zu Schiller besteht darin, daß die *Tarifautonomie* strikt beibehalten wird: „Jeder staatliche Eingriff in die Tarifhoheit ist unzulässig" (52). Da andererseits die Mittel der Globalsteuerung zur Erfüllung des Ziels der Vollbeschäftigung eingesetzt werden sollen, ist hier bereits im DGB-Grundsatzprogramm ein Konflikt angelegt, der bei Schiller in der Institutionalisierung der „Konzertierten Aktion" gelöst werden sollte: Wenn man nämlich den Einsatz der staatlichen Wirtschaftspolitik zur Erreichung der Vollbeschäftigung fordert, *zugleich* aber den Unternehmen freie Entscheidungen über Investitionen und Preise beläßt und für die Gewerkschaften Tarifautonomie fordert, dann muß sich für die staatliche Wirtschaftspolitik ein Zielkonflikt ergeben: Vollbeschäftigung kann dann zu nicht mehr beeinflußbaren Lohnsteigerungen führen, die wiederum die Profithöhe der Unternehmen und somit die Preis- und Investitionsentscheidungen berühren können. Damit wären aber gerade die Ziele der staatlichen Wirtschaftspolitik unterlaufen (2).

12.3. Keynesianismus in der Bundesrepublik:
Das „Gesetz zur Förderung der Stabilität und des Wachstums der Wirtschaft" vom 6.6.1967

Während die überzyklischen inflationären Tendenzen in anderen Ländern Mitte der 60er Jahre dazu führen, daß dem praktizierten Keynesianismus durch den Wechsel zu einer eher restriktiven Politik (trotz Krise) und zu Lohn- und Preisstopps ein spätes Grab bereitet und auch in der theoretischen Diskussion das Jahr 1966 z.B. als „Todesjahr" der Keynesschen Theorie bezeichnet wird (vgl. L.A. Hahn 1967: „Ende der Ära Keynes?"), hat mit dem Stabilitätsgesetz nach Schiller „der Keynes der ‚general theory' von 1936 und die nachfolgende

---

2 Dieses Problem wird auch gesehen und später insbesondere in der DGB-Zielprojektion 1973 bis 1977 zu lösen versucht: Aus der Einsicht, daß Lohnsteigerungen die Profite beeinträchtigen, wird geschlossen, daß die Unternehmen darauf mit Preissteigerungen reagieren werden. Wie schon im 63er Grundsatzprogramm wird daher eine effektive Wettbewerbspolitik gegen Preissetzungsmacht verlangt. Dadurch wären aber andererseits die Unternehmen mit sinkenden Profitraten konfrontiert, die sich aus der gewerkschaftlichen Umverteilungspolitik ergeben. Die Lösung wird darin gesehen, daß die „für die Produktionssteigerung und Beschäftigungssicherung notwendigen Investitionen (...) bei verringerten Gewinnmargen und damit verringerter Selbstfinanzierung durch die erhöhte Verfügbarkeit von Fremdkapital und einer billigen Kreditfinanzierung sichergestellt werden (müssen)..."(Leminsky/Otto 1974, 272) Diese Fremdfinanzierung soll u.a. durch erhöhte Vermögensbildung der Arbeitnehmer gewährleistet werden. Hier stellt sich natürlich die Frage, aus welchem Fonds (a) überhaupt die Fremdfinanzierung und (b) die Vermögensbildung der Arbeitnehmer gespeist werden soll, wenn nicht als Abzug vom Profit des industriellen Kapitals. Hier liegt ein immanenter Widerspruch des Konzepts. Zum anderen wird dieser Interpretationsrahmen aber dazu führen, daß die Krise 1974/75 zunächst wesentlich auf die falsche Politik der Bundesbank zurückgeführt werden wird, die durch die Restriktionen gegenüber der Geldversorgung der Unternehmen die erforderliche Fremdfinanzierung erschwert habe. Vgl. dazu 15.1.

moderne neoklassische Synthese in Deutschland ihren Einzug gehalten" (Schiller 1967 b, 11). Das „Gesetz zur Förderung der Stabilität und des Wachstums der Wirtschaft" (StabG) wurde zunächst noch Anfang 1966 von der Erhardschen Bundesregierung als Vorlage in den Bundestag eingebracht, nachdem offenbar geworden war, daß die westdeutsche Wirtschaft erheblichen Instabilitäten entgegentrieb.

Dabei waren die Preissteigerungen (die insbesondere die Interessen der exportorientierten Kapitale auf dem Weltmarkt bedrohten) und das erhebliche Haushaltsdefizit (trotz Kürzungen durch ein 1965 eingebrachtes Haushaltssicherungsgesetz) die Probleme, die man mit Hilfe des Gesetzes meistern wollte. Die Krise wurde zunächst während der Beratungen noch gar nicht „bemerkt", und die dann nicht mehr übersehbaren Krisentendenzen wurden auf das Gegensteuern der Bundesbank zurückgeführt. Die Ursachen der Krise wurden zunächst oberflächlich an zwei Punkten festgemacht:

a) die steigenden Ansprüche der gesellschaftlichen Gruppen (insbesondere der Gewerkschaften) konnten von der Regierung Erhard nicht zurückgedrängt werden, sondern wurden aufgrund von Wahlgeschenken 1965 sogar noch angeheizt; wir hatten schon darauf hingewiesen, daß hier ein wichtiger Anstoß für die Entwicklung des Konzepts der „Formierten Gesellschaft" gegeben wurde;

b) dem (durch Wahlgeschenke prozyklischem) Ausgabegebaren der Bundesregierung wurde von seiten der Bundesbank bewußt durch eine Restriktionspolitik entgegengesteuert, die nicht nur die Geldwertstabilität wiederherstellen sollte, sondern auch das Risiko einer Krise bewußt in Kauf nahm: Durch eine „Reinigungskrise" sollte (1.) die Arbeitsmobilität erhöht, (2.) die Arbeitsproduktivität gesteigert und (3.) der Strukturwandel beschleunigt werden (vgl. die Rede des damaligen Bundesbankpräsidenten Blessing in Hagen, nach Lindner 1973, 375).

Die Krise 1966/67 wird so in der Öffentlichkeit wesentlich als Resultat *falscher Politik* (Bundesregierung vs. Bundesbank) und langfristig zu hoher Lohnsätze begriffen. Durch die Entwicklung gesetzgeberischer Möglichkeiten der Konjunkturpolitik wurde zunächst von der Regierung Erhard beabsichtigt, die Geldpolitik zu effektivieren und zu einer besseren Koordination der Fiskalpolitik von Bund, Ländern und Gemeinden insgesamt zu kommen. Zu deren Durchsetzung brauchte man neue gesetzliche Vollmachten, über die die Umsetzung der Wirtschaftspolitik zeitlich abgekürzt werden sollte. Der spätere Wirtschaftsminister Schiller (SPD), der den Erhardschen Gesetzentwurf kritisiert (3), legt in sei-

---

3 Zwei bezeichnende Kritikpunkte: Einmal sei bei der Zielformulierung der Zusatz „im Rahmen der marktwirtschaftlichen Ordnung" (zufällig ?) vergessen worden (vgl. Schiller 1966, 6), zum anderen wird später in einer Rede vor dem Bundestag das Fehlen von Orientierungsdaten für die Tarifpartner kritisiert!

nem Entwurf gegenüber dem Erhardschen Entwurf den Schwerpunkt auf die *Fiskalpolitik,* d.h. die globale Nachfragesteuerung, und begreift sein — unter der Großen Koalition verabschiedetes — Gesetzesvorhaben als einen Versuch, mit marktkonformen Mitteln den Preismechanismus wieder funktionsfähig zu machen — darin ganz in der o.a. Tradition der „fortschrittlichen" Ordoliberalen: „Ohne den systematischen Ausbau der Globalsteuerung ist Preisniveaustabilität im Rahmen der neuen Bedingungen nicht zu erreichen" (Schiller 1966, 11), es sei denn durch die Flucht in Einzeldirigismen. Dies aber wird von Schiller gerade am Erhardschen Entwurf kritisiert. Ihm geht es daher darum, (1.) das fiskal- und geldpolitische „Instrumentarium" zu verfeinern, (2.) eine Rahmenplanung einschließlich einer „Konzertierten Aktion" zu schaffen und (3.) die Globalsteuerung gegen eine „Importierte Inflation" außenwirtschaftlich abzusichern (vgl. ebd., 11). Dabei sollen mit Hilfe der globalsteuernden Maßnahmen, die auf die Kosten- und Nachfrageverhältnisse der Unternehmen wirken sollten, die *mikro*ökonomischen Ebenen (Unternehmen, Gewerkschaften) in den Stand versetzt werden, sich marktkonform zu verhalten und zugleich ihre Entscheidungen so zu treffen, daß ein gleichmäßiges und stetiges *Wachstum* bei *Preisstabilität* erreicht werden könnte.

Mit Hilfe dieser „Synthese" von Keynes und Eucken, die aus den Defiziten neoliberaler Wirtschaftspolitik resultierte, glaubte man — flankiert durch eine konzertierte Aktion — sowohl der Probleme der überzyklischen Preissteigerungen als auch möglicher krisenhafter wirtschaftlicher Einbrüche Herr zu werden:

„Die Kombination von Globalsteuerung . . . und Marktwirtschaft ist nicht nur Voraussetzung einer Aktion zur Herbeiführung der Stabilität, sie ist auch unter den gegebenen Verhältnissen der Weg zur Rettung der Marktwirtschaft. (. . .) Mit der globalen Planung und Steuerung erhöhen wir die ‚Schwelle', von der ab das Verlangen nach verwaltungswirtschaftlichen Maßnahmen virulent wird." (Schiller 1966, 20).

Im Zentrum des verabschiedeten StabG steht die „Keynesianische Botschaft" der Steuerung der effektiven Nachfrage durch die staatliche Fiskalpolitik. Die umfassende Kodifizierung des Keynesianismus und dessen Praktizierung schufen nicht nur ein modifiziertes Verhältnis von Politik und Ökonomie, sondern hatten auch erhebliche Konsequenzen für das politische System. Bereits im Paragraphen 1 des Gesetzes werden der Staat bzw. die Bundesregierung und Landesregierungen zu einer Wirtschafts- und Finanzpolitik verpflichtet, die so beschaffen sein soll, daß die ergriffenen Maßnahmen „im Rahmen der marktwirtschaftlichen Ordnung gleichzeitig zur Stabilität des Preisniveaus, zu einem hohen Beschäftigungsstand und außenwirtschaftlichem Gleichgewicht bei stetigem und angemessenem Wirtschaftswachstum beitragen." (§ 1, StabG, sogenanntes „magisches" Viereck) Der zur Erfüllung dieser allgemeinen

Postulate im Gesetz geschaffene „Instrumentenkasten" (Schiller) trägt alle Züge der klassischen keynesianischen Finanzpolitik: Da die Ursachen des Preisanstiegs bei gleichzeitigem Abflachen des Wirtschaftswachstums innerhalb des keynesianischen Interpretationsrahmens von cost-push (hier der Lohnentwicklung) und demand-pull (hier der übermäßigen Ausgaben der öffentlichen Haushalte) begriffen wurden, sollte das Gesetz die Regierung in die Lage versetzen, über eine staatlich induzierte Variation der effektiven *Nachfrage* bei gleichzeitiger Beeinflussung wichtiger *Kostengrößen* die Instabilitäten des Zyklus in den Griff zu bekommen:

(1) Durch die Variation der Einkommens- (Lohn-) und Körperschaftssteuersätze (und damit der Variation der Größe der erwarteten Profitrate nach Steuerabzug) und durch die Beeinflussung der Bedingungen der Kreditaufnahme soll die Nachfrage im privatkapitalistischen Sektor antizyklisch beeinflußt werden.
(2) Die unmittelbare Nachfrage des Staates soll durch Konjunkturausgleichsrücklagen, die Variation mehrjähriger Investitionsprogramme im Rahmen einer neu eingeführten mittelfristigen Finanzplanung und durch erweiterte Verschuldungsmöglichkeiten antizyklisch (expansiv bzw. kontraktiv) gehandhabt werden können.
(3) Kreditaufnahmen und Ausgaben der öffentlichen Haushalte von Bund, Ländern und Gemeinden sollen durch einen Konjunkturrat koordiniert werden; nötigenfalls ist die Bundesregierung durch Rechtsverordnungen in die Lage versetzt, diese Koordination zu erzwingen.

Dieser Maßnahmekatalog bezieht sich daher auf zwei Größen einzelkapitalistischer Kalkulation: Allgemein kann die unmittelbar auftretende *Nachfrage des Staates* variiert werden; dadurch kann die Realisierungsmöglichkeit von Warenkapital, das der Staat nachfragt, ausgeweitet (oder eingeengt) werden und die Kapazitäten von Einzelkapitalen können durch die zusätzliche Nachfrage (bzw. die Verminderung der Nachfrage) des Staates ausgelastet werden (oder aber ihre Auslastung kann in Boomzeiten gedämpft werden). Diese Möglichkeit hat die staatliche Fiskalpolitik allerdings nur, soweit Unternehmen direkt oder indirekt von der Staatsnachfrage bzw. durch sie induzierte „Multiplikatoreffekte" profitieren. Zum anderen kann die Größe des Steuerabzugs und damit die *Größe der Nettoprofitrate* auf die Zusatzanlage von Kapital (Investitionen) variiert werden. So kann bei einer Verminderung des Steuerabzuges (in Krisenzeiten z.B.) einerseits die Nachfrage nach Produkten der Abteilung I wieder ansteigen, weil die *realisierte Profitrate* wieder angehoben wird. Andererseits wirkt die Variation der Einkommens- (und Lohn-)steuer auf den Massenkonsum und damit auf die realisierte Profitrate in beiden Abteilungen.

Die im Gesetz vorgesehenen Maßnahmen sind i.d.R. durch Rechtsverordnungen der Bundesregierung durchzusetzen, denn ein jeweilig notwendig langwieriges Gesetzgebungsverfahren, z.B. zur Änderung der Steuersätze, könnte – so die Argumentation – verhindern, daß schnelles Handeln angesichts sich verändernder konjunktureller Situationen möglich wird.

12.4. Kapitalreproduktion und die Grenzen keynesianischer Globalsteuerung

Wir haben gesehen, daß die Entwicklung eines keynesianischen Instrumentariums der Wirtschaftspolitik ihren Ausgangspunkt in den Preissteigerungen und den Haushaltsdefiziten der 60er Jahre hatte. Auf der anderen Seite wurde zuvor von uns der keynesianische Staatsinterventionismus als Ausdruck neuerer Probleme im Akkumulationsprozeß der Bundesrepublik, von Problemen, die aus dem „Überfluß von Kapital" (4) resultierten, begriffen. Im Kapitel 8 hatten wir bereits gezeigt, daß die Preissteigerungen nicht losgelöst vom Reproduktionsprozeß des Kapitals betrachtet werden können. Die in den Preissteigerungen und der Krise 1966/67 eklatierenden Verwertungsschwierigkeiten des westdeutschen Kapitals standen daher hinter der oberflächlichen Interpretation von Inflation und Krise durch die veröffentlichte Meinung in der Bundesrepublik. Der Maßnahmekatalog des StabG setzt daher nicht zufällig an den Bedingungen der Profitproduktion an, um die Geldwertstabilität wieder herzustellen: Die angesichts angewachsener Kapazitäten bei nachlassender Nachfrage gesunkene realisierte Nettoprofitrate und die dadurch gesunkene Akkumulationsrate des Kapitals sollten durch die staatliche Fiskalpolitik wieder angehoben werden.

Andererseits wurden die Probleme nur in ihrer Ausdrucksform als *mangelnde effektive Nachfrage* erkannt: Der Ausfall der Nachfrage verschärft bei angewachsenen Kapazitäten das Problem von Auslastung und Fixkosten. Die realisierte Profitrate sinkt dann dort, wo der Fixkostenanstieg nicht durch Preissteigerungen kompensiert werden kann. Dieses Problem konnte bis 1966/67 die vorherrschende Politik, die am Neoliberalismus orientiert blieb, nicht bewältigen. Die realitätsferne Vorstellung vom Markt, der automatisch ohne staatliche Intervention

---

4 Der Begriff „Überfluß von Kapital" entstammt der keynesianischen Diskussion, die damit die Drohung von deflationären Prozessen verbindet. Entsprechend bezieht sich die Kritik von Anti-Keynesianern (vgl. z.B. Hahn 1967) auf den Hinweis einer entgegengesetzten Entwicklung (langfristig steigender Preise), die der Keynesianismus theoretisch wie praktisch nicht bewältigen könne. In unserem Kontext beziehen wir dagegen den Begriff auf Marx (Überakkumulation von Kapital), und wir haben in Kapitel 8 gezeigt, daß dieses Problem durchaus mit der überzyklischen Inflation vermittelt werden kann.

Vollbeschäftigung und Preisstabilität herstellen könnte, mußte in einer Zeit, da dieser Mechanismus offensichtlich versagte, über Bord geworfen werden und durch ein realitätstüchtigeres Modell ausgetauscht werden. Zwar überläßt auch der Keynesianismus die *„Mikroebene"* dem Marktmechnismus (und legitimiert damit die gegebenen Produktionsverhältnisse). Denn (so Schiller):

„Für die Regelung der einzelwirtschaftlichen Beziehungen ist der Wettbewerb das adäquate Mittel, damit die Kombination der Produktionsfaktoren tendenziell in Übereinstimmung mit den Konsumentenwünschen und in optimaler Kostenlage erfolgt" (Schiller, 1966, 21).

Auf der Ebene der gesamtgesellschaftlichen Beziehungen, der *„Makroebene"*, soll aber die Politik die Nachfragegrößen „planvoll" beeinflussen (vgl. ebd.).

Für *Keynes* ist die notwendige Vermittlungsgröße zum gesamtwirtschaftlichen Wachstum der *Profit* (oder genauer: die „marginale Ertragsrate der Investitionen"), damit steht er gegen die neoklassische Auffassung, die im Profit nur eine Form der Faktorentlohnung unter anderen sah; dieser Profit stellt sich ihm aber wesentlich als Größe dar, die durch „unsichere Erwartungen" bestimmt wird (5). Das Verhältnis von Löhnen zu Profit wird eher bagatellisiert: Wiederum im Gegensatz zur Neoklassik bestreitet Keynes, daß Lohnerhöhungen „automatisch" eine Profitverminderung und eine Krise zur Folge hätten, da die Rückwirkungen auf die Gesamtnachfrage unsicher seien. Darüberhinaus seien die Arbeiter am *Geld*lohn fixiert („Geldillusion"), würden daher keine direkte Kürzung der Nominallöhne hinnehmen, während eine Kürzung der Reallöhne über Inflation wegen der „Geldillusion" zunächst auf keinen Widerstand der Arbeiter träfe (Keynes 1936, 12 f.). Denn über die Inflation ist eine stille Umverteilung zugunsten des Profits bei steigenden Geldlöhnen möglich. Wird nun eine Inflation aber nicht mehr hingenommen (wie Mitte der 60er Jahre, als die überzyklische Inflation einer der Anstöße zum Stabilitäts- und Wachstumsgesetz war), dann müssen bei entsprechender Steuerung der Nachfragegrößen durch die Wirtschaftspolitik andere Mechanismen gefunden werden, die eine Umverteilung zugunsten der Kapitalisten bzw. doch zumindest einen Status quo der Verteilung sicherstellen. Dies umso mehr, als ja das selbst proklamierte Ziel der Globalsteuerung die Vollbeschäftigung ist, die die Macht der Arbeiter auf dem Arbeitsmarkt stärken muß. Hier liegt also einer der Gründe, warum im Sta-

---

5 Auch wenn bei Keynes die Erwartungen auf ökonomische Daten zurückgeführt werden, sind sie doch sehr stark als psychologische Faktoren beschrieben. Vgl. dagegen unsere Definition einer „erwarteten Profitrate" auf der Basis der ökonomischen Bedingungen von Produktion und Realisierung von Profit (9. Kapitel).

bilitätsgesetz zugleich die Institution der „Konzertierten Aktion" verankert wurde, über die die Lohnentwicklung in die gesamtwirtschaftlichen Zwänge eingebunden werden sollte – „zum Nutzen aller".

In der Notwendigkeit, die keynesianische Globalsteuerung mit einer Einbindung der Gewerkschaften in eine mehr oder weniger rigide Lohnpolitik zu flankieren, ist eine Schranke ihrer Funktionsfähigkeit angelegt. Denn wenn dadurch auf Dauer eine Umverteilung zugunsten des Kapitals bewirkt wird, dann sind spontane oder organisierte Widerstandsaktionen der Arbeiter möglich und – vom Standpunkt der Reproduktion der Arbeitskraft aus gesehen – notwendig. Aber auch in der Beschränkung auf die (versuchte) Beeinflussung des Volumens der effektiven Nachfrage („Niveausteuerung", vgl. dazu auch Bolle 1977) liegen implizit Grenzen einer erfolgreichen keynesianischen Wirtschaftspolitik. Denn:

erstens wirkt die Beeinflussung der effektiven Nachfrage des Staates nur beschränkt auf die Auslastung der Kapazitäten. Brachliegendes Warenkapital kann zwar zusätzlich realisiert werden, vorhandenes produktives Kapital kann in gewissem Maße ausgelastet werden, das Einkommen kann über „Multiplikatorprozesse" ansteigen und insgesamt kann die realisierte Profitmasse unter Umständen stabilisiert werden. Damit kann zwar auch die realisierte Profitrate wieder etwas angehoben werden, *zugleich werden damit aber auch strukturelle Defizite der Verwertung festgeschrieben.* Indem die Krise durch Nachfragesteuerung aufgeschoben wird (werden soll), werden *die Bedingungen der Produktion von Profit und der Rentabilität überhaupt verschlechtert:* Kapitalentwertungen (die ja sowohl langfristig die Kapitalrentabilität heben, Platz schaffen für die Neuanlage von Kapital und die Steigerung der Arbeitsproduktivität als auch veränderte Nachfrage- und Konkurrenzverhältnisse schaffen) werden aufgeschoben, die Löhne bleiben aufgrund der Vollbeschäftigung hoch bzw. steigen weiter. So mag die staatliche Nachfrage zwar den aufgrund der sinkenden Rentabilitätserwartungen vorhandenen Ausfall der Nachfrage im privaten Sektor stabilisieren, nicht aber auf Dauer die Zusatzanlage von Kapital im ausreichenden Maße sichern können. Die Globalsteuerung schreibt die Strukturprobleme fort.

Zweitens ist damit auch nicht gewährleistet, daß die Arbeitslosigkeit kurzfristig ganz beseitigt wird: Die globale Nachfragesteigerung kann nur dann eine allgemeine Produktionssteigerung bewirken, wenn sie sich an der vorhandenen Produktionsstruktur orientiert. Aber eine solche Kompensation der ausgefallenen privaten Nachfrage ist aufgrund der *spezifischen Struktur der staatlichen Nachfrage* kaum wahrscheinlich. Denn der Staat kann nicht Warenkapital beliebiger Qualität nachfragen, sondern muß selbst dafür im Rahmen seiner Aufgabenstellung Verwendung haben. Zudem ist ja gerade in der Globalsteuerung des StabG verankert, daß die Mikroebene (d.h. die Unternehmensebene) und somit auch die durch die Kapitalreproduktion und Kapitalbewegung geschaffene Produktionsstruktur autonom bleiben. Dies hat zur Folge, daß je nach Profithöhe Kapital in bestimmte Branchen ein- bzw. aus bestimmten Branchen ausströmt. Dadurch verändern sich also die Angebots- und Nachfrageverhältnisse. Die Globalsteuerung kann eine solche Veränderung der Produktionsstruktur nicht beeinflussen. Darüberhinaus impliziert die Autonomie der Mikroebene, daß die Einzelkapitale in der Wahl der von ihnen angewandten Technik unabhängig sind: sie können (und werden unter bestimmten ökonomischen Bedingungen) z.B. eine Technik zur Anwendung bringen, die zwar profit-, aber nicht unbedingt beschäftigungssteigernd ist! (Vgl. dazu Bolle 1976, 40 ff.)

Drittens: Ein Ausweg aus dieser Beschränkung in der Struktur der staatlichen Nachfrage könnte die erhöhte staatliche Nachfrage nach Gütern sein, die vom gesellschaftlichen Standpunkt her gesehen *unreproduktiv* sind, die aber gleichwohl vom Staat aufgrund seiner spezifischen Funktionen in der bürgerlichen Gesellschaft nachgefragt werden können (Rüstungsgüter etc.). Die Nachfrage nach diesen Gütern hätte zwar keine Produktivitätseffekte, wohl aber Einkommenseffekte, die wiederum die Nachfrage stärkten. Hier müssen aber zwei Einwände vorgebracht werden, die eine unbegrenzte Ausweitung bzw. eine Funktionalisierung dieser Art von Nachfrage schon im Rahmen einer mittelfristigen Wachstumspolitik äußerst illusorisch erscheinen lassen (vgl. auch Stamatis 1977 und Laaser 1977):

a) Die staatliche Nachfrage nach unreproduktiven Gütern kann nur dann überhaupt zu einer erhöhten Profitrate im privaten Sektor führen, wenn durch die vermehrte Produktion auch mehr produktive Arbeiter eingestellt werden, somit die Mehrwertmasse im privaten Sektor erhöht wird; zugleich sind diese Güter aber vom gesellschaftlichen Standpunkt her (von indirekt produktiven Rückwirkungen abgesehen) „Faux frais", unreproduktiv, weil sie nicht mehr als produktivitätssteigernd in den Reproduktionsprozeß wiedereingehen.

b) Die vermehrte Verwendung unreproduktiver Güter durch den Staat muß sich in einem erhöhten steuerlichen Abzug vom Mehrwert bzw. vom Lohn und/oder in einer erhöhten Staatsverschuldung ausdrücken, soweit der Gebrauch dieser Güter weder direkt noch indirekt produktiv ist.

Gerade die letzte Behauptung einer ansteigenden Staatsverschuldung trifft allerdings auf das Gegenargument von Keynesianern, die aus den durch staatliche Defizite finanzierten Nachfragesteigerungen Einkommenseffekte ableiten, die wiederum die Nachfrageverhältnisse verbesserten und die Kapazitätsauslastung der Kapitale ermöglichten. Dies hätte dann wiederum eine erhöhte realisierte Profitrate und entsprechende Mehreinnahmen des Staates zur Folge. Dagegen muß aber eingewandt werden, daß gerade *weil* die staatliche Einnahmeseite von der Kapitalreproduktion abhängt, die Mehreinnahmen zumindest mittelfristig nicht garantiert werden können. Denn einmal stößt die Steigerung der Mehrwertproduktion an jene Grenzen, die aus der unreproduktiven Absorption von Kapital resultieren: Aufgrund des Ausfalls von Produktivitätseffekten kann die Mehrwertrate nicht über die Steigerung der Produktivkraft der Arbeit weiter erhöht werden. Zum anderen werden ja mittelfristig gerade durch die staatliche Nachfrage und Auslastung bestehender Kapazitäten Defizite der Verwertung festgeschrieben (wie schon oben angemerkt); notwendige Entwertungsprozesse, Umwälzungen in der Technologie etc. werden aufgeschoben und so die mittelfristigen Produktionsbedingungen von Profit verschlechtert. Die Mehreinnahmen sind daher für den Staat zumindest mittelfristig nicht garantiert, *weil der Staat an den Akkumulationsprozeß gebunden bleibt*, und wir werden unten zeigen, daß in diesem Konflikt zwischen keynesianisch bewirkter Staatsverschuldung und Reproduktion des Kapitals eine der Ursachen für das spätere Abrücken vom Keynesianismus in der Bundesrepublik zu sehen ist.

Wir können festhalten, daß mit dem Keynesianismus in der Wirtschaftspolitik gegenüber dem Neoliberalismus ein Wechsel eingetreten ist: die Politik bezieht sich jetzt nicht mehr allein auf die ‚Rahmenbedingungen' kapitalistischer Reproduktion, sondern auf die *Verwertungsbedingungen* des Kapitals: „Globale Steuerung der Nachfrage meint im wesentlichen Gewinnpolitik" (Bolle 1977, 325). Insofern ist der Keynesianismus ein realistischerer theoretischer Ansatz als der Neoliberalismus, der auf Preisflexibilität und Ordnungspolitik fixiert blieb. Zugleich zeigt sich aber, daß auch der Keynesianismus an den Verwertungsbedingungen des Kapitals seine Grenze findet. So wird ja die diese Verwertungsbedingungen bestimmende Souveränität des Kapitals ausdrücklich in der Globalsteuerung zum Ausgangspunkt genommen („Marktwirtschaftliche Ordnung"); die keynesianische Globalsteuerung knüpft an den *äußerlichen Formen* der Kapitalbewegung an. So können strukturelle Verschiebungen in den Bedingungen der Verwertung (Veränderungen in der Zusammensetzung des Kapitals etc.) zwar *aufgeschoben* werden, insofern Kapazitäten noch zu Zeiten ausgelastet werden, zu denen sie aufgrund der Entwicklung der Nachfrage (und letztlich der Rentabilitätsbedingungen) längst hätten brachgelegt werden müssen bzw. u.U. ganz aus dem Reproduktionsprozeß des Kapitals ausgeschieden wären. Damit ist aber das grundlegende Problem nicht gelöst: Die Rentabilität des produktiven Kapitals bleibt niedrig mit der Folge, daß die staatliche Nachfragepolitik keine „Mengeneffekte", sondern nur noch „Preiseffekte" nach sich zieht! Die *Inflation* entwickelt sich in der Stagnation und läßt dann die staatliche Nachfragepolitik vollends wirkungslos werden, wenn sie auch keine Umverteilungseffekte zwischen Lohnarbeit und Kapital mehr bewirken kann, sondern sogar noch (über die Wiederbeschaffungspreise) auf die Kostenseite der Unternehmen (die Auslage zum Ankauf produktiven Kapitals) zurückschlägt (vgl. dazu Kapitel 8 und Altvater u.a., 1975). Die Inflation kann daher die Krise nicht substituieren.

Die *Inflation als Schranke des Keynesianismus* scheint zunächst exogen bestimmt zu sein (was auch in der bürgerlichen Öffentlichkeit gern aufgegriffen wird, es sei hier an die Ölpreis-These oder die These von der importierten Inflation erinnert). Wird dagegen die Inflation aus den Strukturproblemen der Verwertung erklärt, dann ist sie nicht mehr nur äußerliche Schranke, sondern immanenter Vermittlungsmechanismus der Begrenztheit der keynesianischen Nachfragepolitik. Diese immanente Begrenztheit der Wirkungen der keynesianischen Globalsteuerung kann daher unter der Bedingung der Aufrechterhaltung der Marktwirtschaft nicht überwunden werden. Wohl aber kann versucht werden, über den Druck auf die Lohnkostenseite die realisierte Profitrate der Unternehmen zu heben, wenn gleichzeitig die staatlich induzierte Nachfragesteigerung die Realisierungsprobleme löst. Die *Einkommenspolitik* als Weg aus dem Dilemma des praktizierten Keynesianismus ergibt sich logisch aus den Grenzen der globalen Niveausteuerung und wird daher in anderen westeuropäischen Ländern schon relativ früh beschritten; im Rückgriff auf diese Erfahrungen wird sie daher von Schiller in Form der „Konzertierten Aktion" integrierter Bestandteil der Globalsteuerung.

12.5. Globalsteuerung und Einkommenspolitik

In der „Konzertierten Aktion" (KA) findet das von Schiller angestrebte Bündnis von Staat, Unternehmern und Gewerkschaften seinen sinnfälligsten Ausdruck. Dieses pluralistisch zusammengesetzte Gremium soll nun keineswegs nur über die Orientierungsdaten für die Tarifpartner entscheiden, sondern es geht auch um

„die Abstimmung zwischen Notenbankpolitik und staatlicher Wirtschafts- und Finanzpolitik, aber zum anderen auch um die Koordinierung der aufgegliederten staatlichen Instanzen selbst . . . ";

für Schiller ist aber

„ . . . der zentrale ‚Runde Tisch', um den wir uns bemühen, . . . das . . . Gespräch mit den Tarifpartnern im Rahmen einer umfassenden ‚Konzertierten Aktion' ". (Schiller 1967 a, 53)

Während so die zwei Gruppen (Arbeitnehmer und Arbeitgeber) und die staatlichen Institutionen scheinbar gleichberechtigt über die wirtschaftspolitischen Ziel- und Mittelvorstellungen auf Basis der erkennbaren wirtschaftlichen Tendenzen diskutieren sollen, sind die zugrundeliegenden ‚objektiven' Daten für diesen Diskurs schon zuvor gesetzt: Da die ‚Mikroebene', also die Unternehmen, deren Entscheidungen über die Investitionen das Einkommen, die Sicherheit der Arbeitsplätze und das zukünftige wirtschaftliche Wachstum bestimmen, autonom ist und bleibt, ist die Souveränität der Bewegung des Kapitals unangetastet. *In den Daten selbst ist daher die Reproduktion des Kapitalverhältnisses stets schon vorausgesetzt;* da diese Daten den Rahmen der Entscheidungen der KA bilden, kann auch nur noch über die von ihnen *abhängigen* Variablen, die Löhne und den Umfang der Staatsausgaben, entschieden werden. Schon deshalb ist im Rahmen der von Schiller vertretenen Konzeption einer Globalsteuerung eine Preispolitik nicht möglich, weil ja über die Rahmensetzung durch den Staat die Preise als einzelwirtschaftliche Kalkulationsgrößen in ihren Wirkungen effektiviert werden sollten.

Nun ist der Ausgangspunkt der in der Konzertierten Aktion von den „Sachverständigen", den Vertretern des Staates und den Arbeitgebern favorisierten Lohnpolitik ein geradewegs umgekehrter als unsere hier vertretene Darstellung: nicht die Löhne seien abhängige Variablen, sondern aus der quasi als autonom vorausgesetzten Lohnhöhe ergeben sich Preise, Profit- und Investitionsraten und die Höhe der Beschäftigung. Dies wird besonders an der bereits zu Anfang der Konzertierten Aktion von dem Wirtschaftswissenschaftler H. Meinhold (vgl. Meinhold 1965) vorgeschlagenen ‚vernünftigen' Lohnformel deutlich, die das Wachstum der Löhne an das Wachstum der Arbeitsproduktivität *plus* einer für unvermeidlich gehaltenen Inflationsrate binden sollte. Aus der Hypothese, daß die Lohnsteigerungen sich direkt in Preissteigerungen ausdrücken müßten, glaubte man schließen zu können, daß die Inflation nur dann eingedämmt werden kann, wenn ihre Ursache, die Lohnsteigerungen, unter Kontrolle gebracht werden kann (6). Letztlich liegt der „Mein-

---

6 Generell können die bei der Einkommenspolitik in den entwickelten kapitalistischen Ländern angewandten Lohnformeln in zwei Gruppen eingeteilt werden:
   a) in solche der Begrenzung der Lohnsteigerungen durch Anbindung an die Preis- und/oder Produktivitätsentwicklung; durch diese Art der Lohnbegrenzung soll die Lohnkostenseite der Unternehmen konstant gehalten werden. Selbst bei einer Anbindung der Lohnentwicklung an die Produktivität bei konstant gehaltenen Preisen steigt dabei noch die Mehrwertmasse der Kapitale mit der Produktivitätsrate;
   b) solche, die den Druck auf die Löhne mit dem Investitionsbedarf der Kapitale zur Erreichung eines bestimmten wirtschaftlichen Wachstums begründen. Hier wird der Lohn ganz offen als Restgröße der Kapitalakkumulation begriffen; nicht mehr der Status quo der Verteilung wird angezielt, um einer möglichen, noch höheren Lohnsteigerung einen Riegel vorzuschieben (wie in der Gruppe a)), sondern die Veränderung der Verteilungsverhältnisse zugunsten des Kapitals resp. des kapitalistischen Wachstums (vgl. dazu exemplarisch die neueste Lohnformel des Sachverständigenrats im JG 1977).
   Dabei ist zu berücksichtigen, daß auch in der ersten Gruppe eine Umverteilung

hold-Formel" und der mit ihrer Hilfe durchzusetzenden „Doppelanpassung der Löhne" (an die Produktivitäts- und Preisentwicklung) eine Theorie des „inflationären Verteilungskonfliktes" zugrunde. Inflationstheoretisch ist auch die Begründung der Einkommenspolitik in kritischen Theorien, auch wenn sie gerade eine „inflationstheoretische Begründung der Einkommenspolitik" kritisieren wollen:

„Bei Vollbeschäftigung setzt ... das Bestreben beider Seiten nach Besserstellung bzw. Verteidigung ihrer Einkommenssituation einen Verteilungskampf in Gang, der den inflatorischen Preisauftrieb verschärft. Die Auseinandersetzung um den ‚relativen Arbeitslohn' hat also die Kumulation der Inflationsrate zur Folge." (Jacobi 1972, 60)

Die Einkommenspolitik hat in diesen Analysen dann die Funktion, den Verteilungskonflikt zu befrieden und den Status quo der Verteilung einzufrieren:

„Während die Lohnformel der Doppelanpassung eine Verteilungsnorm vorgibt, stehen ‚Konzertierte Aktion' und Orientierungsdaten als Mittel der Durchsetzung der Norm parat." (ebd., 59)

Aus einer Kombination von keynesianischer Vollbeschäftigungspolitik (die als erfolgreich vorausgesetzt wird), gestärkter Gewerkschaftsmacht und monopolistischer Preissetzungsmacht wird die Notwendigkeit der Einkommenspolitik als Mittel der Inflationsbekämpfung begründet, angesichts der Untersuchung der Einkommenspolitik in der Bundesrepublik kommt dann Jacobi zu dem

„paradoxen Ergebnis, daß die ‚Konzertierte Aktion', die die autonome gewerkschaftliche Lohnpolitik in Zeiten der Vollbeschäftigung zügeln soll, in der Rezession eingeführt wurde, in der die Gewerkschaften ohnehin schon eine ungünstige Situation hatten." (ebd., 60)

Gerade weil aber die Einkommenspolitik nicht nur aus dem Zusammenspiel ökonomischer Macht und deren behauptetem Resultat, der Inflation, erklärt werden kann, ist die Einführung der ‚Konzertierten Aktion' nicht nur die geschickte Ausnutzung einer Schwächesituation der Gewerkschaften durch die Regierung. Mit der Einkommenspolitik sollten vielmehr in der Krise und im beginnenden Aufschwung die *Mehrwertrate* und die Profitraten der Unternehmen erhöht werden. Denn die Einkommenspolitik wirkt wesentlich auf die *Mehrwertrate* des Kapitals oder — im Bewußtsein des Einzelkapitalisten — auf die Lohnkostenseite. Die Einführung der Einkommenspolitik in der Krise war daher wichtige Bedingung des Aufschwungs, insofern sie günstige Profitraten im Aufschwung garantierte. Dies zeigt sich auch daran, daß die Einkom-

---

immer dann zugunsten des Kapitals stattfindet, wenn die Lohnzunahmen nur einseitig an die Produktivitäts- oder Preissteigerungsrate gebunden werden. Vgl. zu einer differenzierteren Darstellung und Kritik Hoffmann/Semmler 1975.

menspolitik nicht nur als Mittel der Inflationsbekämpfung eingesetzt wurde und auch nicht an die Formel der „Doppelanpassung" gebunden ist: So ist die praktizierte Einkommenspolitik z.B. in den Niederlanden und in Skandinavien in der Nachkriegszeit lange Zeit als Mittel dafür eingesetzt worden, den „Kapitalbedarf" für eine beschleunigte Kapitalakkumulation zu befriedigen; so wird die Forderung nach Einkommenspolitik gerade in Krisenzeiten (wie 1966/67 und auch in der Stagnationsphase nach 1974 in der Bundesrepublik) mit der Notwendigkeit einer erhöhten Investitionsquote (bzw. Akkumulationsrate) begründet – unabhängig von der jeweiligen Inflations- und Produktivitätsentwicklung. (7)

Die falsche inflationstheoretische Einordnung der Einkommenspolitik beruht darauf, daß im Rahmen einer Monopoltheorie u.ä. bestritten wird, daß die Lohnentwicklung die abhängige Variable der Kapitalentwicklung ist. In jenen Zeiten nämlich, in denen *durch* den zyklischen Aufschwung des Kapitals (wie auch in langfristigen Prosperitätsphasen) die Macht der Gewerkschaften gestärkt ist, sollen die Lohnsteigerungen an die Produktivitätsentwicklung gebunden werden, um zu verhindern, daß die Gewerkschaften *ihre* Marktmacht ausnutzen; in Krisenzeiten aber soll die Einkommenspolitik (sofern sie überhaupt notwendig ist und nicht durch die ‚stumme Macht der ökonomischen Verhältnisse', die Wirkungen der industriellen Reservearmee, ersetzt wird) die Profitraten des Kapitals stabilisieren und so zumindest massive Entwertungsprozesse verhindern helfen: Denn während jene Entwertungsprozesse außerhalb des Handlungsbereichs des Kapitalisten liegen und nur bedingt durch staatliche Globalsteuerung verhindert werden können, kann auf die Lohnbewegung gesamtgesellschaftlich gerade in Krisenzeiten massiv Druck ausgeübt werden. (8)

Es zeigt sich hier nicht nur, daß in der Krise unter den historischen Bedingungen einer schwach entwickelten Arbeiterbewegung der Staatseingriff in die Lohnbewegung einen großen Spielraum hat (gerade weil er auch an den Interessen der Arbeiter an der Erhaltung der Arbeitsplät-

---

7 Unter diesem Aspekt kämen wir zu dem paradoxen Ergebnis, daß eine Doppelanpassung der Löhne in der Krise ab 1974 objektiv einen gewerkschaftlichen Erfolg dargestellt hätte und *nicht* Ausdruck einer Befriedungspolitik des Staates und einer kooperativen Gewerkschaftspolitik gewesen wäre: 1977 fordert z.B. der SVR sogar zur Reallohnsenkung auf (vgl. JG 1977, 151 ff.).
8 Darüber hinaus stellt sich die Frage, ob ein solcher Eingriff des Staates über keynesianische Nachfragepolitik in bestimmten historischen Situationen überhaupt noch im Sinne einer effektiven kapitalistischen Wirtschaftspolitik liegt. Damit werden wir uns im nächsten Kapitel beschäftigen. Es sei hier nur darauf hingewiesen, daß auch die faschistische Krisenlösung an dem hier skizzierten Punkt ansetzte – allerdings nicht durch Integration, sondern durch die organisatorische und politische Zerschlagung der Arbeiterklasse.

ze anknüpfen kann). Es zeigt sich hier auch, daß im Hinblick auf Kapital und Arbeit die „Tätigkeitsgrenze" des Staates asymmetrisch ist: Gegenüber dem Kapital zeigen sich sehr schnell die Grenzen des Staatseingriffs, insofern hier nicht nur das „Privateigentum" an Produktionsmitteln dem entgegensteht, sondern auch die durch die Kapitalreproduktion gesetzten Formen, auf die sich z.B. die staatliche Wirtschaftspolitik beziehen muß, dem Staat immanente Grenzen diesseits des marktwirtschaftlichen Systems setzen (vgl. 14.4.). Wie sich gerade in der Bundesrepublik, aber noch stärker in anderen westeuropäischen Ländern gezeigt hat, kann der kapitalistische Staat demgegenüber in die Rechte der Lohnarbeit wesentlich stärker eingreifen, „weil diese Rechte ‚nur' vom Privateigentum ganz allgemein abgedeckt sind." (Blanke u.a. 1974, 94) Wie aber die Auseinandersetzungen um die Einkommenspolitik in Westeuropa zeigen, wird hier die wesentliche Schranke des Staatseingriffs durch die historischen *Klassenkonstellationen* und *Klassenkämpfe* unmittelbar gesetzt: Auch in der Bundesrepublik wird die Einkommenspolitik mit den Septemberstreiks 1969 faktisch wirkungslos; wenn sie später Mitte der 70er Jahre wieder Wirkungen zeigt, dann nicht aufgrund massiven politischen Drucks, sondern aufgrund der sich entwickelnden strukturellen Arbeitslosigkeit, der industriellen Reservearmee.

12.6. Zusammenfassung

1. Die veränderten Bedingungen der Kapitalakkumulation in den 60er Jahren führten zu einer veränderten Rolle des Staates bzw. der staatlichen Wirtschaftspolitik. Einerseits wird der Spielraum für ungeplante *Staatsausgaben* und die Aufblähung des konsumptiven Anteils an den Staatsausgaben geringer, wodurch Quellen *inflationärer* Prozesse freigesetzt werden. Auf der anderen Seite führt die beschleunigte Kapitalakkumulation zu einer Stärkung der Macht der Arbeiter in den *Lohnverhandlungen*. Über das von der Großen Koalition eingesetzte Stabilitätsgesetz sollen wichtige Nachfragegrößen so beeinflußt werden, daß der Preismechanismus wieder funktionsfähig wird, d.h. die Geldwertstabilität wieder hergestellt wird. Dadurch soll zugleich die Voraussetzung für eine Kooperation von Staat, Gewerkschaften und Unternehmern im Rahmen einer „Konzertierten Aktion" geschaffen werden.

2. Mit der *Krise 1966/67* wird das Stabilitätsgesetz zum Ausgangspunkt staatlichen „Krisenmanagements" im Zyklus. Dem Entwurf einer „Formierten Gesellschaft", der die Interessen der Gruppen (besonders der „nur konsumierenden" Gruppen) im Kampf um die Verteilung des Sozialprodukts an die Interessen der Wirtschaft *binden* wollte (deren Leistungskraft gestärkt werden sollte), setzt die SPD im Konzept der „Mündigen Gesellschaft" ein scheinbar alternatives Konzept entgegen, das auf der *makroökonomischen Steuerung* der wichtigen Nachfragegrößen

durch den Staat und dem *rationalen Diskurs* zwischen den betroffenen Gruppen (besonders den Tarifpartnern) in der „Konzertierten Aktion" beruht. Bei genauerer Betrachtung erweist sich diese Alternative als scheinbare, weil eben die *Datenbasis* des rationalen Diskurses schon durch die *autonome Bewegung des Kapitals* vorausgesetzt wird (die Einbindung sich also über die Einsicht in die Notwendigkeiten vollzieht), während die makroökonomische Fähigkeit der staatlichen Wirtschaftspolitik, die Kapitalbewegung zu regulieren, aufgrund der autonomen Bewegung des Kapitals (die „autonome Mikroebene") sehr begrenzt ist.

3. Die immanenten Grenzen des Keynesianismus, der nur an den äußeren Formen der Kapitalreproduktion anknüpft und der prinzipiell durch die Abhängigkeit der Staatseinnahmen von der Reproduktion des Kapitals eingeschränkt ist, erhöhen den Stellenwert der durch die „Konzertierte Aktion" durchzusetzenden *Einkommenspolitik* des Staates, die zum Angelpunkt der antizyklischen Regulierungstätigkeit des Staates wird, deren Effektivität aber gerade in der Phase der Vollbeschäftigung vom Widerstand der Arbeiter unterminiert wird.

13. Kapitel

Vom Keynesianismus zum Monetarismus

13.1. Staatliche Wirtschaftspolitik in der Bundesrepublik nach dem Stabilitätsgesetz

13.1.1. Von der Großen zur Sozialliberalen Koalition: Keynesianische Globalsteuerung und Inflation

Das Mitte der 60er Jahre eingeführte neue Instrumentarium der Wirtschaftspolitik kann – wie oben gezeigt – als Folge neuerer Probleme im Akkumulationsprozeß des Kapitals in der Bundesrepublik gelten (wir hatten dies mit dem Begriff ‚Kapitalüberfluß' bezeichnet). Zugleich zeigt aber auch die politische Durchsetzung des Keynesianismus in der Bundesrepublik eine gewisse Kräfteverschiebung im Verhältnis Lohnarbeit – Kapital an, insofern sie ein Mehr an staatlicher Lenkung des Wirtschaftsprozesses zugunsten des (auch im Stabilitätsgesetz) propagierten Vollbeschäftigungsziels einschloß. Beides kulminiert in der Krise 1966/67 und der durch sie ausgelösten politischen Krise der Regierung Erhard, die zu deren Ablösung und Ersetzung durch die Große Koalition führte. Die Große Koalition ist allerdings nicht nur aus den Notwendigkeiten einer breiten Regierungsbasis angesichts der ökonomischen Krise zu erklären (wenngleich die Durchsetzung der makroökonomischen Globalsteuerung einschließlich der angesichts von Stabilitätsgesetz und dem Vorhaben der Notstandsgesetzgebung notwendig werdenden Verfassungsänderungen die Substanz der Gemeinsamkeit zwischen Sozialdemokratie und Christdemokraten ausmachte).

Die von der Großen Koalition eingeführte Globalsteuerung mußte von der Arbeiterbewegung bzw. den Gewerkschaften solange als ein Erfolg angesehen werden, als durch sie in der Tat die Arbeitsplatzsicherheit garantiert werden konnte – auch um den Preis der Integration in die Globalsteuerung und des Einfrierens des Verteilungskonflikts. Die Konzertierte Aktion kann daher zur Zeit ihrer Entstehung nicht nur kritisch als Integration der Gewerkschaften in das bürgerliche Herrschaftssystem abgetan werden, sondern muß im Zusammenhang mit dem faktisch bestehenden, breiten (wenn auch brüchigen) Konsens zwischen Arbeiterschaft, Gewerkschaften und Kapital gesehen werden, der die Überwindung der Krise zum Ziel hatte – zumal die Krise i.d.R. als Ergebnis einer falschen Politik begriffen wurde. Nur so ist zu erklären, daß sich der Widerstand gegen den Eintritt in die Konzertierte Aktion zunächst auf wenige linke Mitglieder des Funktionärskörpers (bes. in der IG Metall) beschränkte. Der Erfolg der Globalsteuerung 1968 schien auch die gewerkschaftliche Politik zu rechtfertigen, vorerst, durch Hinnahme einer Umverteilung zugunsten der Gewinne im Aufschwung, die Investitionen und damit die Vollbeschäftigung zu sichern. Die spektakulär aufgemachten Eventualhaushalte der Regierung, die Politik des ‚leichten Geldes' der Bundesbank und die Erfolge der Konzertierten Aktion bestärkten in der Öffentlichkeit die Auffassung, daß der schnelle Aufschwung nach 1967 wesentlich durch Globalsteuerung und Konzertierte Aktion bewirkt worden sei. Dieser Erfolg schien auch den Gewerkschaften recht zu geben, die ja in der Globalsteuerung wesentliche Forderungen des 63er Grundsatzprogramms verwirklicht sahen (wenn auch mit der ‚bitteren Pille' der Konzertierten Aktion). Der Erfolg der Globalsteuerung verfestigte aber auch bei Teilen der Arbeiterschaft Ansprüche gegenüber der staatlichen Wirtschaftspolitik: Denn wenn die kapitalistische Entwicklung steuerbar ist, dann muß auch die Vollbeschäftigung garantiert werden können. Umgekehrt: Jede Arbeitslosigkeit wäre dann aufgrund falscher Politik ‚gemacht' bzw. bewußt angezielt.

Der scheinbar durch die Globalsteuerung bewirkte schnelle Aufschwung und der Boom zersetzen sehr schnell den in der Krise hergestellten und in der Konzertierten Aktion institutionalisierten sozialen Konsens: Die durch Lohnzurückhaltung, Arbeitsintensivierung und Produktivitätsfortschritt bedingte Umverteilung von den Löhnen zu den Gewinnen und die faktisch geminderte Reproduktion der Arbeitskraft wird von den Arbeitern ab 1969 nicht länger widerspruchslos hingenommen. Während die Gewerkschaften in ihrer Tarifpolitik durch langfristige Tarifverträge noch gebunden sind, erzwingen Arbeiter in spontanen Streiks im September 1969 Reallohnerhöhungen; in den Tarifrunden 1970 bis 1972 können die Gewerkschaften dann z.T. sehr hohe Lohnsteigerungen (die höchsten in der Geschichte der Bundesrepublik) durchsetzen.

Die Basis für den schnellen Erfolg der spontanen Streiks und die daran anschließenden Erfolge der Gewerkschaften in den Tarifrunden 1970-72 wurde durch die Vollbeschäftigung gelegt: Jedes Brachliegen von produktivem Kapital hätte in dieser Zeit prosperierender Kapitalakkumulation und nicht zuletzt angesichts der Nachfrage auf dem Weltmarkt große Verluste an Profiten mit sich gebracht; die Kapitalisten ließen sich daher schnell auf Verhandlungen mit den Streikenden ein (auch wenn diese arbeitsrechtlich „ungesetzlich" gehandelt hatten) und gaben auch in den Tarifrunden den Forderungen der Gewerkschaften nach.

Im Boom bis 1970 entwickeln sich die Preise in der Bundesrepublik schnell nach oben; dieser Preisanstieg (vgl. Tabelle 34 in Kapitel 9), der auf die „Überbeanspruchung des Produktionspotentials" zurückgeführt wird, wird von der (inzwischen sozial-liberalen) Wirtschaftspolitik zum

Anlaß genommen, über eine Drosselung der staatlichen Nachfragekomponenten und eine restriktive Fiskal- und Geldpolitik die „Übernachfrage" abzubauen (Konjunkturzuschlag, Haushaltskürzungen, Diskontsatzerhöhung). Auch 1971 wird dieser restriktive Kurs weiter verfolgt (Stabilisierungsprogramm im Mai 1971; Freigabe der Wechselkurse); die Wirkungen dieser Programme bleiben aber aus: Die öffentlichen Haushalte bleiben „gegen die erklärte Absicht der Finanzpolitik" weiter „expansiv" (so der SVR), und auch als 1972 der „große" Abschwung nicht im erwarteten Maße eintraf, weiteten die öffentlichen Haushalte trotzdem ihre Ausgaben in einem Maße aus, das noch den Umfang der für eine scharfe Rezession geplanten zusätzlichen Ausgaben überstieg. Diese kontinuierliche Expansion der Staatsausgaben wird auch in den Wachstumsraten der Staatsnachfrage (Schaubild 15) deutlich.

Der Mißerfolg der beabsichtigten antizyklischen Fiskalpolitik (jetzt als Restriktionspolitik) kann zu diesem Zeitpunkt auf zwei Ursachen zurückgeführt werden:

1. auf die *föderale Struktur* des politischen Systems in der Bundesrepublik, die es trotz Finanzreform ermöglichte, daß Gemeinden und Länder in ihren Haushalten die beabsichtigten kontraktiven Wirkungen des Bundeshaushaltes überkompensieren;

2. damit zusammenhängend zeigte sich in diesem Zeitraum sehr deutlich, daß die *Staatsausgaben* eben *nicht nur eine Funktion der antizyklischen Fiskalpolitik selbst sein können,* wie gerade von Keynesianern unterstellt. Denn durch Krise und versuchte Restriktionspolitik ab 1969 hatte sich ein „öffentlicher Bedarf" angestaut, der sich in den Haushalten 1972 voll auswirkte. Infrastrukturmaßnahmen (die auch und gerade notwendig werden durch die beschleunigte Kapitalakkumulation, vgl. Semmler 1977 a) können eben nicht einfach aufgeschoben werden, ohne daß dies Rückwirkungen auf die Reproduktion von Kapital und Arbeitskraft hätte.

3. Hinzu kommt allerdings in diesem Zeitraum noch ein weiterer (sozusagen weniger von der ökonomischen denn von der politischen Konjunktur abhängiger) Grund: Die 1969 angetretene sozial-liberale Koalition setzte in den ersten Regierungsjahren Programme für eine Verbesserung der Lage der lohnabhängigen Bevölkerung und lange zurückgehaltene Infrastrukturmaßnahmen durch, die unter dem Stichwort „Innere Reformen" propagiert wurden. Diese Reformen (Vermögensbildung, Berufsausbildung, Hochschule, Mitbestimmung etc.) kosteten aber Geld und diese Ausgaben waren nicht – da Termine von Wahlen eben nicht einfach dem ökonomischen Zyklus angepaßt werden können – nach antizyklischen Gesichtspunkten zu manipulieren. Auch diese Ausgaben unterliefen daher die antizyklische Wirkung der Fiskalpolitik.

Die Grenzen der Globalsteuerung scheinen zu diesem Zeitpunkt daher weniger in der Reproduktionsstruktur des Kapitals zu liegen, als in Schranken im politischen System begründet zu sein. Zugleich ermöglicht die expansive Politik die Aufrechterhaltung der Vollbeschäftigung auch im „leichten" Abschwung und damit relativ hohe Reallohnzunahmen in den Tarifrunden 1972. Der Zusammenhang von staatlicher Nachfragepolitik, Vollbeschäftigung mit Reallohnerhöhungen und zugleich schon sinkender Profitabilität des Kapitals (vgl. Kapitel 9) drückt sich aber auch in weiter ansteigenden *Inflationsraten* aus. In diesen Inflationsraten, die dann im erneuten Aufschwung 1973 bisher in der Bundesrepublik ungekannte Steigerungsraten aufwiesen, treten die Grenzen des Keynesianismus deutlich hervor, da ja – wie wir schon in Kapitel 8 gezeigt haben – die Inflation äußerlich die Profitabilitätskrise des Kapitals und deren Verschiebung u.a. durch die staatliche Nachfragepolitik sichtbar macht. Während im Aufschwung 1972/73 die Kapitalisten kaum noch Neuanlagen von Kapital tätigen, steigen insbesondere die Erzeugerpreise industrieller Produkte stark an: Die *Inflation* wird zum zentralen Problem der Wirtschaftspolitik. Damit kommt die Globalsteuerung in ein Dilemma: Während nämlich in der Phase des bereits beginnenden Abschwungs Mitte 1973 eigentlich staatliche Nachfrage die stagnierende Nachfrage im privaten Sektor hätte stimulieren müssen (um ein Abrutschen in die Krise zu vermeiden), muß gerade jetzt umgekehrt die Inflation durch eine Drosselung auch der staatlichen Nachfrage bekämpft werden.

13.1.2. Der Umschwung: Monetarismus und Restriktionspolitik

Der 1973 eingeleitete Umschwung in den Inhalten der staatlichen Wirtschaftspolitik, die Ablösung der keynesianischen Vollbeschäftigungspolitik durch eine restriktive Anti-Inflationspolitik, kam nicht von ungefähr. Bereits seit 1971 vertrat der Sachverständigenrat die These von einer Anspruchsinflation, durch die die private Investitionstätigkeit behindert würde: Staat und Gewerkschaften stellten zu hohe Ansprüche an das Sozialprodukt, die Unternehmer ihrerseits konterten mit Preiserhöhungen. Die hier vom Sachverständigenrat vorgetragene Theorie vom „Inflationären Verteilungskonflikt", die die Ursachen der Inflation in den Gruppenansprüchen an das Sozialprodukt sieht, kann sich nicht nur auf (in der Boomphase des industriellen Zyklus) reale Verschiebungen im Kräfteverhältnis zwischen Lohnarbeit und Kapital zugunsten der Lohnarbeit stützen (Vollbeschäftigungsphase), sondern geht auch einher mit der in dieser Phase neubelebten Kritik des Keynesianismus durch den sogenannten Monetarismus, einer modernen Variante der Neoklassik.

Die Durchsetzung des Monetarismus in der theoretischen Diskussion und seine praktische „Anwendung" in der Wirtschaftspolitik ist wesentlich auf das sich in den 70er Jahren entwickelnde Dilemma der (keynesianisch orientierten) staatlichen Wirtschaftspolitik zurückzuführen, Vollbeschäftigung und Preisstabilität nicht gleichzeitig verwirklichen zu können. Als es sich zeigte, daß weder das eine noch das andere durch die Globalsteuerung gesichert werden konnte, gewann die monetaristische Analyse in der politischen Diskussion an Boden: Für sie war die „Stagflation" die Bestätigung ihrer These, daß es den sogenannten trade-off der Keynesianer nur vorübergehend gibt (d.h. daß nur kurzfristig über die Inflation die Vollbeschäftigung zu sichern sei), daß aber mittelfristig trotz Inflation (oder gerade wegen der Inflation) Vollbeschäftigung nicht erreichbar sei.

Hinter den monetaristischen Thesen steht die Vorstellung von *einem in sich stabilen privaten Sektor der Produktion*, der gegenüber äußeren Einflüssen sogar noch die wichtige Funktion einer „Schockabsorption" erfüllt, also exogene Einflüsse (z.B. die „antizyklische" Wirtschaftspolitik des Staates, die Lohnpolitik der Gewerkschaften etc.) abfängt und sich in Krisen re-stabilisiert. Dementsprechend sind Krisen Resultate falscher Politik bzw. überhaupt exogenen Faktoren geschuldet, nicht aber dem privaten Sektor der kapitalistischen Produktion immanent. Zentrales Mittel der Wirtschaftspolitik ist für den Monetarismus nicht die *Fiskalpolitik* (auch wenn deren Bedeutung gesehen wird, vgl. Friedman 1970, 24), sondern die *Geldpolitik*. Diese soll aber gerade nicht (wie bei Keynesianern die Fiskalpolitik) als Mittel kurzfristig antizyklischer Regulierung eingesetzt werden. Vielmehr soll durch eine kontinuierliche und der Ausweitung des Produktionspotentials in etwa entsprechende Ausweitung der Geldmenge ein kontinuierliches Wachstum der Produktion ohne Inflation ermöglicht werden. Entsprechend soll die „antizyklische" Fiskalpolitik, die durch ihr „diskretionäres" Eingreifen in den privaten Sektor erst die Zyklen verursache, durch eine stetige, mittelfristig orientierte Ausgabenpolitik im Rahmen der allgemeinen Aufgaben des Staates ersetzt werden.

Umgekehrt wird aus der Vollbeschäftigungspolitik des Staates der Zwang zu einer ständig expansiven Geldpolitik abgeleitet, denn:

„Die Aufrechterhaltung eines Nutzungsgrades der Ressourcen oberhalb des längerfristigen Gleichgewichtsniveaus, das im wesentlichen von nicht-monetären Kosten- und Ertragsgrößen bestimmt wird, macht eine *fortgesetzte* und *ununterbrochene* Akzeleration der Geldmenge und folglich einen *fortgesetzten Anstieg* der tatsächlichen Inflationsrate notwendig." (Brunner, zit. bei Reiche 1976, 97)

Aus der trivialen Einsicht heraus, daß zwischen „Preissteigerungen und Expansion der Geldmenge (Geldbasis) ein notwendiger Zusammenhang besteht, der auch als solcher empirisch erscheint" (Reiche 1976, 100), wird die Notwendigkeit einer Geldpolitik gefolgert, die keinen Raum mehr für inflationäre Prozesse bieten soll, wohl aber mit einer Rate der

Arbeitslosigkeit rechnet, die zwar quantitativ nicht bestimmt wird (und auch für die Monetaristen nicht bestimmbar ist), wohl aber als „natürliche Rate der Arbeitslosigkeit" gelten soll. Diese Arbeitslosigkeit entsteht dann nicht aus den immanenten Instabilitäten des Systems, sondern ist „freiwillige Arbeitslosigkeit", die aus „Suchprozessen" bzw. zu hohen Lohnforderungen der Arbeiter (welche nicht dem „Gleichgewichtspreis der Arbeit" entsprächen) erklärt wird.

Die *wirtschaftspolitische Strategie* der Monetaristen reduziert sich auf eine Geldpolitik, die inflationäre Prozesse durch die Kontrolle der Geldmenge mittelfristig eindämmen soll. Darüber soll erreicht werden, daß sich die private Produktion wieder in ein dynamisches Gleichgewicht einpendelt. Strukturelle Defizite der Produktion, die durch die Niveausteuerung keynesianischer Fiskalpolitik lediglich festgeschrieben werden und ein Hindernis für ein gleichgewichtiges Wachstum der privaten Produktion darstellen, sollen nicht mehr verschleiert, sondern durch eine restriktive Geldpolitik und eine verstetigte Finanzpolitik offengelegt werden; auf diese Weise sollen *Anpassungsprozesse* erzwungen werden. Indem sich so der Monetarismus auf die Forderung nach einer mittelfristig stabilen, an die Entwicklung des Produktionspotentials im privaten Sektor angepaßten Geldmengensteuerung beschränkt und weitergehende antizyklische staatliche Eingriffe mittels der Fiskalpolitik möglichst vermieden sehen möchte (von sogen. steuerpolitischen Regelmechanismen abgesehen), *setzt er letztlich die Funktionen der kapitalistischen Krise wieder offen in ihre Rechte ein* — auch wenn gerade der Monetarismus keinen Begriff von der kapitalistischen Krise entwickeln kann (vgl. auch Reiche 1976, 101). Denn der Kern monetaristischer Krisenpolitik ist die These von der „natürlichen Rate der Arbeitslosigkeit", die für ihn nicht empirisch bestimmbar ist: Jede bestehende Rate der Arbeitslosigkeit kann daher als „natürliche" und so als notwendig unterstellt werden:

„Dadurch wird die These von der natürlichen Arbeitslosigkeit beliebig manipulierbar und so funktional für die ideologische Offensive des Kapitals und der Wirtschaftspolitik" (Reiche 1976, 100).

Über die *industrielle Reservearmee* soll von der Lohnseite her eine Bereinigung der Disproportionalitäten und ein Neubeginn der Kapitalakkumulation erreicht werden. (1)

---

1 Wir können hier nicht im einzelnen eine Kritik an diesen Vorstellungen ausführen. Doch selbst wenn man in Rechnung stellt, daß die fortgeschrittenen Versionen (wie sie bei Siebke/Willms vorgestellt werden) nicht mehr anhand der Kritik der Quantitätsgleichung zu messen sind, so sind doch auch deren Grundannahmen (z.B. vom in sich stabilen privaten Sektor, der Dominanz monetärer Impulse) gesetzte Hypothesen, die letztlich nicht belegt werden können. Soweit z.B. statistische Belege für den Zusammenhang von Geldmengenwachstum und Wirtschaftsentwicklung erbracht werden, wird anhand dieser Daten lediglich der (unbestrittene) Zusammenhang des monetä-

Die monetaristische Theorie wird schon frühzeitig vom *Sachverständigenrat* kritisch gegen die antizyklische Globalsteuerung gewendet: Angesichts wachsender Inflationsraten wird seit 1970 der Geldpolitik in den Jahresgutachten stets größeres Gewicht zugemessen, zugleich soll die Geldpolitik potentialorientiert sein. Ab 1972 wird eine „Verselbständigung des Zieles der Geldwertstabilität" gefordert; als außenwirtschaftliche Absicherung werden flexible Wechselkurse empfohlen. Mit diesem politischen Konzept soll — so der Sachverständigenrat — dem „inflationären Gerangel" zwischen Staat, Unternehmen und Gewerkschaften der Boden entzogen werden (JG 1972, 119).

Die Voraussetzungen einer Aufwertung der Geldpolitik und der „Verselbständigung des Zieles der Geldwertstabilität" werden im März 1973 mit der Freigabe der Wechselkurse geschaffen. Dadurch bekommt die Geldpolitik einen höheren Stellenwert: Über eine radikale Beschneidung der freien Liquiditätsreserven der Banken (durch die Einschränkung der Rediskontkontingente und die Erhöhung der Mindestreserven) wird von der Bundesbank die Geldversorgung eingeschränkt: Die Geldpolitik der Bundesbank wird auf eine neue Basis gestellt:

„Prinzipiell steuert nun die Notenbank unmittelbar die Schaffung von Zentralbankgeld, während sie das vordem nur indirekt über die freien Liquiditätsreserven tat." (Bundesbank 1974, 4)

Ebenfalls 1973 wird auch die Fiskalpolitik als antizyklische Globalsteuerung einer Kritik durch den „*Wissenschaftlichen Beirat* beim Bundeswirtschaftsminister" unterzogen und eine mittelfristige Verstetigung der Staatsausgaben gefordert (vgl. Beirat 1973).

Aufgrund der inflationären Entwicklung (vgl. Kapitel 9) wird 1973 die *Bundesregierung* aktiv und folgt damit weitgehend den Vorschlägen der beiden Gremien: Bereits im Februar und dann im Mai 1973 werden die Ausgaben aus stabilitätspolitischen Gründen gekürzt bzw. die Nachfrage durch fiskalische Maßnahmen eingeschränkt: Die Bundesregierung beschließt u.a. einen Konjunkturzuschlag, Steuererhöhungen, Aussetzung von günstigen Abschreibungsbedingungen; der Ausgabenzuwachs der öffentlichen Haushalte wird durch Beschlüsse des Finanzplanungsrats begrenzt. (2) Diese Maßnahmen werden in der Öffentlichkeit (z.B.

---

ren und des realen Sektors belegt, keineswegs aber die Dominanz des einen. Vgl. zu einer ausführlichen Zusammenfassung der Kritik Schlüter 1977, zur Kritik der empirischen Hypothesen Simmert 1974.

2 Insbesondere mit dem zweiten, im Mai 1973 eingesetzten Stabilitätsprogramm wurde die „private Nachfrage" über steuerliche Sonderregelungen rigoros eingeschränkt: „Zum ersten Mal wurde eine konjunkturpolitisch begründete Investitionssteuer eingeführt. Ähnlich wie die monetäre Politik, die das Geldangebot knapper werden und damit die Zinsen kräftig steigen ließ, erhöhte auch die Investitionssteuer die Bereitschaft der Investoren, Investitionen zu vertagen". (Sachverständigenrat, JG 1973, 103; zu den Programmen im einzelnen vgl. ebd., 78 f.)

vom Sachverständigenrat) für das schnelle Abbrechen des Aufschwungs 1973 und (z.B. von gewerkschaftlicher Seite) für das Hinabgleiten in die Krise verantwortlich gemacht. Der Sachverständigenrat begrüßt dies als notwendige ‚Maßnahme' gegen die inflationäre Entwicklung, als Basis für eine notwendige Entzerrung der im Boom „verzerrten Relationen"; Branchen sollten sich ‚gesundschrumpfen' (so die Bauindustrie), übermäßige Ansprüche an das Sozialprodukt sollten zurückgeschraubt und das Verhältnis von Staatssektor zu privatem Sektor wieder ins Lot gebracht werden. Darin sieht auch der Sachverständigenrat in monetaristischer Manier den „Sinn" der Krise.

Einer solchen Begründung der Krise durch die staatliche Restriktionspolitik muß allerdings entgegengehalten werden, daß der ökonomische Umschwung zum Zeitpunkt der finanzpolitischen Maßnahmen schon da war. So behauptet der Sachverständigenrat einerseits in seinem JG 1973 eine konjunkturelle Wende mit den Stabilisierungsprogrammen (und der neuen Geldpolitik der Bundesbank) im *Mai 1973* und muß im gleichen Gutachten einen „Gesamtindikator zur Konjunkturentwicklung" veröffentlichen, aus dem ersichtlich ist, daß bereits ab *März 1973* der Abschwung beginnt. Vollends illusorisch wird die Interpretation von der politisch gemachten Stabilisierungskrise dann, wenn man die Zeitverzögerungen der Wirkungen der Geldpolitik und der Fiskalpolitik mit berücksichtigt. Zumindest die finanzpolitischen Maßnahmen beginnen erst mit einer Zeitverschiebung von ca. ein bis zwei Jahren zu wirken und können insofern schwerlich als Grund für den bereits März 1973 beginnenden Abschwung herhalten. Auch werden diese Maßnahmen im Dezember 1973 wieder aufgehoben. Gewichtiger sind zwar die restriktiven Maßnahmen der Bundesbank zu werten, die den Finanzierungsspielraum gerade kleinerer Kapitale schnell einengten und so zur 1973 einsetzenden Welle von Konkursen wesentlich beitrugen. Aber diese Maßnahmen wirkten insgesamt auf dem Hintergrund der bereits abnehmenden Profitabilität und veränderter Nachfrageverhältnisse, wie wir sie bereits dargestellt haben (vgl. Kapitel 9). Durch die sich anschließende tiefgreifende Krise werden allerdings die Ziele dieser Politik so „gründlich" erreicht, daß sich der Sachverständigenrat angesichts der Arbeitslosigkeit um den sozialen Konsens Sorgen macht und sich fragt, ob der ‚Zeitbedarf' (vgl. Sondergutachten vom August 75; abgedruckt im JG 1975, 191) der beabsichtigten ‚Normalisierungsvorgänge' ausreicht: Es dürfte nämlich „dem sozialen Frieden zuträglicher sein, erledigte man recht viel der Korrektur (in der Einkommensverteilung, d. Verf.), solange deren Notwendigkeit unumstritten ist." (JG 1975, 175)

13.1.3. Von der antizyklischen Niveausteuerung zur mittelfristigen Finanzpolitik

Zwar wurden die im Rahmen der Restriktionspolitik 1973 erlassenen Maßnahmen bereits zum Ende desselben Jahres wieder aufgehoben; auf eine antizyklische (expansive) Ausgabenpolitik wurde aber 1974 vorerst verzichtet. Erst als mit dem Einbruch der Auslandsnachfrage gegenüber der Investitionsgüterindustrie zu Ende des Jahres 1974 der Abschwung in eine tiefe Krise zu münden drohte, beschloß die Bundesregierung flankierend zur Restriktionspolitik ein „rechtskeynesianisches" *Programm zur „Förderung von Investitionen und Beschäftigung"*, das über eine 7,5 %ige Investitionszulage, zusätzliche öffentliche Investitionen im Infrastrukturbereich und Mobilitätszulagen an Arbeitnehmer die Investitionen und die Beschäftigung erhöhen sollte. Aber auch in diesem Programm wird der Umschwung in den Inhalten der Wirtschaftspolitik deutlich: Nicht mehr die allgemeine Erhöhung des Nachfrage*niveaus*, sondern die direkte und indirekte Förderung der Rentabilität der privaten Investitionen (Investitionszulagen und Infrastrukturausgaben) stand im Zentrum der Maßnahmen (die sogen. Angebotsseite). In diesen Trend fügt sich auch die *Vorlage über Sparmaßnahmen und Steuererhöhungen der Bundesregierung vom September 1975* ein (verkürzt als „Haushaltsstrukturgesetz" bekannt). Mit diesen Maßnahmen sollte mittelfristig der Zuwachs des Staatsanteils am Sozialprodukt eingedämmt werden. Zugleich sollte die Entwicklung des Staatsanteils weniger konjunkturellen denn mittelfristigen wachstumspolitischen Notwendigkeiten unterworfen werden – als Pendant zur mittelfristig konzipierten Geldmengenpolitik der Bundesbank. Über die (1976 in Kraft getretenen) Maßnahmen sollte der Anteil des Staates am Sozialprodukt nicht weiter ausgedehnt, und innerhalb der Staatsausgaben selbst sollte durch Umstrukturierungen der „unreproduktive" Anteil gesenkt werden. (3) So setzten sich die Kürzungen zu etwa zwei Dritteln aus Streichungen im Sozialbereich (Verminderung

---

3 Genauer als im folgenden sind die mit dem „Haushaltsstrukturgesetz" beschriebenen Maßnahmen bei Laaser (1977) dargestellt und analysiert worden. Während aber die stabilitätspolitischen Maßnahmen 1973 eher im Kontext kurzfristig konjunktureller Probleme stehen, wie wir sie als Dilemma der keynesianischen Globalsteuerung charakterisiert haben, sind Maßnahmen der Zurückdrängung des Staatsanteils bzw. der unreproduktiven Ausgaben des Staates eher im mittelfristigen Zusammenhang von „Inneren Reformen", Ausweitung des Staatssektors und damit Beschränkung der Mehrwertproduktion im privaten Sektor zu sehen. Beide Aspekte hängen insofern zusammen, als die Globalsteuerung immanent (zumal in den Händen der Sozialdemokratie) zu einer Ausweitung des Staatsanteils am Sozialprodukt drängt und dieser Trend dementsprechend auch geschlossen von den Monetaristen kritisiert wird, die darin die Gefahr des Dirigismus wittern.

der Zuschüsse des Bundes zur Bundesanstalt für Arbeit, Kürzung der Arbeitsförderungsmaßnahmen) zusammen. Abgesehen von Investitionsprogrammen (bes. für die betroffene Bauindustrie) wurden die Ausgabenansätze insgesamt gekürzt, im *personalintensiven* Bereich betraf dies insbesondere den Bildungssektor. Während auf der einen Seite der Anteil der Lohnsteuer am Steueraufkommen von ca. 20 v.H. (1970) auf über 30 v.H. (1977) progressionsbedingt gestiegen ist, wird andererseits mit dem Programm 1975 der Beitrag des Staates zur *Reproduktion der Arbeitskraft* zugunsten einer Umverlagerung in Richtung der staatlichen und privaten *Investitions*tätigkeit gekürzt.

Hinter diesen Umstrukturierungen in der Krise (die z.T. mit absoluten Kürzungen der Haushaltsansätze einhergehen) stehen nicht nur die schon analysierten Beweggründe des Staates, in der Krise zu einer restriktiven Wirtschaftspolitik zurückzukehren, sondern auch die mögliche Beschneidung der akkumulationsfähigen Mehrwertmasse des privaten („reproduktiven") Sektors durch den Staatsanteil am Nettoprodukt. Ein solches Anwachsen des Staatsanteils kann zweierlei Wirkungen haben: Eine Umstrukturierung der privaten Reproduktion aufgrund der vom Staat nachgefragten, kapitalistisch produzierten Güter (z.B. Rüstungsgüter), die zur Folge haben kann, daß die private erweiterte Reproduktion aufgrund einer so zustande gekommenen *Produktionsstruktur* behindert wird. Zum anderen sind die Ausgaben des Staates in Bereichen, die nicht-reproduktiv sind bzw. lediglich der Reproduktion der Arbeitskraft dienen (z.B. Sozialleistungen) eine Schranke der Kapitalreproduktion; dies wird auch deutlich durch die Schwerpunktsetzung solcher Ausgaben auf *Personal*ausgaben (im Sozial-, Bildungs- und Rüstungsbereich, letzterer wurde allerdings kaum von Streichungen betroffen): Denn Personalausgaben (neue Stellenausschreibungen z.B.) können nicht ohne weiteres an konjunkturelle Schwankungen angepaßt werden, haben eine gewisse Beharrungstendenz, und die Erhöhungen der Einzelentlohnungen orientieren sich zudem in der Regel nicht an den (zurückbleibenden) Produktivitätszuwächsen im staatlichen Sektor, sondern an den Lohnerhöhungen im privaten Bereich. So ist die Umstrukturierung der Ausgaben auf dem Hintergrund einer drohenden Verschiebung im Verhältnis von Staat und privater Reproduktion zu erklären. Der Aufschwung im reproduktiven Sektor (also dem kapitalistischen Sektor) sollte nicht durch die Struktur der staatlichen Ausgaben eingeschränkt werden (Vgl. dazu umfassender Laaser 1977 und Stamatis 1977).

Trotz der angewachsenen Millionen-Arbeitslosigkeit seit 1974 bleiben die *Ausgabenansätze der Haushalte* seit 1973 zurückhaltend: Selbst wenn der Sachverständigenrat z.B. für 1976 einen expansiven Haushalt berechnet (der der Konjunkturlage angepaßt sei), muß dagegen gehalten werden, daß die Berechnungsgrundlage dafür äußerst zweifelhaft ist, weil als Basisjahr das Krisenjahr 1966 genommen wurde (vgl. zur Kritik Baisch u.a. 1977, 186). Gerade eine solche kritische Betrachtung der Berechnungen des „konjunkturellen Impulses" der Haushalte durch den Sachverständigenrat zeigt nochmals den Umschwung in der Wirtschaftspolitik recht deutlich: Mit der 1973 eingeleiteten Politik wurde Abschied genommen von der *niveau*orientierten Globalsteuerung und der darin implizierten Vollbeschäftigungsgarantie. Soweit jetzt Beschäftigungspolitik betrieben wird, geschieht dies nicht mehr über eine antizyklische *Ausgaben*politik, sondern wesentlich über die gezielte Erhöhung der erwarteten und realisierten *Profitraten* der Unternehmen durch steuerliche Erleichterungen, Investitionssubventionen und Maßnahmen zur Verbesserung der allgemeinen Produktionsvoraussetzungen. Zudem soll mittelfristig der „unreproduktive" Anteil in den Staatsausgaben gesenkt und die Staatsausgaben sollen „verstetigt" werden.

Insgesamt sollen mit der hier umrissenen Restriktionspolitik und der mittelfristigen Orientierung von Fiskal- und Geldpolitik die Erwartungen der „Marktteilnehmer" wieder den Marktdaten angepaßt werden: Die Konjunkturpolitik ist jetzt (so der Sachverständigenrat) „keine unbeschränkte Versicherung (mehr) gegen die Folgen von Fehlverhalten"! (JG 1975, 155). Und auch, wenn sich die Monetaristen der Illusion von einem in sich stabilen privaten Sektor der Produktion hingeben, der mit der Abkehr von der Vollbeschäftigungspolitik jetzt wieder möglich erscheint: Der *tiefere Grund der Restriktionspolitik* lag darin, daß die Widersprüche in der kapitalistischen Entwicklung zu jenem Zeitpunkt angesichts von Inflation *plus* Stagnation nur noch um den Preis einer beschleunigten Inflation hätten hinausgeschoben werden können, die aber zusätzlich die *Weltmarktposition* des westdeutschen Kapitals gefährdet hätte. Der Umschwung in der Wirtschaftspolitik setzte die kapitalistische Krise wieder in ihre Rechte ein; auf der Strecke blieb die Illusion einer politisch machbaren Vollbeschäftigung im Kapitalismus.

Allerdings kann eine monetaristische Politik – dies zeigt sich auch in der Bundesrepublik – nicht ungebrochen durchgeführt werden: Denn einmal werden sich auch die Nachfragebedingungen durch den Ausfall staatlicher und privater (Konsum-) Nachfrage weiter verschlechtern und u.U. die Profitraten weiter unter Druck setzen. Zum anderen sind die *„sozialen Kosten"* einer rigiden Restriktionspolitik hoch: Arbeitslosigkeit, Senkung des Reproduktionsniveaus breiter Schichten der Lohnabhängigen, Dequalifizierung ganzer Arbeiterschichten etc. bergen die Gefahr eines Verlustes von Massenloyalität in der Arbeiterschaft in sich, den sich gerade sozialdemokratische Parteien bzw. Regierungen nicht ohne weiteres leisten können. Dieses Dilemma zeigt sich selbst noch in den wirtschaftspolitischen Vorschlägen des Sachverständigenrates, der zwar einerseits eine rigide Restriktionspolitik fordert, andererseits aber noch Stabilisierung *und* Expansion zugleich anzielt. Die Gratwanderung der staatlichen Wirtschaftspolitik drückt sich auch in den verschiedenen wirtschaftspolitischen Stabilisierungsprogrammen seit 1973 aus: Die Stabilitätsprogramme werden zu Ende 1973 wieder ausgesetzt; das Haushaltsstrukturgesetz 1975 soll zwar einerseits Ausgabenerhöhungen (die jetzt in der Krise eigentlich nahegelegen hätten) verhindern und die Ausgaben der „öffentlichen Hand" mittelfristig festlegen, andererseits werden die Mittel, die durch Kürzung bzw. Einschränkung des Zuwachses bei den der Reproduktion der Arbeitskraft dienenden Ausgaben frei geworden sind, zur Förderung der Investitionen via Investitionshilfegesetz dem Kapital zugeleitet, in der Hoffnung, dadurch die Beschäftigung zu erhöhen. (4)

13.2. Strukturpolitik als „Rettungsanker" der Globalsteuerung?

Das Dilemma, in dem die Wirtschaftspolitik steht, ist dies: Einerseits sollen die Wirkungen der Krise als „Reinigungskrise" nicht verwässert werden, andererseits dürfen diese Wirkungen nicht derart zeitraubend und durchschlagend sein, daß soziale Konflikte ausbrechen könnten. Denn auch wenn von den Protagonisten einer monetaristischen Wirtschaftspolitik das „Konsensus-Potential" in der Bundesrepublik auch in der Krise noch hoch eingeschätzt wird (und werden kann!), so ist doch dieser Zustand nicht beliebig verlängerbar — schon gar nicht für eine Regierung, die wesentlich von der Sozialdemokratie getragen wird. Auf diesem Problemhintergrund wurden daher sowohl in der Sozialdemokratie als auch vom Sachverständigenrat Vorschläge für strukturpolitische Maßnahmen entwickelt, mit deren Hilfe man sich zum einen erhofft, daß der „Zeitbedarf" der Krise verkürzt werden könnte. Zum anderen verspricht man sich von einer neuen („aktiven") Strukturpolitik eine flankierende Wirkung für die Globalsteuerung, die dann wieder ihre alte Funktion einnehmen könnte. Auch in diesen Vorschlägen lassen sich wiederum zwei Positionen erkennen, von denen die eine durch weniger Staat und mehr indirekte Begünstigung der Investitionen den *Marktmechanismus* effektiveren will, während die andere Position eine „konzentrierte Aktion" von Staat, Unternehmen, Gewerkschaften und

---

4. Neben Mobilitätszulagen für Arbeitnehmer (die aber kaum ausgenutzt wurden) und Sonderhilfen für die Energieindustrien enthielt das Programm eine Investitionszulage von 7,5 v.H. (befristet von Dezember 1974 bis Juni 1975). Insgesamt wurden zusätzlich 1,7 Mrd. DM öffentliche Gelder freigegeben. Die Investitionszulagen, die besonders im Mai und Juni 1975 genutzt wurden, hatten „durchschlagenden" Erfolg: Durch sie wurden die eh bei den Unternehmen aufgrund der Rentabilitätssituation anstehenden Rationalisierungsinvestitionen zusätzlich gefördert. Die Rechnung „Mehr Investitionen = mehr Arbeitsplätze" ging nicht auf, im Gegenteil.

Forschungsinstituten anstrebt, durch die das Konzept einer *Politik des aktiven Strukturwandels* in die Praxis umgesetzt werden soll.

Allerdings zeichnet sich der Begriff der Strukturpolitik in der bundesrepublikanischen Diskussion durch eine große Unschärfe aus; ‚Strukturpolitik' wurde der Allerweltsruf gegen die Krise, gegen ‚Überindustrialisierung' und gegen ‚Unterindustrialisierung'; für ‚Modernisierung der Volkswirtschaft' und gegen ‚Rationalisierungsinvestitionen', für einen ‚höheren Exportanteil' und gegen eine ‚Ausweitung des Staatsanteils am Sozialprodukt' und für den ‚Ausbau des tertiären Sektors' — um nur die schillerndsten Schlagwörter hier kurz zu benennen.

Der *Sachverständigenrat* sieht die Notwendigkeit einer Strukturpolitik im Rahmen der allgemeinen Investitionsschwäche der westdeutschen Wirtschaft. Diese „Investitionsschwäche", die auf mangelnde Gelegenheiten rentabler Investition zurückgeführt wird, soll durch die *Beseitigung* investitionshemmender Steuern und durch indirekte steuerliche *Förderung* der Investitionen bekämpft werden. Diese Maßnahmen sollen „soweit wie möglich global wirken, damit nicht staatliche Instanzen darüber entscheiden, welche Art von Investitionen besonders dringlich sind" (JG 1977, 179). Dabei soll durch eine Verschiebung zu ertragsabhängigen Steuern die „Risikobeteiligung des Staates" an den Investitionen erhöht werden. Für den Sachverständigenrat besteht daher in monetaristischer Manier das Problem wesentlich darin, daß der Staat die Kräfte des Marktes zur Zeit eher behindert denn fördert; wenn Staatsausgaben überhaupt ausgeweitet werden sollen, dann die „wachstumsfreundlichen Ausgaben". Ansonsten soll die indirekte Förderung der Investitionen durch Senkung des steuerlichen Abzuges mit der Folge einer Erhöhung der realisierten Profitrate bevorzugt werden. In dieses Konzept paßt dann auch die Forderung, durch ein Weniger an staatlichen Dienstleistungen im konsumptiven Bereich (z. B. Sport- und Freizeitanlagen!) konkurrierende private Anbieter nicht mehr zu behindern, denn:

„Dienstleistungen, die vom Staat zu unter den Kosten liegenden Preisen angeboten werden, erschweren die Entwicklung eines privatwirtschaftlichen Angebots." (JG 1977, 183; vgl. aber JG 1976, 134)

Damit sollen zum einen die „unproduktiven Ausgaben" des Staates vermindert, zum anderen vermehrt Möglichkeiten produktiver Anlage von Kapital geschaffen werden. Auch in dieser Weise soll letztlich die Reproduktion der Arbeitskraft „den Marktdaten wieder angepaßt" werden, und wir sahen bereits, daß diese Forderungen im Haushaltsstrukturgesetz teilweise in die Praxis umgesetzt wurden. Fazit des Sachverständigenrats: „Der Strukturwandel wird nicht dadurch gefördert, daß man ihn lenkt, sondern dadurch, daß man ihm Hindernisse aus dem Weg räumt" (JG 1976, 134). Dies gilt gleichermaßen für die staatliche Förderung technologischer Innovationen in den Unternehmen, die wesentlich durch steuerliche Risikobeteiligung des Staates erfolgen soll.

Neben dieser (neoklassischen) Variante von Strukturpolitik, die auf ein Weniger an Staat und ein Mehr an Markt herausläuft, steht der Vorschlag von *F. W. Scharpf* bzw. *Scharpf/V. Hauff* (Forschungsminister seit 1978), der zwar auch — wie der Sachverständigenrat — Strukturpolitik als „Erhaltungspolitik" ablehnt, dagegen aber den Vorschlag einer „Politik des aktiven Strukturwandels" setzt. Schon darin drückt sich aus, daß hierin der Staat eine durchaus aktive Rolle spielen soll — aber nicht nur der Staat: War die Schillersche Globalsteuerung noch von einer ‚Konzertierten Aktion' flankiert, so wird in der von Scharpf propagierten „Politik des aktiven Strukturwandels" eine „Konzentrierte Aktion" (Scharpf/Hauff 1975, 124) als politische Vermittlungsinstanz gefordert; baute die Schillersche Konstruktion auf die *Kooperation* von Kapital und Lohnarbeit in der Konzertierten Aktion, so wird in den hier vorgestellten Modellen der neuen Strukturpolitik der *korporativistische* Einbau von Gewerkschaften, Unternehmerverbänden und Forschungsinstituten in die Politik gefordert (vgl. dazu Hoffmann 1977, Narr/Offe 1977). Gegenüber der Konzertierten Aktion im Rahmen der Globalsteuerung, die faktisch einen Korporativismus auf der Makroebene anzielte, zeichnet sich dieser „neue Korporativismus" (Narr/Offe) durch eine angestrebte Zusammenarbeit von Staat, Kapital und Gewerkschaften auf der Ebene der Branchen und Einzelkapitale aus, ist Korporativismus auf der „Mikroebene", die eigentlich durch die Globalsteuerung gerade *nicht* in ihrer Autonomie tangiert werden sollte. Die „aktive Strukturpolitik" soll die naturwüchsigen Wirkungen der ökonomischen Krisen bzw. deren „Funktionen" (Veränderungen im Branchengefüge, Erhöhung der Arbeitsproduktivität) politisch antizipieren.

Technologiepolitik und branchenbezogene Wachstumspolitik — wie sie von Scharpf/Hauff angestrebt werden — müssen sich auf Branchen bzw. Einzelkapitale beziehen und stehen damit auch gegenüber den betroffenen Arbeitern und Gewerkschaften unter erhöhtem Legitimationszwang. Denn die Entscheidung zugunsten z.B. einer bestimmten Wachstumsbranche impliziert i.d.R. die Entscheidung zuungunsten einer strukturschwachen Branche und damit auch zuungunsten der Arbeitsplatzsicherheit in dieser Branche. Der zur Durchführung dieser Politik notwendige Konsens zwischen Staat, Kapital und Gewerkschaften soll daher in der Konzentrierten Aktion erfolgen und den Gewerkschaften durch Zugeständnisse in der Mitbestimmungsfrage leichter gemacht werden. Dabei setzen Scharpf/Hauff die „aktive Strukturpolitik" gegen eine ‚Erhaltungsstrategie', die die Defizite der Reproduktionsstruktur der Ökonomie über Subventionen etc. letztlich festschreiben hilft. Durch diese Politik soll die historisch überkommene Branchen- und Technologiestruktur durch politische Impulse umstrukturiert, sollen die ‚Überindustrialisierung' und die Weltmarktabhängigkeit der westdeutschen Wirtschaft abgebaut werden. Die von Scharpf/Hauff geforderte Strukturpolitik setzt gerade dort an, wo die Globalsteuerung ihre Grenze findet, weil durch diese nur das allgemeine *Niveau* der Nachfrage beeinflußt werden kann. Die aktive Strukturpolitik soll dagegen die Bedingungen der *Produktion* verbessern und in dieser Weise die Globalsteuerung flankieren. Durch die Verbesserung der Produktionsbedingungen soll das Dilemma, in das die Globalsteuerung immer wieder im kapitalistischen Krisenzyklus gerät, vermieden werden.

Hinter der von Scharpf/Hauff propagierten Strukturpolitik steht die Vorstellung, daß über eine langfristig konzipierte staatliche Förderung der Produktivitätsentwicklung des nationalen Kapitals – und dies nicht nur im engeren Sinne einer Technologiepolitik, sondern auch im weiteren Sinne einer Bereinigung der Branchenstruktur um die jeweils ‚fußkranken' Branchen – mittelfristig höhere Wachstumsraten eingeleitet werden könnten, die das Problem der strukturellen Arbeitslosigkeit über eine beschleunigte Kapitalakkumulation beseitigen und so der staatlichen Wirtschaftspolitik ‚den Rücken freihalten könnten'. Da bei den beiden Autoren die aktuelle (Struktur-)Krise nur als Ausdruck stofflicher Struktur‚defizite' betrachtet wird (und die Autoren stehen hier nur repräsentativ für eine ganze Reihe von weiteren Beiträgen zu dieser Diskussion), letztlich also darin ‚nur' ein technologisches Problem (Lange Wellen technologischer Innovation, Produktenzyklus) und ein Problem einer veränderten Bedarfsorientierung der Konsumenten (Nachfragezyklus) gesehen wird, zielt ihre Strukturpolitik auch auf den stofflichen Reproduktionszusammenhang des nationalen Kapitals. Dabei wird die *ökonomische* Funktion der Krise (Veränderung des Branchengefüges durch Entwertung und Vernichtung von Kapital, Erhöhung der Produktivkraft der Arbei) als *politisches* Konzept entwickelt. Hier liegt aber auch das Problem dieses wirtschaftspolitischen Konzepts: Da Scharpf/Hauff wirtschaftliche Krisen verhindern wollen, indem sie deren ökonomische Wirkungen politisch antizipieren, müssen sie sich auch eben jenen ökonomischen Widersprüchen aussetzen, die im kapitalistischen Zyklus in der Krise ihre Bewegungsform finden.

Immanent betrachtet, würde zunächst der geforderte Abbau der „Überindustrialisierung" zugunsten einer Ausweitung des Dienstleistungssektors (Scharpf 1974, 20) eine Umstrukturierung von der Kapitalbildung im Investitionsgütersektor zum Konsum- und Dienstleistungssektor implizieren und dementsprechend gerade die von ihnen auch geforderten produktiven Investitionen im Wachstumssektor der „technologischen Basisindustrien" beschneiden – mit dem Resultat einer Freisetzung von Arbeitskräften in diesem Bereich. Ebenfalls dürfte die angestrebte Verlagerung von strukturschwachen Branchen in Niedriglohnländer (Scharpf 1974, 20) weitere Arbeitskräfte freisetzen. Nun könnten ja die durch die aktive Strukturpolitik freigesetzten Arbeiter durch die Ausweitung des Dienstleistungssektors aufgesogen werden – wie dies ja zu Ende der 50er und in den 60er Jahren der Fall gewesen ist. Aber gerade dieser Sektor soll produktiver produzieren, also selbst potentiell Arbeitskräfte freisetzen. (Scharpf/Hauff 1976, 95 ff.) Bliebe also als Beschäftigungspolitik nur die Förderung einer beschleunigten Kapitalakkumulation im industriellen Sektor, der aber wegen seines Übergewichts und seiner Exportabhängigkeit gerade eingeschränkt werden soll. Die Politik des „aktiven Strukturwandels" bedarf also gerade jener Branchenstruktur, gegen die sie ins Feld zieht. Die politische Vermittlung gegenüber den Arbeitern sollen die Gewerkschaften leisten: der ökonomische Zwang (der sich als politischer verkleidet hat) soll den Betroffenen über ihre Organisationen vermittelt werden, um jene Reibungsverluste zu vermeiden, die durch die ökonomische Krise und die dadurch hervorgerufenen verschärften Verteilungskonflikte eintreten würden (Scharpf 1974, 24).

Diese Probleme werden besonders dann deutlich, wenn die Wirkungen der von Scharpf/Hauff favorisierten „neuen Technologien" genauer untersucht werden. Wir hatten oben gezeigt, daß ein Charakteristikum der gegenwärtigen Krise und Stagnationsphase die angestiegene technische Zusammensetzung des Kapitals ist. Gerade die jetzt in der Krise eingeführten neuen Technologien, z.B. die der „Mikroprozessoren" (Halbleiterelektronik), setzen aber in großem Umfang Arbeitskräfte frei und steigern weiter die technische Zusammensetzung des Kapitals. Die Gefährdung des Konsenses durch die Dauerarbeitslosigkeit als Ausdruck der naturwüchsigen „Modernisierung der Volkswirtschaft" in Form kapitalistischer Rationalisierungsinvestitionen läßt dann nur noch die „aktive Beschäftigungspolitik" (Arbeitsbeschaffungsprogramme) als Möglichkeit für die staatliche Wirtschaftspolitik offen, den „Spielraum für gesellschaftspolitische Reformen (zu) erhalten und (zu) erweitern, statt ihn zu beschränken" (Scharpf 1976, 9). Gegenüber der Globalsteuerung und der aktiven Strukturpolitik hätte dann dieses Konzept

„den unschätzbaren politischen Vorteil einer partiellen ‚Entkoppelung' zwischen der Lösung des Arbeitslosigkeitsproblems und den jeweiligen Erfordernissen der privatwirtschaftlichen Entwicklung." (ebd.)

13.3. Zusammenfassung:

1. Mit dem scheinbar aufgrund einer erfolgreichen Globalsteuerung einsetzenden Aufschwung und Boom nach 1967 werden die Grundlagen der Globalsteuerung (die günstigen, durch die Krise geschaffenen Verwertungsbedingungen des Kapitals und der soziale Konsens) zersetzt: Der kapitalistische Zyklus leitet in seine Abschwungsphase über. Während nun die staatliche Wirtschaftspolitik – indem sie durch die Fiskalpolitik die Vollbeschäftigung sichern will – zur Inflation beiträgt, kann sie aber zugleich die Stagnation nicht verhindern. Die Krise setzt sich vermittels der Inflation durch. Indem die Grenzen des Keynesianismus

sichtbar werden, erfolgt (zunächst in der theoretischen Diskussion, dann in der politischen Praxis) ein *Umschwung in Richtung einer monetaristisch geprägten Wirtschaftspolitik*. Die Krise soll nicht mehr um den Preis der Inflation verhindert werden. Stattdessen wird von den Monetaristen und ihren politischen Befürwortern in Bundesbank und Sachverständigenrat auf die „reinigende Funktion" der Krise gesetzt. Über eine mengenorientierte Geldpolitik auf Basis flexibler Wechselkurse soll kein Raum mehr für inflationäre Prozesse gegeben und die staatliche Ausgabenpolitik verstetigt werden. Der Anteil des Staates am Sozialprodukt soll verringert (bzw. nicht mehr ausgeweitet) und die Ausgabenstruktur zugunsten investiver Ausgaben verändert werden.

2. Andererseits befindet sich auch jetzt die Wirtschaftspolitik angesichts der hohen „sozialen Kosten" dieser Art von Restriktionspolitik in einem Dilemma: Einerseits soll die Krise ihre „reinigende Funktion" erfüllen, zum anderen sollen daraus möglicherweise entspringende soziale Konflikte tunlichst vermieden werden. Dieser „Wettlauf mit der Zeit" und die offenkundigen „strukturellen" Probleme der Kapitalakkumulation werden zum Anlaß genommen, verstärkt *strukturpolitische Maßnahmen* des Staates zu fordern. Soweit sich diese Maßnahmen nicht lediglich auf eine steuerliche Begünstigung von Investitionen und die Zurückdrängung der konsumptiven Ausgaben im Haushalt des Staates beschränken (so der Sachverständigenrat), streben sie einen stärkeren Einfluß des Staates gegenüber den Investitions- und Technologieentscheidungen der Unternehmen an. In dem *korporativistischen* Modell einer „Konzentrierten Aktion" von Staat, Kapital, Gewerkschaften und Forschungsinstituten soll die Funktion der kapitalistischen Krise politisch antizipiert und den Betroffenen vermittelt werden; durch die staatlich geförderte Entwicklung der angewandten Technologie und somit der Produktivkraft der Arbeit soll eine beschleunigte Kapitalakkumulation eingeleitet werden − in der Hoffnung, dadurch die Arbeitslosigkeit zumindest mittelfristig beseitigen zu können.

3. Wir haben in unserer Untersuchung den Zyklus wirtschaftspolitischer Interventionsformen dargestellt, der als Anpassungsbewegung der Politik an die aus der autonomen Bewegung der Ökonomie resultierenden Zwänge begriffen werden kann. Dabei wird die scheinbar dominierende Rolle, die der Monetarismus für den Umschwung in der Wirtschaftspolitik in der Bundesrepublik gespielt hat und das bewußte Umschwenken in der staatlichen Fiskalpolitik und in der Geldpolitik der Bundesbank von den Gewerkschaften und von Teilen der kritischen Wissenschaft so interpretiert, als sei erst durch die Restriktionspolitik die zyklische Krise wenn nicht verursacht, so doch erheblich verschärft worden. In dieser Sichtweise wird bewußt oder unbewußt an die Theorie vom „*politi-*

schen Konjunkturzyklus" (vgl. Kalecki 1976) angeknüpft, die von Michael Kalecki auf Basis der keynesianischen Theorie bereits 1943 entwickelt wurde und nach der der ökonomische Zyklus mit Hilfe des Keynesianismus zwar durch die staatliche Wirtschaftspolitik beherrschbar ist, dafür aber durch einen politischen Konjunkturzyklus abgelöst wird: Da durch den „Quasi-Boom" (Keynes) die Macht der Arbeiter gestärkt wird, drängen in der Boomphase große Kapitalgruppen und die Zentralbank auf eine Abkehr von der Vollbeschäftigungspolitik und fordern unverhohlen eine „Reinigungskrise" zum Zwecke der Disziplinierung der Arbeiter. Die Krise erscheint dann als Resultat falscher bzw. einseitig interessenbezogener Politik; der politische Interessenkampf gewinnt gegenüber der Bewegung der Ökonomie, wie wir sie im 9. Kapitel dargestellt haben, eine unabhängige Existenzweise (vgl. zur Kritik Hoffmann 1978).

Da die Vollbeschäftigungspolitik mittelfristig aber auf Basis der kapitalistischen Produktion weder Inflation noch Krise verhindern kann (Entwertungsprozesse also nur aufgeschoben werden), ist in der hier betrachteten Phase des Zyklus die Restriktionspolitik nicht nur Ergebnis des besonderen Durchsetzungsvermögens der Kapitalgruppen gegenüber dem Staat: In der Restriktionspolitik zeigt sich vielmehr die *strukturelle* Abhängigkeit der Inhalte staatlicher Wirtschaftspolitik im Kapitalismus von den Inhalten resp. Zwängen kapitalistischer Verwertung. Durch eine Anpassung der Wirtschaftspolitik an die kapitalistischen Gesetze hofft man offensichtlich, mittelfristig wieder das wirtschaftliche Wachstum und die Sicherung der Arbeitsplätze zu erreichen. Im Gegensatz zur Krise 1966/67, in der noch Kapitalverbände und Gewerkschaften *gemeinsam* staatliche Interventionen für notwendig erachteten, zeigt sich auch deshalb nach den Erfahrungen des letzten Zyklus in der Krise 1974 ff. eine grundsätzliche Abkehr vom keynesianischen Interventionismus auf Seiten der Kapitalverbände.

14. Kapitel

Ökonomischer Zyklus und gewerkschaftliche Entwicklung

Der Formwandel der Wirtschaftspolitik in der Bundesrepublik von der keynesianischen Niveausteuerung zur monetaristisch geprägten Austerity-Politik wurde von uns als abhängig vom ökonomischen Zyklus analysiert; allerdings schloß dieser Formwandel auch eine bestimmte Form der Bewältigung gesellschaftlicher *Konsens*probleme ein: Gesellschaftliche Konflikte sollten wieder weniger staatlich denn ökonomisch vermittelt werden, der stumme Zwang der ökonomischen Verhältnisse sollte wieder Regulator der gesellschaftlichen Prozesse werden. Dies zeigt sich nicht nur in der Rücknahme der vordem so euphorisch begonnenen „inneren Reformen" im Haushaltsstrukturgesetz, sondern auch und besonders in den sozialen Wirkungen ökonomischer Prozesse. Denn für diese Wirkungen gibt es zwar Auffangmechanismen im „Netz der sozialen Sicherheit", aber die Ursachen sind nicht mehr politisch anklagbar und eine politische Krisenabwehr nicht mehr einklagbar, sie bleiben vorerst (besonders unter den historischen Bedingungen in der Bundesrepublik) im „Schicksalhaften", im Sachzwang verborgen. Damit ist der gesellschaftliche Konsens aber auch wiederum in erster Linie *ökonomisch* vermittelt – wenngleich auch nicht mehr, wie in den 50er und 60er Jahren auf Basis einer ökonomischen Prosperität und der durch sie ermöglichten Kompromißzonen zwischen Lohnarbeit und Kapital.

14.1. Die Begründung des gesellschaftlichen Basiskonsenses in der Entwicklung der Bundesrepublik

14.1.1. Eine methodische Vorbemerkung

Akkumulation des Kapitals bedeutet auch absolute und relative Ausdehnung der Arbeiterklasse bzw. der Lohnabhängigen. Damit ist aber keineswegs unmittelbar eine quantitative Zunahme ihrer ökonomischen und politischen Macht verbunden, zumal dann nicht, wenn diese Akkumulation ohne große Friktionen und Konflikte verläuft und sogar zu einer relativen Prosperität der Lohnabhängigen führt, wie dies in der Bundesrepublik in den 50er und 60er Jahren der Fall war. Eine solche Prosperität von Kapital und Arbeiterklasse bestätigt und verstärkt noch die in den verschiedenen Bereichen von Kultur, Ideologie, der Bewußtsein vermittelnden Institutionen vertretenen und verbreiteten Inhalte des Selbstverständnisses der bürgerlichen Gesellschaft. Wenn sich daher in diesen Institutionen deutlich eine Hegemonie der bürgerlichen Klasse und ihrer Anschauungsweisen herausbildet, muß dies nicht unbedingt in Gegensatz zum Bewußtsein der breiten Massen stehen, sondern kann sogar einen vorhandenen gesellschaftlichen „Basiskonsens" ausdrücken. Dieser Basiskonsens wird (in der Bundesrepublik) also nicht nur darin deutlich, daß über lange Zeiten in der Prosperität ein breiter, durch Wahlen legitimierter Bürgerblock unter Führung der CDU/CSU die Politik bestimmen konnte, sondern auch darin, daß die in Opposition stehende Sozialdemokratie mit dem Godesberger Programm (1959) die letzten Reste einer Fundamentalopposition gegenüber der bürgerlichen Gesellschaft und der kapitalistischen Produktionsweise ablegte. Grundsätzlich wird die Basis dieser generellen Konsensbildung durch die spezifische Produktionsweise in der bürgerlichen Gesellschaft gelegt. Denn auch die in den verschiedenen Institutionen vermittelten Anschauungsweisen von der Gesellschaft und insbesondere von der Form der gesellschaftlichen Produktion im Kapitalismus (als privat-dezentralisierter) sind natürlich Momente der von dieser Produktionsweise selbst produzierten „Mystifikationen", also Existenzweisen der Formen des Kapitalverhältnisses auf der Oberfläche der Konkurrenz, wie sie auch das Bewußtsein der unmittelbaren Produzenten bestimmen.

Die kapitalistische Produktionsweise produziert zunächst quasi naturwüchsig in den Formen der Oberfläche der Konkurrenz, denen die Wareneigentümer einschließlich der Eigentümer der Ware Arbeitskraft verhaftet sind, Bewußtseinsformen, die sie die historisch bestimmte Produktionsweise des Kapitalismus als natürliche, ewige anerkennen lassen. Die Eigentümer der verschiedenen „Produktionsfaktoren" treten zueinander in Austauschverhältnisse, und in diesem Äquivalententausch ist auch das Verhältnis von Lohnarbeit und Kapital als gleichberechtigtes enthalten; das im Tausch von Arbeitskraft gegen variables Kapital vermittelte Klassenverhältnis von Lohnarbeit und Kapital ist nicht unmittelbar auf der Ebene der Warenzirkulation sichtbar.

Andererseits vermittelt aber eben die Warenzirkulation die Kapitalreproduktion und die Reproduktion des Klassenverhältnisses von Lohnarbeit und Kapital. Abstrakt ist daher in dieser notwendigen Vermittlung auch die Möglichkeit von Entstehung von Klassenbewußtsein und der Aufkündigung eines „sozialpartnerschaftlichen" Verhältnisses zwischen Lohnarbeit und Kapital auf der Ebene der Zirkulation gegeben. Allerdings wird diese Möglichkeit in Phasen der Kapitalakkumulation, in denen der Austausch zwischen Lohnarbeit und Kapital breite Kompromißzonen von seiten des Kapitals vorfindet, kaum manifest werden können (auch wenn gerade in solchen Phasen die Arbeiter durch die günstige Stellung auf dem Arbeitsmarkt in einer starken Position gegenüber dem Kapital sind). In den Phasen, in denen die Kapitalakkumulation stockt und der Gegensatz von Lohnarbeit und Kapital nicht mehr so leicht kompromißhaft aufzuheben ist, ist die Erfahrung eines antagonistischen Gegensatzes zwischen Lohnarbeit und Kapital möglich und daher allgemein auch die Möglichkeit eines Umschlagens von Verteilungskonflikten in Klassenauseinandersetzungen eher gegeben, aber zunächst auf dem Hintergrund einer durch die Krise geschwächten Position der Arbeiter.

Dieser kurze Abriß kann aber nur einen sehr abstrakten Hintergrund zur Entwicklung eines „Basiskonsens" in der bürgerlichen Gesellschaft abgeben. Denn die entwickelte Kampfkraft der Arbeiterklasse oder umgekehrt ihre historischen Niederlagen lassen historisch voneinander sehr differierende Situationen und Entwicklungen zu.

14.1.2. Zur historischen Begründung des Basiskonsens in der Bundesrepublik

Für die Bundesrepublik kann gesagt werden, daß die ökonomische Prosperität in den 50er und 60er Jahren auf der Basis der Zerschlagung der Arbeiterklasse im Faschismus den breiten Basiskonsens in der Gesellschaft und zwischen den Klassen ermöglicht hat. Die günstige ökonomische Entwicklung wurde dann zur „legitimatorischen" Grundlage der gesellschaftlichen Ordnung und der darauf basierenden Machtverteilung und Politik in der BRD. Dabei müssen zwei Aspekte berücksichtigt werden:

Erstens vollzog sich die Einbindung der Arbeiterklasse keineswegs konfliktfrei. Nach der Niederlage des Faschismus war die legitimatorische Grundlage einer die alten Machtverhältnisse wieder herstellenden kapitalistischen Entwicklung äußerst schmal. Die „Neuordnungsvorstellungen" nach dem Zweiten Weltkrieg sind nicht einfach fallengelassen, sondern sie sind der Arbeiterbewegung eher ausgetrieben worden. In der Auseinandersetzung um das Mitbestimmungsgesetz 1950/51 und erst recht bei dem Versuch, die Mitbestimmungsrechte auf alle Wirtschaftszweige auszudehnen, mußten der Arbeiterbewegung Niederlagen beigebracht werden, um sie in den gesellschaftlichen Rahmen der Bundesrepublik zu integrieren. Die Streikbewegungen in der ersten Hälfte der 50er Jahre richteten sich gegen den späteren „Grundkonsens" eines wirtschaftsfriedlichen Verhaltens von Lohnarbeit und Kapital. Die politische Restauration von der Währungsreform 1948 und der Wiederaufrüstung seit 1952 bis zur Notstandsgesetzgebung 1968 und den repressiven Gesetzen zur „inneren Sicherheit" konnte sich nicht ohne hartnäckigen, allerdings *erfolglosen* Widerstand durchsetzen. Daraus ergibt sich, daß Konsens nicht einfach von Generation zu Generation über die „ideologischen Apparate" (vgl. Poulantzas 1974) vermittelt wird, sondern auch in Kämpfen erzwungen worden ist:

Die Arbeiterbewegung hat auf vielen Gebieten und mit vielen ihrer Forderungen in der Nachkriegsgeschichte der BRD Niederlagen einstecken müssen. Die sozialistische und kommunistische Linke ist im Verlauf dieser Niederlagen innerhalb des politischen Systems in der BRD „marginalisiert" worden. Auch für die gegenwärtige Entwicklung ist noch immer von allergrößter Bedeutung, daß die deutsche bzw. westdeutsche Arbeiterbewegung seit der historischen Niederlage von 1933 fast keine politischen Erfolge hat erzielen und so den politischen und ökonomischen Entwicklungstendenzen des Kapitals keine wirksamen Alternativen hat entgegensetzen können.

Zweitens ist dieser Prozeß von Niederlagen aber nur interpretierbar, wenn gleichzeitig berücksichtigt wird, daß auf „materiellen Gebieten" in der Nachkriegszeit große Errungenschaften erreicht worden sind. Nachdem die Gewerkschaften die Neuordnungsvorstellungen nach der Niederlage von 1952 mit dem die abstrakte Friedenspflicht verlangenden Betriebsverfassungsgesetz hintanstellten und sich auf Lohnpolitik konzentrierten, konnten tatsächlich bedeutende Verbesserungen des Lebensstandards erzielt werden. Die Arbeitslosigkeit wurde innerhalb weniger Jahre beseitigt, die Millionen Flüchtlinge in das gesellschaftliche Leben integriert, Lohnerhöhungen ermöglichten ein besseres Leben und Arbeitszeitverkürzungen seit Ende der 50er Jahre schafften neue Möglichkeiten der Regeneration in der Freizeit. Auf der Grundlage der allgemeinen Prosperität waren Profitsteigerungen und Kapitalakkumulation einerseits und steigende Reallöhne und Verbesserungen der Lebenssituation der Lohnabhängigen andererseits möglich. Der Ausbau des „Systems der Sozialversicherung" durch den Staat und eine Vielzahl von betrieblichen Sozialleistungen bildeten die vergoldete Kette des Basiskonsenses, aufgrund dessen sich die Arbeiterklasse fest an das System der BRD binden ließ. Die politisch Verantwortlichen des Systems bildeten sich daher nicht zu Unrecht etwas darauf ein, daß mit dem wachsenden Wohlstand für breite Kreise der Bevölkerung auch ein breiter Grundkonsens zwischen den Klassen hergestellt wurde. Die ökonomische Prosperität führte zu einer Erhöhung des allgemeinen Reproduktionsniveaus der Bevölkerung. Dabei waren die Maßnahmen zur Verbesserung der sozialen Sicherung aus dem Reproduktionsfonds der Arbeitskraft finanziert, der mit steigender Produktivkraft der Arbeit ebenfalls ansteigen konnte. Auch wurden staatlicherseits Maßnahmen ergriffen, die nicht nur den Reproduktionsfonds der Arbeitskraft bzw. überhaupt den der Bevölkerung erhöhten, sondern die einzelnen zusätzlich an die kapitalistische Form der gesellschaftlichen Produktion binden sollten. Hierzu gehörten besonders der von der CDU/CSU geförderte Bau von Eigenheimen, die erhöhte Spartätigkeit, die durch die Ausgabe von „Volksaktien" reprivatisierter Unternehmen forciert werden sollte, die „Vermögensbildung in Arbeitnehmerhand" (vgl. 11. Kapitel).

Ideologisch fand diese Entwicklung ihren Ausdruck in Theorien von „Wohlstands-" und „Versorgungsstaat", der „Überflußgesellschaft" etc. Die Klassengesellschaft galt als überwunden und ihre Theorie als von der empirischen Entwicklung widerlegt. Auch auf seiten der kritischen Wissenschaft wurden klassenspezifische Konzeptionen unter dem Eindruck eines nahezu ungebrochenen Wachstums des Kapitalismus in der Nachkriegszeit abgelöst bzw. modifiziert. Die „neue Klasse" der Angestellten, des Mittelstands allgemein wurde entdeckt, oder aber es wurde überhaupt dem Klassengegensatz gegenüber dem Phänomen struktureller Disparitäten quer zur Klassenscheidung in der Gesellschaft mindere Bedeutung beigemessen. Die Theorie von der strukturellen Unterprivilegierung von Schichten in der Gesellschaft, deren Interessen nicht organisationsfähig sind und die sich daher nicht ihren Anteil am Wachstum des Nettoprodukts durch Interessenvertretung sichern können, wurde gegenüber dem orthodoxen Klassenbegriff und -gegensatz als ein für die „spätkapitalistische Industriegesellschaft" adäquates Konzept angesehen (vgl. die Thesen von Bergmann u.a. 1969, Offe 1969; zur Kritik Müller/Neusüß 1970). Diese Theorien konnten sich dabei auf die *empirische* Entwicklung stützen.

Politisch fand der durch den materiellen Wohlstand breiter Schichten verfestigte Basiskonsens in der Bevölkerung seinen Ausdruck in der Entwicklung der Parteien zu „Volksparteien", zu Parteien also, die in ihrer Organisation schon die unterschiedlichen Interessen in der Gesellschaft aufheben wollten. Daß dies am ehesten der konservativen CDU/CSU gelang, lag u.a. nicht zuletzt daran, daß diese Partei strukturell darauf angelegt war, den Interessenkompromiß zwischen den unterschiedlichen und gegensätzlichen Interessen der verschiedenen Klassen und Schichten der Gesellschaft im Rahmen des kapitalistischen Wachstums zu verwirklichen. Das „Gemeinwohl", in dem sich letztlich das „Wohl des Kapitals" als Motor der gesellschaftlichen Entwicklung versteckte, konnte solange als gemeinsamer Bezugspunkt der unterschiedlichen Interessen dienen, solange das kapitalistische Wachstum ungefährdet war und die Politik der CDU/CSU „gerechtfertigt" wurde.

Aber auch die SPD vollzog im Zuge des „Wirtschaftswunders" und ihrer ständigen Niederlagen in den Wahlen einen Wandel: Im „Godesberger Programm" proklamierte sie ihren Wandel zur Volkspartei; nicht mehr das von der CDU/CSU verfolgte *Ziel* des kapitalistischen Wachstums der Wirtschaft (das zuvor zumindest theoretisch noch problematisiert worden war), sondern nur noch die angewandten *Mittel* der Wirtschaftspolitik wurden nunmehr zum Thema der politischen Auseinandersetzung gemacht. Und auf dieser Ebene konnte die SPD mit ihrem Wirtschaftsexperten Schiller am „Ende des Wirtschaftswunders" dem neoliberalen Konzept Erhards tatsächlich erfolgreich entgegentreten (vgl. Kapitel 12), während zugleich mit der Krise 1966/67 die Interessengegensätze in der CDU/CSU stärker hervortraten (vgl. ausführlicher Schmollinger/Stöss 1976).

14.2. Vollbeschäftigung und Gewerkschaften

Für die Gewerkschaften war die Phase der Vollbeschäftigung der entscheidende Ausgangspunkt ihrer Politik, nachdem die Versuche wichtiger sozialpolitischer Reformen 1952 und die nachfolgende Strategie der „expansiven Lohnpolitik", die noch eine strukturelle Umverteilung der Einkommen und daher der Macht zwischen den Klassen beabsichtigte, gescheitert waren. Doch die Erfolge der Gewerkschaft in der Phase der Vollbeschäftigung, die sich sowohl in den Erhöhungen der Reallöhne als auch in der Verkürzung der Arbeitszeiten ausdrückten, waren im Grunde nicht Ergebnis ihrer Politik, sondern naturwüchsiges Resultat der Entwicklung auf dem Arbeitsmarkt. Dies wird besonders anhand der unterschiedlichen Bewegung von Effektiv- und Tariflohnniveau deutlich (vgl. z.B. JG 1966/67, Schaubild 30), worin allerdings auch der hohe Anteil von Überstundenableistung in Boomphasen ausgedrückt ist.

Wenngleich auch diese Phase der gesellschaftlichen Entwicklung nicht ohne gewerkschaftliche Kämpfe ablief (herausragende Ereignisse waren hier der Schleswig-Holstein-Streik 1957 um die Lohnfortzahlung im Krankheitsfall und der Metallarbeiterstreik in Baden-Württemberg 1963 mit der politischen Schlichtung durch den Bundeskanzler), so waren doch die offenen Tarifauseinandersetzungen eher die Ausnahme. So konnten sich auf Basis der Niederlagen der Gewerkschaften in der Anfangsphase der Bundesrepublik, des erfahrenen schnellen ökonomischen Aufschwungs im Kapitalismus und der dadurch möglichen Reallohnerhöhungen ein Bewußtsein und ein politisches Selbstverständnis bei den Gewerkschaften (und insbesondere bei ihren Mitgliedern) herausbilden, das sich wesentlich auf die Existenz der „gesicherten" Vollbeschäftigung und die gestärkte Lohnverhandlungsmacht angesichts des knappen „Faktors Arbeit" gründete.

Die Tatsache, daß die Lohnerhöhungen primär „naturwüchsiges" Resultat der Entwicklung auf dem Arbeitsmarkt und deren *Absicherung* durch Tarifverträge und nicht Resultat klassenkämpferischer Auseinandersetzungen waren, hatte auch Folgen für das Verhältnis der Gewerkschaften zur Arbeiterschaft: Zwar steigt in dieser Zeit der Mitgliederstand in den Gewerkschaften absolut, der Organisationsgrad der Arbeiterschaft (Gewerkschaftsmitglieder bezogen auf abhängig Erwerbstätige) sinkt aber (vgl. Tabelle 42):

Tabelle 42:

Organisationsgrad des Deutschen Gewerkschaftsbundes (1)

Jahr	abhängig Erwerbstätige (Tsd)	DGB-Mitglieder (Tsd)	Organisationsgrad
1	2	3	3:2
1950	14 686	5 278	35,9
1955	17 955	6 104	34,0
1960	20 331	6 378	31,4
1965	21 841	6 574	30,1
1970	22 433	6 712	29,8
1973	22 564	7 168	31,8
1974	22 152	7 406	33,4
1975	21 386	7 365	34,4
1976	21 317	7 400	34,7
1977	21 347	7 471	35,0
1978	21 584	7 752	35,9

Quelle: Stat. Jahrbuch 1977, 96; 533; Stat. Jahrbuch 1979, 94, 549; eigene Berechnungen

In dieser Tabelle zeigt sich, daß gerade die im Zuge der beschleunigten Kapitalakkumulation in den 50er und 60er Jahren zusätzlich in den Produktionsprozeß eingegliederten Personen nicht Mitglieder der bestehenden Gewerkschaften wurden. Neben der Erfahrung, daß der Reallohn auch ohne gewerkschaftlichen Kampf anstieg, spielt hierbei besonders eine Rolle, daß in dieser Phase der Vollbeschäftigung die technologischen Umwälzungen zu einer verstärkten Beschäftigung von un- und angelernten Arbeitern, teilzeitbeschäftigten Frauen, Ausländern (ab 1958) geführt hatten, also alles Gruppen innerhalb der Arbeiterschaft, die aufgrund ihrer Stellung im Produktionsprozeß und ihres Bewußtseins nur schwer für die Gewerkschaften zu gewinnen waren; auf die relative Zunahme dieser Arbeiterschichten sind auch die sinkenden Organisationsgrade (vgl. auch Tabelle 43) zurückzuführen:

---

1 Die Tabelle gibt nur einen groben Raster für den tatsächlichen Organisationsgrad ab, insofern z.B. bei den Mitgliedern hier noch die Rentner miterfaßt sind. Bergmann u.a. (1975) haben am Beispiel der Untersuchung des Organisationsgrades in der Metallbranche versucht, dafür differenzierte Kriterien zu entwickeln (vgl. ebd., 360, Tab. 21). Sie kommen dabei für die Metallbranche zu ähnlichen Trends: Bis Mitte der 60er Jahre ist ein sinkender bzw. stagnierender, ab 1970 ein eindeutig steigender Organisationsgrad feststellbar. In unseren Zahlen ab 1972 ist allerdings auch ausgedrückt, daß ein großer Teil derjenigen, die durch die Krise aus dem „Erwerbsleben" ausscheiden mußten, zuvor nicht gewerkschaftlich organisiert war, während zugleich gewerkschaftlich organisierte Arbeiter nicht im gleichen Ausmaß wie der Durchschnitt der Arbeiter von Arbeitslosigkeit betroffen waren.

Tabelle 43:

Organisationsgrad nach Qualifikation
(1961; 1964)

Der Organisationsgrad betrug (in v.H.) bei den

	1961	1964
Ungelernten Arbeitern	32	20
Angelernten Arbeitern	39	35
Facharbeitern	50	48

Quelle: Nickel 1974, 130

Zugleich wurden in dieser Phase der Prosperität Differenzierungen innerhalb der Arbeiterklasse möglich (z.B. die zwischen gutbezahlten Angestellten, Technikern, Ingenieuren gegenüber dem „einfachen" Arbeiter etc.), die ebenfalls negativ für die gewerkschaftliche Organisation zu Buche schlugen. Die technologische Entwicklung konfrontierte die Gewerkschaft in dieser Phase mit Problemen, die aus den Veränderungen im Produktionsprozeß entsprangen: Arbeitsintensivierung, wachsender Verschleiß der Arbeitskraft, Dequalifikation von hergebrachten Berufen, Entleerung der Arbeitsinhalte etc. Und wenngleich die Gefahren der technologischen Umwälzungen von den gewerkschaftlichen Repräsentanten durchaus erkannt wurden (vgl. z.B. die Arbeitstagung der IG Metall zur Automation 1963 und den Kongreß „Automation – Risiko und Chance" 1965, auf dem besonders das Beispiel der USA, in denen die Automation zu einer strukturellen Arbeitslosigkeit geführt hatte, hervorgehoben wurde), so wurden doch nur wenige praktische Konsequenzen für die tarifpolitische Auseinandersetzung aus dieser Erkenntnis gezogen (vgl. RK Gewerkschaften 1972c, 178 ff.). Und solange auf Basis der Vollbeschäftigung die durch die technologischen Umwälzungen freigesetzten Arbeiter jederzeit einen neuen Arbeitsplatz (wenn auch mit anderer Tätigkeit und u.U. in einer anderen Branche) finden konnten, war ja auch bei den Mitgliedern kaum ein Problembewußtsein vorhanden. Denn angesichts steigender Reallöhne mußten durch Umsetzungen bewirkte Dequalifikationen nicht notwendigerweise als Reallohnkürzungen erscheinen, die Intensifikation der Arbeit mußte angesichts möglicher Kompensationen durch Zusatzlöhne nicht notwendigerweise als Verschlechterung der Lebens- und Arbeitssituation begriffen werden (zumal die Folgen eines verstärkten Verschleißes der Arbeitskraft u.U. erst nach Jahren in Form physischer und psychischer Beeinträchtigung der Gesundheit deutlich werden).

Aufgrund der genannten Kompensationsmöglichkeiten in dieser Phase der ökonomischen Entwicklung wurde daher der technische Fortschritt eher als *Chance* von der Gewerkschaftsbewegung begriffen und die politischen Forderungen liefen darauf hinaus, die individuellen Risiken der Arbeiter zu senken *und* die allgemeine Qualifikation der Arbeitskraft an die neuen Bedingungen anzupassen (Forderungen nach verbesserten Umschulungsmöglichkeiten und nach Verhinderung der Mitte der 60er Jahre vorhergesagten „Bildungskatastrophe"). Lediglich in einzelnen Branchen, die schon frühzeitig von Strukturkrisen betroffen waren und in denen eine Berufsstruktur vorherrschte, die traditionell so verfestigt war, daß eine Umsetzung und Umschulung erheblich erschwert war, brachen erste Konflikte auch in der Phase der Vollbeschäftigung aus. Dies gilt insbesondere für die Strukturkrise im Steinkohlebergbau; hier führte die „Kohlenkrise" (die bereits 1958 einsetzt und bis 1968 andauert) zu Widerstandsaktionen der traditionell sich stark mit ihrem Beruf und ihrer Qualifikation identifizierenden Bergarbeiter, deren Situation auch durch den Strukturwandel im Ruhrgebiet verschärft wurde (vgl. dazu genauer Hildebrandt 1975, 61 ff.). Die Verhältnisse im Bergbau sind aber für die Zeit der ökonomischen Prosperität Ausnahme geblieben.

14.3. Von der Vollbeschäftigung zur Krise: Staatliche Wirtschaftspolitik, Gewerkschaften und Arbeiterwiderstand im Zyklus 1966/67 bis 1974/75

Für die Phase der Vollbeschäftigung (bis 1965) kann zusammenfassend gesagt werden, daß die günstigen Bedingungen des kapitalistischen Wirtschaftswachstums die Basis dafür abgaben, daß der Klassenkonflikt zwischen Lohnarbeit und Kapital als bloßer Verteilungskonflikt zwischen den „Sozialpartnern" erscheinen konnte. Da selbst die Erfolge der Gewerkschaften nicht die ungestüme Akkumulation des Kapitals schmälern konnten, sondern diese umgekehrt die Basis für die Verbesserung des Lebensstandards für die Lohnabhängigen legte, konnte das gemeinsame Interesse am Wachstum der „Produktion" dominieren, und dieses Wachstum schuf ja die Voraussetzung für den „Wohlstand für alle" und war auch materielle Basis für weitergehende Forderungen der Gewerkschaften, z.B. nach gerechterer Einkommensverteilung, staatlicher Rahmenplanung etc.

Mit der Krise 1966/67 und der dann eingesetzten Globalsteuerung der staatlichen Wirtschaftspolitik erfährt dieser Zusammenhang von Wirtschaftswachstum und Verteilung einen qualitativen Wandel: Denn der Staat selbst ist es jetzt, der scheinbar das Ausmaß des Wirtschaftswachstums bestimmen und somit auch die Vollbeschäftigung garantieren kann. Damit erfährt aber auch die Funktion der Gewerkschaften im Rahmen der staatlichen Globalsteuerung einen qualitativen Wandel: Denn wenn bis dahin die gewerkschaftliche Organisation auf Basis der günstigen Akkumulationsbedingungen dem Kapital direkt als Tarifgegner gegenübertritt, so wird jetzt die Akkumulation des Kapitals und die Vollbeschäftigung auch vom Staat mitbestimmt, der auch in der Konzertierten Aktion die Tarifgegner auf seine wirtschaftspolitischen Maßnahmen und Daten verpflichten will. Kann aber die Sicherung der Arbeitsplätze staatlicherseits garantiert werden (und die modernen Instrumente dazu wurden ja im Grundsatzprogramm des DGB selbst der Regierung anempfohlen!), dann erscheint es als irrational, die Wirtschaftspolitik von seiten der Gewerkschaften nicht zu unterstützen, zumal die Krise 1966/67 und die sie begleitende Arbeitslosigkeit den Gewerkschaften die Gefahren einer ungelenkten kapitalistischen Wirtschaft wieder deutlich vor Augen geführt hatten. Mit der Großen Koalition und der Schillerschen Globalsteuerung erfüllen daher die beteiligten Gewerkschaftsorganisationen zunächst auch die Funktion, die ,,Vernunft" der aufgeklärten sozialdemokratischen Wirtschaftspolitik in die Gewerkschaften hinein zu vermitteln und bei den Arbeitern dafür Verständnis zu wecken, daß das gesamtwirtschaftliche Wachstum nur durch zumindest zeitweilige Zurückhaltung in den Lohnforderungen abgesichert werden kann. Denn

,,die Einordnung der gewerkschaftlichen Tarifpolitik in die staatliche Wirtschaftspolitik ist nur die konsequente Folgerung aus der Annahme, staatliche Wirtschaftspolitik biete die Möglichkeit der Absicherung der gewerkschaftlichen Verhandlungsbasis: nämlich der Vollbeschäftigung." (Funke/Neusüß 1975, 178)

Angesichts der unterstellten wirtschaftspolitischen Möglichkeiten der Regierung und der Funktionalisierung der Gewerkschaften im Rahmen der Globalsteuerung wird sogar Zweifel laut, ob unter diesen Umständen die Gewerkschaften überhaupt noch eine Funktion im Interesse ihrer Mitglieder wahrnehmen könnten. Denn wenn einerseits durch eine staatlich bewirkte Verstetigung der Konjunktur die Vollbeschäftigung gesichert ist und auch das Wachstum des Lebensstandards der Lohnabhängigen staatlich garantiert wird (,,Soziale Symmetrie"), dann muß jedes gewerkschaftliche Handeln darüber hinaus als Störfaktor gegenüber einer Entwicklung gelten, die die Gewerkschaften nur gutheißen könnten (vgl. exemplarisch Schacht/Unterseher 1972, 114).

An der Forderung nach *gerechter Beteiligung an der Verteilung des Nettoprodukts* entzünden sich auch die ersten Konflikte zwischen Lohnarbeit und Kapital im Aufschwung nach der Krise 1966/67. Dank der gewerkschaftlichen Zurückhaltung in der Lohnpolitik, der Bindung der Tarife durch lange Laufzeiten und der in der Zwischenzeit erfolgenden schnellen Erhöhung der Arbeitsproduktivität konnten die Unternehmer hohe Gewinne verbuchen: Die Profitquote stieg an (vgl. Tabelle 6). Das Ausbleiben der ,,sozialen Symmetrie" und die Bindung der Gewerkschaften durch überlange Tarifverträge sind daher Anlässe für spontane betriebliche Protestaktionen 1969: die ,,Septemberstreiks".

Die Streiks, die wesentlich von gewerkschaftlich organisierten Arbeitern getragen werden und an deren Spitze zumeist Betriebsräte bzw. gewerkschaftliche Vertrauensleute stehen, sind Ausdruck der Unzufriedenheit der gewerkschaftlichen Basis mit den sich zuungunsten der Arbeiter entwickelnden Verteilungsverhältnisse; die Forderungen laufen daher auf eine *proportionale Beteiligung* am Wachstum des Volkseinkommens (Nettoprodukt) hinaus. Sie sind Kampf gegen das Kapital auf der Betriebsebene und zugleich Kritik an der Einbindung der Gewerkschaftspolitik in die Konzertierte Aktion. Die Forderung nach ‚gerechter' Verteilung des Sozialprodukts und dessen Zuwachs ist der wichtigste Impuls für die Lohnkämpfe 1969 und in den darauffolgenden Jahren bis 1972. Dabei gelingt es den Gewerkschaften in den Tarifrunden von 1970 bis 1972, die höchsten Lohnzuwächse in der Geschichte der Bundesrepublik durchzusetzen; das gewerkschaftliche Monopol auf Konfliktaustragung mit dem Kapital konnte wieder gesichert werden (vgl. dazu auch Schaubild 21).

Neben der Forderung nach gerechter Verteilung waren aber auch die im Zuge der Restrukturierung des Kapitals nach der Krise 1966/67 mögliche und im Aufschwung durchgesetzte *Intensifikation der Arbeit* Hintergrund der verschärften Auseinandersetzungen, auch wenn der Abwehrkampf gegen die verschlechterten Arbeitsbedingungen erst in den Jahren ab 1972/73 direkt Gegenstand gewerkschaftlicher Aktionen wird („Humanisierung der Arbeit", Streik um den Lohnrahmentarifvertrag II in Nord-Baden/Nord-Württemberg) (vgl. dazu ausführlicher RK Gewerkschaften 1972 c).

Wurden die Forderungen in den Septemberstreiks und in der Tarifrunde noch rasch von den Unternehmern erfüllt, die sich angesichts der günstigen Konjunktur keine langwierige Unterbrechung des Produktionsprozesses erlauben konnten, so werden Auseinandersetzungen in den folgenden Jahren mit dem beginnenden zyklischen Abschwung und wachsenden – die Reallöhne senkenden – Inflationsraten zunehmend härter: Die Tarifrunden der IG Chemie und der IG Metall 1971 sind durch eine bis dahin unbekannte Vorbereitung der Arbeitgeberverbände auf eine harte Auseinandersetzung mit den Gewerkschaften gekennzeichnet. Mit ihren provozierenden Lohnangeboten scheren die Unternehmer selbst aus der Konzertierten Aktion aus. Waren bis dahin die kämpferischen Auseinandersetzungen weitgehend auf die IG Metall beschränkt, so breitet sich jetzt die Streikbereitschaft aus: In der Chemie-Branche finden die ersten (gewerkschaftlich organisierten) Streiks in der Geschichte der Bundesrepublik statt (1971); in der Metallindustrie ist die Tarifrunde angesichts von provozierend niedrigen Angeboten der Unternehmerverbände von einer außerordentlich hohen Streikbereitschaft der Arbeiter in den Betrieben geprägt (vgl. auch Schaubild 21 zur Streikbewegung).

Schaubild 21:
Veränderungen wichtiger Komponenten gewerkschaftlicher Machtpositionen im Zyklus 1966-1976

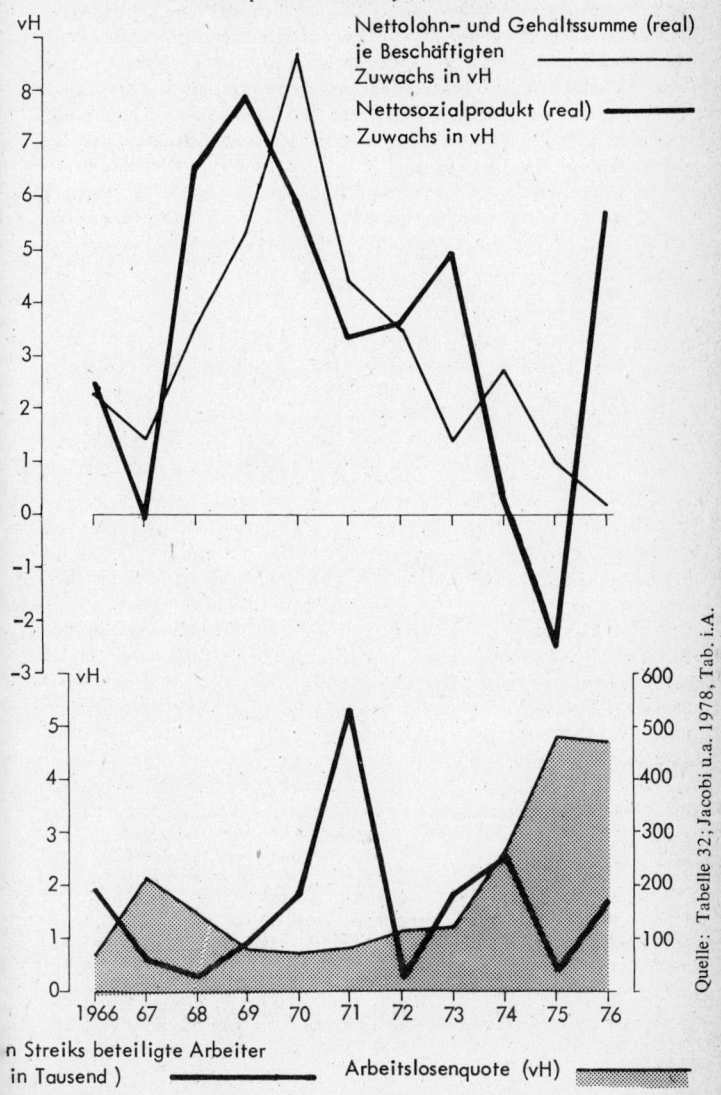

Nettolohn- und Gehaltssumme (real) je Beschäftigten
Zuwachs in vH

Nettosozialprodukt (real)
Zuwachs in vH

(n Streiks beteiligte Arbeiter in Tausend)

Arbeitslosenquote (vH)

Quelle: Tabelle 32, Jacobi u.a. 1978, Tab. i.A.

353

Zugleich machen die streikbereiten Teile der Arbeiterschaft in den gewerkschaftlich organisierten Tarifauseinandersetzungen und Streiks 1971 und 1972 die Erfahrung, daß die Gewerkschaftspolitik ihre Forderungen nur ungenügend umsetzt: Hier rächt sich die Einbindung der gewerkschaftlichen Politik in die Globalsteuerung, die in der Phase des beginnenden Abschwungs seit 1971 mäßige Lohnsteigerungen von den Tarifpartnern fordert. Die Diskrepanz zwischen den kampfbereiten Teilen der Arbeiterschaft und der Gewerkschaftspolitik wird in den *spontanen Streiks 1973* vollends deutlich. Die Gewerkschaften distanzieren sich offen davon — ganz im Gegensatz zu ihrem Verhalten in den Septemberstreiks. In den Streiks werden auch deutliche Unterschiede zu den bisherigen Auseinandersetzungen sichtbar (vgl. RK Gewerkschaften 1973):

1. Die Streiks werden erstmals stark von den *unteren Arbeiterschichten* mitgetragen (2). War in den Septemberstreiks noch in erster Linie die traditionelle Facharbeiterschaft mit hohem Organisationsgrad aktiv, so sind es 1973 die unteren Schichten der an- und ungelernten Arbeiter mit hohem Ausländeranteil, die wenig gewerkschaftlich organisiert sind und deren Forderungen z.T. sogar auf den Widerstand der deutschen Facharbeiterschaft in den Betrieben stoßen. Die teilweise dadurch möglich gewordene Spaltung der Belegschaften in den Betrieben wird effektiv von den einzelnen Unternehmensführungen gegen die Arbeiter ausgenutzt (vgl. RK Gewerkschaften 1973).

2. Gegenüber den traditionellen gewerkschaftlichen Forderungen in den Septemberstreiks (Prozentforderungen) orientieren sich die Forderungen in den Streiks 1973 nicht mehr so sehr an der Verteilung des produzierten Werts, sondern an der *Reproduktion der Arbeitskraft* (vgl. Kern 1974), und zwar sowohl in bezug auf die *Arbeitsbedingungen im Betrieb* (die besonders für die unteren Arbeiterschichten besonders schlecht sind, vgl. RK Gewerkschaften 1972c) als auch in bezug auf die durch die Inflation geminderte *Reallohnhöhe* (Forderung nach linearen Teuerungszulagen, Problematisierung des Leistungsprinzips). Während diese

---

2 So wurden wichtige Streikinitiativen bei Ford/Köln, Hella/Lippstadt und Pierburg von ausländischen Arbeitern getragen; zum ersten Mal beteiligten sich auch Frauen in den unteren Lohngruppen in größerer Zahl an den Streikinitiativen. Die Bedeutung von Aktivitäten der unteren Arbeiterschichten wird deutlich, wenn man sich vor Augen hält, daß diese Gruppen traditionell eher gegen Streikaktivitäten und gewerkschaftliches Engagement eintreten als die anderen Arbeiterschichten. So kommt Nickel (1974) aufgrund von Umfragen zu dem Ergebnis, daß zwar 73 v.H. der Facharbeiter, aber nur 64 v.H. der „übrigen Arbeiter" dafür sind, daß „Arbeiter für höhere Löhne demonstrieren..." (423); 70 v.H. der Facharbeiter halten Streiks für richtig, aber nur 62 v.H. der „an- und ungelernten Arbeiter" (424; vgl. auch Tabelle 14 zum gewerkschaftlichen Organisationsgrad unterer Arbeiterschichten).

Forderungen einerseits vereinheitlichende Momente beinhalten und den Klassengegensatz zum Kapital sichtbarer machen, stehen die Forderungen gegen Verschlechterung der Arbeitsbedingungen andererseits neben den traditionellen Interessen der Facharbeitergruppen.

3. Die *Kampfbereitschaft* sowohl auf seiten der Arbeiter als auch auf seiten des Kapitals ist hoch: Es kommt trotz Niederlagen z.B. in sogenannten Avantgardebetrieben immer wieder zu neuen Streiks auch in Betrieben, in denen bisher nicht gestreikt wurde; die Streiks sind länger und ausdauernder, obwohl sie oft ohne die organisierende Kraft linker Gewerkschafter und gegen das Votum der Gewerkschaftsführung durchgeführt werden. Gegen die Streikaktionen verfolgt das Kapital eine außerordentlich harte Strategie bis hin zum Polizeieinsatz; besondere Momente der Kapitalstrategie sind Versuche, besonders den Avantgardebetrieben (Mannesmann, Klöckner, Hoesch) Niederlagen zuzufügen, die Streiks zu zersplittern, keine Zugeständnisse an die gewerkschaftliche Politik zu machen, Meister, Vorarbeiter und/oder deutsche Facharbeiter gegen die Streikenden einzusetzen. Ebenfalls im Gegensatz zu den Septemberstreiks wird jetzt (in einer konjunkturell veränderten Situation) die Arbeitsgerichtsbarkeit massiv eingesetzt.

Gerade die Streikaktionen 1973 zeigen, wie stark der gewerkschaftliche bzw. nicht-gewerkschaftliche Aktionsradius von Widerstand gegen das Kapital durch den industriellen Zyklus geprägt ist – eine Erfahrung, die in den Jahren der Prosperität, in denen „Wachstumszyklen" vorherrschten, verschüttet worden war. Zugleich zeigt sich aber auch, daß in den Phasen des zyklischen Aufschwungs *nach* der Krise und des zyklischen Abschwungs *vor* einer neuen Krise eine gewerkschaftliche Einbindung in die Globalsteuerung aufgrund der ökonomischen Zwänge eher gelingt als gerade in der Phase des Zyklus, in der diese Einbindung ihre eigentlichen Früchte für die Globalsteuerung erbringen soll: in der Phase der zyklischen Prosperität des Kapitals. In diesem Zeitraum können die Gewerkschaften aufgrund der günstigen konjunkturellen Situation und mit der Drohung der Mitgliedschaft im Nacken, notfalls selbst höhere Löhne durchzusetzen, günstige Tarifabschlüsse gegen das Votum der staatlichen Wirtschaftspolitik realisieren. Dagegen trifft die Gewerkschaftspolitik in der Abschwungsphase auf den geschlossenen Widerstand der Kapitalverbände, die durch die veränderte ökonomische Situation auch in die Lage versetzt sind, den spontanen Widerstand der Arbeiter durch Spaltung der Arbeiterschaft und Zersplitterung der Streiks zu brechen.

Weil die Gewerkschaften die Kämpfe und Widerstandsaktionen der Arbeiter in dieser Phase nicht aufgriffen, hatte diese Unternehmenstaktik weitgehend Erfolg. Die durch das Verhalten der Gewerkschaften mitbedingte Schwächung der Kampfkraft der beteiligten Arbeiter betrifft 1973 gerade Arbeiterschichten, die bis dahin wenig Widerstand gegen das Kapital geleistet hatten und die allgemein auch wenig gewerkschaftlich organisiert waren. Insofern hat das an der Globalsteuerung der SPD/FDP orientierte gewerkschaftliche Verhalten nicht nur die Widerstandsbereitschaft wichtiger Teile der Arbeiterschaft gegen die ersten Auswirkungen der Krise geschwächt, sondern auch die vorhandene Spaltung innerhalb der Arbeiterschaft bestätigt und daher dazu beigetragen, der Möglichkeit eines gemeinsamen Widerstandes in der Krise den Boden zu entziehen.

Auch 1974, zu Beginn der Krise (die in den „strukturschwachen Branchen" schon 1973 spürbar wurde), finden noch scharfe, gewerkschaftlich geführte Tarifauseinandersetzungen statt, die insbesondere deshalb so hohe Abschlüsse bringen (zwischen + 9 v.H. und + 11 v.H.), weil jetzt die Preissteigerungen die höchsten Raten im gesamten Zyklus erreichen (bei den Verbraucherpreisen allein lagen die Preissteigerungen bei über + 9 v.H., vgl. dazu auch Tabelle 34 und Schaubild 18).

Bezeichnenderweise geht die Tarifrunde jetzt aber nicht von den Industriegewerkschaften aus, sondern vom Öffentlichen Dienst, in dem Flächenstreiks Lohnsteigerungen von 11 v.H. erzwingen. (Dies erklärt die relativ hohe Anzahl der Streikenden trotz ansteigender Arbeitslosenquote 1974; vgl. Schaubild 21). Dieser Abschluß wird von den nachfolgenden Industriegewerkschaften — unterstützt von Warnstreiks (in der Metallindustrie streikt der Bezirk Unterweser) — teilweise noch übertroffen. Die „Vorreiterrolle" des Öffentlichen Dienstes ist in dieser Phase nicht zufällig: Einerseits verfing bei den Arbeitern des Öffentlichen Dienstes die bereits existente Drohung einer krisenbedingten Arbeitslosigkeit wenig, wohl aber wurde der drohende Reallohnabbau angesichts der hohen Inflationsraten erkannt. Andererseits war aber auch der Widerstand des Staates gegen die Lohnforderungen ein Versuch, über das Vorziehen eines (niedrigen) Tarifabschlusses im Öffentlichen Dienst eine einkommenspolitische Signalwirkung auf die Tarifverhandlungen im privaten Bereich zu geben: Die Tarifverhandlungen sollten die Einkommenspolitik der Bundesregierung durchsetzen.

Will man die Erfahrungen der Arbeiter und Gewerkschaften im Zyklus bis 1974 *zusammenfassen*, dann kann gesagt werden, daß gegenüber der Phase der Prosperität in den Auseinandersetzungen seit 1967 bei den Arbeitern das Kapital zwar zunehmend als *Klassengegner* ins Bewußtsein tritt: Auf der gesamtwirtschaftlichen Ebene als Gegner in den Lohnverhandlungen und als Ursache der die Reallöhne drückenden Inflation, auf der betrieblichen Ebene als Ursache verschlechterter Arbeitsbedingungen und als Arbeitsplatzvernichter, sofern jetzt schon Rationalisierungsinvestitionen einsetzen. Damit muß aber noch nicht notwendigerweise die *kapitalistische Produktionsweise* als Schranke der Sicherung der Lebensbedingungen der Arbeiter erscheinen und erkannt werden: Selbst die Krise 1974/75 wird zunächst in der Regel als vom

Weltmarkt „hereinbrechendes Schicksal" (wobei die „Ölkrise" eine entscheidende Rolle spielt) begriffen. Oder es wird auf betrieblicher Ebene ein „schlechtes Management" für den mangelnden Absatz der Produkte verantwortlich gemacht. Das Kapital wird in Form der personellen Herrschaft und Hierarchie im Betrieb, als Kapitalverband in der Branche oder als Gesamtverband in der Wirtschaft als Gegner begriffen.

Dabei können wir im Zyklus *Angleichungs- und Differenzierungsprozesse* innerhalb der Arbeiterschaft feststellen: Die Inflation drückt auf die Reallöhne aller Arbeiter (und Angestellten), aus dieser Erfahrung resultieren nicht nur Festgeldforderungen, sondern auch die potentielle Überwindung der Differenzen zwischen den Branchengewerkschaften und zwischen Industriegewerkschaften und Öffentlichem Dienst. Die tarifpolitischen Auseinandersetzungen, die Bedrohung der Reallöhne durch die Inflation und die verschlechterten Arbeitsbedingungen machen die Notwendigkeit der gewerkschaftlichen Organisierung und des gewerkschaftlichen Kampfes deutlicher: Der ansteigende Trend im Organisationsgrad (vgl. Tabelle 42) erklärt sich auch aus diesen Erfahrungen. Dagegen werden aber besonders in den spontanen Streiks auch die *Differenzen* innerhalb der Arbeiterschaft deutlich: Hier überschneiden sich ethnische und geschlechtliche Merkmale (teilzeitbeschäftigte Frauen; Ausländer) mit besonders schlechten Arbeitsbedingungen: Diese unteren Arbeitergruppen stehen teilweise mit ihren Forderungen (z.B. den besonderen Urlaubsforderungen bei den Ausländern, dem Widerstand gegen die besonders schlechten Arbeitsbedingungen in bestimmten Abteilungen der Betriebe etc.) neben den an proportionalen Lohnerhöhungen orientierten Forderungen der Facharbeiter und Angestellten. Daß gerade diese Gruppen gewerkschaftlich unterrepräsentiert sind (vgl. dazu Nickel 1974, 129 f.), wurde bereits gesagt.

14.4. Ökonomische Krise und gesellschaftlicher Konsens

Mit der ökonomischen Krise wird die Basis der Konsens- und Kompromißbildung zwischen Lohnarbeit und Kapital in der Verteilungssphäre objektiv stark eingeengt. Während auf der Seite des Kapitals auf Grund der verstärkten Konkurrenz und drohender Entwertungsprozesse in der Verringerung der Lohnkosten der Ausweg aus der Krise gesucht wird, ist die gewerkschaftliche Lohnpolitik andererseits mit einer sich entwickelnden Arbeitslosigkeit konfrontiert, die die Erfolge der Tarifpolitik bedroht. In der sich verschärfenden Krise 1974/75 stehen die Interessen von Lohnarbeit und Kapital *gegensätzlich* gegenüber. Das Interesse des Kapitals ist es, möglichst ohne tiefgreifende Entwertungs- und Vernichtungsprozesse die Krise zu überdauern, und es versucht daher, die Lohnkosten durch Arbeitsintensivierung, Druck auf die Reallöhne und durch Entlassungen zu senken; das Interesse der Lohnarbeit ist es, die Reproduktion der Arbeitskraft zu bewahren, Lohnsenkungen, Arbeitsintensivierungen und Entlassungen abzuwehren.

Eine solche Einschätzung läßt auf den ersten Blick vermuten, daß eben jene tiefgreifende Legitimationskrise des gesellschaftlichen Systems in der ökonomischen Krise eintritt, die z.B. Bergmann (1972, 176 f.) für das Versagen der staatlichen Wirtschaftspolitik voraussagt, die aber auch zum Credo etlicher dogmatischer „Marxismen" gehört: Die ökonomische Krise zersetze den gesellschaftlichen Basiskonsens und gefährde das politische Legitimationspotential. Eine solche Krisenerwartung vergißt aber, daß die ökonomische Krise selbst ökonomische und politische Mechanismen freisetzt, die den gesellschaftlichen „Konsens" auf eine neue, „repressive" Basis stellen können. Mit der ökonomischen Krise wird nicht nur die Möglichkeit der Entstehung von antikapitalistischem Bewußtsein auf der Basis des *erfahrenen* Antagonismus von Lohnarbeit und Kapital produziert; es werden auch die Bedingungen des Erhalts der bürgerlichen Produktionsweise und Gesellschaftsform auf einer neuen historischen Stufe reproduziert. Wir wollen diesen widerspruchsvollen Prozeß zunächst anhand der veränderten Bedingungen gewerkschaftlicher Politik darstellen, um dann abschließend die politischen und gesellschaftlichen Prozesse im Verlauf der Krise zu analysieren. Dabei geht es uns um die Beantwortung der Frage, warum die ökonomische Krise *keine* offene Kritik des gesellschaftlichen und politischen Systems zur Folge hatte und welche Vermittlungs- und Auffangmechanismen in der Krise gesellschaftliches Konfliktpotential absorbiert haben (vgl. dazu auch die Kontroverse zwischen Altvater u.a. 1977 und Koch/Narr 1976).

14.4.1. Gewerkschaftspolitik in der Krise

Indem die zyklische Krise bisher fungierendes Kapital brachlegt, wird auch die Arbeitskraft als Teil desselben von „Brachlegung" und „Entwertung" betroffen: Entlassungen füllen die industrielle Reservearmee auf, drücken auf die Lohnforderungen der beschäftigten Arbeiter und „entwerten" so die Ware Arbeitskraft; die Gewerkschaften finden veränderte Bedingungen der Tarifpolitik vor. Deren Spielräume sind eingeengt, und es zeigt sich in der Krise überhaupt, daß in der Prosperität durchsetzbare Positionen der Gewerkschaften und ihrer Vertretungsorgane auf gesamtwirtschaftlicher und betrieblicher Ebene durch die Wirkungen der Krise in ihr Gegenteil verkehrt werden können. Hatten nämlich Betriebsräte wie Gewerkschaften ihre günstige Machtbasis in der Prosperität wesentlich ihrer günstigen Stellung in der Konkurrenz mit dem Kapital zu verdanken, so kehrt sich dieser Zusammenhang jetzt in der Krise um: Die industrielle Reservearmee setzt die Konkurrenz der Arbeiter untereinander frei, und es wird jetzt deutlich, daß

Arbeiter wie Gewerkschaften ihre Interessen lange Zeit nicht in klassenkämpferischen Formen verteidigen mußten.Wir wollen dies im folgenden auf zwei Ebenen der gewerkschaftlichen Auseinandersetzungen mit dem Kapital darstellen, der Ebene der Gesamtwirtschaft und der Ebene der Betriebe und der dortigen Kämpfe gegen Entlassungen, Arbeitsintensivierungen, Abstufungen und Dequalifizierungen.

I. *Gesamtwirtschaftlich* kann der Sachverständigenrat schon bald nach Beginn der Krise verkünden, daß er eine staatliche Einkommenspolitik mittels Orientierungsdaten im Grunde nicht für notwendig hält:

„ . . . nach unserem Eindruck sind die Tarifvertragsparteien zu einem für sie selbst und für die Volkswirtschaft tragbaren Kompromiß bereit. (. . .) Wieweit die Korrektur gehen muß, kann nicht einfach aus einer gesamtwirtschaftlichen Analyse abgeleitet (!) werden. Dies muß vielmehr von den Tarifvertragsparteien herausgefunden werden." (Sachverständigenrat JG 1975, 15)

Dieser Erwartung entsprachen unter dem Druck der industriellen Reservearmee dann auch die Ergebnisse der Tarifrunden 1975/76; den Tarifpartnern wird im folgenden Jahresgutachten jedenfalls „stabilitätspolitisches Augenmaß" bescheinigt (vgl. JG 1976/77, 12), und die gesamtwirtschaftliche (bereinigte) Lohnquote fällt von 66,5 (1975) auf 64,8 v.H. (1976) (JG 1977/78, 81, Tab. 15), die Profitquote in der Industrie steigt um 5,0 v.H. (vgl. Tab. 8 in Kapitel 5). 1976 steigen die Einkommen aus „Unternehmertätigkeit und Vermögen" um (netto) 13,7 v.H., die aus unselbständiger Arbeit um 3,8 v.H. (JG 1977/78, 83). Diese massive Umverteilung ist in der Tat nicht auf die staatliche Einkommenspolitik zurückzuführen, auch wenn die Tarifabschlüsse im Rahmen der staatlichen Globalsteuerung lagen, sondern in erster Linie auf die Wirkungen der Krise selbst. So lagen 1976 die Effektivverdienste der Arbeiter nur deshalb leicht über den Tariflöhnen, weil die Unternehmer verstärkt aus Kostengründen Überstunden im beginnenden Aufschwung ansetzten (vgl. auch JG 1976/77, 65).

Die Hinnahme der Verschlechterung der Verteilungsposition der Arbeiter durch die Gewerkschaften erstaunt zunächst angesichts der gewerkschaftlichen Interpretation der Ursachen der Krise, die zwar in erster Linie exogen gefaßt wurde (Weltmarkt, Bundesbankpolitik), deren Überwindung jedoch durch den Ersatz des Nachfrageausfalls durch zusätzliche Nachfrage von seiten des Konsums durch Lohnsteigerungen für möglich gehalten wurde. Die Erklärung hierfür ist, daß Lohnsteigerungen angesichts der Veränderungen in der Konkurrenz von Lohnarbeit und Kapital in der Krise *unter den in der Bundesrepublik entwickelten Kräfteverhältnissen* nicht mehr in einem Ausmaß durchsetzbar waren, um eine massive Umverteilung zugunsten der Profite verhindern zu können.

Diese offensichtliche Schwäche der Organisationen der Lohnarbeiter gegenüber dem Kapital in der Bundesrepublik hat mehrere Ursachen:

1. Das *Bewußtsein und Verhalten der Arbeiter,* also der Bezugspunkt jeder gewerkschaftlichen Politik. In ihrer großen Mehrzahl begreifen die Arbeiter die Krise zunächst „betriebsspezifisch" als Ausfall von Nachfrage nach Produkten des Betriebes, in dem sie beschäftigt sind. Wenn daher Krisen von einem großen Teil im allgemeinen als unvermeidbar in der herrschenden Produktionsweise angesehen werden (vgl. Eckart u.a. 1975, Tab. 1), so werden sie − bezogen auf die individuelle Situation − zunächst als Ausfall der Nachfrage gegenüber „ihren" Produkten erfahren und als „schicksalhaft" hingenommen. Daraus resultiert also zwar allgemein die Forderung nach höheren Löhnen (als Erhöhung der Massenkaufkraft) bzw. die Forderung nach zusätzlichen staatlichen Ausgaben (zur Erhöhung der effektiven Nachfrage); aber die schwierige Situation des eigenen Betriebes und den drohenden Verlust des eigenen Arbeitsplatzes vor Augen, existiert zugleich durchaus die Tendenz, zurückhaltend in den Lohnforderungen zu sein, eine Tendenz, die durch die Existenz einer anwachsenden industriellen Reservearmee vor den Betriebstoren noch verstärkt wird. Und insofern entsprachen die ersten Reaktionen der gewerkschaftlichen Politik in der Bundesrepublik auf die Krise − nach einer Phase des Stillhaltens − durchaus dem Problembewußtsein bei den Arbeitern: Forderungen nach zusätzlicher staatlicher Nachfrage; Verteidigung der bescheidenen Lohnforderungen gegenüber der bürgerlichen Öffentlichkeit mit der Notwendigkeit zusätzlicher kaufkräftiger Nachfrage; Begründung dieser maßvollen Lohnforderungen, die eine Umverteilung zugunsten der Unternehmen implizierten, vor den eigenen Mitgliedern mit der schwierigen ökonomischen Situation. Allerdings sind für die Schwäche der Arbeiterorganisationen bei der Abwehr der Krisenauswirkungen in dieser ersten Phase der Krise noch zwei weitere Momente wichtig geworden, die mittelbar mit dem Zustand der Arbeiter- und Gewerkschaftsbewegung zusammenhängen:

2. Die *Spaltung und Individualisierung innerhalb der Arbeiterschaft der Bundesrepublik.* Wir hatten schon auf die historischen Grundlagen dieses Zustandes hingewiesen: die Niederlagen im Faschismus, die Erfahrungen im Weltkrieg, die Neuzusammensetzung der Arbeiterklasse von den Tätigkeiten und Qualifikationen her (im Zuge der Umstrukturierung des Kapitals in der zweiten Phase der Kapitalakkumulation). Die Vollbeschäftigung und die günstige Stellung der Arbeiter als *einzelne* Verkäufer der Ware Arbeitskraft in der Konkurrenz mit dem Kapital haben diese Vereinzelung bestärkt wie auch eine Tendenz zur Spaltung der Arbeiterschaft in traditionell gewerkschaftlich organisierte Facharbeiter und (besonders ab Mitte der 50er Jahre neu in den Produktionsprozeß integrierte) an- und ungelernte Arbeiter, die zudem

noch aufgrund geschlechtlicher (hoher Anteil von teilzeitbeschäftigten Frauen) und ethnischer (ausländische Arbeiter) Merkmale nur bedingt dem Durchschnitt gewerkschaftlicher Mitgliedschaft und Repräsentanz entsprechen. Diese Momente der Zersplitterung der Arbeiterschaft konnten in der Prosperität solange nicht unmittelbar zum Problem werden, solange alle Beschäftigten (wenn auch anteilsmäßig unterschiedlich) Reallohnsteigerungen realisieren konnten. Erst mit der Verschärfung der Lebens- und Arbeitsbedingungen gerade der unteren Arbeiterschichten durch Intensifikation der Arbeit und Inflation treten Differenzen zwischen den einzelnen Arbeiterschichten zutage, die in den Diskussionen um den Kampf gegen verschlechterte Arbeitsbedingungen deutlich werden und die in den Streiks 1973 kulminieren, in denen in einzelnen Betrieben die aufgebrochene Spaltung von den Unternehmensleitungen gegen die Streikenden ausgenutzt wird und in denen z.T. auch die Gewerkschaftsorganisationen gegen die Streikenden offen auftreten. Die Bestätigung der Spaltung der Arbeiterschaft auch durch die Gewerkschaften und die Schwächung der Kampfkraft in diesen Auseinandersetzungen gerade zu Beginn der Krise ist ein wichtiges Moment der Schwäche der Gewerkschaften in der Krise.

3. Die Hinnahme von Lohnreduktionen und Arbeitsintensivierungen (einschließlich der „Modernisierung des Produktionsapparats" mittels Rationalisierungsinvestitionen) durch die Gewerkschaften in der ersten Phase der Krise hängt aber auch eng zusammen mit der schon in Kapitel 13 dargestellten *wirtschaftspolitischen Strategie der sozialliberalen Koalition*, über günstige Produktionsbedingungen von Profit mittels der „Bereinigung" wichtiger Kostenkomponenten des Kapitals die Konkurrenzfähigkeit des westdeutschen Kapitals auf dem Weltmarkt zu stärken und eine beschleunigte Akkumulation wieder einzuleiten. Diese Politik entsprach ja auch den Erfahrungen von Arbeitern und Gewerkschaften in der Prosperität, in der die günstige Position des westdeutschen Kapitals auf dem Weltmarkt einen wichtigen Faktor für Arbeitsplatzsicherheit und Reallohnerhöhungen darstellte, und die These vom Exportausfall als Ursache der tiefen Krise 1975 schien diese Strategie auch zu bestätigen. Mit dieser Politik waren die Gewerkschaften aber selbst noch einmal an die Kapitalstrategie gebunden: Denn eine Exportoffensive auf dem Weltmarkt konnte unter den Bedingungen einer synchron verlaufenden Weltmarktkrise nur dann gelingen, wenn die Kostenkomponenten im Inland sehr niedrig waren (vgl. auch Altvater/Neusüß 1975); eine solche Strategie mußte daher ihren Erfolg von dem Erfolg des Kapitals auf dem Weltmarkt abhängig machen und konnte der Kampfkraft der eigenen Organisation nur beschränkten Stellenwert im Kampf gegen die Krisenauswirkungen zuschreiben.

Da die Gewerkschaften zu Beginn der Krise ohne kampfkräftige und geschlossene Mitgliedschaft dastehen, sind sie auf die staatliche Wirtschaftspolitik als Adressaten ihrer Forderungen verwiesen, ein Adressat, der sich durch die vorhandene Bindung der Gewerkschaftsbewegung an die Sozialdemokratie (3) zudem anbietet. Auf dieser Basis setzt die Gewerkschaftsführung sogar noch ihre Interessenpolitik zugunsten der gewerkschaftlich repräsentierten deutschen Facharbeiterschaft fort. Diese Politik, die in der Unterstützung der Ausländerpolitik der Regierung deutlich geworden ist, gewinnt deshalb besondere Bedeutung, weil sie sich mit einer nach den ersten großen Entlassungswellen 1975 veränderten Personalpolitik der Betriebe überschneidet, in deren Entwicklung die gewerkschaftlichen Vertreter in den Betrieben einen schmerzhaften Lernprozeß durchmachen müssen.

II. Denn auf der *betrieblichen Ebene* verändern sich die Bedingungen gewerkschaftlicher betrieblicher Interessenvertretung mit dem Fortgang der Krise einschneidend. Waren nämlich in einer ersten Phase der Krise 1974/75 kollektive Widerstandsaktionen möglich, die sich gegen Massenentlassungen (besonders, wenn sie gleichzeitig in größerer Zahl auftraten) richteten, so ändert sich dies mit dem Andauern der Krise grundlegend. Erste Auswirkungen der Krise auch in den Betrieben, in denen keine Massenentlassungen vorgenommen wurden, sind: Angesichts des äußeren Drucks der industriellen Reservearmee verschärft sich die

---

3 Diese Bindung an die Sozialdemokratie wird von Zeuner (1977) verabsolutiert. In einer „generalisierten Staatsfixierung" der Arbeiter wird bei ihm die Basis für diese Bindung gesehen und der Autor weist die Behauptung zurück (bei Altvater/Neusüß 1975), daß in der Krise die Integration der Arbeiter immer weniger über ein vernünftiges Interesse vermittelt werden könne; dagegen sieht er gerade in der Krise eine Verstärkung der Fixierung der Arbeiter an den Staat. Zumindest für die erste Phase der Krise wird dem hier auch nicht widersprochen. Wir meinen aber, daß die Basis dieser Staatsfixierung in der Vereinzelung der Arbeiter durch die Krise, in dem Fehlen einer organisatorischen Vermittlung eines Abwehrkampfes bzw. überhaupt von Abwehrperspektiven liegt. Das Individuum ist – in der Krise auf sich selbst gestellt – natürlich mit seinen Forderungen auf die politische Instanz verwiesen, solange eine kollektive Perspektive fehlt. Allerdings haben schon Baethge/Schumann (1975) gezeigt, daß das Arbeiterbewußtsein weniger auf die *Inhalte* denn auf die *Form* staatlichen Handelns als allgemeinem fixiert ist – zugleich aber keine *konkrete* Interessenvertretung durch den Staat erwartet. In einer zweiten Phase der Krise scheint auch eine Veränderung eingetreten zu sein, die sich darin ausdrückt, daß die gewerkschaftliche Politik ihre Perspektive nicht mehr so sehr in der *staatlichen* Politik als in der betrieblichen und überbetrieblichen Auseinandersetzung mit dem *Kapital* sieht. Der Abwehrkampf gegen Rationalisierung und die Streiks Anfang 1978 werden gegen den Willen der Sozialdemokratie organisiert; in der Rentenfrage organisiert die IG Metall sogar in den Betrieben gegen die Regierungspläne Widerstand, und Vetter betont – in verschiedenen Artikeln in den Gewerkschaftlichen Monatsheften – stärker die *Autonomie* der Gewerkschaftsbewegung gegenüber der Regierung und der „Volkspartei" SPD (Vgl. Vetter 1975, 206; 1978, 199). Darauf kommen wir im letzten Kapitel zurück.

Konkurrenz innerhalb der Arbeiterschaft, nicht nur jene zwischen beschäftigten und unbeschäftigten Arbeitern, sondern auch jene zwischen den beschäftigten Arbeitern selbst. Mit innerbetrieblichen Rationalisierungen schälen sich die Differenzierungen innerhalb der Belegschaften nach Qualifikation, geschlechtlichen, sozialen und ethnischen Merkmalen heraus; ganze Arbeitergruppen werden innerbetrieblich herabgestuft, Facharbeiter auf Arbeitsplätze gesetzt, die zuvor angelernte Arbeiter innehatten, diese angelernten Arbeiter wiederum werden entlassen; gewachsene Kommunikationsstrukturen in und zwischen den Abteilungen werden durch die innerbetrieblichen Umstrukturierungsmaßnahmen zerschlagen, die Intensivierung der Arbeit und die Ableistung von Überstunden müssen angesichts der Arbeitslosen vor den Betriebstoren hingenommen werden.

Auf dieser Spaltung und Schwächung der Arbeiterschaft baut nach der ersten Phase der Massenentlassungen eine veränderte Betriebs- und Personalpolitik des Kapitals auf (vgl. die ausführlichere Analyse von Hildebrandt 1977, Dombois 1976). Denn während sich Lernprozesse der Gewerkschaften erst in den Tarifrunden 1977 und 1978 andeuten, haben die Unternehmen schon frühzeitig ihre Lernprozesse in der Krise abgeschlossen: daß nämlich Massenentlassungen, eine verschleiernde Informationspolitik über die Lage der Unternehmen und die zukünftige Personalpolitik und die rigide „Herr-im-Haus-Politik" zu geschlossenen und die Solidarisierung fördernden Widerstandsaktionen der Belegschaften führen können. Stattdessen setzt die veränderte Betriebspolitik der Unternehmen an der Konkurrenz innerhalb der Arbeiterschaft und der gewerkschaftlich dominierten Institution des Betriebsrats an: Die verschiedenen Fraktionen der Belegschaften sollen gegeneinander ausgespielt werden, der durch das Betriebsverfassungsgesetz eingebundene Betriebsrat wird gerade aufgrund seiner Einspruchsrechte (Kündigungsschutz) auf die Seite der durch Rentabilitätsüberlegungen geprägten Unternehmenspolitik gezogen und zur Selektion zwischen den Betroffenen gezwungen und entscheidet i.d.R. zuungunsten der unteren (gewerkschaftlich unterrepräsentierten) Arbeiterschichten.

In die gleiche Richtung der Ausgrenzung bestimmter betroffener Schichten der Arbeiterschaft durch die betriebsspezifische Politik der Interessenvertreter der Arbeiter (die durch das BetrVG und das Fehlen einer gewerkschaftlichen Abwehrstrategie strukturell angelegt ist!) und damit die *Schwächung der Gewerkschaften selbst* wirkt auch die „Dezentralisierung und Delegation der Entscheidungen über das Arbeitsschicksal und das Reproduktionsniveau der Beschäftigten. Unternehmensleitung, Betriebsrat, Arbeitsgericht, Einigungsstelle, Arbeitsverwaltung und Sozialbetreuung zerstückeln den Gesamtzusammenhang des Entlassungsprozesses, zerren ihn institutionell und zeitlich auseinander, so daß der Überblick und die Kompetenz für die Betroffenen — Voraussetzungen, um die Bewältigung ihrer Probleme aktiv vorzunehmen — zerstört werden." (Hildebrandt 1977, 190)

Fazit: Die Schwächung der Gewerkschaften in der Krise und damit das Fehlen einer offensiv interpretierenden und anleitenden Organisation, die die Krisenauswirkungen hätte aktiv bekämpfen können, ist offenbar schon in der vorhergehenden gesellschaftlichen Entwicklung angelegt gewesen: in der Vereinzelung des Arbeiters in der Konkurrenz mit dem Kapital, der Marginalisierung bestimmter Arbeiterschichten gegenüber der Facharbeiterschaft mit hohem gewerkschaftlichen Organisationsgrad. Diese Entwicklung war auch angelegt in der Suche nach dem Adressaten gewerkschaftlicher Politik in der sozialliberalen Wirtschaftspolitik und den sozialstaatlichen Institutionen und in einer gewerkschaftlichen Politik, die auf die Konkurrenzfähigkeit des nationalen Kapitals auf dem Weltmarkt und die Fähigkeit des Krisenmanagements durch die Wirtschaftspolitik baute; diese zuletzt genannten Faktoren waren in der Phase der Prosperität — das soll nochmals betont werden — Stärken der bundesrepublikanischen Gewerkschaftsbewegung. Weil aber diese Machtpositionen mehr oder minder der günstigen Stellung der Lohnarbeit in der Konkurrenz mit dem Kapital geschuldet waren, fallen sie mit der Krise und der Massenarbeitslosigkeit weg und/oder werden unter den historisch entwickelten Kräfteverhältnissen in der Bundesrepublik gar im Sinne der Politik der Lohnreduktion, der Arbeitsintensivierung und der Entlassungen (gegen den Protest der Gewerkschaften) funktionalisiert.

Erst mit dem Andauern der Arbeitslosigkeit findet allmählich bei den Gewerkschaften eine Umorientierung statt, die allerdings vorerst in der Formulierung von Programmen gegen die Arbeitslosigkeit (vgl. dazu Kapitel 15) und in einer offensiveren Tarifpolitik erkennbar ist. Tarifpolitisch werden die Wirkungen von Rationalisierungsinvestitionen und überhaupt der technologischen Umwälzungen nach der Krise in der besonders betroffenen Druckbranche thematisiert (Kampf um die Durchsetzung des „Rastertarifvertrages" 1978); auch in der IG Metall werden in Nord-Baden/Nord-Württemberg erste Erfolge im Kampf um betriebliche Absicherungen erzielt, und in der Stahlindustrie streikt die IGM (erfolglos) für den „Einstieg" in die 35 Stunden-Woche. Allerdings bleiben diese Ansätze auf diese zwei Branchen und in der IG Metall auch nur auf bestimmte Tarifgebiete beschränkt. Dennoch deutet sich eine Umorientierung im Adressaten gewerkschaftlicher Politik gegen die Krisenauswirkungen an: Nicht mehr der *Staat*, sondern die betriebliche und überbetriebliche Auseinandersetzung mit dem *Kapital* wird als Ansatzpunkt begriffen — was auch der harte Widerstand der Kapitalverbände in der Tarifrunde 1978 verdeutlicht hat.

In diesen Auseinandersetzungen zeigt sich, daß angesichts des Problemdrucks von Krise und Massenarbeitslosigkeit die disziplinierende Kraft der Krise mit ihren Vermittlungs- und Selektionsmechanismen „bröckelt"; dem durch sie hergestellten „repressiven Konsens" auf betrieblicher und überbetrieblicher Ebene kann durch die Erfahrung kollektiven Widerstands durchaus entgegengetreten werden. Allerdings sind hier nur Ansätze erkennbar, die vorerst nicht verallgemeinert werden können. Auch haben wir in den letzten Abschnitten ja nur einen Ausschnitt gesellschaftlicher Prozesse in Prosperität und Krise betrachtet.

Aber die Krisenerfahrungen beinhalten noch einen anderen (langfristigen) Aspekt: Nicht nur wird in der Krise von den Lohnabhängigen die Unvereinbarkeit ihrer Bedürfnisse mit der „Akkumulationsnotwendigkeit" des Kapitals erfahren (eine Erfahrung, die – wie wir gesehen haben – weitgehend individuell verarbeitet werden muß), sondern auch die *gemeinsame* Betroffenheit als Klasse der Lohnarbeiter. Denn auch die Beschäftigten machen durch Abstufungen und Dequalifikationsprozesse die Erfahrung der Bedrohung ihrer Arbeiterexistenz und der Verminderung ihrer Reproduktionsmöglichkeiten; zugleich gehen drei- bis viermal so viel Lohnarbeiter als die absolute Zahl durch eine Phase der Arbeitslosigkeit (wenngleich diese Fluktuationen sich wiederum besonders bei den genannten Problemgruppen konzentrieren). Abstufungen und Dequalifikationen bedeuten auch eine Annäherung der verschiedenen Schichten der Arbeiterklasse durch den Wegfall von damit ehemals verbundenen Privilegien. Es sind daher nicht nur Momente der Spaltung und der Individualisierung der Krisenerfahrungen innerhalb der Arbeiterschaft festzuhalten, sondern auch gegensätzliche Prozesse einer Vereinheitlichung, wenngleich diese Erfahrungen angesichts des aktuellen Problemdrucks erst allmählich von Bedeutung werden könnten. Denn in der Krise werden diese Tendenzen zur Vereinheitlichung eher als *negativ* in der Form des Verlustes von Qualifikation und Reallohn erfahren, so daß (auch als Abwehr!) die Differenzierungen zunächst eher an Gewicht gewinnen.

Grundsätzlich dürften daher z.Zt. die besonderen Problemgruppen aus diesem Solidarzusammenhang ausgeschlossen bleiben und erst über eine gewerkschaftliche Politik, die sich dieser Spaltung (und damit ihrer eigenen Schwächung) bewußt ist, wieder in eine gemeinsame Aktion mit dem Gros der Arbeiterschaft gebracht werden. Inwieweit eine solche Solidarität aber von seiten der „Marginalisierten" her möglich ist, kann hier nicht beantwortet werden.

14.4.2. Staatliche Arbeitsmarkt- und Sozialpolitik als Bewältigung von Konfliktpotentialen

Wir hatten schon in unserer Darstellung der innerbetrieblichen Vermittlungsinstanzen und -prozesse auf die Bedeutung der Verrechtlichung bzw. Verstaatlichung der Interessenwahrnehmung hingewiesen: Auch wenn die rechtliche Absicherung bestimmter Kompromißlinien zwischen Lohnarbeit und Kapital, die „Verrechtlichung" (vgl. dazu Blanke u.a. 1974, 97 ff.), von großer Bedeutung als Abwehrposition für die Stellung der Arbeiter gegenüber dem Kapital ist, so wird dadurch doch eine „Trennung von Verursachung (das Unternehmen entläßt) und Interessenwahrnehmungsinstanz (Gesetzgebung, Arbeitsgerichte, Arbeitsverwaltung) . . . bewirkt" (Hildebrandt 1977, 190), die in der Krise den Konflikt zwischen Lohnarbeit und Kapital institutionell verschiebt, selektiert und individualisiert! Der Entlassene erscheint – einmal vom Betrieb entlassen und als Kläger vor dem Arbeitsgericht auftretend – nicht mehr als Opfer einer spezifischen Produktionsweise oder als Teil des Konflikts zwischen Lohnarbeit und Kapital auf Betriebsebene, sondern als Kläger gegen den Käufer seiner Ware Arbeitskraft vor dem Arbeitsgericht (bestenfalls noch unterstützt vom gewerkschaftlichen Rechtsbeistand), dann nach einem „Vergleich" vor dem Gericht als Objekt der staatlichen Arbeitsverwaltung und schließlich mit andauernder Arbeitslosigkeit als Objekt der staatlichen Sozialverwaltung, als „Sozialfall".

Dabei wird die Politik der „Marginalisierung" von bestimmten „Problemgruppen" (vgl. dazu Kapitel 10) von der staatlichen Arbeitsmarktpolitik offen praktiziert und mit ihrer Hilfe werden letztlich die Resultate der kapitalistischen Betriebspolitik in die Gesellschaft hinein verlängert. Das mit der andauernden Massenarbeitslosigkeit entstehende Konfliktpotential in der Gesellschaft kann so teilweise absorbiert werden. Diese gesellschaftlichen und staatlichen Mechanismen der Konfliktabsorption sollen jetzt genauer betrachtet werden (vgl. dazu genauer: Wacker 1976 und 1978).

Wir hatten im vorhergehenden Abschnitt gesehen, daß die Veränderungen *in* den Betrieben nicht unabhängig vom Druck der industriellen Reservearmee *vor* den Betriebstoren zu analysieren sind, weil dieser Druck erst die innerbetriebliche Konkurrenz verstärkt und den Unternehmen leicht die Möglichkeit schafft, diese Konkurrenz für ihre Zwecke auszunutzen. Ist daher einerseits gewerkschaftliche Strategie auf den *Zusammenhang* der Situation der beschäftigten mit der Existenz von unbeschäftigten Arbeitern verwiesen, so wird andererseits jener Teil der Arbeitslosen, der auf lange Zeit keine Arbeit mehr findet (also zur „Sockelarbeitslosigkeit" gehört) mit der Dauer der Arbeitslosigkeit immer stärker von seinen beschäftigten Kollegen *getrennt*. Diese Abspaltung von dem Solidarzusammenhang von beschäftigten bzw. nur vorübergehend arbeitslosen Arbeitern trifft nun wiederum aufgrund der zuvor entwickelten betrieblichen Strategien die „Problemgruppen" unter den Arbeitslosen in besonderem Ausmaß: also Ausländer, Frauen, Jugendliche, Kranke u.ä. Dabei trifft – auch das wurde schon hervorgehoben – für einen großen Teil der von der Dauerarbeitslosigkeit betroffenen Arbeiter zu, daß sie traditionell schwach gewerkschaftlich organisiert sind und deshalb auch kaum ihre Situation im ausreichenden Maße von den Gewerkschaften thematisiert wird bzw. wurde. Fehlt diesen Problemgruppen also auf der einen Seite der organisatorische und situationsgemäße Zusammenhang mit den beschäftigten Arbeitern, so treffen sie auf der anderen Seite im besonderen Ausmaß die Maßnahmen der staatlichen Arbeitsmarkt- und Sozialpolitik zur Selektion und Individualisierung ihres Schicksals: Die Ausländer werden über die Ausländerpolitik in ihre Heimatländer abgeschoben (wo sie natürlich erst recht keine Arbeit finden können und das dortige Arbeitslosenproblem verschärfen); die Möglichkeiten für Frauen, eine Teilzeitarbeit zu finden, wird durch die „Verfügbarkeitsklausel" gemindert (4); durch Frühverrentung können zwar Arbeitsmarktstatistiken, aber nicht unbedingt die Lebenssituation der Frühverrenteten verbessert werden (zumal dadurch auch die Möglichkeit einer intensiveren Vernutzung der Arbeitskraft durch das Kapital geschaffen wird); lediglich die Verlängerung der Schul- und Berufsausbildung als Mittel gegen Jugendarbeitslosigkeit hat auch den positiven Effekt einer besseren Qualifikation der Arbeitskraft. Wichtig ist aber in diesem Zusammenhang, daß alle diese Maßnahmen unter dem Gesichtspunkt der Verminderung des Konfliktpotentials und der Verdrängung von möglicherweise Arbeitsuchenden vom Arbeitsmarkt ergriffen werden und keinerlei perspektivische Kraft entfalten können.

Die staatlich vermittelte Vereinzelung der Erfahrung des Arbeiterschicksals als Teil der industriellen Reservearmee knüpft daher an den ökonomischen Mechanismen zur Spaltung und Disziplinierung der betroffenen Arbeiter an. Bereits 1975 stellen so auf Basis einer umfassenden empirischen Studie Baethge/Schumann fest:

„Soweit präventive Sozialpolitik auf der Bewußtseinsebene politische Legitimationsfunktionen übernimmt und Systemloyalitäten zu binden bzw. zu erhalten versucht, will sie nicht mehr nur manifeste Konflikte gleichsam auf das Niveau des Status quo zurückführen, sondern strebt in unserem Fall mit der Veränderung der Arbeitsmarktsituation und des Arbeitsmarktverhaltens auch eine qualitative Stärkung der Legitimationsgrundlage in dem Sinne an, daß die kollektive Identität der Arbeiterschaft (. . .) zunehmend einer individuellen Identität aufgrund individueller Handlungschancen und Verhaltensmuster auf dem Arbeitsmarkt weicht." (Baethge/Schumann 1975, 44 f.)

Dieser Anknüpfungspunkt ist durchaus nicht beliebig, sondern strukturell durch das Verhältnis von Ökonomie und Politik, von Verursa-

---

4 Diese Klausel besagt, daß die Zahlung von Arbeitslosengeld bzw. -hilfe von der jederzeitigen Verfügbarkeit des Arbeitsuchenden abhängig ist, was wiederum bei verheirateten Frauen mit Kindern neuerdings umstritten ist. (Nach Fertigstellung dieses Manuskripts wurde per Erlaß auch allgemein der „Zumutbarkeitsbegriff" in einem Maße ausgeweitet, daß dadurch der Dequalifizierung größerer Arbeiterschichten Tür und Tor geöffnet wird.)

chung der Arbeitslosigkeit durch ökonomische Gesetzmäßigkeiten und der Bewältigung der sozialen Auswirkungen durch die staatliche Arbeitsmarkt- und Sozialpolitik vorgegeben.

Entlassungen sind nicht mehr Problem der Wirtschaftspolitik, sondern Gegenstand der Arbeitsgerichte und der Arbeits- und Sozialverwaltung; das verminderte Reproduktionsniveau der Arbeiter und daraus resultierende Schwierigkeiten (z.B. der Mietzahlungen etc.) werden Gegenstand des Zivilrechts; die wachsende Kriminalität (besonders die Jugendkriminalität) wird Gegenstand des Strafrechts etc. Auch darin zeigt sich wiederum eine Form der Individualisierung und Verlagerung von Konfliktpotentialen, die ihre Ursachen in der ökonomischen Krise haben. Zumindest hat bisher die Form „normaler" Selektivität des politischen Systems ausgereicht, um dieses Konfliktpotential weitgehend auszugrenzen.

Aber gerade diese Form der Konfliktbewältigung bzw. besser: -verschiebung verweist auf die Notwendigkeit einer *kollektiven* Verarbeitung und Abwehr. Denn diese Formen der Krisenverarbeitung implizieren jeweils auch Schwächen bzw. Niederlagen der Arbeiter- und Gewerkschaftsbewegung; die Partialisierung und Marginalisierung der Krisenbetroffenheit und -folgen werden vom Kapital in der Konkurrenz mit der Lohnarbeit ausgenutzt und gefördert, was letztlich auch eine Zersetzung der gewerkschaftlichen Solidarität zur Folge haben muß. Wollen sich die Gewerkschaften daher nicht in ein „amerikanisches" Modell der borniertenInteressenvertretung der Nur-Beschäftigten und Nur-Gewerkschaftsmitglieder drängen lassen und damit sich jeder effektiven Widerstandsmöglichkeit als Organisation der Klasse gegen das Kapital begeben, so müssen sie die Bedingungen der gewerkschaftlichen Stärke durch die Vertretung der Arbeitslosen und Marginalisierten in den Gewerkschaften und durch die Abwehr einer weiteren Spaltung der Lohnabhängigen wiederherstellen.

14.5. Zusammenfassung

1. Der stabile gesellschaftliche Basiskonsens in den 50er und 60er Jahren hatte seine Ursachen in den Niederlagen der Arbeiterklasse und ihrer Organisationen und in der prosperierenden Kapitalakkumulation in diesem Zeitraum, die eine breite Kompromißzone sowohl für den Verteilungskonflikt zwischen Lohnarbeit und Kapital als auch für die staatlich vermittelte Steigerung des Lebensstandards breiter Schichten der Bevölkerung ermöglichte.

2. Für die Gewerkschaften gilt für die Phase der Vollbeschäftigung, daß aufgrund der günstigen Stellung der Arbeiter auf dem Arbeitsmarkt kämpferische Auseinandersetzungen mit dem Kapital nicht notwendig sind, um die Arbeits- und Lebenssituation zu verbessern; dabei hinken

die Erfolge der gewerkschaftlichen Tarifpolitik sogar noch hinter den Effektivverdiensten (die vom Arbeitsmarkt unmittelbar bestimmt werden) hinterher.

3. Mit der Krise 1966/67 und der darauffolgenden Globalsteuerung in der Wirtschaftspolitik wird die Basis dieses gesellschaftlichen Konsenses im stärkeren Maße als bis dahin politisch vermittelt: Vollbeschäftigung, Geldwertstabilität und Wirtschaftswachstum werden als politisch lösbare Aufgaben angesehen; dadurch steigt zwar der Legitimationsbedarf der Politik, ohne daß aber damit die ökonomischen Verhältnisse ihre Bedeutung für die Konsensbeschaffung verlieren.

4. Analog zum ökonomischen Zyklus und dem Wechsel der Formen der Wirtschaftspolitik ist auch für die Gewerkschaften die Phase von 1966/67 bis 1974/75 durch einen eigentümlichen *Zyklus im Verhältnis von Arbeitern, Gewerkschaften und staatlicher Wirtschaftspolitik* gekennzeichnet: Während die Gewerkschaften zunächst nach der *Krise 1966/67* in der Konzertierten Aktion auf staatliche Orientierungsdaten festgelegt wurden, stellt sie sich damit spätestens dann in Widerspruch zu ihren Mitgliedern, als mit dem zyklischen *Aufschwung* und *Boom* das Kapital große Profitmassen realisieren kann und die Einkommensverteilung sich zuungunsten der Arbeiter entwickelt, die dagegen in spontanen Streiks protestieren und Erfolg haben. In den nächsten Tarifrunden im Boom können die Gewerkschaften – indem sie sich von den staatlichen Orientierungsdaten lösen – die größten Lohnsteigerungen der Nachkriegszeit durchsetzen und so das gewerkschaftliche Monopol auf Konfliktaustragung mit dem Kapital wiederherstellen. Mit dem beginnenden zyklischen Abschwung nach 1970 nehmen aber auch – bei noch andauernder Vollbeschäftigung – die gewerkschaftlich organisierten Streiks an Härte zu. Die Lohnsteigerungen können aber im Boom vom Kapital in zweierlei Hinsicht unterlaufen werden: günstige Nachfrageverhältnisse ermöglichen große Preiserhöhungsspielräume, und innerbetrieblich kann über Rationalisierung, Arbeitsintensivierung und Überstundenarbeit etc. der Verschleiß der Arbeitskraft erhöht werden. Die Verschlechterung der Arbeitsbedingungen und die Auswirkungen der Inflation (Festgeldforderungen) werden daher seit Anfang der 70er Jahre immer stärker Gegenstand gewerkschaftlicher und nicht-gewerkschaftlicher Auseinandersetzungen mit dem Kapital. Der zyklische *Abschwung* zwingt die Gewerkschaften wieder stärker in den Rahmen der staatlichen Wirtschaftspolitik (die allerdings ab 1973 Restriktionspolitik ist) und die traditionelle Lohnpolitik zurück. Damit setzen sie sich in Widerspruch zu jenen Teilen der Arbeiterschaft, die besonders die schlechten Arbeitsbedingungen zu spüren bekommen. Diese „unteren Arbeiterschichten" mit sehr niedrigem gewerkschaftlichen Organisationsgrad gewinnen in den spontanen Streiks 1973 an Bedeutung; zugleich zeigt

sich in diesen Streiks, daß aufgrund einer veränderten ökonomischen Situation die Kapitalseite kompromißlos eine harte Spaltungs- und Zersplitterungsstrategie verfolgt, während die Gewerkschaftsorganisationen sich von den Streiks distanzieren.

Die Schwächung der Kampfkraft der Belegschaften und insbesondere die Spaltung der Belegschaften (untere Arbeiterschichten – Facharbeiterschaft) wirkt sich in der *Krise 1974/75* und danach fatal aus: Denn gerade die unteren Arbeiterschichten sind besonders stark von Arbeitslosigkeit betroffen; die Spaltung innerhalb der Arbeiterschaft wird so bestätigt und wird eine Schwäche der gewerkschaftlichen Abwehrpolitik. Durch eine geschickte Betriebs- und Personalpolitik versucht im weiteren Verlauf der Krise das Kapital, diese Spaltung auszunutzen und die Vertretungsorgane der Arbeiter in eine an der Rentabilität der Unternehmen orientierte Politik zu integrieren. Dabei erweist sich die Verrechtlichung wichtiger Machtpositionen der Arbeiter im Betrieb als Mittel, die Spaltungs- und Marginalisierungspolitik durchzusetzen.

5. Durch die staatliche Arbeitsmarkt- und Sozialpolitik wird die Betroffenheit und Marginalisierung bestimmter „Problemgruppen" der Arbeitslosen in die Gesellschaft verlängert; die Erfahrungen der Krisenauswirkungen werden partialisiert und politisch selektiert. Während die beschäftigten Arbeiter durch die drohende industrielle Reservearmee vor den Fabriktoren diszipliniert werden, werden die Erfahrungen der unmittelbar Betroffenen aus dem Solidarzusammenhang der Arbeiterschaft gerissen und partialisiert. Erst mit dem Andauern der Massenarbeitslosigkeit und drohenden Entlassungen durch die im Aufschwung ab 1976 vorgenommenen technologischen Umwälzungen verstärkt sich der gewerkschaftliche Widerstand in der Tarifpolitik und werden alternative, auf den Abwehrkampf der Gewerkschaften in den Betrieben bezogene Programme diskutiert.

15. Kapitel

Alternativen der Wirtschaftspolitik

15.1. Gewerkschaftliche Lernprozesse in der Krise

In der Krise der 70er Jahre lassen sich zwei Phasen gewerkschaftlicher Diskussionen um eine angemessene Strategie der Krisenbewältigung unterscheiden: In einer *ersten Phase* nach dem offenen Ausbruch der Krise 1974 ist die gewerkschaftliche Reaktion noch stark von dem Vertrauen in die Möglichkeiten der staatlichen Wirtschaftspolitik geprägt. Dieses Vertrauen spiegelt sich auch in der gewerkschaftlichen Kriseninterpretation wider, in der die Krise wesentlich auf exogene Faktoren (Ölkrise, Exportausfall) und auf die Anti-Inflationspolitik der Bundesbank zurückgeführt wird. Der hohe Stellenwert der Bundesbankpolitik in der gewerkschaftlichen Diskussion ergibt sich aus dem dort vorherrschenden theoretischen Paradigma, das z.B. in der DGB-Zielprojektion 1973-1977 (vgl. Leminski/Otto 1974, 264 ff.) dargelegt wird: Danach kann im Rahmen der Vollbeschäftigungspolitik durch Hochhalten des Niveaus der effektiven Nachfrage eine gewerkschaftliche Umverteilungspolitik mit dem Ziel einer größeren sozialen Gerechtigkeit dann ohne Folgen für das Investitions- und damit das Beschäftigungsniveau bleiben, wenn die notwendigen zusätzlichen Investitionen der Unternehmen, deren Finanzierung aus den Gewinnen ja durch die gewerkschaftliche Lohnpolitik gefährdet wird, durch eine erhöhte Fremdfinanzierung garantiert werden. Dies kann aber nur gelingen, wenn die Geldmengen- und Zinspolitik der Bundesbank die Fremdfinanzierung erleichtert und nicht einengt. Diesem Interpretationsmuster entspricht die Entwicklung seit 1970 scheinbar in einem hohen Maße: Nachdem die Gewerkschaften in den Jahren 1970 bis 1972 hohe Lohnforderungen haben durchsetzen können, beschränkt die Bundesbank 1973 mit ihrer Anti-Inflationspolitik die Geldmengenzuwächse und erhöht das Zinsniveau (darin unterstützt vom Sachverständigenrat, der eine „Verselbständigung des Zieles der Geldwertstabilität" fordert). Diese Politik mußte die (Fremd-)Finanzierung der Investitionen einengen und zur Krise führen. Die gewerkschaftliche Kritik richtet sich daher in erster Linie gegen die Bundesbankpolitik. Parallel dazu wird gefordert, durch eine Erhöhung der Massenkaufkraft und zusätzliche staatliche Ausgaben das Nachfrageniveau zu erhöhen bzw. den Ausfall der Nachfrage im privaten Sektor zu kompensieren, um so die Beschäftigung zu erhöhen.

Diese Einschätzung der Gewerkschaften, die auf dem Vertrauen in die Machbarkeit der Konjunktur durch die staatliche Wirtschaftspolitik beruht, wird durch die Erfahrungen in der Krise widerlegt: Die staatliche Wirtschaftspolitik erweist sich nicht nur als unfähig, die Massenarbeitslosigkeit zu verhindern, sondern zeichnet sich sogar – wie wir gesehen haben – durch eine gewisse Abkehr von keynesianischen Konzeptionen der Wirtschaftspolitik aus; zugleich zeigt sich im Aufschwung seit 1976, daß auch erhöhte Gewinne, Wachstum des Sozialprodukts und verbesserte Stellung auf dem Weltmarkt keine Garantie für die Sicherheit der Arbeitsplätze sind, sondern die Konjunktur sogar noch auf der Vernichtung von Arbeitsplätzen beruht. Diese Erfahrungen zwingen die gewerkschaftlichen Diskussionen in einer *zweiten Phase* dazu, stärker die strukturellen Komponenten der Krise und ihrer Überwindung zu diskutieren. Diese Diskussionen werden auch wesentlich von den Erfahrungen der Gewerkschaftsmitglieder in den Betrieben getragen bzw. es werden Forderungen aus den Betrieben aufgenommen, die die Gewerkschaftspolitik qualitativ verändern. Dabei stehen die technologischen Umwälzungen in der Produktion im Zuge der Restrukturierung des Kapitals in der Krise („Rationalisierungsinvestitionen") im Vordergrund, deren Auswirkungen auf die Beschäftigten die Gewerkschaften zunächst einmal mit *Abwehrstrategien gegen Abgruppierungen und Dequalifikation*, zum anderen mit der *Politik der Arbeitszeitverkürzungen* entgegentreten wollen.

Will man diese beiden Phasen gewerkschaftlicher Krisendiskussion grob kennzeichnen, dann ist die erste Phase dadurch charakterisiert, daß über Veränderungen der makroökonomischen Bedingungen der Nachfrage in der *Zirkulationssphäre* und mit Hilfe des *Staates* die Auswirkungen der Krise auf die Arbeiter abgewehrt werden sollten, während in der zweiten Phase auch die Bedingungen der *Produktionssphäre* thematisiert werden – mit der Konsequenz, daß hier die *gewerkschaftliche* Auseinandersetzung mit dem Kapital der Hebel einer erfolgreichen Abwehrpolitik sein kann: Die Forderungen sind nicht mehr in erster Linie an den Staat (an die staatliche Wirtschaftspolitik) gerichtet, sondern ergeben sich teilweise unmittelbar aus den Auseinandersetzungen in den Betrieben und knüpfen an artikulierte Interessen der Arbeiter an.

Aber auch diese produktionsbezogene Abwehrpolitik der Gewerkschaften gerät in ein Dilemma: im Rahmen der kapitalistischen Produktionsweise müssen Forderungen nach Arbeitszeitverkürzung, Verminderung der Arbeitsintensität, Beseitigung der Massenarbeitslosigkeit bei Aufrechterhaltung des Reproduktionsniveaus der Beschäftigten die kapitalistische Lösung der Krise erschweren. Wollen die Gewerkschaften daher nicht in dem bislang vorhandenen Dilemma verbleiben, einerseits produktions- und reproduktionsbezogene Forderungen im Interesse der Arbeiter aufzustellen, anderseits die „Wettbewerbsfähigkeit der Wirtschaft" auch in der Zukunft als Garanten der Arbeitsplatzsicherheit zu akzeptieren, dann müssen die Forderungen auch die Veränderung der stofflichen Reproduktionszusammenhänge in der Gesellschaft nach Bedarfs- und Beschäftigungskriterien einbeziehen — gegen das kapitalistische Rentabilitätsprinzip. In diesem Kontext ist die Diskussion um *Alternativen der Wirtschaftspolitik* in der Krise zu sehen, die die Veränderung der kapitalistisch produzierten gesellschaftlichen Reproduktionszusammenhänge thematisiert.

Die in der Bundesrepublik in der Krise 1974/75 begonnene Diskussion um „Alternativen der Wirtschaftspolitik" nimmt zunächst den traditionellen (linkskeynesianischen) Ansatzpunkt der Gewerkschaftspolitik auf und fordert die Ausweitung der effektiven Nachfrage durch staatliche Ausgabenprogramme und eine expansive Lohnpolitik. Damit stellt sich die Alternativdiskussion in die historische Kontinuität der Diskussionen um eine alternative Politik der Arbeiterbewegung in der Krise: Der unternehmerischen Strategie der Senkung der Lohnkosten der Einzelkapitale wird der Lohn als Nachfragefaktor entgegengesetzt, dessen Erhöhung die gesamtgesellschaftliche Nachfrage erhöhe und zur Auslastung der Kapazitäten führe. Indem hier der Lohn vor allem als Nachfragefaktor begriffen wird, kann theoretisch eine Krisenlösung begründet werden, die es der Arbeiterbewegung ermöglicht, Lohnsteigerungen in der Krise zum Zwecke der Gesundung des kapitalistischen Systems zu fordern; eine „harmonistische" Krisenlösung ist scheinbar möglich, auch wenn diese Lösung gegen die Einzelkapitale durchgesetzt werden muß. Wird daher eine von der Logik der Arbeiterbewegung getragene Krisenpolitik (letztlich) unterkonsumtionstheoretisch begründet (vgl. Kapitel 9), steht die gewerkschaftliche Interessenvertretungspolitik im Rahmen des Systems nicht mehr quer zu den gesamtwirtschaftlichen Zwängen, sondern verhält sich sogar systemgerecht.

Neben den theoretischen Einwänden, die gegen eine unterkonsumtionstheoretische Erklärung der kapitalistischen Krise geltend gemacht werden können und aus denen gefolgert werden kann, daß eine damit begründete Krisenpolitik scheitern muß, läßt sich dieser Konzeption auch entgegenhalten, daß der Arbeiter allein als *Konsument* definiert wird, der mit seinen Konsumausgaben Nachfrage erzeugt. Als *Produzent* des gesellschaftlichen Reichtums und als Ausgebeuteter wird der Arbeiter hier nur kompensatorisch behandelt: Über die Erhöhung des Lohnniveaus bzw. der staatlichen Sozialausgaben (zur „Reparatur" der in der Produktion erzeugten Schäden an der Gesundheit und zur Kompensation der Folgen von Dequalifikation und Arbeitsplatzverlust) sollen die *Folgen* der kapitalistischen Produktion aufgefangen werden.

Wir werden in den folgenden Abschnitten die historische Diskussion um eine alternative Politik der Arbeiterbewegung in der Krise aufnehmen und auf diesem Hintergrund die aktuelle Diskussion in der Bundesrepublik um gesamtwirtschaftliche Alternativen darstellen. (1)

15.2. Krisenüberwindung durch Kaufkraftausweitung?

Eine große Bedeutung in der Geschichte der Arbeiterbewegung haben Vorschläge erlangt, mit einer *Ausweitung der Massenkaufkraft* die Krise zu beheben. Bei diesen Konzepten handelt es sich um politisch gewendete Versionen der *Unterkonsumtionstheorie*, die die entscheidende Ursache der Krise in der mangelnden Massenkaufkraft zur Abnahme der produzierten Waren sieht und folglich meint, dieses Dilemma durch Ausweitung der Löhne, die in die Konsumtion fließen, beheben zu können. Dies wird von Karl Massar, einem Unterkonsumtionstheoretiker der vorfaschistischen Zeit, deutlich ausgedrückt:

„Wenn es ... den Gewerkschaften gelingt, nach Eintritt der Krise die Löhne auf ihrer Konjunkturhöhe zu fixieren, das heißt das volkswirtschaftliche Wohl einmal dem privatwirtschaftlichen überzuordnen, dann werden die Folgen der Krise milder sein als sonst. ... Das wichtigste Ergebnis dieser Betrachtung liegt in der *prognostisch bedeutsamen Erkenntnis* der vornehmen Wirkung hoher Löhne auf den Konjunkturverlauf. Immer werden hohe Löhne die wirtschaftliche Wellenbewegung abzuschwächen imstande sein, und im besonderen werden Lohnerhöhungen zu Beginn einer Konjunkturperiode und Hochhaltung der Löhne zu Beginn der Krise und im Verlauf der Depression die höchst unerwünschten Folgeerscheinungen mildern können." (Massar 1927, 76)

Tatsächlich spricht der äußere Anschein der Krise für eine solche Therapie. Denn sind nicht die Warenlager überfüllt, stehen nicht Produktionsanlagen still und werden nicht auf der anderen Seite die Löhne gekürzt, Arbeiter entlassen und damit die Massenkaufkraft noch reduziert, und wird nicht aufgrund der allgemeinen Unsicherheit der Lage ein größerer Teil der Löhne und Gehälter als in der Hochkonjunktur gespart und folglich ebenfalls der effektiven Kaufkraft entzogen? Diese in der Krise auseinanderklaffenden Seiten zwischen Nachfrage und Angebot, zwischen Markt und Produktion scheinen tatsächlich leicht zusammenzubringen zu sein — durch Ausdehnung der Massenkaufkraft.

Dabei hat dieses Konzept, das insbesondere von Gewerkschaftsseite zu Beginn der Krise (sowohl 1929 als auch 1967 und 1974) vertreten

---

1 Unsere Darstellung folgt dabei der Fragestellung, welche historischen Antworten der Arbeiterbewegung auf die kapitalistische Krise vorhanden sind und wie diese theoretisch begründet wurden. Dabei muß notgedrungen auf eine Skizze der historischen Bedingungen weitgehend verzichtet werden; auch geht es uns hier wesentlich um Alternativen in der *Krise*, weshalb z.B. die in der Weimarer Republik so wichtige „Wirtschaftsdemokratie"-Konzeption (vgl. Naphtali 1966) und die Sozialisierungsdebatte (vgl. Novy 1978) hier nicht näher berücksichtigt werden können, obwohl gerade die Begrenztheit der immanenten Krisenalternativen z.B. die Sozialisierungsdebatte wieder auf die Tagesordnung setzt.

wird, den scheinbaren Vorzug einer *harmonischen* Krisenlösung: Denn steigen die Löhne und wird dadurch die Krise überwunden, dann werden sowohl die Arbeiterinteressen als auch diejenigen von Kapital und Staat gleichermaßen positiv berührt. Daß trotz dieses ,,Vorzugs" das Rezept der Kaufkraftausweitung nicht akzeptiert und niemals als Krisenbereinigung in kapitalistischen Ländern eingesetzt worden ist, sollte allerdings zu denken geben. Letztlich ist eine solche Strategie schon im Ansatz problematisch, weil *erstens* höhere Löhne zwar als ,,Nachfragefaktor" die Realisierungs- und daher die Profitbedingungen für die *Konsumgüterindustrie* verbessern können, die Profitabilität der Investitionen *allgemein* aber verschlechtern. Da das Kapital nicht einfach auf Kaufkraft wartet, sondern darauf, daß die Waren zu Preisen abgesetzt werden, in denen eine Mindestkapitalverwertung abgesichert ist, können zwar steigende Löhne die Konsumtionskraft und den Auslastungsgrad in der Konsumgüterindustrie erhöhen, nicht aber unbedingt die Gesamtnachfrage, die sich auch auf die Produktionsmittel richtet. Eine mögliche zurückgehende Profitabilität der Investitionen macht also die Rückwirkung auf die Gesamtnachfrage ungewiß. Diese würde ebenfalls positiv ansteigen, wenn die Ertragsrate der Investitionen wieder ansteigen würde. Dazu kommt aber noch ein zweiter Einwand gegen diese Strategie: Die Krise ist für das Kapital die Phase, in der Umstrukturierungen großen Ausmaßes vorgenommen werden. Branchen werden umstrukturiert, die Verhältnisse zwischen den Branchen verschieben sich entsprechend der unterschiedlichen Rentabilitäten, im Produktionsprozeß wird rationalisiert, die Konzentration und Zentralisation nimmt zu, im internationalen Zusammenhang verändert sich das System der Arbeitsteilung. Daher kann eine Alternativstrategie nicht auf Alternativen zur Umstrukturierung des Kapitals verzichten.

15.3. Kaufkraftausweitung mit flankierenden Maßnahmen

15.3.1. Der ,,Umbau der Wirtschaft"

Während den Konzepten zur Hebung der Massenkaufkraft eine harmonistische Vorstellung zugrunde liegt, die Krise also letztlich nicht als Ausdruck der zugespitzten gesellschaftlichen Widersprüche erkannt wird, setzt sich in den weitergehenden Alternativprogrammen ein Realismus durch, der konzeptionell letztlich – bei konsequenter Durchführung – zu einer Zurückdrängung des Kapitals, zu einer größeren Rolle des staatlichen Sektors und möglicherweise auch zu einem größeren Einfluß der Arbeiterklasse und ihrer Organisationen auf die kapitalistische Wirtschaftsorganisation führen kann. Die Art der Weiterentwicklung von Alternativkonzeptionen läßt sich bereits sehr gut an den Vorstellungen *Fritz Tarnows* (einem bedeutenden Vertreter des Allgemeinen

Deutschen Gewerkschaftsbundes) exemplifizieren, der noch vor der Weltwirtschaftskrise Ende der 20er Jahre von einer relativ simplen Kaufkraftthese ausging:

„Die Verteilung der gesamten Kaufkraft müßte zweckmäßigerweise so erfolgen, daß der Verwendung nach ein richtiges Verhältnis zwischen Konsumtion ... und Akkumulation ... gesichert ist." (Tarnow 1928, 44 f.)

Drei Jahre später auf dem Leipziger Parteitag der SPD 1931 sieht er, daß auf diesem Wege die Krise nicht zu beheben ist: es wird der „Umbau der Wirtschaft" gefordert (vgl. dazu Ulrich 1973, 65 ff.). Dies ist zweifelsfrei ein durch die Krise erforderlich gewordenes Hinausgehen über bloß harmonistische Vorstellungen, nicht zuletzt auch, um Alternativen gegenüber der damals aufdämmernden autoritären Krisenlösung nach nationalsozialistischem Muster zu entwickeln.

Wie dieser Umbau der Wirtschaft aussehen könnte, um die Arbeitslosigkeit zu verringern, stellt der von Woytinsky, Tarnow und Baade vorgelegte und im April 1932 vom Allgemeinen Deutschen Gewerkschaftsbund akzeptierte (nach den Verfassern so genannte) *WTB-Plan* vor:

„Der Plan geht von dem Grundgedanken aus, daß zum Abbau der Arbeitslosigkeit und zum Wiederanstieg der Wirtschaft ein Anstoß erfolgen muß, weil die selbständigen Kräfte der Krisenüberwindung außer Funktion gesetzt oder gelähmt sind. Der Plan soll die Gewähr dafür bieten, daß zunächst etwa 1 Million Arbeitslose wieder in den Produktionsprozeß eingegliedert werden. Um dieses Ziel zu erreichen, sollen von Reichsbahn, Reichspost, kommunalen Verbänden und anderen Körperschaften des öffentlichen Rechts Aufträge in solchem Maße vergeben werden, daß hierdurch teils unmittelbar, teils mittelbar eine Million bisher Arbeitsloser Beschäftigung findet. Bei dem Plan der Arbeitsbeschaffung sollen Arbeiten bevorzugt werden, die lediglich durch die krisenbedingten Einsparungen unterblieben sind. Die auftragvergebenden Stellen erhalten einen entsprechenden langfristigen, mit niedrigen Zinsen und Amortisationsraten ausgestatteten Kredit gegen Schuldverschreibungen, die ... bei der Reichsbank rediskontierbar sind..." (Dokument III bei Schneider 1975, 231).

Insgesamt rechneten die Verfasser des Plans mit einem Kreditvolumen von etwa 2 Milliarden Reichsmark, um eine Million neue Arbeitsplätze zu schaffen, was auf eine (wahrscheinlich aber zu niedrig angesetzte) durchschnittliche Kapitalintensität von 2.000 RM pro Arbeitsplatz verweist (ohne Kalkulation des Multiplikatoreffekts). Der Unterschied zu bloßen Kaufkraftprogrammen wird hier sehr deutlich: Es geht um vom Staat zu finanzierende und zu tragende öffentliche Aufträge und Subventionen, um neue Arbeitsplätze direkt und nicht erst auf dem Umweg einer steigenden kaufkräftigen Nachfrage zu schaffen.

Wenig später, im Juni 1932, ging der ADGB in seinen „Richtlinien für den Umbau der Wirtschaft" noch weiter. „Der Umbau der jetzigen planlosen Wirtschaft in eine planvolle *Gemeinwirtschaft* ist unerläßlich." Dazu soll zunächst die Massenkaufkraft gestärkt und die Kapitalbildung und Kapitalverwendung geregelt werden. Weiter sollen die Arbeitszeit verkürzt und von der öffentlichen Hand „Mittel für Arbeiten und Aufträge in Krisenzeiten bereitgehalten" werden. Um das Programm wirksam zu machen, sollen Schlüsselindustrien, der Bergbau, die Eisenindustrie, die Energie- und Verkehrswirtschaft in Gemeinbesitz überführt werden. Monopole sollen durch ein staatliches Kartell- und Monopolamt überwacht werden. Auch die Banken sollen verstaatlicht werden. Dieser größere staatliche Sektor soll durch eine zentrale Planstelle aufgebaut und gelenkt werden.

„Der Ausbau der Planwirtschaft muß Hand in Hand gehen mit der Demokratisierung der Wirtschaft. An allen öffentlichen Einrichtungen . . . sind die berufenen Vertreter der Arbeitnehmer angemessen zu beteiligen." (ADGB 1932)

Die *Dreiheit* von *Vergesellschaftung* der wichtigsten Industrien, *Planung* der Wirtschaft und *Demokratisierung,* wie sie in den wirtschaftsdemokratischen Vorstellungen des ADGB noch *vor* der Krise entwickelt worden ist (Naphtali 1966) und in der Programmatik des DGB nach dem Zweiten Weltkrieg wieder aufgegriffen wird, sollte die perspektivische Ergänzung des kurzfristig besonders von Woytinsky entwickelten Arbeitsbeschaffungsprogramms bilden. Die nicht zuletzt auch unter taktischer Rücksichtnahme auf die SPD (die Naphtalis Konzeption gegenüber dem kurzfristigen Arbeitsbeschaffungsprogramm favorisierte, vgl. dazu Schneider 1975, 96 ff.) angestrebte Verbindung von Aktionsprogramm (WTB-Plan) und den Richtlinien zum Umbau der Wirtschaft

„lief letztlich auf eine zeitliche Differenzierung bei der Realisierung beider Zielvorstellungen hinaus: Während der Umbau der Wirtschaft einer längerfristigen Perspektive entsprach, schien die Verwirklichung des Aktionsprogramms zur Arbeitsbeschaffung sofort möglich und erforderlich zu sein." (Schneider 1975, 98) (2)

Sieht man einmal davon ab, daß das Programm zu wenig situationsspezifisch auf die ökonomischen und politischen Bedingungen der Weltwirtschaftskrise und der von ihr Betroffenen bezogen war und letztlich keine Aussagen zur *machtpolitischen* Durchsetzbarkeit enthält (vgl.

---

2 Die Differenzen zwischen SPD und ADGB können wir hier nicht näher darstellen (vgl. dazu Schneider 1975 und neuerdings den von W. Luthardt herausgegebenen Reader, 1978); während die SPD an der „Notwendigkeit" einer Reinigungskrise festhielt, die es nicht zu unterbinden gelte, mußte der ADGB eine kurzfristige Antwort auf die massive Verelendung der Arbeiterschaft formulieren. Das Dilemma der sozialistischen Strategie, „Arzt und Erbe" am Krankenbett des Kapitalismus zu sein, spiegelte sich in den unterschiedlichen Strategien der beiden Organisationen der Arbeiterbewegung wider und machte sie letztlich handlungsunfähig, während der Faschismus die Früchte dieser Alternativlosigkeit einsammeln konnte. Hier zeigt sich in aller Brutalität die unabdingbare Notwendigkeit von Alternativen der Arbeiterbewegung in der Krise, um politisch handlungsfähig zu bleiben.

auch zum Scheitern des Programms die Darstellung bei Schneider 1975), so steht hinter dem WTB-Plan die Überlegung, daß (neben der Ausweitung des öffentlichen Dienstes) über eine zusätzliche Staatsnachfrage bzw. staatlich induzierte Nachfrage der Anstoß zu einem Aufschwung *von der Konsumseite* her erfolgt. Parallel dazu wird eine Abkehr von der Deflationspolitik gefordert: durch die Ausweitung der Kredite und (dadurch bewirkter) leichter Inflationierung sollte die Reallast der Schulden vermindert, die „Unternehmenslust" gefördert, der reale Gesamtverdienst (durch die Einstellung bisher arbeitsloser Arbeiter) der Arbeiter erhöht werden. Auch die öffentlichen Einnahmen sollten wieder ansteigen (vgl. dazu Schneider 1975, 227 f.). Diese kurzfristigen Überlegungen (die besonders Woytinsky in Anlehnung an damals schon in England publizierte Überlegungen von Keynes vertrat) bauten auf der schon durch die Krise (über Entwertungsprozesse) bewirkten Restrukturierung des Kapitals auf, schlossen aber — wie dies auch in der „General Theory" 1936 von Keynes hervorgehoben wird — die *Real*lohnstagnation oder gar -senkung bei den *einzelnen* Arbeitern ein. Zudem hätte eine (wenn auch nur mäßige) Inflationierung im internationalen Maßstab einen weiteren Rückgang des deutschen Exports zur Folge gehabt (eine Abwertung der Reichsmark wäre aus politischen Gründen nicht möglich gewesen, da dann die Reallast der Kriegsschulden noch mehr gestiegen wäre), während die Möglichkeiten, die Frankreich, England und die USA aufgrund ihres großen inneren Marktes bzw. ihrer kolonialen Einflußsphären gehabt haben, für das deutsche Kapital nicht bestanden. Dieser Problemzusammenhang favorisierte daher auch für das Kapital die faschistische Krisenlösung, die auf die Abschottung vom Weltmarkt, die Schaffung eines künstlichen inneren Marktes über Rüstungsnachfrage, Lohn- und Preisstopp und Zerschlagung der Gewerkschaften und die Ausweitung des inneren Marktes und „Bezahlung" der fiktiven Konjunktur durch territoriale Eroberungen hinauslief (vgl. Kapitel 4).

15.3.2. Monopolkontrolle: Oskar Lange (1941), Memorandum (1975)

Ein strukturell sehr ähnliches Programm wie der WTB-Plan wird auch in den USA entwickelt. Wir gehen deshalb darauf ein, weil die in ihm enthaltenen Vorstellungen Mitte der 70er Jahre in der BRD wieder aufgegriffen werden. Der Verfasser des Programms, Oskar Lange (Lange 1941, veröffentlicht 1977), geht zunächst einmal von dem Teufelskreis der Krise aus, die auf der einen Seite enorme Produktionsressourcen verschwendet, auf der anderen Seite allergrößte Not hervorruft. Aus einem krisenbedingten verringerten Nationalprodukt müssen mehr Sozialleistungen infolge der Arbeitslosigkeit gezahlt werden, was den destruktiven Teufelskreis von Krise und Not einerseits und ungenutzten objektiven und subjektiven Produktionsbedingungen andererseits aufrecht erhält, wenn er nicht mit Alternativen der Wirtschaftspolitik überwunden wird. Nach seiner Darstellung beträgt der Volkseinkommensverlust in den USA von 1929 bis 1937 160 Mrd. Dollar. Wenn man in der BRD nur die Anzahl der Arbeitslosen im Jahresdurchschnitt von 1974 bis 1977 mit dem Bruttoinlandsprodukt je Erwerbstätigem multipliziert, um einen sehr groben Indikator für die Wohlstandsverluste durch die gegenwärtige Krise zu erhalten, dann kommt man auf eine Summe von rund 85 Mrd. DM. Andere Berechnungen kommen sogar zu einer Summe von 202,5 Mrd. DM (Memorandum 1978, 19). Verantwortlich für diese Verluste ist nach Langes Auffassung vor allem die *Monopolisierung.* Diese ist die eigentliche Barriere für eine Nutzung der gesellschaftlichen Ressourcen. Denn Monopole haben aufgrund ihrer Macht die Möglichkeit, die Preise zu erhöhen und somit einen Profitzuwachs zu erzielen, ohne die *Produktionsmenge* und folglich die *Beschäftigung* ausweiten zu müssen, denn bei den Monopolen werden die Preise trotz Produktivitätsfortschritten und Kostensenkungen nicht mehr herabgesetzt und die aus der ungleichen Einkommensverteilung entstandenen Profite nicht investiert. Überdies implizieren die Monopolprofite, daß im Konkurrenzsektor der Wirtschaft die Profite noch weiter gedrückt werden und auch dort ein Rückgang von Investitionen und Beschäftigung erfolgt. Da außerdem die Finanzmonopole in der Lage sind, die Zinsen zu heben und gegen die industriellen Unternehmen — sofern sie keine monopolistischen Machtgebilde sind — durchzusetzen, werden auch von dieser Seite die industriellen Profite gedrückt und die Akkumulation verlangsamt. Alle diese *stagnativen Tendenzen* konnten im 19. Jahrhundert noch durch Ausweitung der Märkte, also durch imperialistische Expansion, kompensiert werden; im 20. Jahrhundert sind diese Möglichkeiten aber vorbei. Um also der Stagnation wirksam entgegenzuarbeiten, wird es notwendig sein, eine „*Reorganisation der Wirtschaft*" zur Einschränkung monopolistischer Praktiken zu betreiben. Nur wenn eine solche Politik der strukturellen Veränderungen Maßnahmen der Kaufkraftausweitung flankiert, kann ein Erfolg in Richtung einer Überwindung der Stagnation und Krise realistisch erwartet werden.

Auch Lange geht davon aus, daß die Massenkaufkraft angehoben werden müsse. Doch sieht er, daß davon allein keine Aufhebung der monopolistischen Prozesses bliebe grundsätzlich erhalten. Dagegen müssen wirksame Restriktionen der Monopolmacht entwickelt werden, und zwar durch Wiederherstellung eines *echten Wettbewerbs* oder doch durch Institutionen, die die Funktion des Wettbewerbs übernehmen könnten. Lange zählt mehrere Maßnahmen auf: von der Beseitigung von Außenhandelsbarrieren über die Verschärfung der Anti-Trustgesetze, die Schaffung von öffentlichen Musterbetrieben, Preis- und Produktionsreglementierungen bis hin zur Ausweitung des öffentlichen Eigentums vor allem im Bank- und Kreditwesen, in den Grundstoff- und Schlüsselindustrien. Bei diesen strukturellen Veränderungen der Wirtschaft ist zu erwarten, daß Kostensenkungen auch zu Verringerungen der Preise führen. Nur wenn das gewährleistet ist, können auch Lohnkürzungen (um die Lohnstückkosten zu reduzieren) verantwortet werden. Infolge der Preissenkungen wird ja die reale Massenkaufkraft dann nicht gesenkt. So scheint nach diesem Konzept mit einer Steigerung der realen Massenkaufkraft (unter anderem durch Preissenkungen), mit einer aufgrund der Produktionsausweitung erzielbaren Senkung der Lohnstückkosten die Konjunktur wieder in Gang zu setzen sein. Notwendige Bedingung für den Eintritt dieses Effekts ist die schon angesprochene ,,Reorganisierung der Wirtschaft", die Herstellung von mehr Wettbewerb gegenüber den monopolistischen Restriktionen. Gleichzeitig kann dadurch die *politische Demokratie* gestärkt werden. Denn ,,nur ein freier Markt garantiert die wirtschaftliche Unabhängigkeit, die die Grundlage einer wirklichen Demokratie ist" (Lange 1977, 239). Die Quadratur des kapitalistischen Zirkels scheint gelungen, mehrere Fliegen scheinen mit einer Klappe geschlagen zu sein, indem flankierende antimonopolistische Maßnahmen zu einer Steigerung der realen Massenkaufkraft ergriffen werden.

Ganz ähnlich wie Oskar Lange im Jahre 1941 argumentieren im Jahre 1975 41 Wirtschaftswissenschaftler der BRD in dem *Memorandum ,,Für eine wirksame und soziale Wirtschaftspolitik"*. Auch für sie ist die in der Krise offen zutage tretende Vergeudung von Ressourcen ein Hauptproblem, insbesondere aber die Wirtschaftspolitik der Bundesregierung, die ganz im Sinne der *Austerity* (3) darauf abzielt, ,,durch gewinnfördernde Maßnahmen die Aktivität der Unternehmer anzuregen." Dem stellen sie eine Alternative gegenüber, die ebenso wirksam wie sozial verpflichtend sein soll: Durch Lohnerhöhungen, Ausweitung oder zumindest Beibehaltung der Sozialleistungen und durch eine allgemeine Hebung des privaten und staatlichen Verbrauchs sowie der staatlichen Investitionen soll eine *Mengenkonjunktur* angeregt werden. Damit nun ein solches Nachfrageprogramm nicht dazu führt, daß sich die Preiserhöhungsspielräume der Unternehmen erhöhen, *ohne* daß Produktion (und Beschäftigung) erhöht werden müßten, soll das Programm durch Preiskontrollen für marktbeherrschende Unternehmen flankiert werden. Dies alles soll allerdings geschehen, ohne daß das Privateigentum an Produktionsmitteln und die Steuerungs- und Koordinierungsfunktion des Mark-

---

3 Zur Begriffsbestimmung vgl. Altvater 1978.

tes angetastet werden — Elemente einer Wirtschaftsordnung, die Lange allerdings noch schärfer in Frage gestellt hat.

Dieser Konzeption liegt eine theoretische Einschätzung der Ursachen der Krise zugrunde, die in etwa folgendermaßen kurz zusammengefaßt werden kann: Die Schärfe der aktuellen zyklischen Krise ist wesentlich dadurch bestimmt, daß marktbeherrschende Unternehmen sich ihre Gewinne durch steigende Preise sichern, ohne daß dazu die Produktion weiter ausgedehnt werden müßte. Wenn aber durch staatliche Maßnahmen den großen Konzernen die Möglichkeit der autonomen Preiserhöhung genommen wird, dann können sie nur noch über die „Mengenkonjunktur", d.h. durch die Ausweitung der Produktion und der Beschäftigung, die Gewinne halten oder erhöhen. Für die *Unternehmen* bedeutet dieses Programm also sinkende Lohnstückkosten und steigende Gewinne, für die *Arbeiter* die Sicherung der Arbeitsplätze, Ausdehnung der Beschäftigung und Reallohnsteigerungen, für den *Staat* steigende Einnahmen, Abbau der Staatsverschuldung und für die Bevölkerung insgesamt Geldwertstabilität. Das Programm des „Memorandums" weist also tatsächlich strukturelle Ähnlichkeit mit den Überlegungen Oskar Langes auf. *Nachfrageausweitung* mit den *flankierenden Maßnahmen* einer Kontrolle der großen Konzerne (Monopole) lautet das Rezept, mit dem der oben bezeichnete Teufelskreis durchbrochen werden soll. Denn die Nachfrageausweitung soll vor allem im sozialen Bereich (Verlängerung der Bezugsdauer und Erhöhung des Arbeitslosengeldes; Sonderhaushalte zur Finanzierung von Sozialwohnungen, von Investitionen zum Umweltschutz und in den Bereichen, die vor allem der Reproduktion der Arbeitskraft zugute kommen, wie Krankenhäuser, Schulen, Regionalförderung; Verringerung der Massensteuern und Erhöhung der Steuern auf hohe Einkommen bei Verringerung des Militäretats) erfolgen und letztlich sich selbst infolge der mit anlaufender Konjunktur höheren Steuereinnahmen finanzieren. Wie auch bei Lange die Restriktionen monopolistischer Praktiken eine conditio sine qua non für das Funktionieren seines „demokratischen Vollbeschäftigungsprogramms" sind, so bei den Verfassern des Memorandums die Restriktion der monopolistischen Preissetzungsmacht. Ohne Begrenzung der Preissetzungsmacht würde nämlich die erwartete und beabsichtigte Mengenkonjunktur nicht zustande kommen können. So hängt das Rezept des Vollbeschäftigungsprogramms tatsächlich davon ab, inwiefern die Monopolkontrolle realisierbar ist.

Hier ist jedoch sofort die Frage zu stellen, warum die Regierung eine solche Konzeption, die sie mit einem Schlage aus dem „Schneider" brächte, nicht aufgegriffen hat. Dies kann nicht nur an ihrer Ideenlosigkeit liegen, sondern muß wohl seinen Grund darin haben, daß in einer kapitalistischen Wirtschaftsordnung die Interessen von Lohnarbeit und Kapital nicht so leicht auf einen Nenner zu bringen sind und die gesellschaftlichen Machtverhältnisse sich einer solchen ‚harmonistischen' Lösung sperren. Der Haken der wirtschaftspolitischen Therapie mit Hilfe einer (durch Monopolkontrollen flankierten) Kaufkraftausweitung liegt einmal an dem Kaufkraftargument, zum anderen an der Annahme von der stagnativen Funktion von Monopolen. Wenn die Wirtschaftskrise tatsächlich in der mangelnden Nachfrage und der Monopolmacht ihren Grund haben würde, dann könnten auch Alternativen der Nachfragebelebung und der Restriktionen monopolistischer Praktiken Erfolg haben. Die „Nachfrage" nach Konsumgütern oder Investitionsgütern ist aber kein autonomer Faktor, sondern von der Rentabilität der Produktion abhängig. Die Nachfrage ist gesunken, weil die industriellen Profitraten (nicht unbedingt die Profitmassen) gesunken sind. Anders ausgedrückt: Die Krise hat ihre *Ursache* nicht allein in den Verhältnissen des Marktes, sondern in den *kapitalistischen Reproduktionsverhältnissen*, die sich trendmäßig und zyklisch verändert haben. Auf diesem Hintergrund (vgl. dazu Kapitel 5 und 9) sind aber selbst bei Preisbegrenzungen Nachfrageprogramme allein nicht ausreichend.

15.4. Beschäftigungspolitische Alternativkonzeptionen

Ein Programm mit dem Titel „*Vorschläge zur Beendigung der Massenarbeitslosigkeit*" ist *1977* von dem gleichen (erweiterten) Kreis vorgelegt worden, der auch das „Memorandum" (1975) getragen hat. Darin geht es — wie in dem DGB-Programm zur Wiederherstellung der Vollbeschäftigung vom Juli 1977 — nun nicht mehr allein um Kaufkraftsteigerungen bei Konsumtion und Investition (unter Berücksichtigung flankierender Maßnahmen), sondern gezielter um eine Beeinflussung von Angebot und Nachfrage auf dem Arbeitsmarkt mit dem Ziel, entweder die Nachfrage so auszuweiten oder das Angebot an Arbeitskräften so zu verknappen (bzw. beides gleichzeitig zu tun), daß die beiden Seiten des Arbeitsmarktes in Übereinstimmung gebracht werden und die Arbeitslosigkeit verringert werden kann. Das Konzept enthält daher neben der schon diskutierten Forderung nach Ausweitung der Massenkaufkraft und flankierender Maßnahmen gegen die Preissteigerungen drei Bestandteile: Erstens wird gefordert, daß die *Nachfrage* über erhöhte Staatsausgaben ausgeweitet wird. Zweitens sollen neue sozial orientierte Beschäftigungsmöglichkeiten im *öffentlichen Sektor* (Ausweitung des öffentlichen Dienstes) geschaffen werden. Drittens wird gefordert, die *Wochen- und Lebensarbeitszeit* zu reduzieren, um das potentielle Arbeitsvolumen zu drücken.

Ähnlich wie schon im dargestellten Woytinsky-Tarnow-Baade-Plan aus dem Jahre 1932 sollen *öffentliche Mittel* zur Schaffung von Arbeitsplätzen eingesetzt werden. In den „Vorschlägen ... " wird damit gerechnet, daß von einem 10 Mrd.-DM-Programm rund 3 Mrd. DM auf Löhne und Gehälter entfallen würden, was bei der bisherigen durchschnittlichen Arbeitsintensität eine Erhöhung der Beschäftigung um 120.000 Mannjahre ausmachen könnte. Legt man allerdings die Kapitalintensität von 1975 mit rund 72.000 DM je industriellem Arbeitsplatz zugrunde, dann kann man mit 3 Mrd. DM knapp 42.000 neue Arbeitsplätze schaffen. Da allerdings eine Reihe von Arbeitsplätzen nicht neu geschaffen werden muß, sondern — bei entsprechend rentabler Produktion aufgrund von Aufträgen — nur neu besetzt zu werden braucht, ist davon auszugehen, daß tatsächlich die Zahl von 42.000 eine Mindestgröße darstellt. Nach Überlegungen des DGB ergibt sich bei staatlichen Aufträgen an die Wirtschaft bei einem Auftragsvolumen von 1 Mrd. DM eine Zunahme der Arbeitsplätze um 22.000, während die 1 Mrd. DM, zur Ausweitung des öffentlichen Dienstes verwandt, etwa 41.000 neue Arbeitsplätze schaffen könnte. Daher wird vom DGB auch eine *Ausweitung des öffentlichen Dienstes* gefordert, was letztlich (zumal in der Krise) auf eine Erhöhung der Staatsquote hinauslaufen müßte, also auf das Gegenteil des mit der Austerity-Politik Beabsichtigten. Bei dieser Planung kann sich der DGB auf Untersuchungen stützen, die davon ausgehen, daß der öffentliche Dienst in den kommenden Jahren sowieso ausgedehnt werden müsse, nicht nur zur Erweiterung von Beschäftigungsmöglichkeiten, sondern wegen der wachsenden staatlichen Aufgaben im Bildungs- und Gesundheits-, im Verkehrs- und Sozialbereich. Damit kann dem öffentlichen Dienst auch in den kommenden Jahren die Funktion erhalten bleiben, die er bislang gehabt hatte: die in der industriellen Produktion freigesetzten Arbeitskräfte durch Umgruppierungen im Beschäftigungssystem aufzunehmen (vgl. Tab 38 in Kapitel 10).

Der öffentliche Dienst ist nicht nur deshalb für die Schaffung von neuen Arbeitsplätzen besonders gut geeignet, weil staatliche beschäftigungspolitische Programme sozusagen direkt durchschlagen können und nicht auf eine vom den unternehmerischen Entscheidungen abhängige Multiplikatorwirkung angewiesen sind, und auch nicht nur deshalb, weil in weiten Bereichen der Versorgung mit öffentlichen Dienstleistungen ein unabweisbarer Bedarf der Bevölkerung gegeben ist, also nicht erst die berühmten Keynes'schen Löcher in die Erde gegraben und dann wieder zugeschüttet werden müssen, um Arbeit zu schaffen, sondern auch deshalb, weil hier die *Kapitalintensität*, also der Kapitaleinsatz je Arbeitsplatz, vergleichsweise gering ist.

Dieser Tatbestand verweist aber auf eine weitere Methode, die Beschäftigung zu erhöhen: Mit der Steigerung der Produktivkraft der Arbeit ist in der Regel (bei ‚arbeitssparendem technischen Fortschritt') eine Erhöhung der Kapitalintensität verbunden. Der damit einhergehenden Freisetzung könnte dadurch entgegengewirkt werden, daß entweder die Produktion ebenso stark erhöht wird wie die Arbeitsproduktivität (was in den 70er Jahren allerdings nicht mehr erfolgt ist) oder *daß im priva-*

ten Bereich die Sektoren mit unterdurchschnittlicher Kapitalintensität durch gezielte Maßnahmen besonders beeinflußt werden, wodurch der Anteil der arbeitsintensiven Produktion an der Gesamtproduktion ausgedehnt werden kann.

Diese Umkehrung der kapitalistischen Entwicklungsperspektive als beschäftigungswirksame Maßnahme — die auch in dem Gegengutachten angesprochen wird — ist in Italien zur Diskussion gestellt worden (vgl. Foa 1976), würde aber aufgrund der dadurch notgedrungen eintretenden Produktivitätsrückstände gegenüber den Kapitalen anderer kapitalistischer Ländern zu einer Verschlechterung der Konkurrenzposition auf dem Weltmarkt und daher in Italien zu einer weiteren Passivierung der Zahlungsbilanz führen. Die Abschließung vom Weltmarkt wäre zumindest zeitweise ein sich aus dieser Perspektive ergebendes Erfordernis. Es ist tatsächlich fragwürdig, ob eine solche Umkehrung als Maßnahme zur Arbeitsplatzbeschaffung sinnvoll sein kann. Denn auf diese Weise würden ja Möglichkeiten der Arbeitszeitverkürzung gerade nicht genutzt und so die Arbeitslosigkeit mit einem Verzicht auf die Entwicklung der Produktivkraft der Arbeit bekämpft werden, wobei infolge der Integration in den Weltmarkt der Erfolg noch recht zweifelhaft wäre. Wenn ein solches Programm für die italienische Wirtschaft mit im Durchschnitt geringerer Arbeitsproduktivität und Kapitalintensität als in der BRD schon mehr als fragwürdig ist, dann erst recht für die westdeutsche Wirtschaft. Allenfalls in einigen ökonomischen Teilbereichen, z.B. in Landwirtschaft, Gartenbau und Forsten, lassen sich bei niedriger Kapitalintensität und hoher Arbeitsintensität mit geringen Mitteln Arbeitsplätze schaffen. Darin liegt aber gerade für die hier Beschäftigten eine schwerwiegende Problematik, da ja in der Regl diese Arbeitsplätze nur geringe Qualifikationen beanspruchen und folglich gerade nicht für den notwendigen Übergang in andere Arbeitsbereiche befähigen. Maßnahmen dieser Art sind in beinahe allen kapitalistischen Ländern zur Reduzierung von Jugendarbeitslosigkeit — Verwendung arbeitsloser Jugendlicher als unqualifizierte Hilfskräfte z.B. im kommunalen Gartenbau — durchgeführt worden. Sie haben das Problem der Arbeitslosigkeit nicht gelöst, sondern eher marginalisiert.

Neben diesen Möglichkeiten ist sowohl von den Vertretern des Gegengutachtens 1977 als auch von den Gewerkschaften ein drittes Mittel zur Bekämpfung der Dauerarbeitslosigkeit in die Diskussion gebracht worden — die *Arbeitszeitverkürzung* bzw. die *Reduzierung des Beschäftigtenpotentials.* In den Diskussionen um dieses Problem, die sich in der BRD seit Beginn des Jahres 1977 breit entwickelt haben und die im Kampf um den Einstieg in die 35-Stundenwoche 1978 im Stahlbereich praktisch umgesetzt wurden, drückt sich wieder eine gewisse Weiterentwicklung von Krisenvermeidungskonzeptionen aus. In dieser Diskussion um Arbeitszeitverkürzung in der Krise (als Übersicht vgl. Bolle u.a.

1977) und im Kampf für ihre Durchsetzung drückt sich nur in verdrehter Form aus, daß im Verlauf der Akkumulation die Produktivkraft der Arbeit permanent gestiegen ist und deshalb auch mehr *freie Zeit* zur Verfügung stehen würde, die Arbeitszeit also reduziert werden *könnte*. Aber diese Möglichkeiten aufgrund der Potenzen der gesellschaftlichen Produktivkräfte, mehr zu produzieren und/oder die Arbeitszeit zu senken, setzen sich weder konfliktfrei noch in gesellschaftlicher Planung abgestimmt, sondern chaotisch und unter schweren sozialen Auseinandersetzungen und politischen Konflikten durch. Erst die langandauernde Massenarbeitslosigkeit macht deutlich, daß Arbeitszeitverkürzungen *möglich* sind; allerdings vollzieht sich dieser Prozeß gesellschaftlicher Einsicht in pervertierter Form auf der borniertien Grundlage des Kapitals (vgl. Grundrisse, 513 ff.) — nicht als Prozeß der Befreiung aus den Zwängen der Arbeit und zu mehr Möglichkeiten der Selbstverwirklichung in freier Zeit, sondern als *konjunkturpolitisch instrumentalisierte* Methode zur Reduzierung von Arbeitslosigkeit und zur Marginalisierung der auf diese Weise vom Arbeitsmarkt hinweggeschafften Arbeitskräfte. Wichtig ist nicht die Entlastung der unmittelbaren Produzenten von übermäßiger Arbeit, sondern die Entlastung der Arbeitslosenstatistik und der Arbeitslosenversicherung!

Spontan geschieht eine Reduzierung des Angebots von Arbeitskräften sowieso im Verlauf der Krise, was sich statistisch in der Abnahme der Zahl der Erwerbstätigen um diejenigen, die zwar aus dem Beschäftigungsverhältnis herausfallen, aber nicht als Arbeitslose gezählt werden, niederschlägt. Die Zahl der Erwerbstätigen ist nach einem Höhepunkt im Jahre 1973 mit 26,7 Mio. Jahr für Jahr zurückgegangen bis auf 25,0 Mio. im ersten Halbjahr 1976 — also um 1,7 Mio. in rund drei Jahren Krise. Dabei liegen diese Zahlen über die „Entlastung" des Arbeitsmarktes von seiten des Angebots von Arbeitskräften noch viel zu niedrig. Von der anderen Seite des abnehmenden Angebots an Arbeitsplätzen sind diese Zahlen aber noch nicht hoch genug, denn die Arbeitslosenzahl weist seit 1975 mit über einer Million eine eher stagnierende als sinkende Tendenz auf. Welche Möglichkeiten bestehen dann, das Arbeitsvolumen zu reduzieren und somit Arbeitsplätze frei zu machen, auf denen bislang Arbeitslose eingestellt werden können? Rein *rechnerisch* kann das Arbeitskräfteangebot auf verschiedene Weisen reduziert werden: Der Arbeitsmarkt läßt sich dadurch „entlasten", daß

1. die *Schulzeit* ausgedehnt,
2. die *Altergrenze* herabgesetzt und
3. die *Arbeitszeit* reduziert wird durch Verlängerung des Jahresurlaubs, die Verkürzung der Tages- bzw. Wochenarbeitszeit und die Verlängerung der Arbeitspausen.

Alle darauf beruhenden Konzepte sind zunächst nichts anderes als Modellbetrachtungen, deren Realisierung von einer Reihe von Bedingungen abhängig ist. Zum einen wird regelmäßig darauf hingewiesen, daß die Arbeitslosigkeit nicht durch eine einfache globale Reduzierung des Arbeitskräfteangebots behoben werden kann, da der Arbeitsmarkt in eine Vielzahl von *Teilarbeitsmärkten* nach Regionen, Berufsgruppen, Qualifikationen, Altersklassen, Wirtschaftszweigen *segmentiert* ist (zur Theorie vgl. Freiburghaus/Schmid 1975). Dieses Argument läuft darauf hinaus, daß mit Arbeitszeitverkürzungen die Friktionen des Arbeitsmarktes nicht aufgehoben würden und daher das Problem der friktionellen Arbeitslosigkeit auch nicht auf diese Weise zu lösen sei. Zumindest aber würde die Beschäftigungswirkung der Arbeitszeitverkürzung wesentlich geringer als in den Globalberechnungen ausfallen. Überdies ist davon auszugehen, daß ein Teil der rechnerischen Arbeitszeitverkürzung durch erhöhte Arbeitsleistung der Beschäftigten (Wegfall von Kurzarbeit, Überstunden, Arbeitsintensivierung) und nicht durch Neueinstellung von Arbeitslosen ausgeglichen wird. Schließlich würde die Arbeitszeitverkürzung bei vollem Lohnausgleich die Kostenbelastung der Unternehmen vergrößern, so daß aus diesem Grunde mit Produktionseinschränkungen oder doch mit einer Verringerung der Investitionstätigkeit zu rechnen sei, die auf der Nachfrageseite des Arbeitsmarktes zu einer weiteren Verringerung der Nachfrage nach Arbeitskräften führen könnten, so daß der Effekt einer Umverteilung der geleisteten Gesamtarbeitszeit auf mehr Beschäftigte äußerst fragwürdig sei.

Diese Einwände zeigen, daß die Arbeitszeitverkürzung als eine historische Perspektive der Arbeiterbewegung in der Krise zu verschärften Konflikten zwischen Lohnarbeit und Kapital führen wird (was durch den Stahlstreik 1978/79 und die darin offenbar gewordene harte Klassenkampffront der Unternehmer deutlich geworden ist). Ein tariflicher Erfolg auf diesem Gebiet hat auch Konsequenzen für die gewerkschaftliche Präsenz in den Betrieben. Denn wenn nicht durch den Ausbau der innerbetrieblichen Mitbestimmungs- und Kontrollorgane und der Macht der Arbeiter die Arbeitsbedingungen bei verkürzter Arbeitszeit kontrolliert werden, dann können die tarifvertraglichen Erfolge der Gewerkschaften jederzeit wieder durch die betriebliche Arbeitsintensivierung unterlaufen werden und u.U. sogar zu einer Verschlechterung der Reproduktion der Arbeitskraft führen. Umgekehrt heißt das, daß mit dieser Forderung ein wichtiger Zusammenhang zwischen betrieblicher Abwehrpolitik und gesamtgesellschaftlicher Beschäftigungspolitik hergestellt wird.

15.5 Memorandum „Alternativen der Wirtschaftspolitik" (1978)

Ein alternativer Entwurf auf Basis einer umfassenden Analyse der Ursachen der Arbeitslosigkeit wird in dem *Memorandum „Alternativen der Wirtschaftspolitik" 1978* von der Memorandum-Autorengruppe vorgelegt. Dabei handelt es sich

„um den Einsatz traditioneller keynesianischer Instrumente — deren beschäftigungspolitischer Effektivierung und Ergänzung — sowie grundsätzlich neuer, ursachen-, statt symptomtherapierender Maßnahmen." (Memorandum 1978, 101)

Inhaltlich geht es im Memorandum im wesentlichen um eine Politik der Nachfrageexpansion, die von der staatlichen Finanzpolitik getragen werden soll. Eine *bedarfs- und beschäftigungsorientierte Haushaltspolitik* soll auf der einen Seite die Nachfrage steigern und die Beschäftigung erhöhen (direkt durch die Ausweitung des öffentlichen Dienstes, indirekt durch staatlich induzierte Nachfrageausweitung); auf der anderen Seite wird — wie bereits in den vorangegangenen Gutachten am Rande — gefordert, das Arbeitsvolumen durch *Arbeitszeitverkürzungen* zu reduzieren. Die *Finanzierung* der zusätzlichen Ausgaben von seiten des Staates soll kurzfristig durch die Aufnahme verbilligter Kredite, langfristig durch eine Umstrukturierung der öffentlichen Haushalte gesichert werden. Der bei steigenden Löhnen, steigenden Preisen, zunehmender öffentlicher Schuldenlast und angestrebten beschäftigungswirksamen Investitionsauflagen drohenden Kapitalflucht in das Ausland soll durch eine Kapitalexportkontrolle begegnet werden.

Dieses Programm des Aufschwungs mit eingebauten außenwirtschaftlichen Absicherungen soll durch „kräftige Lohnerhöhungen" gestützt werden. Denn:

„Eine aktive Lohnpolitik läuft gesamtwirtschaftlichen Zielen, namentlich dem Vollbeschäftigungsziel, keineswegs zuwider, sondern kann diese unterstützen." (Memorandum 1978, 121)

Der den Autoren bewußten Begrenztheit kurzfristig orientierter Keynesianischer Maßnahmen soll durch perspektivisch auf eine Veränderung der Wirtschaftsstruktur und -ordnung abstellende Forderungen (Rahmenplanung, Investitionslenkung, Vergesellschaftung marktbeherrschender Unternehmen und wichtiger Schlüsselindustrien) entgegengewirkt werden.

Diese hier kurz referierten Vorschläge sind Resultat eines krisenanalytischen Ansatzes, der — verkürzt dargestellt — mit folgenden Variablen operiert: Die Krise wird auf eine *zu hohe Profitquote*, mithin auf eine *zu niedrige Lohnquote* zurückgeführt. Diese Konstellation hat eine im Verhältnis zu den im Aufschwung und im Boom erstellten Kapazitäten (Überinvestition) zu geringe Nachfrage (Unterkonsumtion) zur Folge, so daß mit der Unterauslastung der Produktionskapazitäten die Investitionen zurückgehen und mithin die Beschäftigung fällt, was den Nachfrageausfall noch vergrößert. Gegenüber dem — im Memorandum angesprochenen — „klassischen" Zyklus wirken sich verschärfend ein *monopolistisches Preissetzungsverhalten* und eine *strukturelle Profitratenhierarchie* aus. Das erstgenannte Moment bewirkt, daß infolge administrierter Preise die *reale* Nachfrage nicht dadurch steigen kann, daß die Summe der Angebotspreise fällt, auch wenn die nominelle Nachfrage noch gleich bleibt. Das letztgenannte Moment hat zur Folge, daß erstens die Unternehmen mit hohen Profiten (aufgrund monopolistischer Marktmacht) weniger investieren und den Profit statt dessen eher für Auslandsinvestitionen und für Verkaufsförderung sowie für den Kauf von Wertpapieren verwenden, also einen geringen Teil der Profite in beschäftigungswirksame Investitionen fließen lassen, und daß zweitens wegen der ungleichen Profitverteilung die Sicherung der Rentabilität auch der Grenzbetriebe einen immer größeren Anteil der Profite am Sozialprodukt erforderlich macht, was ja mit dem sinkenden Lohnanteil zu einem entsprechenden Nachfrageausfall führen muß. Entsprechend ihrer Analyse der langfristigen Entwicklung kommt noch hinzu, daß die Kapitalproduktivität tendenziell steigt (bzw. der Kapitalkoeffizient tendenziell sinkt), so daß sich von daher das Gewicht der Kapitalgüterproduktion gegenüber der Konsumgüterproduktion verringert (Memorandum 1978, 94) — was ebenfalls eine Ausweitung der Konsumgüternachfrage erforderlich macht, es sei denn, man nimmt die Krise in Kauf.

Gegen die Vorschläge des Memorandums lassen sich eine Reihe von Argumenten vorbringen, die wir hier nur abrißhaft vorstellen können. Wir tun dies, nicht um einer akademischen Kritik an nicht voll abgesicherten Darlegungen oder Widersprüchen willen, sondern um die Diskussion um Alternativen weiterzubringen:

1. Zunächst ist das Argument von der krisenverursachenden Wirkung zu hoher Profite (das im Memorandum an anderer Stelle teilweise wieder zurückgenommen wird) ausgesprochen problematisch, auch wenn (und weil) dieses Argument in der älteren *unterkonsumtionstheoretischen* Literatur eine Tradition hat. Schließlich ist es nicht einsehbar, daß ein Kapitalist die Produktion einschränken soll, wenn — wie es im Memorandum heißt — die „Profite zu hoch" sind. Die Produktionseinschränkung erfolgt erst dann, wenn die Profit*realisierung* in Schwierigkeiten gerät. Dies ist aber keineswegs nur als Moment der Nachfrage zu betrachten, sondern ebensogut der Produktion: Weil die Produktion von Profit in Bezug auf ihre „Kosten" (in Form von vorzuschießendem Kapital) sich verringert, sinkt die Nachfrage nach Investitionen und nach Arbeitskraft und infolgedessen verengt sich der Markt. Wenn das Memorandum dem Sachverständigenrat zu Recht den Vorwurf macht, die Löhne nur als Kostenfaktor und nicht kreislaufanalytisch zu untersuchen, so muß den Verfassern hinsichtlich der Profite der gleiche *methodische* Vorwurf gemacht werden: Sie betrachten diese ausschließlich von der Nachfrageseite und nicht von der Produktion her, also ebenfalls nicht kreislauftheoretisch.

2. Eine wesentliche Annahme aller bisherigen Gegengutachten ist die

These vom Zusammenhang zwischen *Profitratenhierarchie* und Krisenverschärfung. Diese These enthält mehrere Aspekte: (a) die Annahme rigiden oligopolistischen Preisverhaltens, das die Mengenungleichgewichte verstärkt und daher mitverantwortlich für die Beschäftigungseinbußen sei; (b) die Annahme von einer entstehenden Konsumlücke, da bei Profitbeziehern die Sparquote höher als bei Lohnbeziehern sei und obendrein die Investitionsquote bei Oligopolen und Monopolen niedriger als unter Konkurrenzbedingungen sei; und schließlich (c) die Annahme, daß mit der Konzentration eine Tendenz zum arbeitssparenden technischen Fortschritt verbunden ist, die gerade in Stagnationsphasen Beschäftigungsprobleme verschärft.

Zu (a): Die Annahme von der Oligopolpreissetzung geht davon aus, daß große Unternehmen über den Zyklus hinweg und unbeeinflußt von den Schwankungen der Nachfrage konstante Aufschlagssätze auf die Kosten aufschlagen. Gleichgültig, wie die Höhe der Aufschlagssätze begründet wird, die Folge dieses Preissetzungsverhaltens ist eher eine Mengenanpassung nach unten, also Unterauslastung der Kapazitäten, als eine Reduzierung der Preise, wenn die Nachfrage zurückgeht. Arbeitslosigkeit wird auf diese Weise verschärft, da ja makroökonomisch bei nach unten rigiden Preisen Nachfragereduzierungen sofort auf das Mengensystem durchschlagen und einen Multiplikatoreffekt nach unten auslösen. Empirische Tests scheinen für die Relevanz dieses Zusammenhangs zu sprechen (vgl. Müller u.a. 1978, 40 ff.). Dennoch bleiben Fragen anzumelden. Zum einen zeigen Untersuchungen auch, daß unter Bedingungen der Weltmarktkonkurrenz die Annahme konstanter Aufschlagssätze auch in oligopolistischen Bereichen ihre Gültigkeit verliert (Nordhaus 1974). Zum anderen dürfte die Annahme von der Unabhängigkeit der Preissetzung von der Nachfrage dann problematisch werden, wenn die Nachfrageschwankungen groß genug werden; eine absolute Unabhängigkeit der Preisentwicklung von der Nachfrage kann es nicht geben. Das heißt, die Krise mag zeitweise tatsächlich von der rigiden Oligopolpreissetzung verschärft werden. Aber in der Krise selbst wird die Möglichkeit der Preisrigidität wieder reduziert.

Zu (b): Wie sieht es aber mit der Differenzierung und *Hierarchisierung* der Profitraten entsprechend der Marktmacht von Monopol- oder Oligopolunternehmen aus? Auch zur Beantwortung dieser Frage lassen sich empirische Studien zitieren, die allerdings zu sehr unterschiedlichen Ergebnissen kommen (vgl. dazu oben Abschnitt 6.3.). Es scheint jedoch sicher zu sein, daß es weniger einen Unterschied in der Größe der Profitrate von kleinen und großen Unternehmen gibt, als vielmehr einen Unterschied in der Streuung und Stabilität der Profitraten über die Zeit. Kleine Unternehmen weisen ähnlich große Profit- und Akkumulationsraten auf wie große Unternehmen, allerdings ist die Streuung der Profitraten bei kleinen Unternehmen größer und die Sicherheit künftiger Profite auf Investitionen geringer. Mit dieser Differenzierung lassen sich allerdings keine dramatischen makroökonomischen Auswirkungen begründen, so wie es im Memorandum geschieht (Memorandum 1978, 83-87). Weder ist mit dem Marktmacht- und Profitratenhierarchie-Argument die niedrige Investitionsquote noch die zurückgehende Konsumnachfrage zu belegen. Die Annahme von der Krisenursache in „zu hohen" Profiten (ebd., 75) bleibt nur unterkonsumtionstheoretisch begründbar.

Zu (c): Bei der dritten Argumentationsrichtung (vgl. Sylos-Labini 1969) wird davon ausgegangen, daß bei Oligopolisierung der technische Fortschritt zwar die Arbeitsproduktivität und die Kapitalintensität steigert, die Beschäftigung aber nicht im bedeutenden Maße ausweitet, da die Produktivitätssteigerung nicht — wie im „Konkurrenzsystem" bei entsprechend der Produktivitätszunahme sinkenden Preisen noch feststellbar — zu einem Zuwachs an realer Kaufkraft führt. Da auch die Lohnsumme nur begrenzt steigen kann (aufgrund von Freisetzungen und Druck auf den Reallohn) wächst der Output langsamer als die Arbeitsproduktivität. Eine Expansion der Produktion mit mehr Beschäftigung findet kaum noch statt. Für die Erklärung der Entwicklung in der Bundesrepublik (Stagnation) scheint dies ein eher plausibler Ansatz zu sein — der aber von der Arbeitsgruppe nicht diskutiert wird. *Allerdings kann die Oligopolisierung die Aufschwung- und Abschwungphasen selbst nicht erklären;* es kann aber — mit Oskar Lange — davon ausgegangen werden, daß in einer Phase sinkender Profite auf Neuinvestitionen die restriktiven Auswirkungen der Oligopolisierung schärfer sind als in Prosperitätsphasen (vgl. Lange 1977, 214 ff.).

3. Mit der These von der Profitratenhierarchisierung kann die Bedeutung der Preissetzung bei Monopolen und der Inflation *im Zyklus* — jedenfalls in der vorgestellten Form — nur unzureichend begriffen werden. Sicherlich kann man davon ausgehen, daß im zyklischen Abschwung oligopolistisches Preisverhalten dazu führt, daß zunächst die kleineren Kapitale, die — wie unterstellt wird — nicht mehr ihre Profitmassen durch Machtpreissetzung hochhalten können, zuerst in die Krise kommen. Geht man allerdings davon aus, daß sich durch das oligopolistische Verhalten die Preissteigerungen *verallgemeinern,* so muß bei allgemein sinkenden Profitraten im zyklischen Abschwung auch die Profitrate des oligopolistischen Sektors betroffen sein, dessen Kostpreise entsprechend der Inflation gleichfalls steigen müssen. Dann vermittelt die Inflation die Entwertung des Kapitals auch in diesem Sektor (vgl. Kapitel 8).

4. Die starke Hervorhebung des Nachfrageaspekts führt in der Argumentation des Memorandums zu einer Annahme der weitgehenden

Substituierbarkeit von Profiten und Löhnen. Es dominiert in der Betrachtung ganz zweifelsfrei die *Verteilungssphäre*. Profite schlagen sich nach dieser Auffassung in Kapazitäten nieder (infolge von aus den Profiten getätigten Investitionen). Zu hoch sind die Profite dann, wenn die Löhne zu niedrig sind, um mit deren Nachfrage die Produktion aus den Kapazitäten abzukaufen. Um nicht in einer Entwertungskrise die Überkapazitäten krisenhaft abzubauen, wäre eine Umverteilung von den Profiten zu den Löhnen vorzunehmen: Löhne und Profite also nicht als in Einkommensform erscheinender grundlegender Gegensatz in der kapitalistischen Wirtschaft, sondern harmonisch verbunden wie zwei kommunizierende Röhren, in denen Ausgleich und Gleichgewicht herstellbar ist. Während „zu hohe Profite" in die Krise führen, haben „zu hohe Löhne" diese Konsequenz nicht (vgl. Memorandum 1978, 78).

Es soll keineswegs bestritten werden, daß eine Umverteilung zugunsten der Löhne möglich und notwendig ist. Nur sollte dabei klargemacht werden, daß dies erstens die Kapitalverwertung negativ trifft und bei dem Entscheidungsmonopol der Unternehmer über den Produktionsprozeß auf die Beschäftigung negative Auswirkungen haben kann, daß dies zweitens den erbitterten *politischen* Widerstand der Unternehmer hervorrufen wird, daß drittens langfristig mit einer Umverteilung der Einkommen eine andere wertmäßige und stoffliche Produktionsstruktur (mehr Konsumgüter, weniger Kapitalgüter), also ein anderer Typ des wirtschaftlichen Wachstums verbunden sein wird (4). Diese Überlegungen deuten an, daß es sich bei den „Alternativen" eben nicht um bloße Umverteilungspolitik oder Politik der Nachfragesteigerung handelt, sondern um tiefe Eingriffe in Struktur und Entwicklung der Ökonomie, die zwar sinnvoll und notwendig sein können, deren Tragweite aber in Alternativdiskussionen mitreflektiert werden muß, um nicht illusionär zu wirken. Wenn die Krise Konsequenz von Überakkumulation von Kapital ist und diese Überakkumulation nicht nur Ausdruck einer *„falschen" Verteilung* ist, wie es das Memorandum nahelegt, sondern Konsequenz von strukturellen Verschiebungen im Verwertungsprozeß des Kapitals ist und damit sowohl die Produktion, die Verteilung, die Konsumtion, den staatlichen Bereich und die Weltmarktbeziehungen umfaßt, dann bedeutet Krisenüberwindung immer einen Prozeß der *Umstrukturierung* aller Seiten des Reproduktionsprozesses.

Die Frage in diesem Prozeß von Umstrukturierungen lautet, ob diese als „Bereinigung" im Sinne von Wiederherstellung der struk-

---

4 Diese Argumentation liegt auch in den 50er Jahren dem Konzept von der „expansiven Lohnpolitik" bei Viktor Agartz zugrunde. Darauf verweisen zu Recht Gransow und Krätke (1978).

turellen Voraussetzung der Kapitalverwertung dem Kapital zugute kommen und dann tatsächlich der Arbeiterbewegung eine schwere Niederlage beigebracht wird, oder aber, ob in der Krise die Chancen für die Durchsetzung von Reformen im Interesse der arbeitenden (und arbeitslosen) Bevölkerung genutzt werden können. Wenn die Frage so gestellt wird, dann wird deutlich, daß für die Begründung von Alternativen die ökonomische Funktionsanalyse nicht ausreicht.

5. Die keynesianisch orientierten Alternativvorschläge beziehen sich nicht – wie das Memorandum suggerieren könnte – auf die darin vorgestellte Krisenanalyse und könnten allgemein in dieser Form auch auf Basis einer Überakkumulationstheorie als Übergangsforderungen aufgestellt werden. Allerdings hätten dann die *Grenzen* dieser Übergangsforderung herausgearbeitet werden müssen; dies ist aber den Autoren auf Basis der Unterkonsumtionstheorie nur unzureichend möglich: Zwar wird prinzipiell die Autonomie der Unternehmen als Schranke der Staatsinterventionen gesehen; die sich daraus ergebenden systematischen Schranken des Staatsinterventionismus werden aber nicht als solche benannt, woraus dann die *Notwendigkeit* weitergehender Maßnahmen zur Veränderung der Wirtschaftsordnung gefolgert werden könnte. (Die etwas kargen weitergehenden Forderungen zum Schluß des Memorandums werden lediglich „für den Fall, daß die kurzfristigen Maßnahmen nicht ziehen", vorgeschlagen.) *Systematische Grenzen* der keynesianischen Forderungen ergeben sich aber a) aus dem spezifischen Verhältnis von Politik und Ökonomie in der bürgerlichen Gesellschaft und den daraus resultierenden, nur indirekten Eingriffsmöglichkeiten des Staates in die Kapitalreproduktion (wie wir sie in Kapitel 12 dargestellt haben), und b) aus der Autonomie der Unternehmen und dem über die Konkurrenz vermittelten Rentabilitätsprinzip für die Investitionstätigkeit, (das z.B. in bestimmten Phasen Rationalisierungsinvestitionen erzwingt). Die zuerst im Memorandum analysierten Strukturveränderungen der Verwertung (vgl. auch Kapitel 5) werden aber bei der Diskussion der Alternativen offenbar nicht mehr als Grenzen keynesianischer Krisenpolitik berücksichtigt, wie auch umgekehrt die bedarfs- und beschäftigungsorientierte Haushaltspolitik ohne Einschränkung als Lösung des Beschäftigungsproblems vorgeschlagen wird: Die Ausweitung des staatlichen Sektors erscheint ohne Einschränkung der Reproduktion des Kapitals als möglich. c) Grenzen ergeben sich auch aus den *Reproduktionszusammenhängen* zwischen den Abteilungen und Sektoren des Kapitals: Zwar muß die Ausweitung der staatlichen Nachfrage bei unausgelasteten Kapazitäten nicht unbedingt zu Preiseffekten führen, aber aus demselben Grund ist in diesem Zustand der Produktion die Ausweitung der Beschäftigung aufgrund von Akzelerator- und Multiplikatoreffekten nicht zwingend.

Neben den von uns beschriebenen allgemeinen Grenzen keynesianischer Nachfragepolitik ist darüber hinaus aber gerade bei der *politischen Umsetzung* etwaiger Alternativprogramme zu berücksichtigen, daß die inneradministrative Rationalität des Staates als Apparat begrenzt ist und daher Alternativkonzepten Grenzen setzt. Dies liegt an der Widersprüchlichkeit von einzelnen Verwaltungen, deren Politik sich an verschiedenen politischen Prinzipien ausrichten kann; an der Begrenztheit der (finanziellen) Mittel zur Realisierung von wirtschaftspolitischen Zielvorgaben und dem in einer solchen Situation eintretenden konkurrierenden Handeln einzelner staatlicher Bereiche; an der zeitlichen Begrenzung von Handlungsperspektiven, die oftmals nicht ausreicht, um die Konsequenz von Aktivitäten heute über eine längere oder auch nur mittlere Frist kalkulieren zu können.

Diese Grenzen staatlicher Interventionen sind nun nicht als absolut und unveränderlich zu verstehen. Der Staat hat natürlich nicht nur den ökonomischen Anforderungsstrukturen in der konkreten historischen Situation zu folgen, sondern seine Politik ergibt sich als Resultante von *Kräfteverhältnissen* im Bereich des politischen Systems. Daher ließe es sich durchaus denken, daß in der staatlichen Politik Alternativvorstellungen stattgegeben würde. Aber es ist dabei nicht zu übersehen, daß das Gewicht von politischen Interessen nicht zuletzt durch die sogenannten „ökonomischen Sachzwänge" beeinflußt wird und in diesem Sinne die Durchsetzbarkeit von Alternativprojekten auf größere Schwierigkeiten stößt als eine elegant den Bedingungen der Kapitalverwertung angepaßte Politik mit (pazifizierendem) sozialen Einschlag.

6. Aus unserer Kritik des auf den *Staat* bezogenen Alternativprogramms können wir folgern, daß dieses so lange in seiner Effizienz beschränkt bleiben wird, solange es die Autonomie der Unternehmen und das kapitalistische Rentabilitätsprinzip nicht durch produktionsbezogene Forderungen und Kontrollen infrage stellt. Abgesehen davon, daß in einem solchen Fall weitergehende Eingriffe in die stoffliche Struktur der Reproduktion notwendig wären (z.B. in Form der Investitionslenkung – vgl. Memorandum 1978, 126 f.), könnte ein solches Programm gar nicht auf den Staat als Adressaten beschränkt bleiben, sondern müßte durch Forderungen wie der nach Kontrolle der betrieblichen Investitionen (nicht nur der staatlich induzierten), betrieblichen Arbeits- und Beschäftigungsbedingungen, betrieblichen Rationalisierungs-, Umstrukturierungs- und Umsetzungsprozessen den Konflikt zwischen Lohnarbeit und Kapital im Betrieb selbst thematisieren.

Während der Adressat des Memorandums, die wirtschaftspolitischen Instanzen des Staates, von Mitgliedern der Memorandums-Arbeitsgruppe auch damit begründet wird, daß eine solche Zielrichtung seine Entsprechung im Bewußtsein der Arbeiter finden würde („Staatsfixiertheit"), ist die Frage zu stellen, ob denn bei den Arbeitern die Basis für eine Mobilisierung gegenüber der staatlichen Wirtschaftspolitik in einem solch starken Maße vorhanden ist, wie dies notwendig wäre bzw. von der Arbeitsgruppe unterstellt wird.

Empirische Untersuchungen zum Arbeiterbewußtsein in Bezug auf den Staat haben während der Prosperität zumeist nachzuweisen versucht, daß die Arbeiter im Zuge der Vollbeschäftigungspolitik des Staates erhöhte Ansprüche an die Wirtschaftspolitik stellen und damit der Staat von dieser Seite her unter einen starken Legitimationsdruck geraten sei (vgl. Bergmann 1972). Diese Ergebnisse werden aber durch neuere Analysen stark infrage gestellt. So zeigen z.B. Baethge/Schumann (1975) auf Basis einer Frankfurter Studie (Eckart u.a. 1975) und eigener Untersuchungen, daß zwar Arbeiter dem Staat allgemein die Sorge für Preisstabilität, Einkommenssicherung und Verteilungsaufgaben zuweisen, daß aber diese Aufgaben des Staates für den Arbeiter „nicht den Charakter ‚einklagbarer Rechte' und Ansprüche" (Baethge/Schumann 1975, 60) haben:

„Der eigentlich gesellschaftliche Kampf um die Verteilung des Sozialprodukts lokalisiert sich im Arbeiterbewußtsein offensichtlich nach wie vor in den unmittelbaren Auseinandersetzungen zwischen Kapital und Arbeit." (ebd., 62)

Die Gewerkschaften — so ein Ergebnis der Studien — bleiben im Bewußtsein der Arbeiter von zentraler Bedeutung, ihre Kampfstärke bedingt den Ausgang des Verteilungskonflikts. Dies bedeutet auch,

„daß jene Konzepte, die die sozialen Interessen der Arbeiter schwerpunktmäßig durch staatliche Intervention und gesetzliche Fixierung meinen durchsetzen zu sollen, wenig Entsprechung im Bewußtsein der Arbeiter finden." (ebd., 68)

Nun sollen diese Ausführungen nicht die wichtige (flankierende) Bedeutung gesamtwirtschaftlicher Alternativen für den gewerkschaftlichen Kampf negieren oder gar den Verfassern „Staatsfixiertheit" etc. unterstellen; es soll hier nur betont werden, daß die Beschränkung auf die staatliche Wirtschaftspolitik in dem Memorandum dazu verleiten kann, das Mobilisierungspotential bei den Arbeitern für alternative Vorschläge zu verkennen.

Diese Einschränkung gilt umsomehr, als in dem Memorandum die aktuellen Bedingungen der gewerkschaftlichen Politik (also jener Kraft, die die Ziele des Memorandums durchsetzen soll) kaum reflektiert werden: Die Bedingungen der Entfaltung der Kampfkraft der Gewerkschaften werden gerade jetzt durch die Spaltungs- und Marginalisierungstendenzen innerhalb der Arbeiterschaft während der Krise eingeschränkt, und diese Prozesse werden innerbetrieblich durch die vorherrschende Personalpolitik der Unternehmen ausgenutzt und verstärkt. Auch diese Probleme verweisen wiederum auf eine notwendige Öffnung der Alternativen auf die betriebliche und die Branchenebene hin. Der alleinige Bezugspunkt in der globalen Steuerung der Nachfragekomponenten durch den Staat hat den Verfassern die wichtigen Probleme der Veränderungen der betrieblichen Bedingungen und der Zusammensetzung der Arbeiterschaft im Zuge der Restrukturierung des Kapitals aus dem Blick geraten lassen. In der unmittelbaren Sphäre der Produktion werden aber nicht nur die globalsteuernden Maßnahmen — soweit sie beschäftigungswirksam sein sollen — unterlaufen, sondern auch die unmittelbaren Erfahrungen der Arbeiter mit der kapitalistischen Krise gemacht.

Das Ziel einer „breiten Mobilisierung der Bevölkerung für eine demokratische Wende" als notwendige Voraussetzung für die Durchsetzung einer alternativen Wirtschaftspolitik (Memorandum 1978, 98) bleibt Postulat, wenn es in den Forderungen nicht gelingt, an die unmittelbaren Erfahrungen und den in den Betrieben vorhandenen Problemen einer Vereinheitlichung der Beschäftigten (und Arbeitslosen) anzuknüpfen. *Ein solches Konzept darf aber (wie dies die Unterkonsumtionstheorie impliziert) den Arbeiter nicht allein als Konsumten begreifen, sondern muß ihn als Produzenten des gesellschaftlichen Reichtums zum Ausgangspunkt der Analyse machen.* Daß ein solcher Ansatz dann nicht auf der Betriebsebene stehen bleiben darf, ergibt sich nicht nur aus dem gewerkschaftlichen Erfordernis, betriebliche Forderungen betriebsübergreifend formulieren zu müssen, um die Konkurrenz der Arbeiter untereinander aufzuheben und ihre Stellung gegenüber dem Kapital zu stärken. Diese Notwendigkeit ergibt sich auch daraus, daß die betrieblichen Abwehrkräfte immer auch das gesellschaftliche Kräfteverhältnis tangieren, und so gewerkschaftliche Überlegungen notwendig sind, wie die stoffliche Struktur des Reproduktionsprozesses (und hier spielt natürlich der Weltmarkt die entscheidende Rolle) nach Bedarfs- und gesellschaftlichen Gesichtspunkten zu verändern ist. (5)

---

5 Wir haben in diesem Abschnitt unsere Kritikpunkte nur andeuten können und dabei einige Aspekte ganz vernachlässigt, die in weiteren Diskussionen über wirtschaftspolitische Alternativen stärker als bisher berücksichtigt werden müßten. Dies trifft insbesondere auf den *Weltmarktzusammenhang* zu, der im Memorandum nahezu völlig ausgeblendet ist. Nur als „Störfaktor", dem mit Kapitalverkehrskontrollen begegnet werden soll (dann nämlich, wenn sich Kapitale den „Alternativen" durch Kapitalflucht zu entziehen versuchen sollten), taucht der Weltmarkt auf. Dies ist bei der engen Verflechtung des Kapitals vor allem in Westeuropa unzureichend. Wenn auch davon ausgegangen werden kann, daß für die Arbeiterklassen der westeuropäischen Länder wesentlich der nationalstaatliche Rahmen relevant ist, so müßte doch auch reflektiert werden, welche Konsequenzen sich aus der Verwirklichung von Alternativen für die westdeutsche Arbeiterbewegung, aber auch für diejenigen anderer Länder ergeben können. Hier besteht bereits ein *objektiv* durch das Kapital hergestellter Verbund, der auch subjektiv in den Strategieüberlegungen berücksichtigt werden sollte.

15.6. Zusammenfassung

1. Die ökonomische Krise ist – so hatten wir in Kapitel 9 geschrieben – ein notwendiges Durchgangsstadium im Prozeß der Kapitalakkumulation. Sie ist also nichts der bürgerlichen Gesellschaft Zufälliges oder Äußerliches. In ihr kommt zum Ausdruck, daß im Kapitalismus in gewissen periodischen Abständen destruktive Prozesse notwendig sind, um überhaupt die weitere Kapitalakkumulation möglich zu machen. Die ökonomischen Krisen sind Ausdruck des Wirkens des Wertgesetzes, das sich in den Krisen durchsetzt und so die gesellschaftlich erforderlichen Proportionen der *kapitalistischen* Reproduktion wiederherstellt. In diesem Sinne hat die Krise eine „Reinigungsfunktion", die sich vor allem als Entwertung und Vernichtung von Kapital ausdrückt und deren Kehrseite die Arbeitslosigkeit ist.

2. Damit ist aber auch das *Dilemma* für eine kurzfristige beschäftigungspolitische Strategie der Organisationen der Arbeiter im Kapitalismus bezeichnet: In der Krise stehen die Akkumulationsbedürfnisse des Kapitals gegen die Reproduktionsbedürfnisse der Arbeiter, und jede Strategie, die im Rahmen der Gesetze der Kapitalreproduktion bleibt, findet in der Bewegung der Ökonomie eine Grenze: Sei es, daß über eine keynesianische Nachfragepolitik des Staates (notwendige) Entwertungsprozesse aufgeschoben werden, was sich dann in kulminierenden Inflationsraten ausdrücken und was in stagflative Prozesse münden wird; sei es, daß eine expansive Lohnpolitik zwar die Nachfrage gegenüber der Konsumtionsmittelindustrie erhöhen kann, aber allgemein die Verwertung des vorzuschießenden Kapitals und damit auch die Akkumulationsraten senkt. Allerdings kann auch eine Reduktion der Lohnsumme die Krise nicht überwinden helfen: Mit der Freisetzung produktiver Arbeiter bei Überkapazitäten muß auch der produzierte Mehrwert sinken; gesamtwirtschaftlich muß dabei gegenüber der Konsumgüterindustrie eine Lohnsenkung zu einer weiteren Unterauslastung der Kapazitäten und so zur Senkung der realisierten Profitrate beitragen. Dabei drückt sich die „Reinigungsfunktion" der Krise in den Betrieben nicht nur in Entlassungen und Kurzarbeit aus, sondern auch in der Restrukturierung des Produktionsapparats, der Arbeitsintensivierung und der Veränderung der Arbeitsorganisation, mithin in einer Erhöhung des Verschleißes der Arbeitskraft.

3. Mit der Betonung der Grenzen einer kurzfristig formulierten alternativen Wirtschaftspolitik soll nicht einem Fatalismus das Wort geredet werden (dies war auch der Fehler der SPD-Kritik an den Programmen des ADGB). Mit den Widersprüchen, die in der Krise aufbrechen, sind alle hier diskutierten Alternativkonzeptionen konfrontiert. Dies gilt sowohl für die in der Weltwirtschaftskrise propagierten Arbeitsbeschaf-

fungsprogramme als auch für das Vollbeschäftigungsprogramm von O. Lange für die USA. Auch die Alternativdiskussion in der Bundesrepublik in der Krise seit 1974/75 hat die Probleme einer widerspruchslosen Programmformulierung im Rahmen der bestehenden Wirtschaftsordnung offenbar werden lassen.

4. Die zentrale Problematik der meisten der hier vorgestellten alternativen Konzepte zur Wirtschaftspolitik liegt darin, daß sie – indem das ihnen zugrunde liegende theoretische Konzept eine Seite des kapitalistischen Widerspruchs als Krisenerklärung heraushebt – die Durchführbarkeit des vorgeschlagenen Programms im Rahmen der kapitalistischen Strukturen suggerieren. Tatsächlich unterliegen aber diese Kaufkraft-orientierten Programme ähnlichen Grenzen, die auch dem wirtschaftspolitischen Keynesianismus gegenüber gelten. Der Erfolg dieser Programme ist daher abhängig von strukturellen Veränderungen in der Ökonomie, durch die insbesondere die Autonomie der Unternehmen eingeschränkt werden müßte und die wiederum durch den Ausbau gewerkschaftlicher Kontrollorgane auf Betriebs- und Branchenebene gekennzeichnet sein müßten.

5. Weitergehende alternative Konzeptionen haben deshalb die Überwindung kapitalistischer Strukturen zum Ziel. Gerade diese Konzeptionen stoßen aber auf das Problem, daß die für die Realisierung einer solchen Politik notwendige Massenmobilisierung angesichts der zersetzenden Wirkungen der Krise außerordentlich schwierig erscheint bzw. überhaupt das gesellschaftliche Subjekt einer solchen Umsetzung fehlt. Gerade diese Problematik weist auf die Notwendigkeit einer *Verbindung* von Alternativen innerhalb des kapitalistischen Systems mit dem Kampf um strukturelle Veränderungen hin; dabei ginge es bei der Abwehr der unmittelbaren Krisenfolgen für die Arbeiterklasse um die Veränderung der gesellschaftlichen Kräfteverhältnisse, die erst die Basis für strukturelle Alternativen sein könnte.

Schlußbemerkungen

Welche Ansatzpunkte einer alternativen Wirtschaftspolitik?

Die ökonomische Krise in den 70er Jahren hat bei vielen das Bewußtsein darüber geschärft, daß dem gesellschaftlichen System des Kapitalismus Grenzen seiner Entwicklung im Sinne einer Verbesserung der Lebensbedingungen der Menschen immanent sind. Zwar ist zumindest in der Bundesrepublik wie in den meisten hochentwickelten Ländern des Kapitalismus, in denen von der Arbeiterbewegung soziale Absicherungen für den Fall einer Krise erreicht worden sind, mit der Krise kein so tiefes Elend, keine so ausweglose und zur Verzweiflung treibende Not verbunden, wie dies noch in der Weltwirtschaftskrise in den 30er Jahren dieses Jahrhunderts der Fall gewesen war. Aber die Art und Weise, wie die in der gegenwärtigen Krise aufgebrochenen Widersprüche gelöst werden (bzw. werden sollen), eröffnet keine historische Perspektive im Interesse der lohnabhängigen Bevölkerung.

Im Verlauf der Krise hat sich gezeigt, daß mit der zunehmenden Konzentration der Wirtschaft, beschleunigt durch die Krisenprozesse, die ökonomische und politische Machtbasis des Kapitals gestärkt wird; daß die Arbeiterklasse in der Bundesrepublik durch die Krisenauswirkungen zunächst weiter geschwächt und zersplittert wird; daß durch Rationalisierungen im Produktionsprozeß, in der Zirkulationssphäre und im Staatssektor auf Dauer Arbeitsplätze vernichtet werden oder bedroht sind; daß die Bedingungen für Lohnsteigerungen angesichts der Dauerarbeitslosigkeit verschlechtert sind und die Dequalifikation großer Teile der Arbeiterschaft zur Senkung des individuellen Reproduktionsniveaus der Arbeiter führt; daß durch die Modernisierungsstrategien des Kapitals nicht nur im Produktionsprozeß die Arbeitsplätze wegrationalisiert werden, sondern auch im Interesse der privaten Investitionsankurbelung auf Rücksichtnahme gegenüber der bis zur äußersten Toleranzgrenze belasteten inneren und äußeren Natur des Menschen (Gesundheit und Umwelt) verzichtet und die Einführung von lebensbedrohenden Technologien (vor allem auf dem Energie- und Chemiesektor) in großem Maße betrieben wird; daß zur Aufrechterhaltung und zum Schutz dieser Entwicklung die autoritären Tendenzen im politischen System genährt werden („Atomstaat"). Die Krise währt nicht ewig; ihre Überwindung ist im Rahmen des kapitalistischen Systems möglich, denn dieses System braucht sogar die Krise als „Bereinigungsmechanismus" und setzt dadurch die Logik des Kapitals gegen die Arbeits- und Lebensinteressen der Arbeiter durch.

Von diesen Ergebnissen und Perspektiven der kapitalistischen Krise her betrachtet, ist auf die Formulierung einer Alternative nicht zu verzichten. Eine solche Alternative, dies kann man bei Rudolf Bahro lernen (Bahro 1977), kann sich nicht nur auf den Bereich der Wirtschaftspolitik beschränken, sondern müßte alle Dimensionen des gesellschaftlichen Lebensprozesses einbeziehen und dabei auch den „Mut zur Utopie" aufweisen. Nicht die großen Entwürfe alternativer gesellschaftlicher Entwicklung sind schlechte Utopie, sondern oft genug die kleinen konkreten Pläne, wenn sie Machbarkeit suggerieren, wo ihnen das Subjekt des „Machens" fehlt. Trotz dieser Einsicht in die Notwendigkeit der Entwicklung grundlegender und perspektivischer Alternativen im Bereich der Ökonomie, der Technik, der Gesellschaft und des politischen Systems, wollen wir uns hier auf die Wirtschaftspolitik konzentrieren und einen Ansatz formulieren, von dem aus Alternativen entwickelt werden sollten.

Im vorangegangenen Kapitel haben wir Alternativen der Wirtschaftspolitik diskutiert und versucht, auf die Schwachstellen ihrer Argumentation aufmerksam zu machen. Zunächst sind diese in der Krisenanalyse selbst zu suchen, da ja davon wesentlich das Bündel „therapeutischer Vorschläge" und die Einschätzung seiner Wirksamkeit abhängt. Unsere Analyse der Krise als Konsequenz der Überakkumulation von Kapital legt nahe, daß die Krise nicht nur Ausdruck einer falschen Verteilung (wie im Memorandum), sondern Konsequenz von strukturellen Verschiebungen im Verwertungsprozeß des Kapitals ist. Sie umfaßt die Produktion und die Zirkulation, die Verteilung, die Konsumtion, den staatlichen Bereich und die Weltmarktbeziehungen. Folglich bedeutet Krisenüberwindung immer einen Prozeß der *Umstrukturierung* aller Seiten des Reproduktionsprozesses. Die Krise ist demnach weder von der Seite des Kapitals noch im Interesse der Arbeiterklasse lediglich durch quantitative Verschiebungen der Lohn-Profit-Relation (in Richtung Profit, so Unternehmer, wissenschaftlicher „Sachverstand" und offizielle Wirtschaftspolitik; in Richtung Lohn, so Gewerkschaften und Gegengutachter) zu überwinden, sondern nur durch qualitative Umstrukturierungen im gesellschaftlichen Reproduktionsprozeß. Die Frage in diesem Prozeß der Umstrukturierung lautet, ob diese Bereinigung im Sinne der Wiederherstellung der strukturellen Voraussetzungen der Kapitalverwertung dem Kapital zugute kommt oder ob in der Krise die Chancen für die Durchsetzung von Reformen im Interesse der arbeitenden (und arbeitslosen) Bevölkerung genutzt werden können. Wenn die Frage so gestellt wird, dann wird deutlich, daß für die Begründung von Alternativen die ökonomische Funktionsanalyse nicht ausreicht. Auch die Durchsetzung von Alternativen hat Strukturveränderungen zur Folge, die weit über den ökonomischen Bereich hinausreichen und Konsequenzen für die Klassenverhältnisse und das politische System haben.

In diesem Sinne erhält der Begriff „antikapitalistische Strukturreformen" eine neue historische Bedeutung in der Krise.

Alternativprogramme in der Krise sind in jedem Fall *reformistische* Programme. Sie akzeptieren in hochentwickelten kapitalistischen Gesellschaften mit bürgerlicher Hegemonie die Tatsache, daß gesellschaftliche Veränderungen nicht unmittelbar gesellschaftliche Revolutionierungen zur Folge haben. Reformprogramme können aber sehr unterschiedliche Wirkungen auf die Klassen- und Kräfteverhältnisse in der Gesellschaft haben: Sie können den Konsens der Arbeiterbewegung mit Reformstrategien (die durchaus auch dem Interesse bestimmter Kapitalfraktionen entsprechen können) signalisieren und somit auf eine bloße Modifikation der Umstrukturierung im Sinne einer kapitalistischen Bereinigung abzielen, also im Rahmen des herrschenden Gemeinwohlbegriffs verbleiben. Sie können aber auch Veränderungen anpeilen, die mit Hilfe wirtschaftspolitischer Alternativen auch das gesellschaftliche Kräfteverhältnis zugunsten der Arbeiterklasse verschieben. Man kann dies auch den Unterschied zwischen reformkapitalistischer und reformistischer Programmatik in der westdeutschen Arbeiterbewegung nennen. Nur die letztgenannte Alternative ist dazu geeignet, das Kräfteverhältnis in der Krise zugunsten der Arbeiterbewegung zu verschieben und einen Ausgangspunkt für weitergehende Umwälzungsprozesse in der Gesellschaft zu schaffen.

Diese Unterscheidung ermöglicht es uns, die nach 1975 in der Bundesrepublik entwickelten Alternativen der Wirtschaftspolitik zu hinterfragen. Sie gehen von der Überlegung aus, daß vermittelt über die Durchsetzung einer alternativen Wirtschaftspolitik die gesellschaftlichen Kräfteverhältnisse zugunsten der Arbeiterklasse und vor allem der Gewerkschaften verändert werden könnten, so daß in der Folge auch über die alternative Vollbeschäftigungspolitik hinaus weitergehende Strukturveränderungen möglich sein sollen. Dieser Absicht sind jedoch – wie wir im vorangegangenen Kapitel herausgearbeitet haben – Grenzen gesetzt, insofern, als die Maßnahmen im wesentlichen auf eine Ausweitung der Ausgaben des Staates und der Konsumnachfrage abzielen. Da es in der Krise zunächst darauf ankommt, die negativen Auswirkungen der Krise auf die Struktur und das Reproduktionsniveau der Arbeiterklasse abzuwehren (Verhinderung von Marginalisierungstendenzen und von Dequalifizierung, Lohnsenkung und Arbeitsintensivierung), sind alle Maßnahmen zu befürworten und zu unterstützen, die dabei Erfolg versprechen. Und wenngleich mit den vorgeschlagenen Maßnahmen nur ein Teilbereich der notwendigen Abwehrpolitik (nämlich nur im Bereich des *Konsums* der Arbeiterklasse) abgedeckt wird, so wäre von der allgemeinen Zielbestimmung her nichts gegen eine solche Politikformulierung einzuwenden. Aber die bekannten *Grenzen* einer solchen Politik geben zu weitergehenden Forderungen Anlaß.

Wenn man die Forderungen nach alternativen Entwicklungsstrategien formuliert, dann muß als erstes deren Adressat und Träger reflektiert werden. Ein Kritikpunkt an den Memoranden war in diesem Zusammenhang ja gerade, daß sie sich ebenso wie die offiziellen Jahresgutachten des Sachverständigenrats im traditionellen Verständnis der Politikberatung an die staatlichen Institutionen, die für die Wirtschaftspolitik verantwortlich sind, an die Institutionen der politischen Willensbildung und die interessierte Öffentlichkeit der bürgerlichen Gesellschaft wenden. Es ist die Frage, ob nicht auf diese Weise Formen der Vermittlung von Alternativen entstehen, die sie qualitativ doch auf die gleiche Ebene stellen wie die der offiziellen Gutachten. Gutachten und Gegengutachten erscheinen dann nur noch als der Meinungsstreit von Richtungen, diskutiert in den Medien der Öffentlichkeit, aber doch sehr weit abgehoben von den Erfahrungen derjenigen, die Träger von Alternativvorstellungen allein sein können: von den Lohnabhängigen in den Betrieben und Verwaltungen. Es ist schwer, das die Alternativdiskussionen strukturierende Korsett der bürgerlichen Öffentlichkeit zu verlassen und mit Alternativvorstellungen die Dimension „proletarischer Öffentlichkeit" (vgl. dazu Negt/Kluge 1974) zu erreichen. Doch müßte zumindest in dem Bündel von Alternativforderungen mehr und vor allem bewußter als in den Memoranden bisher geschehen an den *Erfahrungen* der Lohnabhängigen als Produzenten des gesellschaftlichen Reichtums angeknüpft werden. Wenn dies nicht oder nur unzureichend geschieht, dann ist die mobilisierende Wirkung von Alternativprogrammen sehr gering, wie auch die historische Erfahrung der dargestellten Programme belegt.

Gehen wir im folgenden auf Stichpunkte einer Alternativprogrammatik ein:

1. Wichtiger Ansatzpunkt ist und bleibt dabei die *Höhe des Lohns.* Um den Lebensstandard der Lohnabhängigen (einschließlich der Arbeitslosen, deren Unterstützung sich ja nach den Bruttolöhnen als ehemals Beschäftigte bemißt!) zu erhalten und entsprechend dem ökonomischen Wachstum auszuweiten, kann auf eine aktive Lohnpolitik nicht verzichtet werden. Dabei muß jedoch davon ausgegangen werden, daß Löhne im Kapitalismus zugleich Kosten- und Nachfragefaktoren sind: Als Kostenfaktoren engen sie den Spielraum der Profitabilitätsentwicklung des Kapitals (bei sonst gleichbleibenden Umständen) ein, als Nachfragefaktoren weiten sie den Realisierungsspielraum für die produzierten Warenwerte aus. Wenn, wie in dem Memorandum, die Löhne vor allem als Nachfragebedingungen betrachtet werden, dann bleibt ihre Widersprüchlichkeit gerade unberücksichtigt und Lohnsteigerungen erscheinen als positiv sowohl für die Arbeiterklasse als auch für das Kapital. Aus der Analyse des Zusammenhangs von Produktion und Realisie-

rung des Profits (vgl. Kapitel 3) ergibt sich aber, daß eine solche harmonistische Annahme jeder Realität entbehrt und infolgedessen um die Höhe des Lohns eine harte ökonomische und politische Auseinandersetzung geführt werden muß. Denn der Kompromißspielraum, in dem sich die Löhne bewegen und innerhalb dessen eine „politische" Lohnfestsetzung möglich erscheint (vgl. dazu die optimistischen, aber unrealistischen Auffassungen von Habermas 1973), wird mit dem Niedergang der Konjunktur eingeengt und die Möglichkeiten gleichzeitiger Steigerung von Profiten und Löhnen (von branchenspezifischen Ausnahmen abgesehen) in der Krise bis zur Unmöglichkeit reduziert. Um die Reproduktionsbedingungen der Arbeitskraft ist daher gerade in der Krise eine härtere Auseinandersetzung zu führen als in der Prosperität.

Dies wird allerdings in einer Situation notwendig, in der die Kampfkraft der Gewerkschaften infolge der hohen Arbeitslosigkeit und deren lohndrückerischer Funktion geschwächt ist. Lohnpolitik kann daher nicht mehr geführt werden, ohne gleichzeitig mit Strategien gegen die Arbeitslosigkeit und mit Maßnahmen verbunden zu werden, durch die die Arbeitslosen in den gewerkschaftlichen Zusammenhang (re-)integriert werden. Dies ist aber, wie die Erfahrungen mit Arbeitslosigkeit in der Geschichte zeigen, ausgesprochen schwierig (vgl. Mattick 1969; Wacker 1976). Die disgregativen Tendenzen der Krise verstärken vor allem den Gegensatz zwischen Beschäftigten und Unbeschäftigten, und Anstrengungen, ihnen mit einer „perspektivischen Solidarität" entgegenzutreten, sind häufig genug auf beiden Seiten zum Scheitern verurteilt.

2. Strategien gegen die Arbeitslosigkeit erhalten daher ihre fundamentale Bedeutung für die Gewerkschaften sowohl im Hinblick auf das Ziel der Vollbeschäftigung als auch im Hinblick auf die lohnpolitische Zielsetzung, deren Durchführung von der Aufhebung der Konkurrenz der Arbeiter untereinander in der Krise abhängt. Wir wollen an dieser Stelle nicht noch einmal die Politikprogramme gegen die Arbeitslosigkeit (Kaufkraftausweitung, staatliche Investitionsprogramme, Arbeitszeitverkürzung) referieren und kritisieren, sondern die Aspekte benennen, unter denen diese Programme an den Erfahrungen der Arbeiterklasse (im weitesten Sinne) in den Bereichen von Produktion und Konsumtion anknüpfen können.

In den *Betrieben* werden die Wirkungen der nach dem kapitalistischen Rentabilitätsprinzip eingesetzten Technologie unmittelbar erfahren. Rationalisierungen haben in der Regel den Verlust von Arbeitsplätzen zur Folge oder steigern doch die Arbeitsplatzunsicherheit, was wiederum von den Betriebsleitungen als disziplinierendes Mittel eingesetzt wird. Daher ist die Kehrseite von Freisetzungen immer eine stärkere Disziplinierung und gesteigerte Arbeitshetze, also oft genug die Verschlechterung der Reproduktionsbedingungen. Gegen diese Kapitalstrategien wird auf der betrieblichen Ebene der Abwehrkampf zu führen sein, wobei die Organe der Belegschaften – Gewerkschaften, Betriebsräte, Vertrauensleute – eine wesentliche Rolle spielen. Der *Abwehrkampf auf Betriebsebene* wirft aber sofort das Problem der branchenorientierten Politik für die Belegschaften auf. Denn ein Erfolg auf betrieblicher Ebene hätte die Schwächung der Konkurrenzfähigkeit des jeweiligen Betriebes zur Folge, ein Argument, das von Unternehmerseite zur Begründung der Einführung von „arbeitsplatzsparender" Technologie auch immer wieder vorgebracht wird. Dem läßt sich allerdings nur mit dem Verweis auf die Notwendigkeit einer branchenspezifischen Investitionsplanung begegnen. Diese kann aber auf die einzelne Branche nicht beschränkt bleiben, sondern müßte gesamtwirtschaftlich organisiert werden.

Mit der Notwendigkeit der Forderung nach *Planung von Investitionen* stellt sich unmittelbar die Frage nach den Kriterien der Planung. Wenn sich die Planung von kapitalistischen Rentabilitätserwägungen leiten läßt, schlägt sie unmittelbar negativ auf die einzelnen Betriebe und deren Belegschaften zurück. Eine Planung nach gesellschaftlichen Bedarfs- und Bedürfniskriterien allein würde gewährleisten können, daß der Kampf in den Betrieben erfolgreich verlaufen kann. Somit stellen betriebliche Investitionskontrolle und überbetriebliche Investitionsplanung die Frage nach dem „Wie produzieren?", dem „Was produzieren?" und vor allem nach dem „Für wen produzieren?" (vgl. dazu Trentin 1978). Die kapitalistische Eigentumsordnung muß also enttabuisiert werden.

3. Wie wir (in Kapitel 10) gesehen haben, ergibt sich Arbeitslosigkeit immer dann, wenn die Produktionserweiterung geringer ist als die Wachstumsrate der Arbeitsproduktivität. Eine Strategie gegen die Arbeitslosigkeit kann daher auf ein höheres Wachstum und/oder auf eine Stagnation (oder verringerte Steigerung) der Arbeitsproduktivität abzielen. Ein höheres Wachstum ist allerdings angesichts der Begrenztheit von Energie, von natürlichen Ressourcen, der Absorptionsfähigkeit der natürlichen Umwelt ausgesprochen problematisch, mit negativen Begleiterscheinungen verbunden und wohl auch nicht „machbar".

Auf der anderen Seite könnte bei stagnierendem bzw. verringertem Wachstum (im Zyklendurchschnitt) die *Kontrolle der Entwicklung der Arbeitsproduktivität* ein Mittel sein, die Arbeitsplätze zu sichern. Wenn die Gewerkschaften sich gegen arbeitsplatzvernichtende Rationalisierungsinvestitionen und den Gesundheitsverschleiß durch Arbeitsintensivierung zur Wehr setzen, hat dies auch die Wirkung, daß das Reproduktionsniveau durch eine verringerte Entwicklung der Arbeitsproduktivität verteidigt wird. Und auch der gewerkschaftliche Kampf um eine Verkürzung der Arbeitszeit (vgl. dazu unsere Darstellung im 15. Kapitel) ist ein Moment der Sicherung der Reproduktion der Arbeitskraft und knüpft dabei sogar an die *historische Perspektive* der Emanzipation an, die in der Entwicklung der Arbeitsproduktivität enthalten ist: die Verringerung der notwendigen Arbeitszeit und die Erweiterung der zur freien Verfügung des Arbeiters stehenden Zeit. Eine Strategie *gegen* die Erhöhung der Arbeitsproduktivität als arbeitsmarktpolitisches Mittel im Rahmen der bestehenden Produktionsweise schließt aber eine Reihe von Widersprüchen ein, auf die hier kurz hingewiesen werden soll.

Wir haben gezeigt, daß die Arbeitsproduktivität positiv mit der Kapitalrentabilität korreliert. Von daher ergibt sich das Interesse des Kapitals an der ungestümen Erweiterung der Produktivkräfte, und eine Politik, die die Stagnation der Entwicklung der Arbeitsproduktivität zur Folge hat, ist infolgedessen gegen das Profitinteresse des Kapitals gerichtet. Bei stagnierender Arbeitsproduktivität wächst auf seiten des Kapitals der Druck auf den Lohn. Die Abwehr dieses Drucks muß daher mit der Kontrolle der Arbeitsproduktivität koordiniert werden, wenn nicht den Kapitalisten Kompensationsmöglichkeiten zu Lasten der Arbeiter offen gelassen werden sollen. Auch in dieser Hinsicht ist der betriebliche Kampf unmittelbar mit überbetrieblichen Strategien verbunden. Kontrolle der Entwicklung der Arbeitsproduktivität impliziert aber auch Konsequenzen für die Weltmarktstellung des nationalen Kapitals. So müßten Überlegungen hinsichtlich einer außenwirtschaftlichen Absicherung einer solchen Strategie gemacht werden. Überhaupt gilt es, bei der engen Weltmarktverflechtung der nationalen Kapitale, in diesem Zusammenhang die internationalen Auswirkungen und die Rückwirkungen des Weltmarktes auf die nationale Ökonomie zu berücksichtigen.

In der Regel ist eine Steigerung der Arbeitsproduktivität mit der Erhöhung der Kapitalintensität verbunden. Dann liegt aber in einer Politik der Kontrolle der Arbeitsproduktivität nicht nur eine Chance für (arbeitsintensive) kleinere und mittlere Kapitale, konkurrenzfähig gegenüber kapitalintensiven großen Kapitalen zu bleiben, sondern auch die Möglichkeit für alternative Projekte, im Rahmen der bestehenden Produktion konkurrenzfähig zu produzieren: Die Bildung von *Kooperativen,* von Produktionsgenossenschaften (die in einigen Fällen aus Fabrikbesetzungen – Lip, Süßmuth – hervorgegangen sind) zeigt schon heute die politische Bedeutung solcher Formen der Selbstaktivität, die durch die Veränderung der Reproduktionsstruktur unterstützt werden kann.

Aus diesen kurzen Bemerkungen sollte deutlich werden, daß es bei der Kontrolle der Entwicklung der Arbeitsproduktivität nicht um einen Kampf gegen den „technischen Fortschritt an sich" (den es nicht gibt) geht, sondern um die Kontrolle von Rationalisierungsinvestitionen, die

Abwehr von Arbeitsintensivierung und um den Kampf um Arbeitszeitverkürzung; also um eine Entwicklung von Ansätzen, die die Entwicklung der Produktivkraft der Arbeit tendenziell aus dem *kapitalistischen* Bedingungszusammenhang herausnehmen (wozu auch das „Ökologieproblem" gehört, worauf wir unten noch zurückkommen).

4. Ein weiterer Aspekt für die Erarbeitung eines alternativen Entwicklungsprogramms wären Überlegungen zu einem „neuen Konsummodell". Schon in der Studenten-, der Jugendlichen- und vor allem der Frauenbewegung haben sich Ansätze neuer Lebens- und damit auch Konsumformen herausgebildet, die aufgegriffen und weiterentwickelt werden könnten. Dazu gehört eine Neubestimmung des Verhältnisses von *privatem* und *sozialem Konsum*. Wenn die Krise überwunden wird, unter anderem mit einer Zunahme der Kraftfahrzeugproduktion und einer Ausweitung des Individualverkehrs, dann bleibt von der Konsumtionsseite her die Arbeiterklasse ganz von den Strukturen und Profitbedingungen der Akkumulation beherrscht und damit auch von den darin enthaltenen Herrschaftsstrukturen. Eine Einflußnahme in Richtung auf Ausweitung und Verbesserung des Kollektivverkehrs (um bei unserem Beispiel zu bleiben) ist also unbedingt notwendig. Wir können die Notwendigkeit der Ausweitung des „gesellschaftlichen Konsums" auch an einem anderen Beispiel deutlich machen: Infolge der staatlichen Finanzkrise und der Einschränkungen im Bildungsbereich werden von bürgerlichen, konservativen Wissenschaftlern und Politikern Vorschläge zur *Reprivatisierung* des Bildungssystems, insbesondere der Hochschulen, vorgelegt. Die individuelle Finanzierung der Ausbildung wird empfohlen, um „Konkurrenz und Leistung" anzuregen und die staatlichen Ausgaben für das Bildungssystem zu verringern. Diesen Tendenzen kann nicht allein der status quo staatlich finanzierter, betriebener und gestalteter Hochschulen entgegengesetzt werden, sondern nur ein Modell, das den Individualisierungstendenzen im gegenwärtigen Bildungssystem – die vor allem durch die individuelle Entlassung des Absolventen auf den Arbeitsmarkt bedingt ist – offensiv Alternativen entgegengesetzt.

5. Eine Alternative zu der lebensbedrohenden *Zerstörung der Natur* und menschlichen Umwelt ist zu entwickeln. Raubbau an natürlichen Ressourcen auf der einen Seite und Zerstörung der natürlichen Medien wie Luft, Wasser, Landschaft auf der anderen Seite beeinträchtigen auch die Möglichkeit eines vernünftigen menschlichen Lebens. Die Verwertungszwänge des Kapitals richten sich gegen die Reproduktionsbedingungen der Arbeitskraft. Die Ausbeutung der Arbeitskraft in der Fabrik (in der die neuen Technologien als Mittel der Arbeitsplatzvernichtung und Arbeitsintensivierung erfahren werden) und die Verunmöglichung einer Reproduktion der Arbeitskraft in der Freizeit durch Zerstörung der

Umwelt machen deutlich, wie *total* und letztlich auch *menschenfeindlich* die Herrschaft des Kapitals ist. Deshalb haben sich gerade gegen diese zerstörerischen Tendenzen starke *Gegenbewegungen in Form von Bürgerinitiativen* gebildet. In ihnen herrscht zunächst einmal das Interesse an menschenwürdiger Reproduktion vor, an Erhaltung von gewachsener (städtischer und ländlicher) Landschaft gegen die Gleichgültigkeit des Kapitals in Bezug auf die Folgen seiner Akkumulation, sofern nur die Profitabilität stimmt. Damit aber können Bürgerinitiativen in Widerspruch nicht nur zu den Interessen des Kapitals geraten, sondern zu den unmittelbaren Interessen von Teilen der Arbeiterklasse, deren Arbeitsplätze von einer durch Bürgerinitiativen gehemmten Kapitalakkumulation abhängen. Auf der Grundlage eines kapitalistischen Entwicklungsmodells gibt es für die beispielsweise von einem Baustopp für Kernkraftwerke betroffenen Arbeiter auch keine Perspektive; sie müssen notwendigerweise in ökonomisch bedingten politischen Gegensatz zur Bürgerinitiativbewegung geraten, ein Gegensatz, der dann noch nachhaltig von interessierter Kapitalseite und von der Regierung geschürt wird. Dabei muß jedoch gesehen werden, daß dieser Widerspruch *objektiv* ist, solange das kapitalistische Entwicklungsmodell zugrundegelegt wird. Erst eine gesellschaftspolitische, konkrete Alternative, die sich nicht in den engen „Sachzwängen" der Profitproduktion bewegt, sondern den Erfahrungen, Bedürfnissen und Interessen der Betroffenen Rechnung trägt, kann diesen Gegensatz überwinden helfen.

Gerade dieser letzte Punkt der hier vorgeschlagenen Ansätze einer Alternative zeigt nochmals in aller Deutlichkeit, daß die (tradierte) Beschränkung der Gewerkschaften auf die ökonomische Interessenvertretung der Arbeiter beim Verkauf der Ware Arbeitskraft (die im Kampf gegen Arbeitsintensivierung und Rationalisierungsinvestitionen schon durchbrochen wurde) zu kurz greift, wenn die Arbeits- *und* Lebensbedingungen der Arbeiter verteidigt und verbessert werden sollen. (Und hier liegt auch der gemeinsame Ansatzpunkt von Gewerkschaften und Bürgerinitiativen!) Der beschränkte — wenn auch historisch erklärbare — Ansatzpunkt gewerkschaftlicher Politik und überhaupt das relativ unkritische Verhältnis der Arbeiterbewegung zur Produktivkraftentwicklung (vgl. dazu Neusüß 1978) müssen aber auch in den Alternativen überwunden werden, wenn diese eine historische Perspektive für die Arbeiterklasse enthalten sollen.

Wenn wir hier zum Abschluß unseres Buches Ansatzpunkte von Alternativen skizziert haben, dann haben wir dabei bewußt die Widersprüche in der Kapitalakkumulation aufgegriffen, darüber hinaus aber auch gesellschaftliche Probleme mit in unsere Überlegungen einbezogen, die hier von uns nicht behandelt werden konnten (z.B. das Ökologie-Problem), die aber Resultate des Vergesellschaftungsprozesses im Rahmen der Kapitalakkumulation sind. Dabei kam es uns darauf an, Ansätze, die sich bereits in der gesellschaftlichen Praxis (sei es der Gewerkschaften, sei es anderer sozialer Bewegungen) entwickeln, hervorzuheben und mit den Resultaten unserer Analyse zu verbinden. Damit kann sowohl der Fehler, bloß „entlarvend", verbal kritisch-aufklärerisch eine Position zur Krise der Kapitalakkumulation zu formulieren, vermieden als auch die Begrenztheit überwunden werden, die in der Ausgestaltung eines Konzepts der Krisenüberwindung liegt, das von der Bewältigung der Krise schon die Lösung der Probleme der Arbeiterklasse erwartet. Dabei wird dann nicht berücksichtigt, daß hegemoniale Positionen der Arbeiterbewegung nur errungen werden können, wenn auf den Wegen aus der Krise alternative Formen der Vergesellschaftung, die an den Erfahrungen der Betroffenen anknüpfen, entwickelt werden und qualitative Strukturveränderungen im Interesse der Arbeiterklasse durchgesetzt werden können. So könnte sich die Krise noch in anderer Hinsicht, als wir es analysiert haben, als *Knotenpunkt der Entwicklung* erweisen: Es ändern sich in ihr nicht nur die strukturellen Voraussetzungen der Verwertung und Akkumulation von Kapital, sondern es können in der Krise auch die vom Kapital selbst produzierten und provozierten alternativen Formen der Vergesellschaftung zur Geltung kommen.

Literatur:

Abelshauser 1975 – Werner Abelshauser, *Wirtschaft in Westdeutschland, 1945-48*, Stuttgart 1975
ADGB 1932 – Allgemeiner Deutscher Gewerkschaftsbund, *Richtlinien des ADGB zum Umbau der Wirtschaft*, Berlin 1932
Agnoli 1967 – Johannes Agnoli, *Die Transformation der Demokratie*, Berlin 1967
Agnoli 1975 – Johannes Agnoli, *Überlegungen zum bürgerlichen Staat*, Berlin 1975
Alf 1977 – Sophie G. Alf, *Leitfaden Italien*, Berlin 1977
Altvater/Huisken 1971 – Elmar Altvater/Freerk Huisken, *Materialien zur politischen Ökonomie des Ausbildungssektors*, Erlangen 1971
Altvater 1972 – Elmar Altvater, „Zu einigen Problemen des Staatsinterventionismus", in: *Probleme des Klassenkampfs* Nr. 3, 1972
Altvater u.a. 1974 a – Elmar Altvater, Jürgen Hoffmann, Wolfgang Schoeller, Willi Semmler, „Entwicklungsphasen und -tendenzen des Kapitalismus in Westdeutschland (Teil 1)", in: *Probleme des Klassenkampfs* Nr. 13, 1974
Altvater u.a. 1974 b – Wolfgang Schoeller, Willi Semmler, Jürgen Hoffmann, Elmar Altvater, „Entwicklungstendenzen des Kapitalismus in Westdeutschland (Teil 2)", in: *Probleme des Klassenkampfs* Nr. 16, 1974
Altvater 1975 – Elmar Altvater, „Wertgesetz und Monopolmacht", in: *Das Argument*, AS 6, 1975
Altvater/Neusüß 1975 – Elmar Altvater, Christel Neusüß, „Wirtschaftskrise, Konjunkturprogramm und Entwicklung der Klassengegensätze", in: *links*, Oktober (Nr. 10), 1975
Altvater u.a. 1975 – Elmar Altvater, Jürgen Hoffmann, Rainer Künzel, Willi Semmler, „Inflation und Krise der Kapitalverwertung", in: *Probleme des Klassenkampfs* Nr. 17/18, 1975
Altvater 1976 – Elmar Altvater, „Arbeitsmarkt und Krise", in: Michael Bolle (Hrsg.), *Arbeitsmarkttheorie und Arbeitsmarktpolitik*, Opladen 1976
Altvater u.a. 1976 a – Elmar Altvater, Jürgen Hoffmann, Willi Semmler, „Zum Problem der Profitratenberechnung", in: *Prokla* Nr. 26, 1976
Altvater u.a. 1976 b – Elmar Altvater, Jürgen Hoffmann, Willi Semmler, Wolfgang Schoeller, „Staat, Akkumulation des Kapitals und soziale Bewegung", in: C. Pozzoli (Hrsg.), *Rahmenbedingungen und Schranken staatlichen Handelns*, Frankfurt 1976
Altvater 1977 – Elmar Altvater, „Staat und gesellschaftliche Reproduktion – Anmerkungen zur Diskussion um den Planstaat", in: Brandes u.a. (Hrsg.), *Handbuch 5: Staat*, Köln 1977
Altvater u.a. 1977 – Elmar Altvater, Jürgen Hoffmann, Willi Semmler, „Alltagspolitik – Prinzip ohne Hoffnung", in: *Leviathan* Nr. 2, 1977
Altvater/Genth 1977 – Elmar Altvater, Renate Genth, „Politische Konzeptionen und Schwierigkeiten der KPI in der Krise", in: *Prokla* Nr. 26 u. 27, 1977
Altvater 1978 – Elmar Altvater, „Politische Implikationen der Krisenbereinigung – Überlegungen zu den Austerity-Tendenzen in Westeuropa", in: *Prokla* Nr. 32, 1978
Amonn 1930 – Alfred Amonn, *Das Lohnproblem – Gefahren der Lohnsteigerungen*, Berlin 1930
Asor Rosa 1977 – A. Asor Rosa, *Le due societa, I potesi sulla crisi italiana*, Torino 1977
Baethge/Schumann 1975 – Martin Baethge, Michael Schumann, „Legitimation und Staatsillusion im Bewußtsein der Arbeiter", in: Martin Osterland (Hrsg.), *Arbeitssituation, Lebenslage und Konfliktpotential*, Frankfurt/M., Köln 1975

Bahro 1977 – Rudolf Bahro, *Die Alternative*, Frankfurt/M. – Köln 1977
Baisch u.a. 1977 – H. Baisch, J. Berger, C. Brockhaus, M. Buhbe, T. Dückert, W. Eckart, U. Geipel, K. Gerlach, P. de Gijsel, H. Holländer, A. Krafft, J. Schneider, W. Vogt, H. Wagner, G. Wiesner, ,,Die Wirtschaftskrise in der BRD", in: *Leviathan* Nr. 2, 1977
Bain 1956 – J.S. Bain, *Barriers to New Competition*, Cambridge (Mass.), Boston 1956
Baran/Sweezy 1965 – Paul A. Baran, Paul M. Sweezy, *Monopolkapital*, Frankfurt / M. 1965
Beirat 1973 – Wissenschaftlicher Beirat beim Bundesministerium für Wirtschaft, ,,Gutachten über Grundfragen der Stabilitätspolitik", in: *Bundesanzeiger* vom 19.4.1973
Bergmann u.a. 1969 – Joachim Bergmann, Gerhardt Brandt, Klaus Körber, Ernst Theodor Mohl, Claus Offe, ,,Herrschaft, Klassenverhältnis und Schichtung", in: *Spätkapitalismus oder Industriegesellschaft,* Stuttgart 1969
Bergmann 1972 – Joachim Bergmann, ,,Neues Lohnbewußtsein und Septemberstreiks", in: Otto Jacobi, Walter Müller-Jentsch, Eberhard Schmidt (Hrsg.), *Gewerkschaften und Klassenkampf,* Kritisches Jahrbuch 1972, Frankfurt / M. 1972
Bergmann 1973 – Joachim Bergmann, ,,Organisationsinterne Prozesse in kooperativen Gewerkschaften", in: *Leviathan* Nr. 2, 1973
Bergmann u.a. 1975 – Joachim Bergmann, Otto Jacobi, Walter Müller-Jentsch, *Gewerkschaften in der Bundesrepublik*, Frankfurt / M. – Köln 1975
Bernstein 1904 – Eduard Bernstein, *Zur Theorie und Geschichte des Sozialismus*, Berlin 1904
Bettelheim 1974 – Charles Bettelheim, *Die deutsche Wirtschaft unter dem Nationalsozialismus,* München 1974
Beveridge 1944 – William Beveridge, *Full Employment in a Free Society*, London 1944
Blair 1972 – John M. Blair, *Economic Concentration*, Chicago (University of Chicago Press) 1972
Blanke 1969 – Bernhard Blanke, ,,Thesen zur Faschismus-Diskussion", in: *Sozialistische Politik* Nr. 3, 1969
Blanke u.a. 1974 – Bernhard Blanke, Ulrich Jürgens, Hans Kastendiek, ,,Zur neueren marxistischen Diskussion über die Analyse von Form und Funktion des bürgerlichen Staates", in: *Probleme des Klassenkampfs*, Nr. 14/15, 1974
Blanke u.a. 1975 – Bernhard Blanke, Ulrich Jürgens, Hans Kastendiek, *Kritik der politischen Wissenschaft,* Frankfurt / M. 1975
Blanke 1977 – Bernhard Blanke, ,,Formen und Formwandel des politischen Systems in der bürgerlichen Gesellschaft", in: Volkhard Brandes u.a. (Hrsg.), *Handbuch 5: Staat,* Köln 1977
Boccara 1971 – Paul Boccara, ,,Zum staatsmonopolistischen Kapitalismus", in: *Sozialistische Politik*, Nr. 11, 1971
Böhm 1951 – Franz Böhm, ,,Das wirtschaftliche Mitbestimmungsrecht im Betrieb", in: *Ordo. Jahrbuch Nr. 4,* 1951
Böhm 1968 – Franz Böhm, ,,Die rechtliche Problematik der paritätischen Mitbestimmung", in: Götz Briefs (Hrsg.), *Mitbestimmung?*, Stuttgart 1968
Bolle 1976 – Michael Bolle, ,,Vollbeschäftigung: Theorie und Politik", in: ders. (Hrsg.), *Arbeitsmarkttheorie und Arbeitsmarktpolitik*, Opladen 1976
Bolle 1977 – Michael Bolle, ,,Globalsteuerung und ökonomische Krise", in: Volkhard Brandes u.a. (Hrsg.), *Handbuch 5: Staat,* Köln 1977
Bolle u.a. 1977 – Michael Bolle, Ulrike Fischer, Gerhard Jungnickel, Gerhard

Loczwik, „Arbeitszeitverkürzung — Aspekte, Daten, Probleme", in: Karl Georg Zinn (Hrsg.), *Strategien gegen die Arbeitslosigkeit,* Frankfurt / M. — Köln 1977

Brandes u.a. 1977 — Volkhard Brandes, Jürgen Hoffmann, Ulrich Jürgens, Willi Semmler (Hrsg.), *Handbuch 5: Staat,* Köln 1977

Brauns u.a. 1976 — Hans-Jochen Brauns, Urs Jaeggi, Klaus Peter Kisker, Axel Zerdick, Burkhard Zimmermann, *SPD in der Krise — Die Deutsche Sozialdemokratie seit 1945,* Frankfurt / M. 1976

Bravermann 1974 — Harry Bravermann, *Labour and Monopoly Capital,* New York / London 1974 (deutsch: Frankfurt/M. — New York 1977)

Breuer 1975 — Wilhelm R. Breuer, *Zur politischen Ökonomie des Monopols,* Köln 1975

Briefs 1952 — Götz Briefs, *Zwischen Kapitalismus und Syndikalismus — Die Gewerkschaften am Scheideweg,* München 1952

Brody 1974 — A. Brody, *Proportions, Prices and Planning, A Mathematical Restatement of the Labour Theory of Value,* Budapest, Amsterdam, London, New York 1974

Bundesbank 1967 ff — Deutsche Bundesbank, *Geschäftsberichte,* Frankfurt / M. 1967 ff.

Bundesbank 1976 — Deutsche Bundesbank (Hrsg.), *Währung und Wirtschaft in Westdeutschland 1876 — 1975,* Frankfurt / M. 1976

Bundeskartellamt 1975 f. — Bericht des Bundeskartellamts über seine Tätigkeit im Jahre 1975 sowie über Lage und Entwicklung auf seinem Aufgabengebiet, Bundestagsdrucksache 7/5390

Busch 1974 — Klaus Busch, *Die multinationalen Konzerne, Zur Analyse der Weltmarktbewegung des Kapitals,* Frankfurt / M. 1974

Busch 1978 — Klaus Busch, *Die Krise der Europäischen Gemeinschaft,* Köln 1978

Bußmann 1965 — L. Bußmann, *Der Einfluß des Konzentrationsgrades einer Branche auf die Preise und Gewinne im internationalen Vergleich,* Dissertation Münster 1965

Caves u.a. 1970 — Richard Caves et al., *Britain's Economic Prospects,* Washington / London 1970

Comanor/Wilson 1967 — W.S. Comanor, T.A. Wilson, „Advertising, Market Structure and Performance", in: *Review of Economics and Statistics,* Nov. 1967

Cornwall 1977 — John Cornwall, „The Relevance of Dual Models for Analyzing Developed Capitalistic Economies", in: *Kyklos,* Vol. 30, Fasc. 1, 1977

Deleplace 1975 — Guilain Deleplace, „Biens a double et polarisations des taux des profits: une analyse sectorielle", in: *Cahiers d'economie politique,* No. 2, Amiens 1975

Deutschmann 1977 — Manfred Deutschmann, „Die systemtheoretische Kritik an der marxistischen Staatstheorie", in: Brandes u.a. (Hrsg.), *Handbuch 5: Staat,* Köln 1977

Demele/Semmler 1977 — Ottwald Demele, Willi Semmler, Arbeitsvorlage zum Thema „Konkurrenz und Oligopol", Manuskript, FU Berlin 1977

Diefenbach u.a. 1976 — Chr. Diefenbach, G. Grötzinger, D. Ipsen, F. Warthenpfuhl, U. Wengenroth, „Wie real ist die Realanalyse? Eine Kritik", in: *Prokla* Nr. 24, 1976

Dobb 1966 — Maurice Dobb, *Soviet Economic Development since 1917,* London 1966

Dombois 1976 — Rainer Dombois, „Massenentlassungen bei VW: Individualisierung der Krise", in: *Leviathan* Nr. 4, 1976

Donolo 1977 — Carlo Donolo, *Untamento o transizione?*, Bologna 1977

Eckart u.a. 1975 — Christel Eckart, Richard Herding, Ursula Jaerisch, Klaus Japp,

Berndt Kirchlechner, „Arbeiterbewußtsein, Klassenzusammensetzung und ökonomische Entwicklung", in: *Gesellschaft* Nr. 4, 1975

Ehrenberg 1973 – Herbert Ehrenberg, „Infrastrukturplanung und Marktwirtschaft", in: Horst Heidermann (Hrsg.), *Langzeitprogramm 4 – Kommentare*, Bonn, Bad Godesberg 1973

Ehrenberg 1974 – Herbert Ehrenberg, Zwischen Marx und Markt, Frankfurt/M. 1974

Engelen-Kefer 1977 – Ursula Engelen-Kefer, „Arbeitszeitverkürzung im internationalen Vergleich", in: *WSI-Mitteilungen* Nr. 4, 1977

Erbe 1958 – René Erbe, *Die nationalsozialistische Wirtschaftspolitik 1933 - 1939 im Lichte der modernen Theorie*, Zürich 1958

Erhard 1957 – Ludwig Erhard, *Wohlstand für alle*, Düsseldorf 1957

Eucken 1950 – Walter Eucken, *Die Grundlagen der Nationalökonomie*, Berlin-Göttingen-Heidelberg 1950

Eucken 1959 – Walter Eucken, *Grundsätze der Wirtschaftspolitik*, Reinbek 1959

Fellner u.a. 1961 – William Fellner, Bent Hansen, Richard Kahn, Milton Gilbert, Friedrich Lutz, Pieter de Wolff, *The Problem of Rising Prices*, Paris 1961

Fels 1973 – Gerhard Fels, „Der Wandel der weltwirtschaftlichen Arbeitsteilung und seine Konsequenzen für die Branchenstruktur der westdeutschen Wirtschaft", in: *WSI-Mitteilungen*, Nr. 22, 1973

Fließhardt u.a. 1977 – Peter Fließhardt, Uwe Haupt, Jörg Huffschmid, Reinhard Sablotny, Angelina Sörgel, *Gewinnentwicklung und Gewinnverschleierung in der westdeutschen Großindustrie*, 2 Bände, Köln 1977

Foa 1976 – Vittorio Foa, „Die Herausforderung der Krise: Vollbeschäftigungspolitik im kapitalistischen System", in: Altvater / Brandes / Reiche (Hrsg.): *Inflation – Akkumulation – Krise*, II, Frankfurt/M. - Köln 1976

Föhl 1964 – Carl Föhl, *Kreislaufanalytische Untersuchung der Vermögensbildung*, Tübingen 1964

Fraenkel 1974 – Ernst Fraenkel, *Der Doppelstaat*, Frankfurt/Main - Köln 1974

Freiburghaus/Schmid 1975 – Dieter Freiburghaus, Günther Schmid, „Theorie der Segmentierung von Arbeitsmärkten", in: *Leviathan* Nr. 3, 1975

Friedman 1970 – Milton Friedman, „The Counter-Revolution in Monetary Theory", *IEA Occasional Papers*, Nr. 33 Tonbridge 1970

Fröbel u.a. 1977 – Folker Fröbel, Jürgen Heinrichs, Otto Kreye, *Die neue internationale Arbeitsteilung*, Reinbek 1977

Frosch 1978 – Alfred Frosch, „Mikroprozessoren – Zentrale Technologie einer umfassenden Rationalisierung", in: *Prokla* Nr. 31, 1978

Funke/Neusüß 1975 – Hajo Funke, Christel Neusüß, „Wirtschaftskrise und Krise der Gewerkschaftspolitik", in: *Probleme des Klassenkampfs* Nr. 19/20/21, 1975

Gater 1931 – Rudolf Gater, *Die Konjunkturprognose des Harvard-Instituts*, Zürich 1931

George 1968 – K.D. George, „Concentration Barriers to Entry and Rates of Return", in: *Review of Economics and Statistics*, May 1968

Glaeßner/Köppl 1979 – Ursula Glaeßner, Bernd Köppl, „Die alltägliche Gesundheitszerstörung im industriellen Produktionsprozeß", in: *Prokla* Nr. 34, 1979

Glasstetter 1976 – Werner Glasstetter, „Die wirtschaftliche Entwicklung der Bundesrepublik Deutschland im Zeitraum 1950 bis 1975", in: *IG Metall, Krise und Reform der Industriegesellschaft*, Band 1: Materialien, Frankfurt/M. - Köln 1976

Glyn/Sutcliffe 1972 – Andrew Glyn, Bob Sutcliffe, *British Capitalism, Workers and the Profits Squeeze*, Harmondsworth 1972, (deutsch, *Die Profitklemme*, Berlin 1974)

Goldschmid u.a. 1974 – J.H. Goldschmid, H.M. Mann, J.F. Weston (eds.) *Industrial Concentration, The New Learning*, Boston 1974

Görzig/Kirner 1976 – Bernd Görzig, Wolfgang Kirner, ,,Anlageinvestitionen und Anlagevermögen in den Wirtschaftsbereichen der Bundesrepublik Deutschland", *DIW*, Beiträge zur Strukturforschung Heft 41, Berlin 1976

Gotthold 1975 a – Jürgen Gotthold, *Macht und Wettbewerb in der Wirtschaft*, Köln 1975

Gotthold 1975 b – Jürgen Gotthold, *Wirtschaftliche Entwicklung und Verfassungsrecht*, Köln 1975

Götz 1963 – *Weil alle besser leben wollen: Portrait der deutschen Wirtschaftspolitik*, Düsseldorf 1963

Gramsci 1967 – Antonio Gramsci, *Philosophie der Praxis – eine Auswahl*, Frankfurt/M. 1967

Gramsci 1975 – Antonio Gramsci, *Quaderni dei carcere*, Bd. III, Torino 1975

Gransow/Krätke 1978 – Volker Gransow, Michael Krätke, *Viktor Agartz – Gewerkschaften und Wirtschaftspolitik*, Berlin (West) 1978

Grenzdörffer 1972 – Klaus Grenzdörffer, ,,Probleme der Produktivitätsmessung in der empirischen Wirtschaftsforschung", in: *Das Argument* Nr. 73, 1972

Grossmann 1969 – Henryk Grossmann, *Marx, die klassische Nationalökonomie und das Problem der Dynamik*, Frankfurt/M. - Wien 1969

Grotkopp 1954 – Wilhelm Grotkopp, *Die große Krise*, Düsseldorf 1954

Gündel u.a. 1963 – Rudi Gündel, Horst Heininger, Peter Hess, Kurt Zieschang, *Die Labilität des Wirtschaftssystems in Westdeutschland*, Berlin (DDR) 1963

Haberler 1948 – Gottfried Haberler, *Prosperität und Depression*, Bern 1948

Haberler u.a. 1954 – Gottfried Haberler, Per Jacobsson, Wilhelm Röpke u.a., *Die Konvertibilität der europäischen Währungen*, Erlenbach – Zürich und Stuttgart 1954

Habermas 1973 – Jürgen Habermas, *Legitimationsprobleme im Spätkapitalismus*, Frankfurt/M. 1973

Hahn 1967 – L.A. Hahn, ,,Ende der Ära Keynes?", in: *Kyklos* Nr. 20, 1967

Hartwich 1970 – Hans-H. Hartwich, *Sozialstaatspostulat und gesellschaftlicher Status quo*, Köln-Opladen 1970

Haubold 1972 a – Dietmar Haubold, ,,Entwicklung und Förderung der amerikanischen Direktinvestitionen", in: Hans-Eckart Scharrer, (Hrsg.), *Förderung privater Direktinvestitionen*, Hamburg 1972

Haubold 1972 b – Dietmar Haubold, *Direktinvestitionen und Zahlungsbilanz – Wirkungen der US-Investitionen in Europa auf die amerikanische Zahlungsbilanz*, Hamburg 1972

Heininger 1959 – Horst Heininger, *Der Nachkriegszyklus der westdeutschen Wirtschaft 1945-50*, Berlin (DDR) 1959

Heininger/Hess 1970 – Horst Heininger, Peter Hess, *Die Aktualität der Leninschen Imperialismuskritik*, Berlin (DDR) 1970

Helfert 1977 a – Mario Helfert, ,,Beschäftigung und Produktivitätsfortschritt", in: *WSI-Mitteilungen* 5, 1977

Helfert 1977 b – Mario Helfert, ,,Rationalisierung, Beschäftigung, Wirtschaftspolitik", in: *Gewerkschaftliche Monatshefte* Nr. 7, 1977

Henning 1973 – Eike Henning, *Thesen zur deutschen Sozial- und Wirtschaftsgeschichte 1933-1938*, Frankfurt/M. 1973

Hess 1969 – Peter Hess, ,,Kapitalistisches Wachstum zwischen Gleichgewicht und Ungleichgewicht", in: *SoPo* Nr. 3, 1969

Hicks 1950 – J.R. Hicks, *A Contribution to the Theory of the Trade Cycles*, Oxford 1950
Hildebrandt 1975 – Eckart Hildebrandt, „Entwicklung der Beschäftigtenstruktur und der Arbeitslosigkeit in der Bundesrepublik", in: *Probleme des Klassenkampfs* Nr. 19/20/21, 1975
Hildebrandt 1977 – Eckart Hildebrandt, „Feuern ohne zu Heuern – Betriebs- und Personalpolitik in der Krise", in: *Prokla* Nr. 26, 1977
Hinrichs/Peter 1976 – Peter Hinrichs, Lothar Peter, *Industrieller Friede? Arbeitswissenschaft, Rationalisierung und Arbeiterbewegung in der Weimarer Republik*, Köln 1976
Hirsch 1977 – Joachim Hirsch, „Kapitalreproduktion, Klassenauseinandersetzungen und Widersprüche im Staatsapparat", in: Volkhard Brandes u.a. (Hrsg.), *Handbuch 5: Staat*, Köln 1977
Hobsbawn/Napolitano 1977 – Eric J. Hobsbawn, Giorgio Napolitano, *Auf dem Weg zum historischen Kompromiß*, Frankfurt/M. 1977
Hoffmann 1965 – Walter G. Hoffmann, *Das Wachstum der deutschen Wirtschaft seit der Mitte des 19. Jahrhunderts*, Berlin - Heidelberg - New York 1965
Hoffmann/Semmler 1975 – Jürgen Hoffmann, Willi Semmler, „Kapitalreproduktion, Staatseinflüsse auf den Arbeitslohn und Gewerkschaften", in: Wolf-Dieter Narr (Hrsg.), *Politik und Ökonomie – Autonome Handlungsmöglichkeiten des politischen Systems*, PVS-SH 5, Opladen 1975
Hoffmann 1977 – Jürgen Hoffmann, „Staatliche Wirtschaftspolitik als Anpassungsbewegung der Politik an die kapitalistische Ökonomie", in: Brandes u.a. (Hrsg.), *Handbuch 5: Staat*, Köln 1977
Hoffmann 1978 – Jürgen Hoffmann, *Ökonomischer oder politischer Konjunkturzyklus? Ökonomischer Zyklus, staatliche Wirtschaftspolitik und Gewerkschaften in der Bundesrepublik*, Dissertation Freie Universität Berlin 1978
Hofmann 1962 – Werner Hofmann, *Die säkulare Inflation*, Berlin 1962

Holländer 1974 – Heinz Holländer, „Das Gesetz des tendenziellen Falls der Profitrate, Marxens Begründung und ihre Implikationen", in: *mehrwert* Nr. 6, 1974
Hopp 1969 – Rüdiger Hopp, *Schwankungen des wirtschaftlichen Wachstums in Westdeutschland*, Meisenheim/Gl. 1969
Huffschmid 1969 – Jörg Huffschmid, *Die Politik des Kapitals, Konzentration und Wirtschaftspolitik in der Bundesrepublik*, Frankfurt/M. 1969
Huffschmid 1975 – Jörg Huffschmid, „Begründung und Bedeutung des Monopolbegriffs in der marxistischen politischen Ökonomie", *AS* 6, Theorie des Monopols, 1975
Huffschmid 1976 a – Jörg Huffschmid, „Monopolisierung in der Krise – Entwicklung und Wirkungen von Konzentration und Zentralisation in der BRD", in: Huffschmid/Schui, (Hrsg.), *Gesellschaft im Konkurs?* Köln 1976
Huffschmid 1976 b – Jörg Huffschmid, „Zu den theoretischen Grundlagen der marxistischen Monopoltheorie", in: IMSF (Hrsg.), *Das Monopol – ökonomischer Kern des heutigen Kapitalismus*, Frankfurt/M. 1976
Huffschmid 1976 c – Jörg Huffschmid, „Alternativen und Perspektiven im Kampf gegen die Krise", in: Jörg Huffschmid/Herbert Schui (Hrsg.), *Gesellschaft im Konkurs?* Köln 1976
Huffschmid/Schui 1976 – Jörg Huffschmid, Herbert Schui (Hrsg.), *Gesellschaft im Konkurs? Handbuch zur Wirtschaftskrise 1973 - 1976 in der BRD*, Köln 1976
Hunt/Sherman 1974 – E.K. Hunt/H.J. Sherman, *Ökonomie aus traditioneller und radikaler Sicht*, Bd. 2, Frankfurt/M. 1974
Ifo 1974 – Ifo-Institut, *Strukturdaten über die Industrie*, 3. Folge, 1960 - 1972, München 1974

Ifo 1978 – Ifo, Spiegel der Wirtschaft, Frankfurt/M. - New York 1978

IMSF 1973 – IMSF (Institut für Marxistische Studien und Forschung), *Klassen- und Sozialstruktur der BRD 1950 - 1970*, Teil II, Frankfurt/M. 1973

Jacobi 1972 – Otto Jacobi, „Ursache, Funktion und Ergebnis der Einkommenspolitik", in: Werner Meißner, Lutz Unterseher (Hrsg.), *Verteilungskampf und Stabilitätspolitik*, Stuttgart - Berlin - Köln - Mainz 1972

Jacobi u.a. 1978 – Otto Jacobi, Walter Müller-Jentsch, Eberhard Schmidt (Hrsg.), *Gewerkschaftspolitik in der Krise – Kritisches Gewerkschaftsjahrbuch 1977/78*, Berlin 1978

Jánossy 1968 – Franz Jánossy, *Das Ende der Wirtschaftswunder – Erscheinung und Wesen der wirtschaftlichen Entwicklung*, Frankfurt/M. 1968

Jonas/Minte 1975 – Rainer Jonas, Horst Minte, *Petro-Dollar, Chance für die kooperative Weltwirtschaft*, Bonn-Bad Godesberg 1975

Jonas 1976 – R. Jonas, „Auswirkungen des weltwirtschaftlichen Strukturwandels auf die Arbeitsmarktentwicklung in der Bundesrepublik", in: H. Heidemann (Hrsg.) *Wirtschaftsstruktur und Beschäftigung*, Bonn-Bad Godesberg 1976

Jürgens/Lindner 1974 – Ulrich Jürgens, Gudrun Lindner, „Zur Funktion und Macht der Banken, in: *Kursbuch* Nr. 36, 1974

Jürgens 1977 – Ulrich Jürgens, *Selbstregulierung des Kapitals. Problemstudien zum Verhältnis zwischen den objektiven Gesetzen der kapitalistischen Ökonomie und den Anpassungsformen des Kapitals in der historischen Entwicklung insbesondere anhand der Kartellbewegung in Deutschland um die Jahrhundertwende*, Diss. FU Berlin 1977

Junne 1974 – Gerd Junne, „Eurogeld, multinationale Konzerne und die verminderte Wirksamkeit von Staatsinterventionen", in: *Leviathan*, Nr. 1, 1974

Kadritzke 1976 – Niels Kadritzke, *Faschismus und Krise, Zum Verhältnis von Politik und Ökonomie im Nationalsozialismus*, Frankfurt/M. 1976

Kaldor 1966 – Nicholas Kaldor, *Causes of the Slow Rate of Economic Growth of the United Kingdom*, Cambridge 1966

Kalecki 1972 – Michael Kalecki, „Political Aspects of Full Employment (1943)", in: E.K. Hunt, Jesse G. Schwartz (eds.) *A Critique of Economic Theory*, Harmondsworth 1972

Kalecki 1976 – Michael Kalecki, *Werkauswahl* (Einleitung Karl Kühne), Neuwied 1976

Kalmbach 1973 – Peter Kalmbach (Hrsg.), *Der neue Monetarismus*, München 1973

Katzenstein 1967 – Robert Katzenstein, *Die Investitionen und ihre Bewegung im staatsmonopolistischen Kapitalismus*, Berlin (DDR) 1967

Katzenstein 1975 – Robert Katzenstein, „Zur Frage des Monopols, des Monopolprofits und der Durchsetzung des Wertgesetzes im Monopolkapitalismus", in: *Das Argument* AS 6, 1975

Kern 1974 – Horst Kern, „Die Bedeutung der Arbeitsbedingungen in den spontanen Streiks 1973, in: Otto Jacobi, Walter Müller-Jentsch, Eberhard Schmidt (Hrsg.), *Gewerkschaften und Klassenkampf – Kritisches Jahrbuch 1974*, Frankfurt/M. 1974

Keynes 1936 – John M. Keynes, *Allgemeine Theorie der Beschäftigung, des Zinses und des Geldes* (dt. von Fritz Waeger), Berlin 1936

Keynes 1964 – John Maynard Keynes, *The General Theory of Employment, Interest and Money*, London - Melbourne - Toronto 1964

Kiera 1976 – Hans-Georg Kiera, „Die außenwirtschaftliche Verflechtung der Bundesrepublik durch Direktinvestitionen", in: IG Metall (Hrsg.), *Krise und Reform der Industriegesellschaft*, Frankfurt/M. - Köln 1976

Klein 1968 – Lawrence Klein, *The Keynesian Revolution*, London – Melbourne - Toronto 1968

Koch/Narr 1976 – Claus Koch, Wolf-Dieter Narr, „Krise – Prinzip ohne Hoffnung", in: *Leviathan* Nr. 3, 1976

Kogon 1966 – Eugen Kogon, „Der Ausbau des autoritären Leistungsstaates in der Bundesrepublik", in: *Frankfurter Hefte* Nr. 4, 1966

Koshimura 1975 – S. Koshimura, *Theory of Capital Reproduction and Accumulation*, Ontario 1975

Kramer 1975 – Annegret Kramer, „Gramscis Interpretation des Marxismus", in: *Gesellschaft* Nr. 4, 1975

Krause 1975 – Ulrich Krause, *Durchschnittliche Profitrate und technische Zusammensetzung*, Manuskript, Bremen 1975

Krause 1976 – Ulrich Krause, „Die allgemeine Struktur des Monopols", in: *Prokla* Nr. 24, 1976

Krelle 1967 – Wilhelm Krelle, „Grundlinien einer stochastischen Konjunkturtheorie", in: Wilhelm Weber (Hrsg.), *Konjunktur- und Beschäftigungspolitik*, Köln - Berlin 1967

Krelle u.a. 1968 – Wilhelm Krelle, Johann Schunck, Jürgen Siebke, *Überbetriebliche Ertragsbeteiligung der Arbeitnehmer*, Tübingen 1968

Krengel 1962 – Rolf Krengel, *Arbeitszeit und Produktivität*, Berlin 1962

Krengel u.a. 1972 ff. – Rolf Krengel, u.a., *Produktionsvolumen und -potential, Produktionsfaktoren der Industrie im Gebiet der Bundesrepublik Deutschland*, 12.-18. Folge, Berlin 1972 - 1977

Kridde/Bach 1974 – Herbert Kridde/Hans-Uwe Bach, „Arbeitsmarktstatistische Zahlen in Zeitreihenform", in: *Beiträge zur Arbeitsmarkt- und Berufsforschung 1974*

Kroll 1958 – Gerhard Kroll, *Von der Weltwirtschaftskrise zur Staatskonjunktur*, Berlin 1958

Krüper 1974 – Manfred Krüper (Hrsg.), *Investitionskontrolle gegen die Konzerne?* Reinbek, 1974

Krusche/Pfeiffer 1976 – Reinhard Krusche, Dagmar Pfeiffer, „Probleme der Gewerkschaftspolitik 1945-1965", in: Bernhard Blanke u.a. (Hrsg.), *Die Linke im Rechtsstaat*, Bd. 1, Berlin 1976

Kuczynski 1963 – Jürgen Kuczynski, *Die Lage der Arbeiter unter dem Kapitalismus* (Band 7 a), Berlin (DDR) 1963

Kühlewind/Thon 1976 – Gerhard Kühlewind, Manfred Thon, *Projektion des deutschen Erwerbspotentials für den Zeitraum 1975 bis 1990*, in: Mitt AB 1976

Kühne 1976 – Karl Kühne, „Blutarmer Aufschwung im Schatten neuer Rezessionsdrohung", in: *Gewerkschaftliche Monatshefte* Nr. 12, 1976

Künzel 1976 – Rainer Künzel, *Die Krisentendenz der auf den Wert gegründeten Produktionsweise*, Diss. FU Berlin 1976

Laaser 1977 – Wolfram Laaser, „Die Fiskalpolitik in der Wirtschaftskrise 1974/75", in: *Probleme des Klassenkampfs*, Nr. 28, 1977

Läpple 1973 – Dieter Läpple, *Staat und allgemeine Produktionsbedingungen*, Westberlin 1973

Lampert 1976 – Heinz Lampert, *Die Wirtschafts- und Sozialordnung*, München 1976

Lange 1969 – Oskar Lange, *Theory of Reproduction and Accumulation*, Oxford 1969

Lange 1977 – Oskar Lange, *Ökonomisch-theoretische Studien*, Köln 1977

Lautenbach 1954 – Otto Lautenbach, „Begrüßung auf der Arbeitstagung der Aktionsgemeinschaft Soziale Marktwirtschaft e.V. am 18. und 19.11.1953", in: Johann Lang u.a., *Wir fordern von Regierung und Bundestag die Vollendung der sozialen Marktwirtschaft*, Bad Nauheim 1954

Leber 1964 a – Georg Leber, *Vermögensbildung in Arbeitnehmerhand – Ein*

Programm und sein Echo, Dokumentation 1, Frankfurt/M. 1964
Leber 1964 b – Georg Leber, „Auftrag zum Handeln", in: Georg Leber (Hrsg.), *Vermögensbildung in Arbeitnehmerhand,* Dokumentation II, Frankfurt/M. 1964
Lederer 1925 – Emil Lederer, „Konjunktur und Krisen", in: *Grundriß der Sozialökonomik,* IV. Abteilung, Tübingen 1925
Leithäuser 1978 – Gerdhard Leithäuser, „Der internationale Währungsfonds (IWF) und die eingeschränkte Souveränität nationalstaatlicher Wirtschaftspolitik", in: *Blätter für deutsche und internationale Politik,* Nr. 3, 1978
Leminski/Otto 1974 – Gerhard Leminski, Bernd Otto, *Politik und Programmatik des Deutschen Gewerkschaftsbundes,* Köln 1974
Lindner 1973 – Gudrun Lindner, „Die Krise als Steuerungsmittel", in: *Leviathan* Nr. 3, 1973
Lipfert 1967 – Helmut Lipfert, *Internationaler Devisen- und Geldhandel,* Frankfurt/M. 1967
Loderer 1977 – Eugen Loderer, *Strukturelle Arbeitslosigkeit durch technischen Wandel,* Einleitungsreferat zur Technologie-Tagung der IG-Metall vom 24. Mai 1977, hektograf. Manuskript
von Loesch 1965 – Achim von Loesch, *Die Grenzen einer breiteren Vermögensbildung,* Frankfurt/M. 1965
Lützel 1972 – Heinrich Lützel, „Das reproduzierbare Sachvermögen zu Anschaffungs- und Wiederbeschaffungspreisen", in: *WiSta,* Nr. 11, 1972
Luthardt 1978 – Wolfgang Luthardt (Hrsg.), *Sozialdemokratische Arbeiterbewegung und Weimarer Republik,* 2 Bde., Frankfurt/M. 1978
Maddison 1964 – Angus Maddison, *Economic Growth in the West,* New York - London 1964
Magri 1976 – Lucio Magri, „Spielraum und Rolle des Reformismus", in: Rossana Rossanda u.a. (Hrsg.), *Der lange Marsch durch die Krise,* Frankfurt/M. 1976
Majer 1973 – Majer, *Die „technologische Lücke" zwischen der Bundesrepublik Deutschland und den Vereinigten Staaten von Amerika,* Tübingen 1973
Mandel 1968 – Ernest Mandel, *Die EWG und die Konkurrenz Europa - Amerika,* Frankfurt/M. 1968
Mandel 1972 – Ernest Mandel, *Der Spätkapitalismus,* Frankfurt/M. 1972
Mann 1966 – M. Mann, „Seller Concentration, Barriers to Entry and Rate of Return in Thirty Industries 1950 - 1960", in: *Review of Economics and Statistics,* 1966
Mann 1970 – M. Mann, „Asymmetry, Barriers to Entry and Rate of Return in Twenty-Six Concentrated Industries 1948 - 1957", in: *Western Economic Journal,* 1970
Marcus 1969 – M. Marcus, „Profitability and Size of Firm, Some Further Evidenz", in: *The Review of Economics and Statistics,* Vol. LI, 1969
Marquardt/Strigel 1959 – Wilhelm Marquardt, Werner Strigel, *Der Konjunkturtest – Eine neue Methode der Wirtschaftsbeobachtung,* Berlin - München 1959
Marx/Engels – Marx/Engels werden im Text nach *Marx/Engels-Werke (MEW)* - Ausgabe zitiert, Berlin (DDR) 1964 ff; „Das Kapital" (MEW 23 - 25) wurde mit Kapital I; II; III; die „Grundrisse der Kritik der politischen Ökonomie" (Berlin (DDR) 1953 mit „Grundrisse' abgekürzt.
Massar 1927 – Karl Massar, *Die volkswirtschaftliche Funktion hoher Löhne,* Berlin 1927
Mattick 1969 – Paul Mattick, *Arbeitslosigkeit und Arbeitslosenbewegung in den USA 1929 - 1935,* Frankfurt/M. 1969
Mattick 1974 – Paul Mattick, „Krisen und Krisentheorien", in: Mattick, Deutsch-

mann, Brandes, *Krisen und Krisentheorien*, Frankfurt/M. 1974
Mattick 1976 – Paul Mattick, „Die deflationäre Inflation", in: Elmar Altvater, Volkhard Brandes, Jochen Reiche (Hrsg.), *Handbuch 3: Inflation, Akkumulation, Krise* I, Frankfurt/M. 1976
Maya 1978 – Carlos Maya, *Zur Entwicklung der Kapitalkonzentration in der verarbeitenden Industrie der Bundesrepublik Deutschland*, Manuskript FU Berlin 1978
Meinhold 1965 – Helmut Meinhold, „Das Dilemma unserer Lohnpolitik", in: *Die Zeit* vom 17.12.1965
Meißner 1974 – Werner Meißner, *Investitionslenkung*, Frankfurt/M. 1974
Memorandum 1975 – „Für eine wirksame und soziale Wirtschaftspolitik", Memorandum, vorgelegt am 4.11.1975, in: *Blätter für deutsche und internationale Politik*, Nr. 11, 1975
Memorandum 1978 – Arbeitsgruppe „Alternative Wirtschaftspolitik", *Memorandum „Alternativen der Wirtschaftspolitik"*, Köln 1978
Mendner 1975 – Jürgen H. Mendner, *Technologische Entwicklung und Arbeitsprozeß*, Frankfurt/M. 1975
Miller 1969 a – A.R. Miller, „Market Structure and Industrial Performance: Relation of Profit Rates to Concentration, Advertising Intensity and Diversity", in: *Journal of Industrial Economics*, 1969
Miller 1969 b – A.R. Miller, „Marginal Concentration Ratios and Industrial Profit Rates: Some Empirical Results of Oligopoly Behavior", in: *Southern Economic Journal*, 1967
Möller 1972 – Hans Möller, *Das Ende einer Weltwährungsordnung*, München 1972
Möller 1976 – Hans Möller, „Die westdeutsche Währungsreform von 1948", in: Deutsche Bundesbank (Hrsg.), *Währung und Wirtschaft in Deutschland 1876 - 1975*, Frankfurt/M. 1976
Monopolkommission 1976 – Monopolkommission, *Mehr Wettbewerb ist möglich*, Baden-Baden 1976
Morishima 1973 – M. Morishima, *Marx's Economics, A Dual Theory of Value and Growth*, Cambridge 1973
Mühle 1965 – Dieter Mühle, *Ludwig Erhard – Eine Biographie*, Berlin (DDR) 1965
Müller u.a. 1976 – Gernot Müller, Ulrich Rödel, Charles Sabel, Frank Stille, Winfried Vogt, *Ökonomische Krisentendenzen im gegenwärtigen Kapitalismus*, (hektograf. Manuskript) Starnberg 1976
Müller u.a. 1978 – Gernot Müller, Ulrich Rödel, Charles Sabel, Frank Stille, Wilfried Vogt, *Ökonomische Krisentendenzen im gegenwärtigen Kapitalismus*, Frankfurt/M. - New York 1978
Müller/Hochreiter 1976 – Jürgen Müller, Rolf Hochreiter, *Stand und Entwicklungstendenzen der Konzentration in der Bundesrepublik Deutschland*, Göttingen 1976
Müller/Neusüß 1970 – Wolfgang Müller, Christel Neusüß, „Die Sozialstaatsillusion und der Widerspruch von Lohnarbeit und Kapital", in: *Sozialistische Politik* Nr. 6/7, 1970 (neu in: *Probleme des Klassenkampfs*, SH 1, 1971)
Naphtali 1966 – Fritz Naphtali, *Wirtschaftsdemokratie*, Frankfurt/M. 1966
Narr/Offe 1977 – Wolf-Dieter Narr, Claus Offe, „Was heißt hier Strukturpolitik? – Neokorporativismus als Rettung aus der Krise? in: *Technologie und Politik* Nr. 6, Reinbek b. Hamburg 1977
Neelsen 1971 – Karl Neelsen, *Wirtschaftsgeschichte der BRD*, Berlin (DDR) 1971
Negri 1973 – Toni Negri, *Krise des Planstaats, Kommunismus und revolutionäre Organisation*, Berlin 1973

Negt/Kluge 1974 — Oskar Negt, Alexander Kluge, *Öffentlichkeit und Erfahrung*, Frankfurt/M. 1974
v. Nell-Breuning 1965 — Oswald von Nell-Breuning, „Sparen ohne Konsumverzicht?", in: Georg Leber, *Vermögensbildung in Arbeitnehmerhand*, Dokumentation 3, Frankfurt/M. 1965
Neusüß u.a. 1971 — Christel Neusüß, Bernhard Blanke, Elmar Altvater, „Kapitalistischer Weltmarkt und Weltwährungskrise", in: *Probleme des Klassenkampfs* Nr. 1, 1971
Neusüß 1972 — Christel Neusüß *Imperialismus und Weltmarktbewegung des Kapitals*, Erlangen 1972
Neusüß 1978 — Christel Neusüß, „Produktivkraftentwicklung und Emanzipation", in: *Prokla* Nr. 31, 1978
Nickel 1974 — Walter Nickel, *Zum Verhältnis von Arbeiterschaft und Gewerkschaft*, Köln 1974
Nordhaus 1974 — William Nordhaus, „The Falling Share of Profit", in: *Brookings Papers*, No. 1, Washington D.C. 1974
Novy 1978 — Klaus Novy, *Strategien der Sozialisierung*, Frankfurt/M. - New York 1978
Oberhauser 1965 — Alois Oberhauser, „Förderung der Vermögensbildung in Unternehmerhand durch finanzpolitische Maßnahmen des Staates", in: Georg Leber (Hrsg.), *Vermögensbildung in Arbeitnehmerhand* — Dokumentation 3, Frankfurt/M. 1965
O'Connor 1974 — James O'Connor, *Die Finanzkrise des Staates*, Frankfurt/M. 1974
Oelßner 1971 — Fred Oelßner, *Die Wirtschaftskrisen. Die Krisen im vormonopolistischen Kapitalismus*, Frankfurt/M. 1971
Offe 1969 — Claus Offe, „Politische Herrschaft und Klassenstrukturen", in: Gisela Kress, Dieter Senghaas (Hrsg.), *Politikwissenschaft. Eine Einführung in ihre Probleme*, Frankfurt/M. 1969
Offe 1972 — Claus Offe, *Strukturprobleme des kapitalistischen Staates*, Frankfurt/M. 1972
Okishio 1972 — N. Okishio, „A Formal Proof of Marx, two Theorems", in: *Kobe University Economic Review* 18, 1972
Olle/Schoeller 1977 — Werner Olle, Wolfgang Schoeller, „Auslandsproduktion und strukturelle Arbeitslosigkeit, Zur Entwicklung der westdeutschen Direktinvestitionen im Ausland", in: *Prokla* Nr. 29, 1977
Oppenheimer 1932 — Franz Oppenheimer, *Weder Kapitalismus noch Kommunismus*, Jena 1932
Oppenheimer 1933 — Franz Oppenheimer, *Weder so — noch so*, Potsdam 1933
Opitz 1965 — Reinhard Opitz, „Der große Plan der CDU: Die formierte Gesellschaft", in: *Blätter für deutsche und internationale Politik* Nr. 9, 1965
Opitz 1966 — Reinhard Opitz, „Elf Feststellungen zur Formierten Gesellschaft", in: *Blätter für deutsche und internationale Politik*, Nr. 3, 1966
Osterland u.a. 1973 — Martin Osterland, Wilfried Deppe, Frank Gerlach, Ulrich Mergner, Klaus Pelte, Manfred Schlösser, *Materialien zur Lebens- und Arbeitssituation der Industriearbeiter in der BRD*, Frankfurt/M. 1973
Osterwald 1977 — Egbert Osterwald, *Die Entwicklung der Konjunkturpolitik in der Bundesrepublik von 1955 bis 1967, unter besonderer Berücksichtigung der Entstehung des Stabilitätsgesetzes*, Staatsexamensarbeit, Hannover 1977
Palm 1966 — G. Palm, *Die Kaufkraft der Bildungsausgaben*, Olten/Freiburg i. Br. 1966
Peschel/Scheibe-Lange 1977 — Peter Peschel, Ingrid Scheibe-Lange, „Zu den Be-

schäftigungsperspektiven des Dienstleistungssektors", in: *WSI-Mitteilungen* Nr. 5, 1977

Petrowsky 1972 – Werner Petrowsky, „Zur Entwicklung der Theorie des staatsmonopolistischen Kapitalismus nach 1945", in: *Probleme des Klassenkampfs*, Nr. 1, 1972

Piehl 1974 – Ernst Piehl, *Multinationale Konzerne und internationale Gewerkschaftsbewegung*, Frankfurt/M. 1974

Pohle/Lutzke 1974 – Wolfgang Pohle, Hans-Hermann Lutzke, *Marktwirtschaft als Programm. Ein Kursbuch der modernen Wirtschaft*, München 1974

Pollock 1932 – Friedrich Pollock, „Die gegenwärtige Lage des Kapitalismus und die Aussichten einer planwirtschaftlichen Neuordnung", in: *Zeitschrift für Sozialforschung* Jg. 1, 1932

Popper 1966 – Karl R. Popper, „Prognose und Prophetie in den Sozialwissenschaften", in: Ernst Topitsch (Hrsg.), *Logik der Sozialwissenschaften*, Köln - Berlin 1966

Poulantzas 1974 – Nicos Poulantzas, *Politische Macht und gesellschaftliche Klassen*, Frankfurt/M. 1974

Prittwitz 1977 – Volker Prittwitz, *Krisenzyklus und Wirtschaft. Zur Analyse der internationalen Zyklus-Synchronisation im hochentwickelten Kapitalismus*, Diss. FU Berlin 1977

Pritzkoleit 1963 – Kurt Pritzkoleit, *Gott erhält die Mächtigen*, Düsseldorf 1963

Projekt Klassenanalyse 1973 – Projekt Klassenanalyse, *Materialien zur Klassenstruktur der BRD*, Berlin (West) 1974

Projekt Klassenanalyse 1976 – Projekt Klassenanalyse, *Gesamtreproduktionsprozeß der BRD 1950 - 1975 – Kritik der volkswirtschaftlichen Gesamtrechnung*, Berlin (West) 1976

Quinn 1974 – James Brian Quinn, „Technologietransfer durch multinationale Unternehmen", in: Dietrich Kebschull/Otto G. Mayer (Hrsg.), *Multinationale Unternehmen, Anfang oder Ende der Weltwirtschaft*, Frankfurt/M. 1974

RKW 1970 – Rationalisierungskuratorium der Deutschen Wirtschaft (Hrsg.), *Wirtschaftliche und soziale Aspekte des technischen Wandels in der Bundesrepublik Deutschland*, erster Band: Sieben Berichte, Frankfurt/M. 1970

Reiche 1974 – Jochen Reiche, „Permanente Inflation", in: *Kursbuch* Nr. 36, 1974

Reiche 1976 – Jochen Reiche, „Zur Kritik bürgerlicher Inflationstheorien", in: Altvater/Brandes/Reiche (Hrsg.), *Handbuch 3: Inflation – Akkumulation – Krise*, I, Köln 1976

Riese 1975 – Hajo Riese, *Wohlfahrt und Wirtschaftspolitik*, Reinbek 1975

RK „express" 1974 – Redaktionskollektiv „express", *Spontane Streiks 1973 – Krise der Gewerkschaftspolitik*, Offenbach 1974

RK Gewerkschaften 1972 a – Jürgen Hoffmann, Christel Neusüß, Willi Semmler, „Zu einigen Aspekten der Klassenkämpfe in Westeuropa in den 60er Jahren anhand aktueller Untersuchungen", in: *Probleme des Klassenkampfs* Nr. 3, 1972

RK Gewerkschaften 1972 b – Hajo Funke unter Mitarbeit von Christel Neusüß, Willi Semmler, Jürgen Hoffmann, „Zum Zusammenhang von Kapitalakkumulation, Veränderungen in den Formen der Profitproduktion und der Rolle neuerer Entlohnungsmethoden in der BRD (I)", in: *Probleme des Klassenkampfs* Nr. 4, 1972

RK Gewerkschaften 1972 c – Hajo Funke, Christel Neusüß, Willi Semmler, Jürgen

Hoffmann, „Zum Zusammenhang von Kapitalakkumulation, Veränderungen in den Formen der Profitproduktion und der Rolle neuerer Entlohnungsformen in der BRD (II)", in: *Probleme des Klassenkampfs* Nr. 5, 1972

RK Gewerkschaften 1973 — Thomas Mitscherlich, Christel Neusüß, „Neue Momente in der Klassenbewegung in der Metallindustrie", in: *Probleme des Klassenkampfs* Nr. 10, 1973

RK Gewerkschaften 1974 — Hajo Funke, Siegfried Heimann, Jürgen Hoffmann, Dieter Läpple, Thomas Mitscherlich, Christel Neusüß, Bodo Zeuner, „Bedingungen sozialistischer Gewerkschaftspolitik", in: *Probleme des Klassenkampfs* Nr. 13, 1974

Roeper 1968 — Hans Roeper, *Geschichte der D-Mark*, Frankfurt/M. 1968

Röpke 1946 — Wilhelm Röpke, *Die Lehre von der Wirtschaft*, Erlenbach - Zürich 1946

Röpke 1948 — Wilhelm Röpke, *Die Gesellschaftskrisis der Gegenwart*, Erlenbach - Zürich 1948

Sachverständigenrat 1964 ff — Sachverständigenrat zur Begutachtung der gesamtwirtschaftlichen Entwicklung, *Jahresgutachten 1964 ff.* (zitiert wird nach Bundestagsdrucksache). In der Regel mit JG abgekürzt.

von Saldern 1973 — Sabine von Saldern, „Internationaler Vergleich der Direktinvestitionen wichtiger Industrieländer", *HWWA-Report* Nr. 15, Hamburg 1973

Samuelson 1939 — Paul A. Samuelson, „Interactions between the Multiplier Analysis and the Principle of Acceleration", in: *Review of Economics and Statistics* 1939

Samuelson 1969 — Paul A. Samuelson, *Volkswirtschaftslehre*, Bd. 1, Köln 1969

Saß 1975 — Peter Saß, *Die Untersuchung der Profitratenunterschiede zwischen den westdeutschen Industriebranchen nach dem 2. Weltkrieg*, Tübingen 1975

Saß 1978 — Peter Saß, *Das Großkapital und der Monopolprofit*, Hamburg 1978

Schacht/Unterseher 1972 — Konrad Schacht, Lutz Unterseher, „Das Tarifverhandlungssystem der Bundesrepublik", in: Werner Meißner, Lutz Unterseher (Hrsg.), *Verteilungskampf und Stabilitätspolitik*, Stuttgart - Berlin - Köln - Mainz 1972

Scharpf 1974 — Fritz W. Scharpf, „Krisenpolitik", in: Peter von Oertzen, Horst Ehmke, Herbert Ehrenberg (Hrsg.), *Thema: Wirtschaftspolitik*, Bonn - Bad Godesberg 1974

Scharpf/Hauff 1975 — Fritz W. Scharpf/Volker Hauff, *Modernisierung der Volkswirtschaft*, Köln 1975

Scharpf 1976 — Fritz W. Scharpf, *Wirtschafts- und Gesellschaftsstruktur in der Bundesrepublik Deutschland, Entwicklung und Perspektiven*, Thesen zum Referat auf dem Kongreß der IG-Metall, „Krise und Reform der Industriegesellschaft", Köln 17.-19.5.1976; Manuskript

Schatz 1974 — Klaus-Werner Schatz, *Wachstum und Strukturwandel der westdeutschen Wirtschaft im internationalen Verbund*, Tübingen 1974

Schefold 1973 — Bertram Schefold, „Wert und Preis in der marxistischen und neokeynesianischen Akkumulationstheorie", in: *Mehrwert*, Nr. 2, 1973

Schiller 1966 — Karl Schiller, *Preisstabilität durch globale Steuerung der Marktwirtschaft*, Tübingen 1966

Schiller 1967 a — Karl Schiller, *Reden zur Wirtschaftspolitik 1*, Bonn 1967

Schiller 1967 b — Karl Schiller, *Reden zur Wirtschaftspolitik 2*, Bonn 1967

Schlecht 1968 — Otto Schlecht, *Konzertierte Aktion als Instrument der Wirt-*

schaftspolitik, Tübingen 1968
Schlüter 1977 — Thomas Schlüter, *Die Änderung der stabilitätspolitischen Konzeption in der Bundesrepublik Deutschland unter besonderer Berücksichtigung des Sachverständigenrates zur Begutachtung der gesamtwirtschaftlichen Entwicklung*, Diplom-Hausarbeit am FB 15 FU Berlin SS 1977
Schlüter 1978 — Thomas Schlüter, *Bemerkungen zur Theorie des politischen Konjunkturzyklus*, Arbeitspapier im Unterprojekt 3 des Forschungsgebietsschwerpunktes „Politik und Ökonomie . . . " am FB 15 der FU Berlin, hektogr. Manuskript o.O. 1978
Schmidt 1970 — Eberhard Schmidt, *Die verhinderte Neuordnung 1945 - 1952*, Frankfurt/M. 1970
Schmidt 1971 — Eberhard Schmidt, *Ordnungsfaktor oder Gegenmacht — Die politische Rolle der Gewerkschaften*, Frankfurt/M. 1971
Schmidt/Fichter 1971 — Ute Schmidt, Tilmann Fichter, *Der erzwungene Kapitalismus, Klassenkampf in den Westzonen 1945 - 1948*, Berlin 1971
Schmiede 1973 — Rudi Schmiede, *Grundprobleme der Marxschen Akkumulations- und Krisentheorie*, Frankfurt/M. 1973
Schmid 1977 — Günther Schmid, „Zum Problem der strukturellen Arbeitslosigkeit", *IIM-Papers*, Berlin 1977
Schmid 1978 — Günther Schmid, „Strukturelle Arbeitslosigkeit in der BRD", *IIM-Papers*, Berlin 1978
Schmollinger/Stöss 1976 — Horst W. Schmollinger, Richard Stöss, „Bundestagswahlen und soziale Basis politischer Parteien in der Bundesrepublik (1. Teil)", in: *Prokla* Nr. 25, 1976
Schmollinger/Stöss 1977 — Horst W. Schmollinger, Richard Stöss, „Bundestagswahlen und soziale Basis politischer Parteien in der Bundesrepublik (2. Teil)", in: *Prokla* Nr. 26, 1977
Schui 1976 — Herbert Schui, „Opfer für die Stabilität", in: Huffschmid/Schui (Hrsg.), *Gesellschaft im Konkurs?*, Köln 1976
Schumann u.a. 1971 — Michael Schumann, Frank Gerlach, Albert Gschlössl, Petra Milhoffer, *Am Beispiel der Septemberstreiks — Anfang der Rekonstruktionsperiode der Arbeiterklasse*, Frankfurt/M. 1971
Schumpeter 1961 — Josef A. Schumpeter, *Konjunkturzyklen. Eine theoretische, historische und statistische Analyse des kapitalistischen Prozesses*, Göttingen 1961
Schweitzer 1959 — Arthur Schweitzer, „Labour in Organized Capitalism", in: *Schweizerische Zeitschrift für Volkswirtschaft und Statistik*, 1959
Semmler 1977 a — Willi Semmler, „Private Produktion und öffentlicher Sektor", in: Brandes u.a. (Hrsg.), *Handbuch 5: Staat*, Köln 1977
Schneider 1975 — Michael Schneider, *Das Arbeitsbeschaffungsprogramm des ADGB*, Bonn-Bad Godesberg 1975
Semmler 1977 b — Willi Semmler, *Zur Theorie der Reproduktion und Akkumulation*, Berlin 1977
Servan-Schreiber 1968 — Jean-Jacques Servan-Schreiber, *Die amerikanische Herausforderung*, Hamburg 1968
Shaikh 1976 — Anwar Shaikh, *The Influence of the Inter-Industrial Structure of Production on Relativ Prices*, Research Proposal, Submitted to the National Sciene Foundation, New York, December 1976
Shaikh 1978 — Anwar Shaikh, „Einführung in die Geschichte der Krisentheorien", in: *Prokla* Nr. 30, 1978
Shonfield 1968 — Andrew Shonfield, *Geplanter Kapitalismus — Wirtschaftspolitik in Europa und den USA*, Köln - Berlin 1968
Siebke/Willms 1974 — Jürgen Siebke, Manfred Willms, *Theorie der Geldpolitik*, Berlin - Heidelberg - New York 1974

Simmert 1974 – Diethard B. Simmert, ,,Überlegungen zur Reform der Geld- und Kreditpolitik", in: *Stabilisierungspolitik* (WSI-Forum, Dez. 1973), Köln 1974

Skiba/Adam 1974 – Rainer Skiba, Hermann Adam, *Das westdeutsche Lohnniveau zwischen den beiden Weltkriegen und nach der Währungsreform*, Köln 1974

Smith 1968 – David C. Smith, ,,Income Policy", in: Richard E. Caves et al. (eds.), *Britain's Economic Prospects*, Washington- London 1968

Sohn-Rethel 1970 – Alfred Sohn-Rethel, *Geistige und körperliche Arbeit, Zur Theorie der gesellschaftlichen Synthesis*, Frankfurt/M. 1970

Sohn-Rethel 1973 – Alfred Sohn-Rethel, *Ökonomie und Klassenstruktur des deutschen Faschismus*, Frankfurt/M. 1973

Soltwedel/Spinanger 1976 – Rüdiger Soltwedel, Dean Spinanger, ,,Zur Erklärung der Beschäftigungsprobleme in ausgewählten Industriestaaten", in: *Mitt AB* 1976

Soltwedel 1977 – Rüdiger Soltwedel, ,,Konjunkturelle oder strukturelle Arbeitslosigkeit – ungelöstes Zurechnungsproblem", in: *WSI-Mitteilungen* Nr. 5, 1977

SOFI 1977 – Soziologisches Forschungsinstitut Göttingen (SOFI), *Produktion und Qualifikation*, Göttingen 1977

Stäglin/Wessels 1976 – Rainer Stäglin, Hans Wessels, ,,Abhängigkeit der Wirtschaftszweige und der Erwerbstätigen in der Bundesrepublik Deutschland von der Warenausfuhr", in: IG Metall (Hrsg.), *Krise und Reform der Industriegesellschaft*, Frankfurt/M. - Köln 1976

Stamatis 1976 – Georgios Stamatis, ,,Zum Beweis der Konsistenz des Marxschen Gesetzes vom tendenziellen Fall der allgemeinen Profitrate", in: *Probleme des Klassenkampfs*, Nr. 25, 1976

Stamatis 1977 – Georgios Stamatis, ,,Unreproduktive Ausgaben, Staatsausgaben, gesellschaftliche Reproduktion und Profitabilität des Kapitals", in: *Prokla* Nr. 28, 1977

Stammen 1965 – Theo Stammen (Hrsg.), *Einigkeit und Recht und Freiheit, Westdeutsche Innenpolitik 1945 - 1955*, München 1965

Statistisches Jahrbuch – Statistisches Bundesamt, *Statistisches Jahrbuch für die Bundesrepublik Deutschland*, 1950 ff.

Statistisches Bundesamt 1955 – Statistisches Bundesamt, *Wirtschaftskunde der Bundesrepublik Deutschland*, Stuttgart und Köln 1955

Statistisches Bundesamt 1976 – Statistisches Bundesamt, *Lange Reihen zur Wirtschaftsentwicklung*, Stuttgart und Mainz 1976

Stekler 1963 – H.O. Stekler, *Profitability and Size of Firm*, Berkeley 1963

Sweezy 1959 – Paul M. Sweezy, *Theorie der kapitalistischen Entwicklung*, Köln 1959

Sylos-Labini 1969 – P. Sylos-Labini, *Oligopoly and Technical Progress*, Cambridge 1969

Syzmanski 1975 – Albert Syzmanski, ,,The Decline of the US-Eagle", in: David Mermelstein (ed.), *The Economic Crisis Reader*, New York 1975

Tarnow 1928 – Fritz Tarnow, *Warum arm sein?* Berlin 1928

Tessaring 1977 – Manfred Tessaring, ,,Qualifikationsspezifische Arbeitslosigkeit in der Bundesrepublik Deutschland", in: *Mitt AB* Nr. 2, 1977

Tichy 1976 – G.J. Tichy, *Konjunkturschwankungen, Theorie, Messung, Prognose*, Berlin - Heidelberg - New York 1976

Trentin 1978 – Bruno Trentin, *Arbeiterdemokratie* (hrsg. v. D. Albers), Hamburg 1978

Troeger o.J. – Heinrich Troeger, ,,Das deutsche Wirtschaftswunder und die Steuerpolitik", in: Carlo Schmidt, Karl Schiller, Erich Potthoff (Hrsg.), *Grundfra-*

gen moderner Wirtschaftspolitik, Frankfurt/M. o.J.
Tronti 1974 – Mario Tronti, *Arbeiter und Kapital*, Frankfurt/M. 1974
Tudyka 1974 – Kurt P. Tudyka (Hrsg.), *Multinationale Konzerne und Gewerkschaftsstrategie*, Hamburg 1974
Ulrich 1973 – Hans Ulrich, „Kapitalistische Entwicklung und Rolle des Staates in der Einschätzung des Allgemeinen Deutschen Gewerkschaftsbundes", in: *Probleme des Klassenkampfs* Nr. 6, 1973
Varga 1962 – Eugen Varga, *Der Kapitalismus des 20. Jahrhunderts*, Berlin (DDR) 1962
Varga 1969 – Eugen Varga, *Die Krise des Kapitalismus und ihre politischen Folgen*, Frankfurt/M. - Wien 1969
Vetter 1975 – Oskar Vetter, „Gewerkschaftspolitik in schwieriger Zeit", in: *Gewerkschaftliche Monatshefte* Nr. 4, 1975
Vetter 1978 – Oskar Vetter, „Mit dem Rücken zur Wand?" in: *Gewerkschaftliche Monatshefte* Nr. 4, 1978
Vogt 1964 – Winfried Vogt, *Makroökonomische Bestimmungsgründe des wirtschaftlichen Wachstums der Bundesrepublik Deutschland von 1950 bis 1960*, Tübingen 1964
Voigtländer 1975 – Hubert Voigtländer, *Investitionslenkung oder Marktsteuerung?* Bonn - Bad Godesberg 1975
Vorschläge 1977 – „Vorschläge zur Beendigung der Massenarbeitslosigkeit", in: *Blätter für deutsche und internationale Politik* Nr. 5, 1977
Wacker 1976 – Ali Wacker, *Arbeitslosigkeit, soziale und psychische Voraussetzungen und Folgen*, Frankfurt/M. - Köln 1976
Wacker 1978 – Ali Wacker (Hrsg.), *Vom Schock zum Fatalismus? Soziale und psychische Auswirkungen der Arbeitslosigkeit*, Frankfurt/M. - New York 1978
Wagner 1976 – Wolf Wagner, *Verelendungstheorie – die hilflose Kapitalismuskritik*, Frankfurt/M. 1976
Wallich 1955 – Henry C. Wallich, *Triebkräfte des deutschen Wiederaufstiegs*, Frankfurt/M. 1955
Wallis 1973 – Kenneth F. Wallis, *Topics in Applied Econometrics*, London 1973
Watrin 1973 – Christian Watrin, „Ordoliberalismus und Marktwirtschaft", in: Landeszentrale für politische Bildung Nordrhein-Westfalen (Hrsg.), *Unsere Wirtschaft – Basis, Dschungel, Dogma*, Köln 1973
Weber/Neiss 1967 – Wilhelm Weber, Herbert Neiss, „Entwicklung und Probleme der Konjunkturtheorie", in: Wilhelm Weber (Hrsg.), *Konjunktur- und Beschäftigungstheorie*, Köln - Berlin 1967
Weiß 1974 – L. Weiß, „Concentration, Profits Relationship and Antitrust", in: Goldschmid u.a. (eds.), *Industrial Concentration*, Boston 1974
Welteke 1976 – Marianne Welteke, *Theorie und Praxis der sozialen Marktwirtschaft – Einführung in die politische Ökonomie der BRD*, Frankfurt/M. - New York 1976
Werner 1971 – Josua Werner, Funktionswandel der Wirtschaftsverbände durch die Konzertierte Aktion? in: Erich Hoppmann (Hrsg.), *Konzertierte Aktion – Kritische Beiträge zu einem Experiment*, Frankfurt/M. 1971
Wessels 1976 – H. Wessels, „Direkte und indirekte Exportabhängigkeit der Erwerbstätigenzahl in den Wirtschaftszweigen", in: *DIW-Wochenbericht* Nr. 22, 1976
Wirth 1972 – Margaret Wirth, *Kapitalismustheorie in der DDR*, Frankfurt/M. 1972
Woytinsky 1935 – Wladimir Woytinsky, *Drei Ursachen der Arbeitslosigkeit*, Genf 1935
Yaffe 1974 – David Yaffe, „Die Krise der Kapitalverwertung – eine Kritik an den

Thesen von Glyn/Sutcliffe", in: *Probleme des Klassenkampfs*, Nr. 14/15, 1974

Zeuner 1977 — Bodo Zeuner, „Solidarität mit der SPD oder Solidarität der Klasse", in: *Prokla* Nr. 26, 1977

Zschocke 1974 — Helmut Zschocke, „Kapitalstruktur und -verwertung in der BRD-Industrie", *IPW-Forschungshefte*, 9. Jg., Heft 2, 1972

Verzeichnis der Tabellen

Tabelle 1: Durchschnittliche jährliche Wachstumsraten der Arbeitsproduktivität, der Kapitalintensität, der Kapitalproduktivität und der Lohnstückkosten in der verarbeitenden Industrie der BRD und der USA 1950–1970 36

Tabelle 2: Index der deutschen Industrieproduktion 1929–1932 62

Tabelle 3: Rückgang der Industrieproduktion in ausgewählten entwickelten kapitalistischen Ländern 1928–1934 63

Tabelle 4: Entwicklung der Kapitalintensität in Deutschland 1925–1938 ... 64

Tabelle 5: Entwicklung von Kapitalstock, Arbeits- und Kapitaleinkommen in Deutschland (Westdeutschland) 1925–1959 71

Tabelle 6: Kapitalproduktivität, Kapitalintensität, Arbeitsproduktivität, Profitquote und Kapitalrentabilität in der Bundesrepublik 1950–1977 88

Tabelle 7: Wachstumsraten der Kapitalproduktivität, der Profitquote und der Kapitalrentabilität — Zyklendurchschnitte der 3 – 5jährigen Zyklen in der Bundesrepublik 89

Tabelle 8: Wachstumsraten der Kapitalrentabilität und ihrer Komponenten 1950–1977 91

Tabelle 9: Bruttoinvestitionen und Nettoinvestitionen (in Mrd. DM und zu laufenden Preisen) 95

Tabelle 10: Wachstumsrate des Kapitalstocks (Akkumulationsrate), Investitionsquote und Akkumulationsquote aus dem Profit (1950–1977) 96

Tabelle 11: Entwicklung der Zahl der Erwerbstätigen, der ausländischen Arbeiter, der Arbeitslosen, der Arbeitslosenquote, der Wochenarbeitszeiten und der Lohnquote in der Bundesrepublik 1950–1977 100

Tabelle 12: Entwicklung der Einkommen aus unselbständiger Arbeit in Bereichen der westdeutschen Wirtschaft (in Mio. DM)....... 107

Tabelle 13: Entwicklung der Komponenten der Kapitalrentabilität in ausgewählten Industriegruppen der Bundesrepublik 1950–1977 118

Tabelle 14: Wachstumsraten von Profitquote (1–w) und Kapitalrentabilität ($\bar{r}$) im verarbeitenden Gewerbe 1950–1977 119

Tabelle 15: Branchenspezifische Entwicklung der Kapitalrentabilität 1971 im Vergleich zu 1960 124

Tabelle 16: Auslandsbeschäftigte der westdeutschen Industrie in ausgewählten Industriezweigen 131

Tabelle 17: Beschäftigte in der Industrie nach Beschäftigtengrößenklassen 1967 und 1974 (in 1000) 136

Tabelle 18: Selbständig und abhängig Erwerbstätige in allen Wirtschaftsbereichen der BRD 137

Tabelle 19: Entwicklung des Bruttoanlagevermögens 1960/1971 in Sektoren der westdeutschen Industrie 138
Tabelle 20: Entwicklung der Umsatzanteile der jeweils zehn größten Unternehmen in ausgewählten Industriegruppen zwischen 1954 und 1973 (in v.H.) 139
Tabelle 21: Zusammenschlüsse nach § 23 GWB. 140
Tabelle 22: Konkurse in der BRD – Zyklendurchschnitte. 141
Tabelle 23: Wachstumsrate der ersten 10, 20, 50 und 100 Unternehmen zwischen 1962 und 1973 in v.H. 142
Tabelle 24: Exportquoten einiger großer Konzerne der westdeutschen Wirtschaft 147
Tabelle 25: Ausfuhr und Exportquote von 74 Unternehmen aus dem Kreis der „100 Größten" 1974 147
Tabelle 26: Die Exportquoten ausgewählter Industriezweige 156
Tabelle 27: Abhängigkeit der Erwerbstätigenzahl in der Industrie vom Warenexport in den Jahren 1970 und 1974. 158
Tabelle 28: Warenausfuhr und –einfuhr nach Warengruppen 166
Tabelle 29: Außenwert der DM gegenüber wichtigen Weltwährungen 175
Tabelle 30: Kredite der Kreditinstitute an wirtschaftlich unselbständige und sonstige Privatpersonen. 199
Tabelle 31: Kredite an inländische Unternehmen und Privatpersonen und Sollzinsen. 201
Tabelle 32: Zyklische Entwicklung der Nachfrageverhältnisse in der Bundesrepublik; Veränderung gegenüber Vorjahr in v.H. (real). 210
Tabelle 33: Die durchschnittliche Lebenserwartung für das Anlagevermögen in den Wirtschaftsbereichen 235
Tabelle 34: Preisentwicklung seit 1966 (Veränderung gegenüber dem Vorjahr) und Zinsentwicklung. 238
Tabelle 35: Entwicklung der Erwerbstätigkeit in ausgewählten Wirtschaftsbereichen. 254/55
Tabelle 36: Gruppenspezifische Arbeitslosenquoten in der BRD 258/59
Tabelle 37: Wachstumsraten des effektiven Nettoproduktionsvolumens im Vergleich zu den Wachstumsraten des effektiven Nettoproduktionsvolumens je Arbeiter (in v.H.) 265
Tabelle 38: Die Freisetzung von Arbeitskräften in einigen Wirtschaftsbereichen in der Bundesrepublik Deutschland 1960–1972 . . 266/67
Tabelle 39: Freisetzung in einzelnen Wirtschaftsbereichen der BRD in v.H. . . 269
Tabelle 40: Investitionsmotive in der verarbeitenden Industrie nach Betriebsgröße (ohne Chem. Ind.) 270
Tabelle 41: Die Inanspruchnahme der Sondervergünstigungen 1949 bis 1961 (in Mio. DM) 294
Tabelle 42: Organisationsgrad des Deutschen Gewerkschaftsbundes 348
Tabelle 43: Organisationsgrad nach Qualifikation (1961, 1964). 349

Verzeichnis der Schaubilder

Schaubild 1: Schema der Rekonstruktionsperiode bei
Franz Jánossy 20

Schaubild 2: Schema des Reproduktionsprozesses (Kreislaufschema) 43

Schaubild 3: Schema des Reproduktionsprozesses (in Kategorien der Volkswirtschaftlichen Gesamtrechnung) 57

Schaubild 4: Arbeitslosenzahl, Wochenarbeitszeit und Reallöhne der Industriearbeiter 1925–1939 66

Schaubild 5: Entwicklung der Kapitalproduktivität, der Lohnquote, der Kapitalrentabilität und der Wachstumsrate des Kapitalstocks in der gewerblichen Wirtschaft 1925–1960 75

Schaubild 6: Wachstumsraten der Produktionsgüter-, Investitionsgüter- und Verbrauchsgüterindustrie; der industriellen Produktion (ohne Nahrungs- und Genußmittel) 1945–1947 82

Schaubild 7: Entwicklung der Komponenten der Kapitalrentabilität und der Akkumulationsrate und –quote in der Bundesrepublik 1950–1977 .... 86 - 87

Schaubild 8: Geleistete Beschäftigtenstunden in der Industrie (Anteile der Industriegruppe) 1950–1975 93

Schaubild 9: Entwicklung der Kapitalrentabilität in den Industriegruppen der Bundesrepublik 1950–1977 .... 120 - 121

Schaubild 10: Kapitalrentabilität 1960 und 1971 in ausgewählten Branchen der Industrie der Bundesrepublik 124

Schaubild 11: Korrelation von Kapitalintensität und Lohnstückkosten in der westdeutschen Industrie 1970 129

Schaubild 12: Akkumulationsrate, Konkurse und Fusionen in der westdeutschen Industrie 1966–1977 144

Schaubild 13: Entwicklung der Direktinvestitionen (Deutsche Investitionen im Ausland/Ausländische Investitionen in der Bundesrepublik 1961–1975 168

Schaubild 14: Inflationsraten in der Bundesrepublik .... 182 - 183

Schaubild 15: Zyklische Entwicklung der Nachfrageverhältnisse in der Bundesrepublik 1950–1977 208

Schaubild 16: Produktion, Kapazitätsauslastung, Beschäftigung in der BRD – Prozentuale Abweichungen vom Trend 1959–1977 231

Schaubild 17: Kapazitätsausbau und –auslastung in der Industrie der Bundesrepublik 1967–1978 240

Schaubild 18: Preis–, Zins– und Kreditentwicklung in der Bundesrepublik 1966–1975 242

Schaubild 19: Deutsche 15 – 29jährige Erwerbspersonen 1975–1990 263

Schaubild 20: Schwarzmarktpreise in Frankfurt in % der regulären Preise 1948/1949 285

Schaubild 21: Veränderungen wichtiger Komponenten gewerkschaftlicher Machtpositionen im Zyklus 1966–1976 353

Sachregister:

Abschreibungen (Kapitalersatz) 94; 190; 229 ff.
Abschreibungen (steuerlich) 291 ff.
Akkumulationsquote
- theoretische Darstellung 49; 58
- empirische Entwicklung BRD 94 ff.; 240 ff.; 244

Akkumulationsrate
- theoretische Darstellung 49; 58; 223 f.
- empirische Entwicklung BRD 94 ff.; 240 ff.

Akzelerator-Multiplikator-Prinzip 210 f.; 219; 223; 241; 392
Alternativen der Wirtschaftspolitik 373 ff.
- Weimarer Republik 374 ff.
- BRD 378 ff.

Angebot (im Kapitalkreislauf) 41; 43 ff.
Anspruchsinflation 212 f.; 327 ff.
Arbeitsintensität 109 f.; 145; 352 ff.
Arbeiterklasse
- Struktur 77 f.; 99; 360 f.; 370
- Organisationsgrad/Gewerkschaften 347 ff.
- Angleichungs- und Differenzierungsprozesse innerhalb der A. 347; 365 ; 367
- Reproduktion der A. 69 ff. (Faschismus); 81 (Nachkriegszeit); 98 (BRD)

Arbeitslosigkeit
(Entwicklung der A.)
- Faschismus 69 f.
- BRD bis 1973 98 ff.
- in der Krise ab 1974 250 ff.
(Struktur der A.)
- Frauenarbeitslosigkeit 256
- Ausländische Arbeitslose 256
- Jugendarbeitslosigkeit 259
- Angestelltenarbeitslosigkeit 256 f.
- A. und Qualifikation 259 f.
- zyklische A. 227 f.
- strukturelle A. 250 ff.; 262 ff.
- „natürliche Rate der A." 328 ff.

Arbeitsmarkt
- und Akkumulation 262 ff.
- Segmentierung des A. 261 f.

Arbeitsproduktivität 53 f.; 58; 85 ff.; 101 ff.
- und Lohnkosten 33; 101 ff.
- BRD-USA im Vergleich 36; 37 f.
- Entwicklung im Zyklus 225 f.; 227; 237 ff.

AVAVG 300 f.
Arbeitszeitverkürzung 99; 382; 384 ff.
Ausländische Arbeiter 76; 103; 256; 354; 357; 367
Austerity-Politik 178; 380
Branchen
- Entwicklung der Komponenten der Kapitalrentabilität in den B. 117 ff.
- im Weltmarktzusammenhang 126 ff.

Bundesbank 195; 310; 371
deficit-spending (s. Keynesianismus)
DGB-Grundsatzprogramm 1963 308 f.
DGB-Zielprojektion 1973-1977 371
DM (Deutsche Mark)
- als hegemoniale Währung in Westeuropa 174 ff.
- Außenwert der DM 175

Einkommenspolitik 306; 318 ff.; 359
Eurogeldmarkt 177
Export
- Struktur 158; 165
- Quoten 156
- Abhängigkeit der Erwerbstätigkeit vom E. 157 f.
- und Geldkapitalbildung 159
- und Konjunkturzyklus 163 f.; 232 ff.; 236 ff.; 289
- und Import 165

Faschismus 68 ff.
Faschistische Krisenlösung 67 f.; 378
Fiskalpolitik (siehe auch Staat) 303; 310 ff.; 328 f.; 332 ff.
Fixkapital
- und Konzentration 68; 112; 150; 229
- und Inflation 190 ff.
- und Zykluslänge 229 f.; 234 f.

Fixkosten 68; 145; 271
Frauenarbeit 76; 103
Freisetzung (von Arbeitskräften) 110; 113 ff.; 265 ff.
Geld
- als Maß der Werte 184
- als Maßstab der Preise 184
- als Zirkulationsmittel 184
- Geldmenge 185
- Geldmengensteuerung 329
- Geld als Zahlungsmittel 186; 196
- Geldreservefonds 42
- Geldpolitik 196; 303 f.; 310; 328 ff.

427

Gewerkschaften
- in der BRD-Entwicklung 99; 347 ff.
- im Zyklus 225; 350 ff.; 369
- und Branchenentwicklung 125; 350
- in der Formierten Gesellschaft 306 f.
- Organisationsgrad 347 ff.
- und Einkommenspolitik 306; 318 ff.

Globalsteuerung (s. Staat und Keynesianismus)
Godesberger Programm 343
Goldpool 173
Große Koalition 324 ff.
Handelsbilanz 164, 165
Haushaltsstrukturgesetz 272; 332 ff.
Hegemonie 9 ff.; 343 f.; 407
IWF (Internationaler Währungsfonds) 177 f.; 186
Import
- Struktur 165 f.
- und Export 165
- I.-konkurrenz 128 f.

Inflation
- in der BRD 180 f.; 305 ff.
- auf dem Weltmarkt 188 f.
- Möglichkeit der I. 183-187
- und Kapitalstruktur 187 ff.
- und Produktivität 180 ff.
- und Monopol/Oligopol 193 f.
- und Lohnsteigerungen (Lohn-Preis-Spirale) 187 f.; 204; 305 ff.
- und Rohstoffverteuerung 188 f.
- und Nachfrageverhältnisse 187 f.; 193 f.; 195 f.; 203
- und Entwertung 192 f.; 203
- und Staat 202; 317 f.

Innere Reformen 326 f.; 342
Internationalisierung der Produktion 127 ff.; 271
Investitionen
- Abhängigkeit von der Profit- und Zinsrate 47 f.; 207; 223
- Echoeffekt der I. 229
- Ersatzinvestitionen 235
- Rationalisierungsinvestitionen 247; 268 ff.; 272; 361; 364
- Struktur der I. 94 ff.
- Förderung der I. 289 ff.

Investitionshilfegesetz 290
Investitionsquote 26; 94 ff.
Kapitalbildung 283 ff.; 289

Kapitalexport (s. auch Direktinvestitionen) 127 ff.; 167 ff.
Kapitalproduktivität
- im Vergleich USA-BRD 36 ff.
- Entwicklung in der BRD 85 ff.

Kapitalrentabilität (und ihre Komponenten)
- Beziehung zur Profitrate 52 ff.; 90
- Entwicklung in der BRD 37; 85 ff.

Kapitalstock
- pro Arbeiter (Kapitalintensität) 85 ff.; 237 f.
- Wachstumsrate des K. (Akkumulationsrate) 94 ff.

Kapitalzusammensetzung
- Techn./Organische K. 50; 54
- Entwicklung in der BRD 85 ff.

Kaufkraftausweitung 374 ff.; 379 ff.
Keynesianismus 304; 308; 309 ff.
- Grenzen des K. 313 ff.; 327 f.

Konjunkturpolitik (s. Staat)
Konkurse 141
Konsumlücke 220 f.
Konsumquote 58
Konvertibilität der Währungen 171; 304
Konzentration (und Zentralisation)
- und Akkumulation 138; 143; 295; 389 ff.
- und Rentabilität 140; 143; 148 ff.
- und Größenvorteile 145 ff.
- und Produktivkraftentwicklung 145
- und Inflation 193 ff.
- und Vermögensstruktur 295
- und Grenzen des Monopols 150 ff.

Konzertierte Aktion 305; 307; 315; 318 f.; 324 f.; 350 ff.
Korporativismus 307; 337 ff.
Kredit
- Bankkredit 200; 245
- kommerzieller Kredit 198; 245
- Konsumentenkredit 199
- Kreditzyklus 195 f.; 201 f.; 225 ff.

Krise (ökonomische K.)
- Charakter der K. 206 f.; 226; 228 f.
- Funktion der Krise 226 ff.
- Zwischenkrise 209; 232 ff.
- Krise in der BRD 237 ff.

Krisentheorien (s. Zyklustheorien)
Lange Wellen (E. Mandel) 23 ff.
Lohn
- Entwicklung BRD 85 ff.; 98 ff.
- im Vergleich BRD-USA 36 ff.

- und Akkumulation 28; 58
Lohnleitlinien (Orientierungsdaten) 305; 359 f.
Lohnstopp
- im Faschismus 68 f.
- nach der Währungsreform 83
Marginalisierung 272 ff.; 364 f.; 366; 370
Marktwirtschaft (Ideologie der M.) 277 ff.
Marshall-Plan 31; 78; 287
Mehrwertrate 24; 51; 53 ff.; 92;103f.
- Entwicklung im Faschismus 69 f.
- in der BRD 102 ff.
- im Zyklus 1966/67 - 1974/75 237 ff.
Mitbestimmungsdiskussion 281 ff.
Monetarismus 327 ff.
Monopol (s. auch Konzentration) 150 ff.; 194; 214
Multinationale Konzerne 170; 177
Nachfrage (Realisierung) im Kapitalkreislauf 41; 43 ff.; 222 f.; 313 ff.
- Nachfrageverhältnisse (Entwicklung) 70 ff.; 81; 101
Nachkriegszyklus 79 ff.
Neoklassik 212 f.; 261; 314; 327 ff.
Neoliberalismus 277 ff.
Niedriglohnländer 126 ff.; 328
Ölkrise 160; 188; 245
OPEC-Länder 189; 244
Organische Zusammensetzung (des Kapitals)
- Indikator der O.Z. 51; 53 f.; 90 f.; 97
- und die Abteilungen der Produktion 92
Phasentheorien des Wachstums 26 ff.
Politischer Konjunkturzyklus 340 f.
Preisform und Wertform 183; 195
Produktivität (im Vergleich) 32 ff.; 161
Produktive/unproduktive Bereiche der gesellschaftlichen Produktion (produktive-unproduktive A.) 104 ff.; 332 ff.
Profitrate
- Bestimmungsgrößen der P. 51 f.
- Verhältnis zur Kapitalrentabilität 53 ff.
- und Zinsrate 47 f.; 224
- erwartete P. 48 f.; 224 ff.
- und Akkumulation 46 ff.; 58
- und Realisierung 49 ff.

Qualifikationsstruktur (als Wachstumsfaktor) 19 ff.; 79 f.
Realisierung (s. auch Nachfrage)
- im Kapitalkreislauf 45 f.
- Inland BRD 70 f.; 84 ff.
- auf dem Weltmarkt 68; 70; 117 ff.; 156 ff.
Reinvestitionszyklen 229
Rekonstruktionsphase 78 ff.
Reproduktionskosten der Arbeitskraft 69; 101 ff.
Reproduktionsprozess des Kapitals
- einfache Reproduktion 41 f.
- erweiterte Reproduktion 42 ff.
- allgemeine Darstellung 40 ff.
Restriktionspolitik 330; 332; 334
Rüstungsgüter/Rüstungskonjunktur (im Faschismus) 72
Selbstfinanzierungsquote 290
Septemberstreiks 351 ff.
Sonderziehungsrechte 171; 173; 186
Sozialliberale Koalition 326
Sozialpolitik
- in der Prosperität 300 ff.
- in der Krise 365 ff.
Sozialprodukt (Entwicklung) 94 ff.; 210
Staat
- und Akkumulation 114; 291 ff.; 303 ff.
- staatliche Wirtschaftspolitik 239.; 244; 312; 326 f.
- Staatsnachfrage 237ff.; 312; 326f.
- Einnahme des St. 234; 316 f.
- Staatsanteil 291; 333 f.; 382 ff.
- Verschuldung des St.316 f.;332ff.
- Grenzen des Staatsinterventionismus (s. Grenzen des Keynesianismus)
Stabilitätsgesetz 309 ff.
Stagflation 307 f.; 328
Streiks (in der BRD) 351 ff.
Strukturpolitik
- Sachverständigenrat 336 f.
- „aktive Strukturpolitik" 337 ff.
Taylorismus 110; 145
Technologie (Bedeutung im industriellen Zyklus) 237 ff.
Technologische Lücke 32 ff.
terms of trade 159 f.; 189
Transformationsproblem 54; 183
Trend und Zyklus 206
Überakkumulationstheorie 40 ff.; 222 ff.

Verteilungskonflikt 350 ff.
Währungsreform 79; 82 ff.; 284 ff.
Währungssystem
- von Bretton Woods 170 ff.; 185; 195; 288
- Konvertibilität der W. 171; 186
- Krisen des W. 170 ff.

Wechselkurs 161; 171; 174 ff.; 195; 330
Weltmarkt
- Weltmarktkonkurrenz 72; 156 ff.; 161 f.
- Weltmarktverflechtung 156
- und inländische Akkumulation 158; 163 f.; 237 ff.
- und inländische Entwicklung der Produktivität 162
- und inländische Lohnkostenstruktur 126 ff.
- und Gewerkschaften 361

Weltwirtschaftskrise 61 ff.; 169

Zehnerclub 173
Zentralverwaltungswirtschaft 277 f.; 280
Zinssatz (im Verhältnis zur Profitrate) 47 f.; 224
Zusammenschlüsse von Unternehmen (Fusionen) 140
Zweiter Weltkrieg 76 ff.
Zyklus (industrieller Z.)
- Theorien des industriellen Zyklus 209 ff.
- eklektizistische/subjektivistische Th. 209 ff.
- Unterkonsumtionsth./Überproduktionsth. 215 ff.; 388 ff.
- Disproportionalitätsth. 215
- Überakkumulationsth. 222 ff.
- Periodizität/Länge des Z. 229 ff.
- empirische Entwicklung in der BRD 89 ff.; 236 ff.

Olle & Wolter

Brandes, Hirsch, Roth (Hrsg.)
Leben in der Bundesrepublik
Die alltägliche Krise
240 Seiten, DM 24,80

Strauß – eine Karriere
Über den manchmal unaufhaltsamen Aufstieg des Franz Josef S. und seine Pläne
160 Seiten, DM 9,80

Lutz Mez, Ulf Wolter (Hrsg.)
Die Qual der Wahl
Ein Wegweiser durch die Parteienlandschaft
160 Seiten, DM 9,80

Hellmann, Oesterheld, Olle (Hrsg.)
Europäische Gewerkschaften
Grundinformationen über die Türkei, Griechenland, Portugal, Österreich und die Schweiz
256 Seiten, DM 22,80

Gerd Brantenberg
Die Töchter Egalias
Ein Roman über den Kampf der Geschlechter
240 Seiten, DM 19,80

Aydin Akin
Warum zuviel Steuern zahlen?
Lohnsteuerratgeber für deutsche und ausländische Arbeitnehmer
300 Seiten, DM 16,80

Franz Janossy
Wie die Akkumulationslawine ins Rollen kam
Zur Entstehungsgeschichte des Kapitalismus
80 Seiten, DM 8,00

Roman Rosdolsky
Zur nationalen Frage
Friedrich Engels und das Problem der „geschichtslosen" Völker
224 Seiten, DM 19,80

Arnost Kolman
Auf der Mauer, auf der Lauer
Satiren über den staatlich verordneten Verdacht
200 Seiten, DM 19,80

Michael Sallmann
Kalte Zeit
Lieder & Gedichte
100 Seiten, DM 9,80

Isaac Deutscher
Stalin, Eine politische Biographie
Bd. I 1879-1933, DM 22,80
Bd. II 1934-1953, DM 22,80
Zusammen DM 39,–

Bahro-Kongreß
Aufzeichnungen, Berichte und Referate
260 Seiten, DM 16,80

Bennholdt-Thomsen, Evers u.a. (Hrsg.)
Lateinamerika – Analysen und Berichte 3
Verelendungsprozesse und Widerstandsformen
328 Seiten, DM 24,80

Norman Geras
Rosa Luxemburg
Kämpferin für einen emanzipatorischen Sozialismus
192 Seiten, DM 19,80

Perry Anderson
Antonio Gramsci
Eine kritische Würdigung
116 Seiten, DM 9,80

Theo Pirker
Die blinde Macht
Die Gewerkschaftsbewegung in Westdeutschland
Teil 1: 1945-1952
Teil 2: 1953-1960
je 340 Seiten, DM 22,80
zusammen DM 39,80

Lutz Mez (Hrsg.)
Der Atomkonflikt
Atomindustrie, Atompolitik und Anti-Atom-Bewegung im internationalen Vergleich
Eingeleitet von Robert Jungk
340 Seiten, DM 24,80

Werner Olle (Hrsg.)
Einführung in die internationale Gewerkschaftspolitik
Eingeleitet von Jakob Moneta
Band I – Ansatzpunkte gewerkschaftlicher Internationalisierung
280 Seiten, DM 19,80
Band II – Nationale Besonderheiten gewerkschaftlicher Politik
240 Seiten, DM 19,80
Zusammen DM 35,–

GESAMTVERZEICHNIS LIEFERBARER TITEL:

Bennholdt-Thomsen, Evers u.a. (Hrsg.) *Lateinamerika – Analysen und Berichte 4*
Internationale Strategien und Praxis der Befreiung
320 Seiten, DM 24,80

Ulf Wolter (Hrsg.)
Antworten auf Bahros Herausforderung des „realen Sozialismus"
Beiträge von Lombardo Radice, J. Moneta, J. Pelikan, J. Bischoff, R. Dutschke u.v.a.
240 Seiten, DM 14,80

T. Auerbach, W. Hinkeldey, M. Kirstein, G. Lehmann, B. Markowsky, M. Sallmann
DDR – konkret
Geschichten und Berichte aus einem real existierenden Land
140 Seiten, DM 12,80

Jan Skala
Die CSSR
Vom Prager Frühling zur Charta 77
200 Seiten, DM 14,80

Ernest Mandel
Kritik des Eurokommunismus
Revolutionäre Alternative oder neue Etappe in der Krise des Stalinismus?
220 Seiten, DM 12,80

Ulf Wolter (Hrsg.)
Sozialismusdebatte
Historische und aktuelle Fragen des Sozialismus
Beiträge von Claudin, Steffen, Flechtheim, Rosdolsky, u.v.a.
240 Seiten, DM 16,80

Gudrun Küsel (Hrsg.)
Apo und Gewerkschaften
Von der Kooperation zum Bruch
Mit einem Vorwort von Theo Pirker
Beiträge von H. Oetjen, J. Seifert, K.D. Voigt, S. Masson, F. Vilmar u.v.a.
188 Seiten, DM 14,80

Hakki Keskin
Die Türkei
Vom Osmanischen Reich zum Nationalstaat
304 Seiten, DM 19,80

Robert Vincent Daniels
Das Gewissen der Revolution
Kommunistische Opposition in der Sowjetunion
604 Seiten, DM 29,80

Theo Pirker
Die verordnete Demokratie
Grundlagen und Erscheinungen der „Restauration"
300 Seiten, DM 22,80

Theo Pirker
Die SPD nach Hitler
Die Geschichte der SPD nach 1945
364 Seiten, DM 22,80

Armanski/Bruns/Penth (Hrsg.)
Deutschland – Deine Beamten
Ein Lesebuch
160 Seiten, DM 9,80

Roy Medvedev
Solschenizyn und die sowjetische Linke
Eine Auseinandersetzung mit dem Archipel GULag
100 Seiten, DM 7,80

Karl Marx
Die Geschichte der Geheimdiplomatie des 18. Jahrhunderts
Mit Kommentaren von Rjasanov, Rabehl und Wolter
244 Seiten, DM 19,80

Willi Semmler
Zur Theorie der Reproduktion und Akkumulation
Bemerkungen zu neueren multisektoralen Ansätzen sowie Überlegungen zum Verhältnis von privatem und staatlichem Sektor
Mit einem Vorwort von E. Altvater
380 Seiten, DM 29,80

Fernando Claudin
Die Krise der Kommunistischen Bewegung
Von der Komintern zur Kominform
Band I: Die Krise der Kommunistischen Internationale
360 Seiten, DM 29,80

Band II: Der Stalinismus auf dem Gipfel seiner Macht
384 Seiten, DM 29,80

Manfred Wilke/Lutz Mez (Hrsg.)
Der Atomfilz
Gewerkschaften und Atomkraft
Mit Beiträgen von R. Havemann, O.K. Flechtheim. E. Schmidt, H.Alfven, V.Brandes, F. Barnaby, A. Brock, H. Brandt, u.v.a.
220 Seiten, DM 12,80

Armanski/Penth (Hrsg.)
Klassenbewegung, Staat und Krise
Konflikte im Öffentlichen Dienst Westeuropas und der USA
Beiträge von R. Hickel. R. Genth, C. Leggewie, K. Dammann, u.v.a.
268 Seiten, DM 26,80

Bennholdt-Thomsen, Evers u.a. (Hrsg.)
Lateinamerika – Analysen und Berichte 1
Kapitalistische Entwicklung und politische Repression
320 Seiten, DM 24,80

Bennholdt-Thomsen, Evers u.a. (Hrsg.)
Lateinamerika – Analysen und Berichte 2
Internationale Verflechtung und soziale Kämpfe
380 Seiten, DM 24,80

Wilfried Spohn
Weltmarktkonkurrenz und Industrialisierung Deutschlands
Eine Untersuchung zur nationalen und internationalen Geschichte der kapitalistischen Produktionsweise
Mit einem Vorwort von B. Rabehl
480 Seiten, DM 29,80

Armanski/Penth/Pohlmann
Lohnarbeit im Öffentlichen Dienst der Bundesrepublik
Staatstreue oder Klassenkampf?
364 Seiten, DM 19,80

Aktionskomitee gegen Berufsverbote
Gewerkschaften und Berufsverbote
80 Seiten, DM 4,–

Edition Prinkipo	Kritische Bibliothek der Arbeiterbewegung	Kritik Zeitschrift für sozialistische Diskussion *(alle Hefte lieferbar)*
		Nr. 14, Mandel, Rosdolsky u.a. *Luxemburg und Trotzki – Alternativen zu Lenin?* DM 7,–
		Nr. 15, Rabehl, Flechtheim u.a. *Die Linke, die Rechte und der Terrorismus,* DM 7,–
		Nr. 16, Horacek, v. Oertzen, Krippendorff u.a. *Die Grünen kommen,* DM 7,–
		Nr. 17, Steffen, Brandt, Althusser, Mandel, u.a. *Alternativen zur Wahl, Eurokommunismus,* DM 7,–
Mandel, Trotzki, Kondratieff u.a. *Die Langen Wellen der Konjunktur* Beiträge zur marxistischen Konjunktur- und Krisentheorie 272 Seiten, DM 14,80		Nr. 18, Ludwig, Mandel, Müller-Plantenberg, Nirumand, u.a. *DKP; Internationalismus,* DM 7,–
Helmut Fleischer *Sozialphilosophische Studien* Kritik der marxistisch-leninistischen Schulphilosophie 192 Seiten, DM 9,80		Nr. 19, Marcuse, Pirker, Altvater, Narr u.a. *Bahro-Diskussion; Berufsverbote,* DM 7,–
Ligue Communiste *Der Sozialismus, den wir wollen* 224 Seiten, DM 7,80	Allgemeiner Kongreß der Arbeiter- und Soldatenräte 1918 Stenographische Berichte 220 Seiten, Format DIN A 4, DM 24,80	Nr. 20, Massarrat, Mahlein, Deutscher u.a. *Iran; Gewerkschaften; Ostblock,* DM 7,–
Ernest Mandel *Der Sturz des Dollars* Eine marxistische Analyse der Währungskrise 160 Seiten, DM 9,–	Richard Müller *Geschichte der deutschen Revolution* (Drei Bände in Kassette, auch einzeln lieferbar)	Nr. 21, Lombardo Radice, Mez, Claudin, Havemann u.a. *Atom; Eurokommunismus; Gewerkschaften,* DM 7,–
Ulf Wolter (Hrsg.) *Die Linke Opposition in der Sowjetunion 1923–1928* 6 Textbände und ein Diskussionsband Bei Bestellung des Gesamtwerks pro Band DM 1,– Ermäßigung	Band I *Vom Kaiserreich zur Republik* 250 Seiten, DM 12,80 Band II *Die Novemberrevolution* 296 Seiten, DM 16,80 Band III *Der Bürgerkrieg in Deutschland* 260 Seiten, DM 14,80 Kassette DM 39,–	Nr. 22, Altvater, Flechtheim, Strässer, Moneta u.a. *Was solln wir wähln?; Gewerkschaftsdiskussion; DDR – 30,* DM 7,–
Band I, *Texte von 1923-1924* 560 Seiten, DM 26,80		Nr.23, H.Brandt, Rabehl, Bahro, Funke, Rönsch, Brandes u.a. *Grüne Welle?; Kritik an Bahro* DM 7,–
Band II, *Texte von 1924-1925* 560 Seiten, DM 26,80		
Band III, *Texte von 1925-1926* 620 Seiten, DM 29,80	Crusius, Wilke, Schiefelbein (Hrsg.) *Die Betriebsräte in der Weimarer Republik* Von der Selbstverwaltung zur Mitbestimmung – Dokumente und Analysen Mit Einleitungen von R. Hoffmann und A. Brock Band I 300 S., Band II 280 S., je DM 22,80, zus. DM 39,80	Nr. 24, *Mittlerer Osten: Politik der Panzer – Wende in der Weltpolitik?;* Bahro: *Sozialismus und Ökologie,* Rudi Dutschke zum Gedenken. DM 7,–
Band IV, *Texte von 1926* 520 Seiten, DM 26,80		Nr. 25, *Die Linke vor dem zweiten Frühling? Weltfrieden in Gefahr,* Sartre-Nachruf, Autoren: Krippendorff, Münster, Voigt u.a. DM 9,–
Band V, *Texte von 1926-1927* 600 Seiten, DM 29,80		Prokla: Hefte 1 - 21

Bahro-Mandel-von Oertzen
Was da alles auf uns zukommt...
Perspektiven der 80er Jahre

Hrsg. Ulf Wolter
Band 1

edition VielFalt bei olle & wolter

edition VielFalt
die neue taschenbuchreihe bei olle & wolter

Die 80er Jahre werden wilde Jahre. Für uns alle. Von der Politik bis zum Alltagsleben wird sich vieles ändern. Neue Probleme erfordern neue Antworten. Darüber diskutieren ein Sozialdemokrat, ein Revolutionär und ein ökologischer Sozialist – kontrovers, aber gemeinsam, umfassend, aber spannend.

Ulf Wolter (Hrsg.)
Rudolf Bahro/Ernest Mandel/
Peter von Oertzen
Was da alles auf uns zukommt...
Perspektiven der 80er Jahre
2 Bde., je ca. 120 Seiten,
je ca. DM 7,00
edition VielFalt 1 und 2

DER NEUE BAHRO:
Rudolf Bahro
Elemente einer neuen Politik
Zum Verhältnis von Ökologie und Sozialismus
ca. 160 Seiten, ca. DM 9,00
edition VielFalt 3

Partei kaputt
Das Scheitern der KPD und die Krise der Linken
Beiträge von Willi Jaspers, Rainer Möhl, Karl Schlögel, Christian Semler und Bernd Ziesemer
ca. 160 Seiten, ca. DM 9,00
edition VielFalt 4

Elmar Altvater/Jürgen Hoffmann/
Willi Semmler
Vom Wirtschaftswunder zur Wirtschaftskrise
Ökonomie und Politik in der BRD
Aktualisierte Ausgabe
2 Bde., je 220 Seiten, je DM 9,80
edition VielFalt 5 und 6

K. Villun
Einer für alle
Kriminalroman
Aus dem Norwegischen von
Astrid und Einhart Lorenz
ca. 140 Seiten, ca. DM 9,00
edition VielFalt 7

VielFalt – das beste Mittel gegen Einfalt.

VERLAG OLLE & WOLTER GMBH
POSTFACH 4310, 1000 BERLIN 30